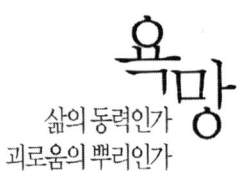

삶의 동력인가
괴로움의 뿌리인가

욕망

삶의 동력인가
괴로움의 뿌리인가

박찬욱 기획, 김종욱 편집 | 정준영 · 한자경 · 이덕진 · 박찬국 · 권석만 · 우희종 집필

운주사

기획자 서문

불교와 사회의 상생적 소통을 촉진하는 데 일조하기 위하여 2006년 '밝은사람들'이라는 연구소를 설립하면서, 주요 사업으로 '불교와 상담'이라는 주제 아래 일 년에 두 차례의 학술연찬회를 기획하였습니다. 불교와 상담 모두 이고득락離苦得樂을 추구하며, 현재 세계적으로 심리학계 및 의학계에서 불교적인 접근방식들을 활발히 연구·활용하고 있는 상황에서 불교와 상담의 만남을 촉진하는 것이 의미 있을 것으로 판단했습니다.

그리고 지금까지 4회에 걸쳐 '불교와 학습이론, 그리고 불교상담', '불교와 심리학적 방법론의 만남', '괴로움의 뿌리인 번뇌, 무엇이며 어떻게 일어나는가?', '불교의 궁극적 목표, 무엇이며 어떻게 성취하는가?'라는 주제를 다루었는데, 연찬회마다 기대 이상의 성황을 이루었습니다.

이러한 관심에 부응하고, 논의되는 내용들을 보다 많은 사람들이 활용할 수 있도록 하기 위하여, 이번 학술연찬회부터는 관련 전공 분야에서 다루어야 할 논점들을 미리 조율하여 집필함으로써 해당 주제에 대하여 다양한 관점과 입장을 한꺼번에 조망해 볼 수 있도록 하였을 뿐만 아니라, 사전에 완성도 높은 단행본으로 출판하기로 기획하였습니다.

이번 주제는 삶의 에너지이면서 괴로움의 원인이기도 한 '욕망'에 대한 성찰입니다. 불교의 여러 종문宗門 중 초기불교, 유식불교, 선불교의 입장과 서양철학, 심리학, 생물학의 관점을 통하여 우리의 욕망을 성찰해 봄으로써, 우리의 삶이 보다 행복해지기를 바랍니다.

바쁘신 가운데 노고를 아끼지 않은 김종욱 교수님, 정준영 교수님, 한자경 교수님, 이덕진 교수님, 박찬국 교수님, 권석만 교수님, 우희종 교수님과 출판을 흔쾌히 허락해 주신 도서출판 운주사 김시열 사장님께 감사드립니다.

일상에서 늘 행복하시길 기원하며
2008년 5월
밝은사람들 연구소장 담천 박찬욱

편집자 서문

 살아 있는 모든 생명체는 자신을 지키고자 한다. 이런 자기보존의 욕망이야말로 생명체를 지탱시켜 주는 근본이다. 이처럼 욕망이 인간과 동물 모두를 포함한 생명체 일반의 기본이라면, 욕망이야말로 그 어떤 마음 작용이나 이성 작용보다도 우선한다고 할 수 있다. 그렇다면 이렇게 근본적인 욕망은 이성에 의한 금욕주의나 감성에 기반한 쾌락주의 양자 이전의 문제인 것이며, 바로 욕망이 진정으로 인간과 생명을 이해하는 데 기본 입각점이 된다고 할 수 있다. 그런데 이렇게 근본적인 욕망은 그 주체의 전개 방식에 따라 괴로움의 뿌리가 될 수도 있고, 삶의 동력이 될 수도 있다. 본 저서는 바로 이러한 문제를 다양한 시각에서 접근해 보고자 기획되었다.
 이처럼 다양한 시각이 필요한 이유는, 욕망이 의식보다 선행하는 이상, 욕망에는 의식이나 마음의 현상만큼이나 다양한 층위와 해석이 존재하기 때문이다. 이런 다양한 접근을 위해 편집자는 초기불교, 유식불교, 선불교, 서양철학, 심리학, 생물학 등의 분야가 참여하도록 본 저서를 구성하였다. 그리하여 초기불교에서는 욕망의 다층성이, 유식불교에서는 욕망의 발생 과정이, 선불교에서는 욕망의 활용이,

서양철학에서는 욕망의 이념성이, 심리학에서는 욕망의 조절과 행복이, 생물학에서는 욕망의 진화론적 역사성 등이 잘 드러나게 되었다. 각각의 논문들의 분량이 적지 않은 관계로, 독자의 내용 이해에 도움을 주고자 편집자는 다음과 같이 각 논문의 내용과 의의를 요약하여 설명하고자 한다.

정준영 교수의 논문은 초기불교 경전에 나타나는 욕망의 의미에 대해 고찰한 것이다. 이 논문의 강점은 욕망이라는 의미 범주에 속하는 다양한 팔리어 표현들을 여러 전거들로부터 구체적으로 확인해 준다는 데 있다. 이런 팔리어 표현의 대표적인 것으로 까마(kāma), 라가(rāga), 딴하(taṇhā), 찬다(chanda) 등 네 가지가 있다. 까마는 감관을 통해 이루어지는 욕망을 말하는데, 일반인에게는 감각적 욕망에 의한 즐거움이 필수적이기 때문에, 모든 까마가 아닌 잘못된 행위와 잘못된 결과를 낳는 까마가 금지된다. 일례로 불사음不邪淫 계율은 잘못된 행위를 낳는 욕망(kāma)을 멀리하는 것이다. 그런데 일반 사람들은 즐거움을 추구하고 괴로움을 멀리하고자 하면서, 감각적 욕망 이외에는 괴로움에서 벗어나는 길을 전혀 모르기 때문에, 또 다른 욕망을 키워 괴로움을 반복하게 된다. 이처럼 또 다른 욕망과 괴로움을 반복적으로 양산하기에, 까마는 수행을 통해 제거해야 할 불선不善한 것으로서 괴로움의 뿌리가 되며, 범부를 넘어 성인이 되는 것을 방해하는 속박과 장애의 원인이 되기도 한다.

그런데 이렇게 성인의 깨달음에 장애가 되는 근본 요인에는 심적 차원에서 세 가지 번뇌가 있는 바, 소위 그 삼독 중의 하나가 라가(rāga)

이다. 이것은 보다 격렬해진 욕망 상태로서, 이미 지닌 것을 마치 끈끈이처럼 거머쥐는 집착적 특성을 갖고 있으므로, 라가는 흔히 탐욕이라 번역한다. 이런 탐욕이 제거되지 않은 상태에서 사람의 마음은 맑지 못하기 때문에 탐욕의 강도에 따라 탐욕에 대한 의존도도 높아지고, 탐욕이 늘어나는 만큼 괴로움도 늘어나게 된다. 더욱이 이미 지닌 것에 대한 고수라는 점에서 라가는 물질적 대상뿐만 아니라 비물질적 적정寂靜이라는 수행 과위에 대한 집착에 이르기까지 아주 폭넓게 퍼져 있다. 이런 광범위한 탐욕으로서의 라가는 아라한과에서만 제거되며, 삼십칠조도품 중 칠각지七覺支를 수행함으로써 정복된다.

까마가 감각적 욕망이고 라가가 집착적 탐욕이라 할 때, 이런 감각적 느낌(vedanā, 受)과 집착(upādāna, 取) 사이에 있는 것이 딴하(taṇhā, 愛)이다. 딴하는 그 어원이 '목마름'이란 뜻을 지니고 있다는 데서 알 수 있듯이, 간절한 바람을 가리키기에 갈애라고 번역한다. 괴로움이나 윤회의 발생과 소멸을 보여주는 십이연기에서는 느낌〔受〕을 조건으로 하여 갈애〔愛〕가 있고, 이 갈애를 조건으로 하여 집착〔取〕이 있다고 설명한다. 따라서 느낌으로 인해 다양한 형태의 격렬한 감정이 일어나게 되어 갈애가 성립하지만, 느낌의 단계에서 잠시 쉬거나 멈추거나 느낌에 대해 제대로 알아차릴 수 있다면, 느낌은 갈애를 낳지 않을 수도 있다.

이상의 세 가지, 즉 까마, 라가, 딴하가 괴로움의 뿌리로서 부정적인 의미를 지니고 있다면, 찬다는 매우 중립적인 의미를 갖고 있다. 찬다(chanda)는 행위를 하기 위한 의지나 욕구, 또는 대상을 향해 나아가기 위한 심리 현상 등을 가리키기 때문에 '의욕'이라고 번역할 수 있다. 흔히 의욕은 그 결과가 선한 것이든 악한 것이든 단지 '하고자 하는 마음'을 나타내기 때문에, 의욕으로서의 찬다에는 부정적인 면뿐만 아니라 긍정적인 면이 모두 포함된다. 찬다가 대상을 계속 간직하고 싶어하는 집착의 의미로 나타날 때, '존재를 지속하고자 하는 욕구'(bhāva chanda), '몸에서의 욕구'(kāyasmiṁ chando), '물질에서의 욕구'(rūpesu chando), '성교에서의 욕구'(methunasmiṁ chando) 등이 일어나며, 이렇게 불선함과 결합된 찬다는 괴로움의 뿌리가 된다. 그러나 이런 불선한 것을 억누르고 제거하고자 하는 것 역시 의욕이니, 이런 긍정적 방향의 찬다는 '선한 것을 향한 의욕'(kusalacchanda, 善欲)이나 '가르침을 향한 의욕'(dhammacchanda, 法欲) 등으로 나타난다. 이런 긍정적 의미의 찬다는 바른 수행의 기반이 되는 것으로서 삶의 중요한 동력이 된다. 이렇게 볼 때 초기불교에서는 감각적 욕망으로서의 까마, 탐욕으로서의 라가, 갈애로서의 딴하, 존속 욕구로서의 찬다 등은 괴로움의 뿌리로서 부정했지만, 선을 향한 의욕으로서의 찬다는 삶의 동력으로서 긍정했음을 알 수 있으며, 이렇게 긍정과 부정 일면만을 고집하지 않는다는 점에서 초기불교의 욕망관은 중도적 욕망론이라고 할 수 있다.

한자경 교수의 논문은 유식불교의 욕망 이해를 다루고 있는데, 앞서 정준영 교수의 논문이 욕망의 다양한 의미층을 보여준 것이라면, 이 논문은 욕망의 발생 구조를 심층적으로 분석한 것이라고 할 수 있다. 앞 논문의 딴하(taṇhā, 愛) 부분에서 설명했듯이, 초기불교의 십이연기설에 따를 경우 수(受, 느낌)를 조건으로 하여 애(愛, 갈애)가 있고, 애를 조건으로 하여 취(取, 집착)가 있게 된다. 다시 말해 대상과의 접촉[觸]을 마음이 수동적으로 받아들일 경우, 즐거운 느낌[樂受]과 괴로운 느낌[苦受]을 일으키는데, 이 중 락수를 좋아하고 고수를 싫어하는 애와 증의 분별을 통칭하여 애愛라 하고, 이런 애증의 분별에 근거하여 다시 좋아하는 것을 취하고 싫어하는 것을 피하려는 취와 사의 선택을 통칭하여 취取라 한다. 그런데 범부는 또한 락수를 받으면 탐욕[貪]의 부림을 받고 고수를 받으면 성냄[瞋]의 부림을 받으므로, 이렇게 애와 증을 분별하여 취와 사를 선택하는 애와 취의 과정을 일러 탐심貪心과 진심瞋心의 마음으로서 욕망이라 할 수 있다. 그리고 이런 탐진의 욕망은 자와 타의 분별, 자아와 세계의 분별 위에서 나를 높이려는 아만我慢에서 일어나므로, 탐진의 욕망은 일종의 자기의식인 말나식末那識의 욕망이라고도 한다. 다시 말해 탐진의 욕망인 말나식의 욕망이 느낌에 자극을 받아 일으킨 것이 애와 취의 업인 것이다.

그런데 유식불교에서는 이런 촉觸 → 수受 → 애愛 → 취取의 과정 이전의 무명無明 → 행行 → 식識 → 명색名色 → 육입六入의 과정을 식을 중심으로 심층적으로 분석하고 있다. 여기서 무명으로 인한 행은 신身 구口 의意 삼업을 총칭한다. 이들 지난 업이 남긴 세력인 업력業力을 산직한 종자들의 흐름을 아뢰야식阿賴耶識이라 하며, 이것이 행 다음의 식에 해당한다. 종자들을 저장한 흐름이기에 아뢰야식은 업을 짓던 개별 생명체로서의 오온이 죽어 흩어져도 업력의 에너지로 남아 있다가 그 에너지를 현실에서 구체화시키고자 이 땅에 다시 태어나기를 시도하는데, 이를 위해 다른 남녀(부모)의 성행위 결과 형성된 수정란 안에 들어가 자신을 심리적・물리적 실재인 명색名色으로 구체화한다. 그리하여 모의 태내에서 새로운 오온의 태아가 형성되어, 안이비설신의 육근을 갖춘 유근신(有根身=六入處)으로 전개되어 태 밖으로 나온다. 그런데 유근신의 의意가 자기의식인 말나식으로 작용하기 때문에, 우리는 업력이 구체화된 오온인 유근신을 평생 각자의 '자아'로 여기며 살아가고, 아울러 그런 유근신의 근根과 부딪히게 되는 대상인 경境을 '세계'로 간주한다. 이렇게 근으로서의 자아와 경으로서의 세계로 전변하여 구체화하는 것을 한자경 교수는 아뢰야식 욕망이라 부른다. 아뢰야식 욕망은 생성의 욕망으로서 자아와 세계를 형성하고, 말나식 욕망은 탐진의 욕망으로서 애증과 취사를 분별한다. 아뢰야식 욕망이 욕계에서 중생의 삶의 원동력이 된다면, 말나식 욕망은 일체 욕계 중생의 괴로움의 원인이 된다.

선불교의 욕망관을 보여주고 있는 이덕진 교수의 논문은 욕망 속에 있으면서도 욕망에 물들지 않는 욕망의 활발발한 지혜로운 사용[慧用]을 강조하고 있다. 이를 위해 선불교의 연원으로서 대승보살사상이 설명되고 있으며, 선불교의 역사상 주요 인물인 혜능, 마조, 임제, 대혜의 선사상이 고찰되고 있다. 깨달음에 이를 수 있음에도 다른 중생을 구제하려는 자비로 인해 성불을 늦추는 대승보살은 지혜와 자비를 동격화한 인물인데, 이 때문에 보살의 경지에선 중생즉부처 생사즉열반 번뇌즉보리 등으로 일견 상반된 듯이 보이는 일체가 불이不二의 공空으로서 즉화卽化된다. 이럴 경우 생사와 번뇌를 낳는 욕망은 끊임없는 윤회를 초래하지만, 바로 그 때문에 욕망은 보살에게 수행의 기회를 제공해 주기도 하는 것이며, 결과적으로 욕망은 보살의 기나긴 수행에 이익이 되기도 하는 것이다. 대승보살도에 담긴 중생즉부처의 불이不二 정신은 중국의 선사들로 하여금 중생의 자심自心과 자성自性 속에서 그대로 부처를 발견하는 방향으로 나아가게 했다. 혜능은 부처에 대한 숭배를 자심과 자성에 대한 숭배로 질적으로 변화시켰으며, 마조는 이 경지를 "마음이 곧 부처이다"[卽心卽佛], "평상심이 도다"[平常心是道]라고 표현했고, 임제는 지금 여기에서 살아 움직이는 이 사람이야말로 본래의 불성을 지닌 조사요 부처라고 했으며, 이런 본각本覺에 대한 지나친 강조를 극복하고자 대혜는 일종의 시각始覺으로서 간화선 수행을 주창했다.

이처럼 번뇌가 그대로 깨달음이고 세간이 그대로 출세간이라는 선불교의 큰 믿음은 번뇌 가운데 있되 번뇌에 속박되지 않고 번뇌를 부처의 자리로 돌려놓으려 한다. 그리고 이렇게 불이의 공에 입각한 불성을 가진 주인공에게는 욕망을 가진 인간이 영위하는 우리의 삶 자체가 부처의 삶이며, 욕망이 적나라하게 드러나는 우리의 세상 자체가 불국토라고 볼 수 있다. 그렇기 때문에 선에서는 결코 욕망 없는 인생을 궁극적인 세계로 추구하지 않으며, 오히려 생명의 약동으로서 생의生意의 활발발함을 권장한다. 그리하여 혜능은 '경계를 대하여 마음이 일어나지 않는' 심불기心不起보다는, '경계에 대하여 마음을 일으키는' 심수기心數起가 더 중요하다고 보았으며, 깨달음이란 '다시 마음을 일으키지 않는 것'이 아니라, 무여열반에 들더라도 '다시 마음을 일으키는' '대경對境에서의 혜용慧用', 즉 '깨어 있음'이라고 하였던 것이다. 이런 '깨어 있음'은 언제 어디서나 자유자재함을 의미하므로,

욕망의 손님이 되기보다는 욕망의 주인이 되어 욕망을 다스리는데, 그렇다고 욕망이 그의 안녕과 행복을 해치는 일은 결코 없다. 왜냐하면 깨어 있는 욕망인인 선사는 그 한가한 마음〔無心〕과 일 없음〔無事〕으로 모든 일을 빈틈없이 바르게 처리할 것이기 때문이다. 선의 이런 태도는 '일어나되 물들지 않는' '깨어 있음'을 전제로 한 욕망의 대긍정이라고 할 수 있다. 이럴 경우 깨어있지 않아 욕망에 매이면 그 욕망은 괴로움의 뿌리가 되고, 항상 깨어 있어 욕망에 물들지 않으면서 일어나는 욕망은 삶의 진정한 동력이 된다.

박찬국 교수의 논문은 서양철학 전반의 욕망 문제를 다루고 있는데, 우선 욕망을 억제하는 입장과 욕망을 해방하려는 입장을 설명한 후 이들 양자를 지양하는, 다시 말해 금욕주의와 쾌락주의를 넘어서는 입장을 니체의 힘의 철학에서 찾고 있다. 플라톤이 원본으로서의 이데아(idea)와 그것의 분유分有 모사물을 실재와 가상, 본체와 현상, 예지계와 감성계라는 일종의 두 세계로 양분한 이래, 이런 이원론이야 말로 이성에 의해 욕망을 억압하는 금욕주의를 낳았는데, 그 대표적인 예가 플라톤주의 형이상학과 기독교 신학이다. 이들에게서는 욕망의 억제가 이상적인 삶인 반면, 욕망의 분출은 타락한 삶이 된다. 더욱이 영혼의 동요 없는 상태인 아타락시아와 아파테이아를 진정한 행복으로 여기고, 이런 마음의 평정을 구하려는 의지에 의해 여타의 육체적 욕망을 억제한다는 점에서 에피쿠로스학파와 스토아학파 모두 금욕주의라고 볼 수 있다. 이처럼 인간의 욕망을 어리석거나 사악한 것으로 보는 입장들에 반해서, 원래 인간의 욕망은 순수한데 억압적인 사회에 의해 왜곡되고 불순해져 병적으로 되었다고 보는 입장이 있다. 이런 입장에서는 욕망의 억제가 아니라, 욕망을 억압하는 사회구조의 변혁과 욕망의 해방이 주창되는데, 박 교수는 이러한 견해의 대표자로 빌헬름 라이히와 허버트 마르쿠제를 들고 있다. 이들이 볼 때 인간의 사악함은 욕망 때문이 아니라 오히려 욕망의 좌절, 특히 자연스런 성적 욕망의 억압에서 비롯되며, 현대사회에서 이런 본능의 억압은 문명의 유지를 위해서라기보다는 지배계급의 이익을 위해서 행해지는 일종의 과잉억압이 된다는 것이다. 따라서 이런 과잉억압이 사라질 때, 다양한 욕구들이 비억압적으로 발현될 수 있으며, 이성은 감성의 억압에서 벗어나 삶의 본능의 보호자가 되어, 성적 욕망은 이런 이성과 조화되는 에로스로 변형된다.

니체 역시 성적 욕망이나 명예욕, 권력욕 같은 정념情念을 악의 근원이 아니라 생명력의 원천으로 보고 있으며, 이런 욕망과 본능의 근절이나 억압이 아니라 조화롭고도 절도 있는 승화를 주장한다. 왜냐하면 자신의 욕망을 제어하고 지배하는 자기 극복이야말로 진정한 힘에의 의지의 발현이고, 이렇게 욕망을 억압하지도 않고 욕망에 굴복하지도 않는, 그래서 전체적인 조화 안에서 생동력 넘치는 평온을 항상 유지하는 자가 곧 진정으로 강한 인간, 즉 초인이기 때문이다.

권석만 교수의 논문은 심리학의 입장에서 욕망이 인간의 삶에 미치는 긍정적 영향과 부정적 영향을 고찰하고 있다. 심리학에서는 욕망을 인간의 행동과 감정을 유발하는 주요한 심리적 요인으로 보고 있으며, 심리적 고통과 장애를 극복하기 위해 심리치료에서는 욕망을 자각하고 조절하는 노력에 초점을 맞춘다. 다시 말해 개인으로 하여금 특정한 행동을 하도록 추진하는 동력 같은 것이 욕망인데, 심리학에서는 이 욕망을 욕구와 동기 등을 통해 설명한다. 즉 내면적 결핍인 욕구와 외부적 조건인 압력이 동기화되어 행동으로 나타난다는 것이 심리학에서 보는 욕망의 구조이다. 그리고 이렇게 행동을 추진하는 욕구는 부족한 것을 채우기 위한 '결핍 욕구'에서, 가치 있는 것을 추구하는 욕망인 상위 욕구로 나아가는데, 이는 일종의 자기보존 욕망인 하위 욕구에서 자기실현 욕망인 상위 욕구로 나아가는 것과도 같다.

그런데 무의식을 강조하는 심리학에서는 우리가 의식하는 욕구와 동기들이 근원적인 욕망인 무의식에 의해 변형되고 왜곡된다고 주장한다. 특히 프로이트는 이런 근원적인 욕망을 성욕으로 간주하고, 그런 원초적인 성적 에너지인 이드(id)가 쾌락원리에 따라 인간의 행동을 결정한다고 보았다. 이럴 경우 무의식에 존재하는 성욕과 그 갈등을 자각하여 자아로 하여금 원초아(이드)와 초자아의 균형을 이루게 하는 것이 정신건강에 중요하게 된다. 이는 비현실적인 쾌락원리에 따라 작동하는 원초아의 욕망을 현실원리인 자아에 의해 통제해야 한다는 것인데, 그렇다고 이런 욕망의 통제가 금욕주의적 억압을 뜻하는 것은 아니고, 일종의 적절한 조절이라고 할 수 있다.

심리학 일반의 입장에서 보자면 욕망 자체에는 옳고 그름이 없고, 욕망은 잘 조절하여 활용하면 삶의 건강한 동력이 될 수도 있고, 조절하지 못한 상태로 탐닉하면 괴로움의 뿌리가 될 수도 있는 것이다. 심리학에서는 욕망의 이런 자기조절이 자기관찰과 자기평가와 자기반응 등을 통해 이루어지는데, 권 교수는 자기관찰을 통해 욕망과 집착을 자각하고 그것의 비실체성을 통찰함으로써 그로 인한 고통으로부터 벗어나고자 한다는 점에서, 불교를 내향적 반성을 통해 자기조절을 추구하는 종교라고 규정하고 있다.

우희종 교수의 논문은 현대 생물학, 특히 진화발생생물학(evo-devo)의 입장에서 인간의 욕망과 동물의 욕망 사이의 차이를 규명하고 이의 불교적 접점을 모색한 글이다. 생물학에서 보자면 생명체로서 인간과 동물은 모두 욕망이라는 공통 기반 위에 성립하고 있으며, 생명체의 자아정체성을 이루고 있는 개체고유성의 기원은 욕망에 있는 것이다. 다시 말해 모든 생명체는 스스로를 유지하고자 하는 자기보존의 욕망 속에서 살아가기 때문에, 이런 욕망이 그의 자아 또는 자기를 이루는 터전이 된다.

그런데 이렇게 자아 또는 자기를 이루는 욕망의 발현 형태인 개체고유성을 물질 수준에서 담당하는 두 축이 신경계와 면역계이다. 신경계가 정신적 자기의 근거가 된다면, 면역계는 신체적 자기의 근거가 되며, 신경계가 욕망을 가시적으로 발현한다면, 면역계는 욕망을 미시적으로 체화한다. 그런데 이렇게 신경계와 면역계로 나타나는 개체고유성은 폐쇄적으로가 아니라 언제나 주위와의 관계 속에서 창발적으로 형성되는 것으로서, 이런 관계성이야말로 주위에 대한 열려 있음이라는 개방성을 나타내준다. 그리고 이처럼 주위에 의존하여 연기적으로 변화해 가는 열린(空한) 관계로서의 생명체는 관계로부터 빚어지는 수많은 변화 속에서 외부 환경에 대해 반응하고 기억하며 그러한 경험의 총체로서 일종의 시간적 누적으로 존재한다. 그리하여 이런 시간의 누적이라는 삶의 반복성 속에서 계통발생적 다양성이라는 차이의 현상이 창발적으로 출현한다. 이러한 자기조직적 창발 현상을 통해 등장한 생명체와 그의 개체고유성은 생명체의 동인動因으로서 욕망에 의해 발현된다.

　모든 욕망은 방향성과 관련되어 있는 것인 바, 우 교수는 방향성에 맞추어 욕망을 둘로 나누고 있다. 벡터(vector)적 욕망은 방향성을 갖는 욕망으로서, 특정 상태로의 분화 과정 속에서 이루어지는 조직화된 욕망이며, 이런 조직성 욕망이 개체고유성으로서의 욕망이 된다. 이에 비해 스칼라(scalar)적 욕망은 특정 방향성을 갖지 않는 욕망으로서, 계통발생과 배아발생 과정에서 반복과 차이를 통해 형성되는 것이며, 이런 배아성 욕망이 생명체의 근원으로서의 욕망이 된다. 그런데 벡터로서의 방향성은 주로 쾌락에 의존하며, 그 방향성은 곧 대상관련성을 의미하고 대상관련성은 결국 자기충족적 만족을 이룰 수 없기 때문에, 벡터적 욕망에 있어서 쾌락은 언제나 고통을 수반한다. 그러나 스칼라적 욕망은 나와 너라는 분별된 방향성을 갖지 않으므로, 분리나 분열에 의한 소외가 없어 그자체로 언제나 쾌락[常樂我淨]이다. 그렇다면 분화를 통해 분열된 욕망인 벡터적 욕망이 괴로움의 뿌리가 된다면, 분화 이전의 스칼라적 욕망은 진정한 삶의 동력이 된다고 할 수 있다. 그러나 스칼라적 욕망과 벡터적 욕망은 바다와 파도의 관계처럼 원래 둘이 아니기 때문에, 중요한 것은 이 욕망을 주위에 대해 닫힌 폐쇄적이고 집착적인 '자기중심'으로 전개하느냐, 아니면 주위에 대해 열려 있는 개방되고 자유로운 '자기중앙'으로 전개하느냐이다.

이상에서 살펴보았듯이 욕망은 그 주체인 인간이 폐쇄적, 분열적, 집착적 태도를 고수하느냐의 여부에 따라 괴로움의 뿌리가 되기도 하고 삶의 동력이 되기도 하는 지극히 유연하고도 중도적인 것이라고 할 수 있다. 문제는 억압과 발산의 중간에서 우리가 욕망을 어떻게 조절할 수 있느냐에 달려 있는 것 같다. 아무쪼록 본 저서에 담긴 글들이 욕망의 이런 지혜로운 사용에 작으나마 도움이 되기를 바랄 뿐이다.

목멱산 연구실에서 편집을 마치며
이당 김종욱

기획자 서문 · 5
편집자 서문 · 7

초기불교의 욕망 이해 | 욕망의 다양한 의미 정준영 · 27

1. 욕망의 두 가지 측면 · 27
2. 욕망: 까마(kāma)라고 부르는 욕망 · 29
  - 욕망(kāma): 장애와 속박의 원인 · 35
3. 욕망: 찬다(chanda)라고 부르는 욕구 · 40
4. 욕망: 라가(rāga·lobha)라고 부르는 탐욕 · 45
5. 욕망: 딴하(taṇhā)라고 부르는 갈애 · 49
6. 그 밖의 욕망들 · 54
7. 욕망의 올바른 이해 · 55

유식불교의 욕망 이해 | 욕망 세계의 실상과 그 너머로의 해탈 한자경 · 59

1. 욕망, 긍정할 것인가, 부정할 것인가? · 59
2. 욕계의 욕망 · 62
   1) 말나식의 욕망: 탐심과 진심의 욕망 · 62
   2) 업과 업보의 원리: 윤회의 원리 · 66
   3) 아뢰야식의 욕망: 자아와 세계 생성의 욕망 · 69
3. 욕계의 실상: 유전문 · 75
   1) 욕망의 순환구조와 무명 · 75
   2) 욕계: 욕망의 싸움터 · 79

3) 욕계의 고통 · 82

4. 욕계 너머로의 해탈: 환멸문 · 84

   1) 무명과 명: 아뢰야식과 일심 · 84

   2) 결핍과 공 · 88

   3) 욕망과 자비 · 90

5. 선악을 넘어선 해탈의 추구 · 93

선불교의 욕망 이해 | **욕망의 바다에서 유영하기**　　　이덕진 · 97

---

1. 욕망과 인간 · 97

2. 대승보살사상과 욕망 · 99

3. 선불교와 인간의 욕망 · 105

   1) 선불교 형성의 함의 · 105

   2) 욕망을 지닌 인간에 대한 선불교의 입처 · 109

      (1) 주체적 자각을 통한 주인공의 삶 · 109

      (2) 유기적 전체 속에서의 개체 · 121

   3) 인간의 욕망에 대한 선불교의 견처 · 128

      (1) 인식의 대전회를 통한 깨달음의 증득 · 128

      (2) 깨어 있음을 전제로 한 욕망의 긍정 · 142

      (3) 욕망의 다스림을 통한 삶의 올바른 경영 · 153

4. 욕망하는 사회와 선불교 · 163

서양철학의 욕망 이해 | **금욕주의와 쾌락주의를 넘어서**　　　박찬국 · 169

---

1. 금욕주의적 입장 · 169

   1) 쇼펜하우어가 보는 욕망 – 인생고人生苦의 원인으로서의 욕망 · 169

   2) 이원론적인 세계관과 욕망 · 171

3) 에피쿠로스학파와 스토아학파 · 174

　　　　(1) 에피쿠로스학파 · 174

　　　　(2) 스토아학파 · 175

　　　　(3) 에피쿠로스학파와 스토아학파에 대한 평가 · 177

　　4) 금욕주의적 입장에 대한 니체의 비판 · 178

　　5) 금욕주의적 입장에 대한 헤겔의 비판 · 182

2. 욕망의 해방을 주장하는 입장 · 186

　　1) 빌헬름 라이히 · 187

　　2) 허버트 마르쿠제 · 188

　　3) 라이히와 마르쿠제 사상의 비판적 검토 · 192

3. 금욕주의와 쾌락주의를 넘어서 – 니체의 힘의 철학 · 193

　　1) 니체와 힘에의 의지 철학 · 193

　　2) 힘에의 의지를 실현하는 병적인 형태로서 금욕주의 · 195

　　3) 힘에의 의지를 건강하면서도 기품 있게 실현하는 방식 · 198

　　4) 니체 철학의 지향점 · 201

　　5) 니체와 서양의 비금욕주의적인 전통철학 · 206

4. 플라톤과 아리스토텔레스의 인간관 · 210

　　1) 플라톤의 인간관 · 210

　　2) 아리스토텔레스의 인간관 · 212

5. 에리히 프롬의 욕망론 · 216

　　1) 프롬의 인간관과 욕망관 · 218

　　　　(1) 결합과 합일에의 욕망 · 220

　　　　(2) 초월과 창조에의 열망 · 221

　　　　(3) 지향의 틀과 헌신할 대상에 대한 욕구 · 222

　　2) 인간만이 갖는 욕망의 의의 · 224

　　3) 인간과 사회 · 227

　　4) 프롬의 욕망관의 의의 · 229

6. 푸코와 들뢰즈, 그리고 서양의 전통철학 · 231

1) 푸코에 있어서 권력과 욕망 · 232

2) 푸코의 철학과 서양의 전통철학 · 235

3) 들뢰즈의 니체 해석 · 235

4) 푸코와 들뢰즈의 철학이 갖는 의의 · 239

7. 욕망-고통의 굴레인가, 아니면 삶의 원동력인가? · 240

심리학의 욕망 이해 | **욕망의 자각과 조절**　　　권석만 · 243

---

1. 인간문제에 대한 내향적 접근 · 243

   1) 행복에 대한 외향적 입장과 내향적 입장 · 245

   2) 불교와 심리학 · 247

2. 욕망의 심리학 · 248

   1) 욕망이란 무엇인가 · 248

   　(1) 욕구 · 249

   　(2) 동기 · 250

   　(3) 압력 · 251

   2) 욕망의 분류 · 253

   3) 욕망의 위계와 발달 · 255

   4) 근원적 욕망 · 258

   　(1) 다윈과 진화 심리학의 입장 · 258

   　(2) 프로이트의 입장 · 259

   　(3) 융의 입장 · 262

   　(4) 아들러의 입장 · 263

   　(5) 대상관계 이론의 입장 · 265

   　(6) 인본주의 심리학의 입장 · 265

   　(7) 긍정 심리학의 입장 · 268

3. 욕망이 삶에 미치는 영향 · 270

1) 욕망충족 이론 · 271

   2) 욕망에 대한 부정적인 견해 · 272

   3) 욕망에 대한 긍정적인 견해 · 275

4. 욕망의 조절과 활용 · 276

   1) 욕망의 조절기제 · 277

   2) 자기조절의 심리적 과정 · 278

      (1) 자기조절의 주체: 의식과 자기 · 279

      (2) 자기관찰 · 281

      (3) 자기평가 · 282

      (4) 자기반응 · 284

5. 욕망과 대화하기 · 287

생물학의 욕망 이해 | 동물의 욕망, 인간의 욕망   우희종 · 293

1. 생명체와 욕망 · 293

2. 이보디보로 본 개체성 · 295

   1) 욕망의 주체로서 생명체의 개체성 · 295

   2) 개체고유성과 생체 기전 · 297

   3) 신체 속의 누적된 시간 · 302

3. 동물과 사람의 창발현상 · 308

   1) 욕망의 물질적 체현과 현대과학 · 308

   2) 유전적 본성과 환경적 양육 · 313

   3) 자아의 출현과 복잡계적 창발현상 · 316

4. 욕망으로서의 동물과 인간 · 319

   1) 분화된 욕망 · 319

   2) 욕망의 차이 · 321

   3) 동물의 욕망 – 라캉과 들뢰즈 · 324

5. 생물학적 욕망에 대한 과학과 불교의 입장・330

    1) 근대과학의 생명관과 욕망・330

    2) 생물학적 욕망과 자아・332

    3) 해체된 자아와 불교・336

6. 자기중심적 욕망에서 자기중앙적 욕망으로・339

참고문헌・343

주・355

{초기불교의 욕망 이해}

욕망의 다양한 의미

정준영(서울불교대학원대학교)

1. 욕망의 두 가지 측면

얼마 전 미얀마의 수행처에서 수행을 하던 중, 예상치 못했던 고민에 빠지게 되었다. 수행에 발전이 있어 아침공양을 거르고 좌선시간을 늘린 것이 그 원인이었다. '나는 왜 가족을 떠나, 공양도 거르고 이토록 긴 시간을 앉아 있는 것인가?', '이것은 탐욕인가, 아니면 노력인가?' 고민이라는 새로운 망상에 빠져 있음을 알고 있었지만, 수행의 동력이 되어준 노력과 성인聖人이 되기 위한 욕망은 쉽게 구분되지 않았다.

욕망欲望, 이것은 무엇을 하거나 가지고 싶어하는 마음을 말한다.[1] 그렇다면 이러한 욕망은 삶의 동력인가, 아니면 집착의 또 다른 형태인가. 욕망은 우리에게 긍정적인 요소로 작용하는가, 아니면 부정적인 요소로 작용하는가. 무엇인가를 바라는 것을 욕망이라고 한다는 사전적 의미 하나를 두고 욕망의 양면성을 구분하기란 참으로 쉽지 않다. 따라서 본고는 붓다(Buddha)의 입멸 이후, 최고의 지도자가 사라진 지금, 초기경전을 중심으로 욕망의 다양한 의미를 살피고, 욕망의 긍정적인 측면과 부정적인 측면에 대해 구분하고자 한다.

본고는 크게 두 가지로 구성되어 있다. 먼저 욕망의 긍정적인 면과 부정적인 면에 대해 구분하기에 앞서 초기경전(Pāli-Nikāya)에서 나타나는 욕망의 의미를 지닌 용어들을 살펴보는 것이다. 붓다는 욕망이라는 의미로 다양한 빠알리(pāli)어를 사용하였다. 경전을 통해 나타나는 욕망이란 단어는 'kāma', 'chanda', 'rāga', 'taṇhā', 'āsā', 'pihā', 'icchā', 'apekkhā', 'esanā', 'abhilāsa', 'ākaṅkhā', 'nikanti', 'āsīṃsana', 'sineha', 'pipāsā', 'gedha' 등 십여 가지가 넘는다. 이들 중 경전에서 가장 자주 등장하는 'kāma', 'chanda', 'rāga(lobha)', 'taṇhā'의 네 가지 용어에 집중하여 욕망의 의미를 살펴보는 것이 본고의 목적이다. 그리고 이들을 살펴보는 과정에서 각각의 용어들이 긍정적으로 사용되는 경우와 부정적으로 사용되는 경우를 구분해 볼 것이다. 이러한 시도는 한자로 번역된 욕망欲望이라는 단어가 초기불교 안에서 욕망이 내포하는 다양한 의미를 포괄하기에 한계가 있다는 것을 밝히게 될 것이다.

그동안 욕망에 대한 연구는 雲井昭善에 의해 심도 있게 진행되어 왔다. 그는 「원시불교에 나타난 사랑의 관념」에서 사랑〔愛〕을 통하여 애욕(愛欲, kāma), 자기애自己愛, 그리고 갈애(渴愛, taṇhā) 등을 상세하게 구분하여 설명하고 있다.[2] 특히, 초기불교에서 나타나는 애욕, 애정(pema), 동정(anukampā), 자애(metta), 연민(karuṇā) 등의 관계를 조화롭게 보여줌으로써, 애욕과 관련된 용어들을 체계적으로 정리하고 있다. 하지만 경전과 주석서에서 설명하는 다양한 욕망의 의미들과 그 성질에 대해서는 충분한 논의가 이루어지지 못한 것으로 보인다. 따라서 본고는 초기경전에서 설명하는 욕망에 집중하여, 다양한 종류의 욕망들과 그 의미 그리고 이들의 특징에 대해서 살펴볼 것이다. 이러한 연구를 통해 초기불교 안에서의 욕망의 의미뿐만 아니라, 다양한 욕망이 지니는 긍정적인 입장과 부정적 입장을 살피게 될 것이다.

2. 욕망: 까마(kāma)라고 부르는 욕망

고대 인도의 성애性愛경전으로도 유명한 『까마수트라(Kāma sutra, 욕망경)』는 인간이 가지고 있는 애욕愛欲과 그 행위과정을 나타내는 경전으로 잘 알려져 있다. 초기불교에서 자주 나타나는 '까마kāma' 역시 『까마수트라』처럼 인간이 가지고 있는 감각적 욕망을 나타내는 용어이다. 까마는 '바라다'라는 의미를 지닌 'kam'에서 파생된 명사로[3] '바램', '욕망', '쾌락', '탐욕', '애욕', 그리고 '성교性交' 등의 의미를 지니고 있다. 따라서 까마는 인간의 감각(感覺, sense)을 기본으로 하는 욕망을 대표한다.[4]

경전 안에서 욕망은 크게 두 가지 다른 의미로 활용되는데, 하나는 '감각적 기쁨의 대상'(vatthu-kāma)을 말하고, 다른 하나는 '감각적 기쁨을 위한 욕망'(kilesa-kāma)을 말한다. 다시 말해, 욕망을 의미하는 kāma는 욕망의 대상과 욕망 그 자체의 두 가지 의미로 사용되었다.

먼저 『숫타니빠타(Sutta-nipāta)』의 『까마숫따(Kāma sutta, 욕망경)』를 살펴보면, 욕망을 설명함에 있어 '땅', '금', '소', '말', '노예', '여자' 등 '감각적 기쁨의 대상'을 욕망으로 제시하였다.[5]

발로 뱀의 머리를 밟지 않듯, [감각적] 욕망(kāma)을 위한 욕망을 피하는 사람은 세상에서 마음챙김(sati)을 확립하고, 이러한 애착을 뛰어넘습니다. 농토, 대지나 황금, 황소나 말, 노비나 하인, 부녀나 친척, 그 밖에 사람이 탐내는 다양한 감각적 쾌락을 위한 욕망의 대상이 있습니다.[6]

이들은 매혹적이고, 유혹적이며, 마음을 이끌게 하는 힘을 지닌 대상들로 인간의 외부 세상에 존재한다. 그리고 또 다른 욕망은 인간 내면의 세계에서 나타나는 심리적 상태의 욕망을 의미한다. 초기불교는 외적 대상을 나타내는 욕망보다 내면의 심리적 상태를 다루는 욕망에 무게를 두고 있다. 『상윳따니까야(Saṃyutta-nkāya)』는 욕망에 대하여 세상의 아름다운 것들 자체라기보다, 그들을 향해 일어나는 욕구가 욕망이라고 설명한다.

세상 만물이 [감각적] 욕망(kāma)이 아니라 의도된 탐욕이 [감각적] 욕망이네. 세상에 참으로 그렇듯 갖가지가 있지만, 여기 슬기로운 님이 욕망을 이겨내네.[7]

또한 『앙굿따라니까야(Aṅguttara-nikāya)』 역시 욕망에 대해, 매력적인 대상을 향해 즐거운 느낌을 경험하여 반응하거나, 반응하기 이전에 일어나는 욕구의 단계라고 설명한다.

비구들이여, 이와 같은 다섯 가지 [감각적] 욕망(pañcime kāmaguṇā)⁸의 대상이 있다. 시각으로 인식되는 물질, 원하고 즐겁고 마음에 들고 사랑스럽고 [감각적] 욕망을 자극하고 집착이 되는, 청각으로 인식되는 소리…,
후각으로 인식되는 냄새…, 미각으로 인식되는 맛…, 몸으로 인식되는 감촉이다. 비구들이여, 이것들은 성인의 계율에 비추어 [감각적] 욕망이 아니라 [감각적] 욕망의 대상이라고 불린다.… 비구들이여, 무엇이 [감각적] 욕망의 원인인가? 비구들이여, 접촉이 [감각적] 욕망의 원인이다.
비구들이여, 무엇이 [감각적] 욕망의 다양함인가? 비구들이여, 물질·소리·냄새·맛·감촉에 대한 [감각적] 욕망이 다르다.… 비구들이여, 무엇이 [감각적] 욕망의 결과인가? 비구들이여, [감각적] 욕망을 지니고 그때마다 공덕을 만들거나(puññabhāgiyaṃ) 악덕을 만들어낸다.⁹ 비구들이여, 이것을 [감각적] 욕망의 결과라고 부른다. 비구들이여, 무엇이 [감각적] 욕망의 소멸인가? 비구들이여, 접촉의 소멸이 [감각적] 욕망의 소멸이다. 그리고 고귀한 여덟 겹의 길(八正道)이 [감각적] 욕망의 소멸로 이끄는 길이다.¹⁰

이들은 모두 감각적인 영역[欲界] 안에서 나타나는 특징을 지니고 있다.¹¹ 감각적인 영역과 관련하여 욕망은 구체적으로 싱직 민족의 영역을 제한하는 의미로 사용되기도 한다. '오계(五戒, pañca-sīla, 다섯 가지 생활규범)'는 재가불자들이 지키는 기본적인 규칙이다.[12] 다섯 가지 중에 세 번째에 속하는 불사음不邪淫의 계율은 '나는 욕망(kāma)의 잘못된 행위로부터 멀리하는 훈련의 규칙을 지니겠습니다'로 직역된다.[13] 여기서 '욕망의 잘못된 행위'는 감각적 욕망(kāma)으로 인해 발생하는 잘못된 행위(micchācārā), 특히 성적 행위에 대한 부적절함을 나타낸다. 따라서 불교는 재가자가 지켜야 하는 다섯 가지 계율을 통해 감각적인 욕망을 조절하는 것을 기본 윤리적 규범으로 제시하고 있다.

하지만, 여기서 주목해야 할 점은 모든 욕망이 아니라 잘못된 결과를 이끄는 욕망이라는 것이다. 다시 말해, 불교는 재가불자들에게 모든 성적 행위 혹은 욕망으로 인한 모든 행위를 금지하는 것이 아니라, 욕망으로 인한 잘못된 행위를 절제하도록 권유하고 있다. 범부가 세상을 살아가는데 감각적 욕망을 통한 즐거움(kāmassāda)은 필수불가결한 요소이다. 왜냐하면 욕망을 통한 의욕과 성취, 그리고 그 과정이 감각적으로 나타나지 않는다면, 목적의식이 사라지고 무기력에 빠져 일상생활을 하기가 어렵기 때문이다.

따라서 초기불교는 재가자들 역시 둘로 구분하고 있다. 하나는 '하얀 옷을 입고 〔감각적〕 욕망을 지닌 재가자'이고 다른 하나는 '하얀 옷을 입고 성스러운 삶을 사는 재가자'이다.[14] 이들은 욕망을 지니고 세간적 삶을 영위하는 불제자와 욕망을 버리고 감각적 삶을 멀리하여 출세간의 성스러운 삶〔梵行〕을 사는 불제자이다.

이와 같은 구분을 통하여 욕망이라고 하는 것이 세간적 삶을 영위하는 데 있어 강한 동력은 될 수는 있으나, 불교의 궁극적 목표(涅槃)를 고려하면 여전히 장애가 되고 있다는 것을 알 수 있다. 『아라가두빠마 숫따(Alagaddūpama Sutta)』는 욕망을 다양한 장애로 비유하여 설명하고 있다.

> 세존께서는 〔감각적〕 욕망(kāma)에는 즐거움이 적고, 괴로움이 많고 근심이 많으며, 재난은 더욱 많다고 설하셨습니다. 또한 세존께서는 〔감각적〕 욕망에 관해 해골의 비유를 설하셨고, 욕망에 관해 고깃덩어리의 비유를 설하셨고, 욕망에 관해 건초횃불의 비유를, 불구덩이의 비유를, 빌린 물건의 비유를, 나무열매의 비유를, 도살장의 비유를, 칼과 창의 비유를, 뱀 머리의 비유를 설하셨는데, 욕망에는 즐거움이 적고 괴로움이 많고 근심이 많으며, 재난은 더욱 많다고 설하셨습니다.[15]

또한 『드웨다위따까 숫따(Dvedhāvitakka Sutta)』를 통하여 붓다는 욕망은 자신에게, 타인에게, 그리고 자신과 타인 모두에게 해로울 뿐만 아니라, 지혜를 멈추게 하고, 열반을 성취하는 데 있어 도움이 되지 못하는 것이라고 분명하게 정의하고 있다.

> 비구들이여, 내가 열심히 부지런히 전념할 때 〔감각적〕 욕망의 생각이 일어났다. 나는 '〔감각적〕 욕망의 생각이 나에게 일어났다. 이것은 나를 해롭게 만들고, 다른 사람을 해롭게 만들고, 지혜를 멈추게 하고, 곤혹을 일으키고, 열반을 멀리하게 만든다'라고 분명

히 알았다.[16]

이처럼 불교 안에서 욕망은 대부분 부정적으로 설명되고 있다. 하지만 해로운 것임에도 불구하고 욕망을 포기하기는 매우 어렵다.[17] 욕망은 즐거움을 추구하는 경우 외에 괴로움을 멀리하고자 하는 경우에도 발생한다. 예를 들어, 범부가 괴로움에 직면했을 때 괴로운 느낌을 받아들이고 키우고자 하는 경우는 매우 드물다. 대부분의 경우 괴로움을 멀리하고, 괴로움에 반하여 즐거움을 좇는 욕망이 일어나게 된다. 결국 그는 괴로움에서 벗어나고자 하는 욕망에 사로잡히게 되고, 감각적 욕망을 통한 즐거움으로써 괴로운 느낌으로부터 해방되길 원한다. 왜냐하면 그는 감각적 욕망 이외에 괴로운 느낌으로부터 벗어나는 길을 알지 못하기 때문이다. 이와 관련하여 『웨다나 상윳따(Vedanā saṃyutta)』는 '배우지 못한 일반사람〔凡夫〕'과 '잘 배운 고귀한 제자〔聖人〕'를[18] 통하여 괴로운 느낌을 받아들이는 것이 다르다는 것을 설명한다.

이와 같이 비구들이여, 배우지 못한 일반사람(assutavā puthujjano)은 괴로운 느낌과 접촉하면 슬퍼하고, 근심하고, 통탄하고, 통곡하고, 혼미해진다. 그는 정신적이고 육체적인 두 가지 느낌을 느낀다. … 그에게 괴로운 느낌과 접촉하여 분노가 생겨난다. 또한 즐거운 느낌과 접촉하여 감각적 욕망의 즐거움에서 환락에 빠진다. 그것은 무슨 이유인가? 비구들이여, 배우지 못한 일반사람은 〔감각적〕 욕망(kāma) 이외의 괴로운 느낌에서 벗어나는 길을 모르기 때문이다. … 이와 같이 비구들이여, 잘 배운 고귀한 제자(sutavāariyasāvaka)는 괴로운 느낌과 접촉해도 슬퍼하지 않고, 근심하지 않고, 통탄하지 않고, 통곡하지 않고, 혼미해지지 않는다. 그는 정신적이 아닌 육체적인 한 가지 느낌만을 느낀다.[19]

'배우지 못한 일반사람'은 [감각적] 욕망(kāma) 이외에 괴로운 느낌에서 벗어나는 길을 모르기 때문에 욕망을 키워 괴로움을 반복하게 되고, '잘 배운 고귀한 제자'는 괴로운 느낌에서 벗어나는 길을 알기에 욕망에서 벗어나 괴로움을 반복하지 않는다. 이처럼 [감각적] 욕망은 또 다른 욕망을 낳기에 욕망은 멀리해야 하는 것이 불교적 이해이다. 따라서 붓다는 신구의身口意를 통해 악행을 하지 않고 '마음챙김(sati, 念)'과 '올바른 앎(sampajāna, 正知)'[20]을 지녀 욕망을 멀리하는 것이 괴로움으로부터 벗어나는 길이라고 설한다.[21] 다시 말해 수행(bhāvanā)을 통하여 욕망이라는 번뇌로부터 벗어나게 된다.[22] 또한 재가자로 살면서 욕망을 절제하는 것에는 한계가 있기에, 출가(pabbajjā)를 통해 수행하는 것이 욕망의 절제를 위해 유리한 환경이 될 것이라 설명한다.[23] 이처럼 초기불교 안에서 [감각적] 욕망은 수행을 통하여 제거해야 할 불선한 것으로 괴로움의 원인이다.

— **욕망(kāma): 장애와 속박의 원인**

감각적인 영역[欲界] 안에서 나타나는 [감각적] 욕망은 초기경전을 통하여 장애(障碍, nīvaraṇa)와 속박(samyojana, 족쇄, 分結)의 요소로 나타난다. 이들은 수행의 과정과 깨달음에 방해가 되는 요소들로, 장애는 사마타 수행(Samatha-bhāvanā, 止)을 통하여 선정(禪定, jhāna)을 성취하는 데 방해가 되는 것을 말하고, 속박은 사마타와 위빠사나 수행(Vipassanā-bhāvanā, 內觀)을 통하여 성인(聖人, ariya-puggala)이 되는 것을 방해하는 것을 말한다.

『보장가 상윳따(Bojjnaṅga saṃyutta)』[24]에 따르면, 다섯 가지 장애[五蓋, 五障碍, Pañca-nīvaraṇa]는 맑은 물에 자신의 모습을 비춰보려는 자에게 '염료가 섞인(kāmacchanda)', '불에 끓는(byāpāda)', '수초로 덮인(thīna-middha)', '바람에 물결치는(uddhacca-kukkucca)', '진흙으로 탁한(vicikicchā)' 물과 같아서 자신의 모습을 있는 그대로(yathābhūta) 분명히 보거나 알지 못한다고(na pajānati) 설명하고 있다.[25] 따라서 수행자의 마음에 이러한 다섯 가지 장애들이 나타나지 않을 때, 수행자는 맑은 물에 비치는 자신의 모습을 보듯이 자신의 마음에서 일어나는 현상을 있는 그대로 보고 알 수 있다. 이들 다섯 가지 장애는 ①〔감각적〕욕망의 욕구(kāmacchanda, 貪欲蓋)[26], ②악의, 성냄(byāpāda, 瞋恚蓋), ③혼침과 졸음(thīna-middha, 昏沈睡眠蓋), ④들뜸과 회한(후회)(uddhacca-kukkucca, 掉擧惡作蓋), 그리고 ⑤회의적 의심(vicikicchā, 疑蓋)이다. 수행자에게 이들 다섯 가지 장애가 사라지면 첫 번째 선정에 들어가게 된다. 따라서 '욕망의 욕구'라는 장애가 일어나고 있는 동안에 수행자는 현상을 있는 그대로 보지 못할 뿐만 아니라 선정에 들지 못한다. 그리고 첫 번째 선정에 들면 다섯 가지 장애와 대응하여 다섯 가지의 선정요소들(禪支, jhāna-aṅga)이 나타난다. 이들은 ①일으킨 생각(vitakka), ②머무는 생각(vicāra),

③ 희열(pīti), ④ 즐거움(sukha), ⑤ 집중(ekaggata)이다. 『청정도론(Visuddhi magga)』의 설명에 따르면 이들 다섯 가지 선정의 요소는 다섯 가지 장애와 상충하여 나타난다.[27] 이들 중 '욕망의 욕구' 장애가 사라지면 '집중'의 선정요소가 강화된다. 이를 통해 〔감각적〕 욕망이 사라지면 집중이 강화된다는 사실을 유추할 수 있다. 『까싸빠 상윳따(Kassapa saṃyutta)』는 장애와 욕망에서 벗어나 선정을 성취하는 과정에 대해서 설명한다.

그는 마음의 번뇌이며 또 지혜를 약화시키는 이 다섯 가지 장애들을 〔五蓋〕 버리고, 〔감각적〕 욕망에서 벗어나고 불선한 법으로부터 떠나서, 일으킨 생각(vitakka)과 머무는 생각(vicāra)을 지니고, 벗어남(viveka)에서 일어난 희열(pīti)과 즐거움(sukha)을 지닌 첫 번째 선정을 성취하며 머무른다.[28]

그리고 『마하사띠빳타나 숫따(Mahāsatipaṭṭhāna Sutta, 大念處經)』는 법념처(法念處, dhammānupassana)를 통하여 다섯 가지 장애와 욕망의 관찰 방법을 설명하고 있다.[29]

비구들이여, 여기에 한 비구가 내적으로(ajjhattaṃ) 〔감각적〕 욕망의 욕구(kāmacchanda)가 있으면, '나에게 내적으로 〔감각적〕 욕망의 욕구가 있다'라고 분명히 안다. 또는 내적으로 〔감각적〕 욕망의 욕구가 없으면, '나에게 내적으로 〔감각적〕 욕망의 욕구가 없다'라고 분명히 안다. 그와 같이 아직 생겨나지 않은 〔감각적〕 욕망의 욕구가 생겼을 때 그것을 분명히 알고, 생겨난 [감각적] 욕망의 욕구가 사라지면 그것을 분명히 안다. 그리고 이미 버려진 [감각적] 욕망의 욕구가 이후에 일어나지 않으면, 그것 또한 분명히 안다.[30]

이처럼 [감각적] 욕망은 사마타(Samatha, 止) 수행을 통하여 선정을 성취하는 데뿐만 아니라, 위빠사나(Vipassanā, 觀) 수행으로 이끌어주는 염처念處수행 안에서도 제거되어야 할 대상으로 설명되고 있다.[31] 더 나아가 [감각적] 욕망을 포함하는 장애는 성인(ariya-puggala)의 성취 과정을 통해서도 나타난다. 비구 보디(Bhikkhu Bodhi)는 첫 번째 선정에서 억제된 다섯 가지 장애 중에 ①[감각적] 욕망의 욕구는 아라한과에서, ②성냄은 불환과에서, ③혼침과 졸음은 아라한과에서, ④들뜸과 회한 중 들뜸은 아라한과에서, 회한은 불환과에서, 그리고 ⑤의심은 예류과에서 끊어진다고 주석서의 예를 들어 설명하고 있다.[32] 이는 [감각적] 욕망의 욕구가 성인의 성취 과정에도 밀접한 연관이 있다는 사실을 보여준다. 하지만 여기서 우리는 몇 가지 의문을 품을 수 있다. 예를 들어, 욕망의 욕구가 아라한과를 통해 완전히 제거된다고 할 때, 아라한과를 얻지 못한 성인이 첫 번째 선정에 들면 욕망의 욕구가 나타나느냐 나타나지 않느냐 하는 것이다. 물론 아라한과의 성인은 선정에 들지 않아도 욕망의 욕구가 나타나지 않는다. 왜냐하면 성인의 경우에 속박이 사라지는 것은 선정의 상태에 머물든 머물지 않든 상관없이 완전히 제거되어 있는 것을 나타내기 때문이다. 하지만 욕망의 욕구라는 속박에서 완전히 벗어나지 못한 예류과의 경우도 선정에 들면 욕망의 욕구라는 장애는 나타나지 않는다. 이는 성인뿐만 아니라 아직 성인이 되지 못한 범부의 경우도 마찬가지이다. 왜냐하면 평소에 〔감각적〕 욕망의 욕구〔장애〕를 가진 범부도 선정에 머무르는 동안 욕망의 욕구는 일시적으로 중지하고 집중이 대치하여 나타나기 때문이다. 하지만 선정에서 벗어나면 다시 욕망이 일어난다. 따라서 〔감각적〕 욕망의 완전한 제거는 성인의 성취와 더불어 사라지는 열 가지 속박과 밀접한 연관성을 보인다.

『마할리 숫따(Mahāli sutta)』 등의 초기경전을 살펴보면 열 가지 속박들이 설명된다.[33] 이들은 다섯 가지 낮은 속박(족쇄)과 다섯 가지 높은 속박으로 구성되어 있다. 다섯 가지 낮은 속박(orambhāgiya-samyojana, 五下分結)은 ① 유신견(sakkāya-diṭṭhi, 有身見),[34] ② 회의적인 의심(vicikicchā), ③ 계율이나 의식에 대한 집착(silabbata-parāmāsa, 戒禁取見),[35] ④ 〔감각적〕 욕망의 탐욕(kāma-rāga), ⑤ 성냄(byāpāda, 악의, 혐오)이고, 다섯 가지 높은 속박 (uddhambhāgiya-samyojana, 五上分結)은 ⑥ 색계色界에 대한 탐욕(rūpa-rāga), ⑦ 무색계無色界에 대한 탐욕(arūpa-rāga), ⑧ 아만(māna, 我慢), ⑨ 들뜸(uddhacca), 그리고 ⑩ 무지(avijjā, 어리석음, 無明)이다. 열 가지 속박들 중에 욕망과 관련된 것은 ④ 〔감각적〕 욕망의 탐욕, ⑥ 색계色界에 대한 탐욕, ⑦ 무색계無色界에 대한 탐욕이다. 그리고 kāma라는 〔감각적〕 욕망의 의미를 담고 있는 속박은 네 번째 속박으로 다섯 가지 낮은 속박에 속한다.[36]

이들 속박들은 성인의 성취 과정을 통하여 점차 제거된다.[37] 초기경전의 설명에 따르면, 〔감각적〕 욕망의 탐욕과 성냄은 불환과를 통해서[38] 사라진다. 이들의 관계를 구체적으로 살펴보면 다음과 같다. 수행자가 예류과를 얻으면 '유신견', '회의적 의심', '계율과 의식에 대한 집착'라고 하는 첫 번째에서 세 번째의 속박들이 사라진다. 수행자가 일래과를 얻으면 예류과에서 제거한 더 이상의 어떤 속박도 제거하지 못한다. 다만 남은 네 번째와 다섯 번째 속박(욕망의 탐욕, 성냄)을 약화시킨다. 수행자가 불환과에 들면 '(감각적) 욕망의 탐욕'과 '성냄'이 완전하게 제거된다. 이로써 오하분결이 모두 제거되는 것이다. 그리고 마지막으로 수행자가 아라한이 되면 남은 모든 다섯 가지 높은 속박들이 사라진다. 이처럼 초기불교 안에서 (감각적) 욕망(kāma)은 수행을 통하여 제거해야 할 장애와 속박으로 괴로움의 원인이다. 초기경전 안에서 (감각적) 욕망의 긍정적인 의미는 찾아보기 어렵다. 다만 같은 욕망 안에서 욕망의 높고 낮은 수위가 구분되는 정도이다. 경전은 인간의 욕망(mānusaka-kāma)과 신의 욕망(dibba-kāma)을 구분하고 있으며, 몇몇 바라문들은 선한 행위(業)를 통하여 인간의 즐거움보다 뛰어난 신의 즐거움(dibba-kāma)을 누릴 수 있다고 믿었다.[39] 그리고 불교 역시 인간의 욕망보다 신의 욕망이 우수하다고 인정하고 있다.[40] 하지만 초기경전 안에서 (감각적) 욕망의 긍정적인 의미는 찾아보기 어렵다.

3. 욕망: 찬다(chanda)라고 부르는 욕구

'찬다(chanda)'[41]는 'chanda/chad(to please)'에서 파생된 남성명사로, 인간이 가지고 있는 '욕구', '의욕', '자극', '의도', '의지', '욕망', '집착' 등의 의미를 지닌다. 찬다는 '행위를 하기 위한 의지'나 '행위를 하기 위한 욕구' 등 대상을 향하여 나아가기 위한 원인이 되는 심리적 현상을 말한다. 또한 초기경전에서 '까마(kāma)'와 유사한 의미로 사용되며,

함께 합성어를 만들어 장애의 요소로〔kāma+chanda, 貪欲蓋〕나타나기도 한다. 이 경우 까마는 욕망, 쾌락, 애욕 등을 나타내고 찬다는 행위를 하기 위한 의욕이나 욕구를 나타낸다. 여기서 '의욕'은 우리가 일반적으로 얘기하는 '욕망(kāma)'이나 '탐욕(lobha, rāga)'과 구분되어야 한다. 불교 안에서 '욕망'이나 '탐욕'은 이것저것에 집착하여 매달리는 모든 것을 말하기에 언제나 불선하고 해롭지만, '의욕'은 부정적인 면뿐만 아니라 긍정적인 면도 가지고 있다. 왜냐하면 의욕은 그 결과가 선한 것이든 악한 것이든 상관없이 단지 하고자 하는 마음을 나타내기 때문이다.

예를 들어, 궁사가 활시위를 당겼을 때 무엇을 맞추고자 하는 욕구가 바로 찬다이다. 만약 이 욕구가 사람을 죽이기 위한 것이라면 나쁜 결과를 초래하는 불선한 의욕이 되는 것이고 그것이 정당한 스포츠 경기에서의 일이라면 좋은 성적을 내기 위한 선한 의욕이 되는 것이다. 그러므로 의욕은 도덕적으로 다양한 변화가 가능하다. 하지만 앞서 살펴본 것과 같이 다섯 가지 장애에서 나타나는 의욕은 까마(욕망)와 함께〔감각적〕쾌락을 추구하는 욕구를 말한다. 더 먹고, 더 즐기고, 더 소유하고 싶은 그런 욕구인 것이다. 이처럼 찬다는 부정적인 면뿐만 아니라 긍정적인 면도 가지고 있다. 찬다는 윤리적으로 다양하게 변화 가능하다. 따라서 찬다는 윤리적이지도 비윤리적이도 않은 의미를 지니고 있다. 찬다는 무엇과 연결되느냐에 따라 선(kusala, 善)하게 진행되기도 하고 불선(akusala, 不善)하게 진행되기도 한다.

붓다고사(Buddhaghosa)는 『청정도론』을 통하여 욕구(chanda)의 역할에 대해서 구체적으로 설명하고 있다.

찬다(chanda, 욕구, 의욕, 열의)는 하고 싶어함의 동의어이다. 그러므로 이것은 하고 싶어하는 특징을 가진다. 대상을 찾는 역할을 한다. 대상을 원함으로 나타난다. 바로 그 대상이 가까운 원인이다. 이 찬다는 대상을 잡는데 마음을 뻗는 것이 마치 손을 뻗는 것과 같다고 알아야 한다.[42]

찬다는 행위를 하고자 하는 의지의 특징을 지니고, 대상을 자세히 살피는 기능을 가졌으며, 대상을 필요로 할 때 힘을 가하여 나타난다. 따라서 붓다고사는 찬다에 대해 대상을 잡기위해 뻗는 '마음의 팔(cetaso hatthappasāraṇa)'과 같은 것이라고 설명하고 있다. 이때 대상을 붙잡는다는 것은 대상에 대해 집착하는 것이라고도 이해할 수 있다.

초기경전 안에서 찬다는 대상을 간직하고 싶어하는 집착의 의미로도 나타난다. 이러한 경우 찬다는 불선한 마음과 연계되어 부정적인 결과들을 만들어낸다. 존재를 지속하고자 하는 욕구(bhava chanda),[43] 몸에서의 욕구(kāyasmiṃ chando),[44] 물질〔감각적 대상〕에서의 욕구(rūpesu chando),[45] 성교性交에서의 욕구(methunasmiṃ chando)[46] 등 찬다는 여러 가지 집착의 의미 역시 가지고 있다. 또한 찬다는 '오취온(五取蘊, pañcaupādānakkhandha)'[47]의 집착(upādāna, 取)과도 유사하다. '오취온'에서 '취取'는 '우빠다나(upādāna, clinging)'를 말하는데 여기서 '취'란 '오온'에 대한 '집착'과 '욕망'을 말한다. 초기경전은 찬다를 근원으로 오온에 대한 집착이 생기며, '오온에 대한 집착이 바로 괴로움이다'라고 설명하고 있다.[48] 즉, 찬다는 우빠다나의 의미를 지니고,[49] 이러한 '오온'에 대한 '집착'은 '괴로움(dukkha)'을 일으키는 원인이 된다. 이처럼 불선함과 결합된 찬다는 괴로움의 원인이 된다.[50] 따라서 불선한 찬다의 제거는 수행자가 괴로움으로부터 벗어나 고귀한 삶을 살 수 있도록 이끌어준다.[51]

하지만 초기경전 안에서 찬다는 선함과 연계하여 긍정적인 경우로도 나타난다. 찬다를 선한 쪽으로 계발하고 발전시키면 불선한 것을 억누르고 제거할 수 있는 힘이 생기게 된다.[52] 이것은 좋은 일을 하기 위한 의도(kusala chanda)이고 선한 것을 위한 의욕(dhammacchando)이다. 『짱기 숫따(Caṅkī sutta)』는 찬다를 통한 깨달음의 과정을 설명하고 있다.

고따마 존자여, 의욕(욕구, chanda)을 위해 어떤 것이 도움이 됩니까?… 바라드와자여, 의욕을 위해 가르침에 대한 통찰과 이해(dhammanijjhānakhanti)가 도움이 됩니다. 만약 가르침에 대한 통찰과 이해가 없다면, 의욕을 낼 수가 없습니다. 가르침에 대한 통찰과 이해가 있기에 의욕이 일어납니다. 따라서 의욕을 위하여 가르침에 대한 통찰과 이해의 수용이 도움이 됩니다.[53]

수행자가 스승을 찾아, 가르침을 주의하여 잘 들으면, 법(dhamma)을 마음에 지니고, 그 의미를 고찰하게 된다. 이러한 이해를 바탕으로 법을 좋아하고 찬다(chanda)로 행하면, 노력하여 진리를 성취하게 된다(saccānupatti). 이때의 찬다는 집중과 함께 '사여의족(四如意足, iddhi-pādā)'의 첫 번째 역할을 한다.[54] 사여의족은 '삼십칠조도품(三十七助道品, bodhipakkhiyadhamma)'의 구성요소로 깨달음으로 이끄는 중요한 요소이다.[55] 또한 찬다는 수행의 진행 과정과도 밀접한 관계가 있다. 『앙굿따라 니까야』는 모든 현상(法)의 근본이 되는 의욕(chanda)을 기반으로 바른 수행이 진행된다고 설명하고 있다.

> 친구여, 모든 현상(가르침, 法, dhammā)은 의욕을 근본으로 한다(chandamūlakā). 모든 현상은 주의기울임으로(manasikāra) 일어난다. 모든 현상은 접촉으로(phassa) 인해 생긴다. 모든 현상은 느낌으로(vedanā) 모아진다. 모든 현상은 집중을(samādhi) 우선으로 한다. 모든 현상은 마음챙김을(sati) 주인으로 한다, 모든 현상은 지혜가(paññā) 최상이다. 모든 현상은 해탈을(vimutti) 핵심으로 한다.[56]

그러므로 수행자는 찬다를 시작으로 관찰대상을 향해 '마나시까라(manasikāra, 作意)'[57]라고 하는 '주의기울임'을 실행할 수 있다. 그리고 이 과정을 통해 '느낌(受)'을 응시할 수 있고, 느낌이 갈애(渴愛)로 발전하는 것을 방지하고 또한 존재가 고통스럽게 되는 현상을 이해하게 된다. 선한 의욕(kusaladhamma)으로 시작된 이러한 실천 수행은 수행자가 몸과 마음에서 일어나는 현상의 진정한 실체를 이해하도록 돕는다. 『상윳따니까야』의 설명에 따르면 '이치에 맞지 않는 주의기울임(非如理作意, ayoniso manasikāra)'은 '(감각적) 욕망의 욕구(kāmacchanda, 貪慾蓋)'의 발생 원인이 되며, '이치에 맞는 주의기울임(如理作意, yoniso manasikāra)'은 현상의 발생과 소멸을 있는 그대로(yathābhūta) 볼 수 있도록 돕는다고 한다.[58] 즉, 현상에 대해 있는 그대로 주의를 기울이지 못하면 무상無常한 것을 유상有常한 것으로, 괴로운 것〔苦〕을 즐거운 것〔樂〕으로, 무아無我를 유아有我로 이해하기 때문에 〔감각적〕 욕망의 욕구가 발생한다. 그리고 현상을 있는 그대로 이치에 맞게 살펴보면 〔감각적〕 욕망의 욕구는 발생하지 않는다. 그러므로 선한 의욕(chanda)은 수행자를 올바른 실천수행으로 이끌 뿐만 아니라 지혜와 해탈을 이룰 수 있도록 돕는다. 이때의 찬다를 '하기 위한 의지'〔kattukāmyatā〕라고 부른다.[59] 누군가에게 욕망이라는 의욕(chanda)이 나타나지 않으면 노력을 만들어 낼 수가 없다.[60]

이처럼 찬다는 긍정적인 경우와 부정적인 경우 모두에 사용되고 있다. 찬다 자체로 경전에서 나타날 때에는 문맥을 통해 긍정과 부정적인 면을 구분해야 하지만, 찬다가 '담마찬다(dhammacchanda, 法欲)'나 '꾸살라찬다(kusalacchanda, 善欲)' 등의 합성어로 사용되는 경우는 대부분 긍정적으로, '까마찬다(kāmacchanda, 貪欲)'나 '찬다라가(chandarāga, 欲貪)' 등의 합성어로 사용되는 경우는 대부분 부정적으로 활용된다. 따라서 찬다는 삶의 중요한 동력이 될 수도 있고 괴로움의 원인이 될 수도 있다.

4. 욕망: 라가(rāga·lobha)라고 부르는 탐욕

라가(rāga)는 '채색하다'는 의미를 지닌 'raj'에서 파생된 명사로 '탐욕'이라는 의미를 가지고 있다.[61] 라가는 로바(lobha)와 동의어로 탐욕(greed, 貪)이라는 좀더 강한 의미로 사용된다.[62] 즉, 강한 욕망으로 열망, 갈망, 집착, 이기적 욕망들을 나타낸다. 또한 이들은 성냄(dosa, hatred, 瞋)과 어리석음(moha, delusion, 痴)과 더불어 깨달음에 장애가 되는 근본적인 세 가지의 번뇌인 삼독三毒 중의 하나이다. 앞서 설명한 찬다(chanda)와 라가(rāga)는 경전의 여러 곳에서 동의어처럼 사용되기도 하나 그 의미가 조금 다르다.[63] 굳이 이들을 구분을 한다면 찬다(욕구)는 약한 집착을 지닌 상태를 말하고, 라가(탐욕)는 보다 격렬해진 욕망의 상태를 말한다.[64] 그리고 찬다가 무엇인가를 얻기 위한 욕망이라면 라가는 이미 소유한 것에 대한 집착을 말하는 경향이 있다.

『아비담맛타상가하(Abhidhammattha-saṅgaha)』의 설명에 따르면 라가(탐욕)는 마치 원숭이의 덫과 같다. 옛날에 원숭이를 잡을 때는 나무 안에 송진 등을 담아두었다고 한다. 그러면 원숭이가 호기심이 많아 한 손을 넣었다가 안 나오니까 다른 한 손을 또 넣는다. 그래도 안 나오면 다른 발들을 넣는다. 그래도 안 나오면 마지막으로 입까지 넣어 꼼짝을 못하게 된다고 한다.

이처럼 탐욕이란 처음에는 작게 시작하지만 점점 커져만 가는 것을 말한다.[65] 탐욕을 지닌 상태에서는 현상을 보고 옳은 것인지 옳지 않은 것인지 구분하기 어렵다. 왜냐하면 탐욕이 제거되지 않은 상태에서 사람의 마음은 맑지 못하기 때문이다. 결국 탐욕의 강도에 따라 탐욕에 대한 의존도도 높아지고, 탐욕이 늘어나는 만큼 괴로움도 늘어나게 된다. 이처럼 탐욕은 사람을 어둠의 동굴로 이끈다. 탐욕을 제거하기 전에는 결코 이 어둠으로부터 벗어날 수 없게 된다.[66] 탐욕은 매우 강하고 제거하기가 어렵다. 따라서 탐욕을 포함하는 삼독이 제거된 상태는 불교수행의 최종목표이기도 하다.

붓다는 『상윳따니까야』를 통하여 탐욕의 제거는 수행자를 열반으로 이끈다고 설명한다. "벗이여, 탐욕(rāga)과 성냄과 어리석음이 제거된 것을 열반(涅槃, nibbāna)이라고 부릅니다."[67] 즉, 탐욕을 제거하는 것이 삶의 짐을 덜어내는 것이며 윤회의 고리로부터 벗어나는 길이다.[68] 붓다고사는 『청정도론』을 통하여 탐욕의 특징에 대해서 구체적으로 설명하고 있다.

탐욕은 마치 끈끈이처럼 대상을 거머쥐는 특징을 가진다. 마치 달구어진 냄비에 놓인 고깃덩이처럼 달라붙는 역할을 한다. 마치 염색하는 안료처럼 버리지 않음으로 나타난다.…[69]

또한 탐욕은 까마(kāma)를 통해 열 가지로 소개한 속박(Samyojana)에도 나타난다. 이들은 네 번째인 '[감각적] 욕망의 탐욕(kāma-rāga)', 여섯 번째인 '색계色界에 대한 탐욕(rūpa-rāga)' 그리고 일곱 번째인 '무색계無色界에 대한 탐욕(arūpa-rāga)'이다. [감각적] 욕망의 탐욕은 감각에 집착하고 그곳에서 만족을 찾는 탐욕을 말한다. 이 욕망은 마음속에 아주 단단히 달라붙어 있어 마음 자체와도 같다. 마치 마음과 하나가 되어 있는 듯, 본질적인 번뇌가 바로 [감각적] 욕망의 탐욕이다. 수행자가 이 탐욕을 알고 제거하기는 쉽지 않다. 접촉하는 감각적 대상은 모두 이 탐욕의 대상이 될 수 있다. 따라서 감각적 대상으로부터 만족감 등을 얻는 심리적 집착상태를 감각적 욕망의 탐욕이라고 한다. [감각적] 욕망의 탐욕은 불환과를 얻어야 사라진다.

색계色界에 대한 탐욕은 물질(rūpa, 色)을 대상으로 하는 선정의 단계에서 얻어지는 기쁨과 즐거움을 탐하는 마음을 말한다. 물질이나 형색에 몰입함으로써 얻어지는 기쁨과 적정에 대한 집착은 불환과의 성인까지도 제거하지 못한 높은 단계의 탐욕이다. 이 탐욕은 아라한과를 성취해야만 제거된다. 선정에 완전히 몰입되면 수행자는 매혹적인 묘미를 맛보고 번뇌들을 잠복시킨다. 그러나 선정에서 벗어나면 번뇌는 다시 일어난다. 하지만 선정에 머문 상태는 일시적으로 번뇌가 사라진 상태이기에 수행자는 이 즐거움을 맛보고, 이 상태에 집착하게 된다. 이것을 색계에 대한 탐욕이라고 한다.

무색계無色界에 대한 탐욕은 비물질(arūpa, 無色)을 대상으로 하는 선정의 단계에서 얻어지는 묘락을 탐하는 미세한 탐욕을 말한다. 색계에 대한 탐욕과 비슷하지만 훨씬 얇게 깔려 있어 잡아내기가 어렵다. 허공 등의 비물질을 대상으로 선정에 들면, 색을 주제로 한 선정보다 강한 적정에 빠지기에 이 상태에 대한 집착이 생길 수 있다. 이것이 탐욕(rāga)이다. 이 탐욕 역시 아라한과를 성취해야만 제거된다. 이처럼 탐욕은 낮은 차원에서부터 높은 차원에까지, 거친 것에서부터 미세한 것에 이르기까지 아주 깊고 넓게 펼쳐져 있다.

이러한 탐욕의 제거를 위해서는 불교수행이 도움이 된다.『앙굿따라니까야』는 '일곱 가지 깨달음의 요소(七覺支, satta sambojjhaga)'를 수행하는 것이 탐욕(lobha)을 정복하는 길이라고 설명한다.[70] 칠각지는 '삼십칠조도품三十七助道品'의 구성요소로, 깨달음으로 이끄는 중요한 역할을 한다.[71] 탐욕(rāga, lobha)은 수행을 통하여 제거해야 할 괴로움의 원인이다. 탐욕은 낮은 단계의 탐욕뿐만 아니라 수행을 통해 나타나는 결과의 탐욕까지도 제거되어야만 한다. 따라서 초기불교 안에서 탐욕의 긍정적인 면은 찾아보기 어렵다. 탐욕은 삶의 동력이 아닌 괴로움의 원인으로 제거되어야 할 대상이다.

5. 욕망: 딴하(taṇhā)라고 부르는 갈애

딴하(taṇhā, craving)는 '목마름'의 의미를 지닌 'tṛṣ'에서 파생된 명사로 '갈망', '갈애', '욕망', '집착' 등의 의미를 가지고 있다.[72] 또한 라가(rāga, 탐욕)와도 매우 유사한 의미를 지닌다. 초기불교 안에서 갈애는 괴로움의 가장 커다란 원인 중의 하나이면서 동시에 윤회의 고리를 반복하게 만드는 원인이기도 하다. 연기법(paṭccasamuppāda)[73]의 설명에 따르면, 접촉(觸, phassa)에 연하여 느낌(受, vedanā)이 일어나고, 느낌에 연하여 갈애(愛, taṇhā)가 일어나며, 갈애에 연하여 취착(取, upādāna)이 일어난다. 『마하니다나 숫따(Mahanidāna sutta)』에 따르면 느낌은 갈애(taṇhā)를 발생하게 하는 조건으로써 설명되어진다.[74] 그러므로 여섯 가지 감각기관들을 통하여 느낌을 완전하게 통제한다면 갈애는 나타나지 않게 되는 것이다.

느낌(vedanā)을 조건으로 갈애(taṇha)가 생긴다고 불려진다. 아난다여, 어떤 방법을 통하여 느낌을 조건으로 갈애가 일어나는지가 이해될 수 있는가. 가령 눈의 접촉으로 생겨나는 느낌 · 귀 · 코 · 혀 · 몸의 접촉 · 마음의 접촉으로 생겨나는 어디에서든 느낌이 없다면, 느낌의 제거됨으로써 갈애가 나타나느냐? 그렇지 않습니다, 스승님. 그러므로 아난다여, 이것은 갈애의 원인, 근원, 기원, 그리고 조건이다. 그것이 느낌이다.[75]

불교 안에서 느낌을 전제로 한 갈애(taṇhā)는 다시 집착(upādāna)의 원인이 되고, 이는 고통이 발생하는데 매우 현저한 요소로 나타나고 있다. 그러므로 불교에서는 통제가 가능한 느낌을 이해하고 조절하는 것이 고통의 원인이 되는 갈애를 줄이고 더 이상 발생되지 않도록 도움을 준다고 지도하고 있는 것이다. 냐냐포니까(Nanaponika Thera)는 이러한 갈애에 대해 다음과 같이 설명한다.

붓다가 설한 '연기(paṭicca-samuppāda)'의 법칙으로 '고통덩어리인 육신이 생겨나는' 조건을 알 수 있고, 감각적 접촉이 느낌의 주요 원인이 된다는(phassa-paccayā vedanā) 것을 알 수가 있다. 그리고 육신의 기관에서 느낌은 갈애의 원인이 되며, 그 결과 갈애가 강해지면서 갈애는 취함의 원인이 된다(vedanā-paccayā taṇhā, taṇha-paccayā upādānaṁ). 그러므로 느낌은 다양한 형태의 격렬한 감정이 일어나게 하고 십이연기의 수에서 (윤회가) 연속되는 것을 깨뜨릴 수 있다는 점에서 고통의 조건을 만드는 중요한 문제이다. 만일 감각적인 접촉을 받아들일 때 느낌의 단계에서 잠시 쉬거나 멈추게 할 수 있거나 또는 그 첫 번째 단계에서 청정한 염을 통해 느낌을 바라본다면 느낌은 갈애나 다른 갈망의 원인이 되지 않을 수도 있다.[76]

냐냐포니까는 12연기의 과정을 통하여 느낌을 갈애가 발생하는 원인이자 동시에 갈애를 멈추게 하는 조건으로 설명하고 있다. 불교는 몸과 마음으로부터 발생되는 모든 것들은 느낌으로 인지된다고 보고 있다. 그러므로 느낌은 여러 경전들을 통해 중요한 관찰의 대상으로 설명되고 있는 것이다. 또한 불교적인 분석에 따르면 느낌(vedanā)은 갈애(taṇhā)의 가장 직접적인 원인이 되기도 한다.[77] 또한 『마하사띠빳타나 숫따(大念處經)』는 법념처法念處를 통하여 사성제를 설명함에 있어, 괴로움의 원인이 갈애에 있음을 밝히고 있다.

비구들이여, 무엇이 괴로움의 원인(dukkha-samudayaṃ)인가? 그것은 갈애로, 다시 태어남을 이끌고 환희와 탐욕을 수반하고 여러 곳에서 즐기는 것을 말한다. 즉, 이것은 [감각적] 욕망에 대한 갈애(欲愛, kāma-taṇhā), 존재에 대한 갈애(有愛, bhava-taṇhā), 비존재에 대한 갈애(無有愛, vibhava-taṇhā)이다. 비구들이여, 실로 이 갈애는 일어날 때 어디에서 일어나며, 멈출 때 어디에서 멈추는가? 세상에서 사랑스럽고(piya-rūpaṃ) 즐거운 것(sāta-rūpaṃ)이 있다. 이 갈애는 일어날 때 여기에서 일어나고, 멈출 때 여기에서 멈춘다. 세상에서 무엇이 사랑스럽고 즐거운 것인가? 눈(cakkhu, 眼)은 세상에서 사랑스럽고 즐거운 것이다. 이 갈애는 일어날 때 여기서 일어나고, 멈출 때 여기에서 멈춘다. 귀(耳)…, 코(鼻)…, 혀(舌)…, 몸(身)…, 의식(識)…, 안식(眼識, cakkhu-viññāṇaṃ)…, 안촉(眼觸, cakkhu-samphasso)…, 안촉에서 일어난 느낌(cakkhu-samphassajā)…, 색상(色想, rūpa-saññā)…, 색사(色思, rūpa-sañcetanā)…, 색갈애(rūpa-taṇhā)…, 색심(色尋, rūpa-vitakko)…, 색사(色伺, rūpa-vicāro)…, 법사(法伺, dhamma-vicāro)는 세상에서 사랑스럽고 즐거운 것이다. 이 갈애는 일어날 때 여기에서 일어나고, 멈출

때 여기에서 멈춘다. 비구들이여, 이것을 괴로움의 원인이라고 한다.[78]

이처럼 집성제集聖諦의 설명에 따르면 갈애는 크게 ①〔감각적〕욕망에 대한 갈애, ②생존〔존재〕에 대한 갈애, 그리고 삶이 끝나길 바라는 ③비존재의 갈애로 나누어질 수 있으며 이러한 갈애들은 여섯 가지 근경식根境識뿐만 아니라, 느낌(vedanā, 受), 지각(saññā, 想), 의도(cetanā, 思), 일으킨 생각(尋, vitakka), 머무는 생각(伺, vicāra)에까지 모두에서 일어나고 멈출 수 있다고 설명한다.[79] 이러한 진행 과정은 『마두삔디까 숫따(Madhupiṇḍika sutta)』에서 상세하게 다루어지고 있다.

친구여, 눈이 있고 형상이 있고 안식이 있을 때, 접촉(phassa, 觸)이라고 불러지는 것이 나타날 수 있다. 접촉이라고 불러지는 것이 있을 때, 느낌(vedanā, 受)이라고 불러지는 것이 나타날 수 있다. 느낌이라고 불러지는 것이 있을 때, 지각(saññā, 想)이라고 불러지는 것이 나타날 수 있다. 지각이라고 불러지는 것이 있을 때, 일으킨 생각(vitakka, 尋)이라고 불러지는 것이 나타날 수 있다. 생각이라고 불러지는 것이 있을 때, 희론(망상)에 오염된 지각과 관념(papañcasaññāsaṅkhā)의 생겨남이라고 불러지는 것이 나타날 수 있다.[80]

이 경전은 시각, 형상, 그리고 시각의식이 있을 때에 이 세 가지 요소의 결합, 즉 접촉(phassa)이 일어나고 이 접촉으로 인해 느낌

(vedanā)이 생겨난다고 설명하고 있다. 이러한 세 가지 요소들의 결합은 시각뿐만 아니라 몸과 마음을 원인과 조건으로 하여 청각·후각·미각·촉각, 그리고 정신에서 모든 형태의 접촉을 만들어내게 되며 이 접촉은 느낌의 원인과 조건이 되어진다.[81] 이 과정에서 중요한 것은 위의 접촉을 통하여 느낌이 생성된 이후에 이 느낌에 대한 알아차림이 바르게 나타나지 않으면 망상(희론)에 오염된 지각과 관념의 생겨남 등으로 발전하여 결국에 '나는 존재한다', '이것은 나이다' 등의 자아관념으로 발전하게 된다는 것이다.[82] 다시 말해 갈애는 이 과정 모두에서 일어날 수 있고 이것은 괴로움의 원인이 된다. 따라서 초기불교 안에서 갈애는 제거되어야 할 대상이다. 『담마빠다(Dhammapada, 법구경)』는 갈애의 제거가 모든 괴로움을 정복한다고 설명한다.[83] 그리고 『마하딴하산끼야 숫따(Mahātaṇhasankhaya sutta)』는 갈애의 발생 조건과 더불어 갈애를 제거하는 방법에 대해서 상세하게 설명하고 있다.[84] 수행자는 오계(五戒, pañca-sīla)를 지키고 감각기능의 조절과 바른 이해를 통하여 갈애를 제거할 수 있다. 그는 대상을 집착하거나 혐오하지 않고, 마음챙김(sati)을 확립하고 무량한 마음(appamāṇa)를 지니고 악과 불선한 현상이 남김없이 제거되는 심해탈心解脫과 혜해탈 慧解脫을 있는 그대로 분명히 안다. 이와 같은 과정으로 괴로움을 소멸시킨다.[85] 지금까지 살펴본 바에 따르면 갈애는 윤회를 지속하게 만드는 괴로움의 원인으로 제거되어야 할 대상이다. 하지만 『앙굿따라 니까야』는 지금까지의 설명과는 전혀 다른 모습의 갈애를 보여준다.

나중에 그는 갈애에 의지하여 갈애를 극복합니다. 누이여, 이 몸은

갈애에서 생긴 것입니다. 그러므로 갈애에 의지하여 갈애를 극복해
야만 합니다.[86]

이 경전은 아라한이 갈애로 갈애를 제거한다고 설명하고 있다.
이 문맥에서 첫 번째 갈애는 의심할 여지없이 수행자의 정신적 영역을
향상시키기 위한 바램이나 욕망을 나타낸다. 그리고 두 번째 갈애는
윤회의 원인이 되는 부정적 의미의 갈애이다. 여기서 특이한 것은
갈애라는 욕망으로 또 다른 갈애라는 욕망을 제거한다는 것이다.
다시 말해, 욕망은 불교 안에서 제거해야 할 대상인 동시에, 제거할
수 있도록 이끌어주는 동력이 된다는 것이다.[87] 주석서는 이와 같은
두 가지 종류의 갈애에 대해 구분하여 설명하고 있다. 하나는 윤회의
괴로움을 종결시키기 위해 진행 중인 현재의 갈애(paccuppanna taṇhā)
이고, 다른 하나는 윤회를 일으키고 생기게 하는 윤회의 근원 갈애
(vaṭṭamūlaka taṇhā)이다. 현재에 일어난 갈애로 윤회의 뿌리가 된
과거의 갈애를 극복한다는 의미이다. 지금 현재의 갈애도 불선
(akusala)하지만 이것은 결생(結生, paṭisandhi)을 만들지 않기에 받아
들여 의지해야만 한다. 그리고 결국 현재의 갈애도 극복해야 한다는
설명이다.[88]

6. 그 밖의 욕망들

그 밖에 초기경전에서 욕망의 의미로 사용된 빠알리 용어들은 매우
다양하다. 앞서 살펴본 'kāma(욕망)', 'chanda(의욕)', 'rāga(탐욕,

lobha)', 'taṇhā(갈애)' 외에도 'āsā',⁸⁹ 'pihā',⁹⁰ 'icchā',⁹¹ 'apekkhā',⁹² 'esanā',⁹³ 'abhilāsa',⁹⁴ 'ākaṅkhā',⁹⁵ 'nikanti',⁹⁶ 'āsīṃsana',⁹⁷ 'sineha',⁹⁸ 'pipāsā',⁹⁹ 'gedha'¹⁰⁰ 등, 욕망을 나타내는 빠알리 용어는 매우 많다. '아사(āsā)'는 앞으로 미래에 필연적으로 다가올 것에 대한 욕망을 말하고, '삐하(pihā)'는 현재 좀더 나아보이는 것을 얻기 위한 욕망을 말한다. 그리고 '잇차(icchā)'는 세상을 구속하고 괴롭히는 원인이 되는 악한 욕망으로 나타난다. 이처럼 이들 욕망이란 단어는 문맥에 따라 약간의 차이는 있으나 대부분 무엇을 얻거나 멀리하기 위한 바람, 희망, 요구, 재촉, 혹은 슬픔과 두려움의 원인 등으로 설명되고 있다.¹⁰¹ 이러한 구분을 통해 욕망은 초기경전 안에서 매우 다양한 용어로 나타나고 있으며, 그 쓰임에 따라 여러 가지 특징을 지닌다는 사실을 알 수 있다. 따라서 한자로 번역된 欲望이라는 단어는 초기불교 안에서 욕망이 내포하는 다양한 의미를 포괄하기에 어려움이 있다.

7. 욕망의 올바른 이해

지금까지 초기경전에서 나타나는 욕망의 다양한 의미와 그 특징에 대해서 살펴보았다. 첫 번째로 [감각적] 욕망을 나타내는 '까마(kāma)'는 '바람', '욕망', '쾌락', '탐욕', '애욕', 그리고 '성교性交' 등의 의미로 인간의 감각(感覺, sense)을 기본으로 하는 욕망을 의미한다. 초기경전 안에서 까마는 감각적 욕망으로 인해 발생하는 괴로움의 원인이며 수행의 장애[蓋]일 뿐만 아니라, 범부凡夫에서 성인聖人으로 나아가는 데 걸림돌[束縛]이다. 따라서 수행자는 사마타[止]와 위빠사나[觀]

수행을 통하여 까마를 제거해야 깨달음을 향해 한 걸음 더 나아갈 수 있다. 이처럼 경전을 통해 까마의 긍정적인 의미는 찾아보기 어렵다. 다만 같은 까마 안에서 욕망의 높고 낮은 수위 정도가 구분되는 정도이다.

두 번째로 '찬다(chanda)'는 인간이 가지고 있는 '욕구', '의욕', '자극', '의도', '의지', '욕망', '집착' 등의 의미로, 대상을 향하여 나아가기 위한 원인이 되는 심리적 현상을 말한다. 다시 말해, '행위를 하기 위한 욕구' 등을 나타낸다. 따라서 선한 찬다는 수행자를 올바른 실천수행으로 이끌 뿐만 아니라 지혜와 해탈을 이룰 수 있도록 돕는다. 하지만 찬다는 까마와 함께 감각적 욕망을 키우는 장애로 나타날 뿐만 아니라, 존재를 지속하고자 하는 욕구, 몸에서의 욕구, 물질〔감각적 대상〕에서의 욕구, 성교에서의 욕구 등으로 나타나기도 한다. 이처럼 찬다는 긍정적인 면과 부정적인 면을 모두 가지고 있다. 따라서 찬다는 삶의 중요한 동력이 될 수도 있고 괴로움의 원인이 될 수도 있다.

세 번째 욕망인 '라가(rāga·lobha)'는 보다 넓고 강한 욕망으로 '탐욕', '열망', '갈망', '집착' 등의 이기적 욕망들을 나타낸다. 이는 깨달음에 장애가 되는 근본적인 세 가지의 번뇌인 삼독三毒 중의 하나이기도 하다. 또한 까마와 함께 수행의 장애로도 나타나는데, 탐욕은 수행을 통해 나타나는 좋은 결과까지도 새로운 탐욕의 원인이 되는 특징을 지니고 있다. 따라서 탐욕은 높은 단계의 탐욕까지도 모두 제거되어야만 한다. 따라서 초기불교 안에서 탐욕의 긍정적인 면은 찾아보기 어렵다. 탐욕은 삶의 동력이 아닌 괴로움의 원인으로 수행을 통해 제거되어야 할 대상이다.

그리고 마지막으로 '딴하(taṇhā, craving)'는 '갈애', '갈망', '욕망', '집착' 등의 의미를 가지고 있다. 갈애는 윤회를 지속하게 만드는 괴로움의 원인으로 제거되어야 할 대상이다. 하지만 딴하는 초기경전을 통하여 두 가지 경우로 나타난다. 하나는 윤회를 일으키고 생기게 하는 갈애로, 딴하에 대한 설명의 대부분을 차지한다. 그리고 다른 하나는 윤회의 괴로움을 종결시키기 위한 갈애로, 드물지만 노력으로 이끄는 긍정적인 힘을 내포하고 있다. 갈애는 불교 안에서 제거해야 할 대상인 동시에, 제거할 수 있도록 이끌어 주는 동력이 되고 있다. 이들의 관계를 통하여 욕망에는 여러 종류가 있다는 사실을 알 수 있었다. 따라서 다양한 욕망의 구분에 앞서, 욕망을 무조건 동의어로 사용하는 것은 재고의 여지를 남긴다.

욕망이란 좋아하는 무엇인가를 얻거나, 싫어하는 무엇인가를 멀리 하고 싶은 마음이다. 예를 들어, 좋아하는 사람과는 함께 있고 싶은 욕망이 생기고, 싫어하는 사람과는 멀리하고 싶은 욕망이 생긴다. 따라서 욕망은 무엇을 갖고 싶은 경우뿐만 아니라 싫어하거나 혐오하는 경우에도 나타난다. 초기경전의 설명에 따르면 까마와 라가는 괴로움의 원인으로, 찬다와 딴하는 괴로움의 원인이 될 수도, 삶의 동력이 될 수도 있었다. 불교는 이러한 욕망을 키워나가는 것이 개인의 삶이나 사회발전과 복지를 위해 도움이 된다고 인정한다.[102] 하지만 오계나 업의 이론 등을 통하여 개인과 사회의 발전 안에서 지켜야 할 욕망의 윤리적 경계 역시 제시하고 있다. 따라서 불교는 개인이 자신의 욕망을 가득 채우기 위해서 노력하는 것을 장려하기보다,

욕망을 줄이거나 조절할 것을 권유하고 있다.[103]

　초기불교는 모든 욕망에 대해 부정하지 않는다. 누군가의 삶을 영위하기 위한 생업의 전선에서, 다른 사람을 돕기 위한 복지의 차원에서, 그리고 불교수행의 목표인 열반을 성취하기 위해서 욕망은 개발되어야만 할 것이다. 그리고 개발되어야만 하는 욕망과 제거되어야 할 욕망은 다르다. 이미 살펴본 바와 같이 초기경전은 긍정적 의미의 욕망과 부정적 의미의 욕망을 구분하여 사용하고 있다. 다시 말해 삶의 동력이 되는 욕망과 괴로움의 원인이 되는 욕망은 다르다는 것이다. 하지만 오늘날 우리는 이러한 다양한 욕망의 의미와 특징을 구분하기에 앞서 그저 욕망을 한자로 번역된 욕망欲望이라는 의미로만 받아들이려는 경향이 나타나는 듯하다. 이러한 이해는 붓다가 제시한 욕망의 가르침과 차이를 가질 것이다. 그러므로 다양한 욕망과 그 의미의 바른 이해를 위해서는 경전의 가르침에 대한 많은 연구가 진행되어야 한다.

　하루는 수행을 지도해주신 스님을 찾아가 물었다. "제가 지금 노력을 하고 있는 것입니까, 아니면 과위果位를 성취하고자 하는 욕망에 빠져 있는 것입니까?" 스님께서는 "수행을 하고자하여 욕망을 지니는 것은 노력이다"라고 말씀하셨다. 하지만 욕망과 노력을 구분하려는 새로운 장애는 쉽게 제거되지 않았다.

{유식불교의 욕망 이해}

욕망 세계의 실상과 그 너머로의 해탈

한자경(이화여대 철학과)

1. 욕망, 긍정할 것인가, 부정할 것인가?

오늘날 우리는 '욕망의 존재'로서 '욕망의 시대'를 살고 있다고 해도 과언이 아니다. 욕망은 미래의 목적을 설정하는 야망과 그 지향점을 향해 달려가는 추진력을 내포하므로 욕망의 유무가 곧 삶의 승패의 관건이 되기도 한다. 인간으로 하여금 끊임없이 앞으로 전진하게 하는 것은 욕망의 도화선에 불을 붙임으로써 가능해진다. 그렇다면 그 도화선의 끝, 우리 욕망의 최종 지향점은 무엇인가?

그러나 욕망에 관한 한, 최종 목적을 묻는다는 것은 불경죄다. 삶이 곧 욕망이기에 욕망의 끝은 곧 삶의 끝을 뜻하기 때문이다. "나는 타인의 욕망을 욕망한다." 이건 우리의 삶 또는 욕망의 무목적성에 대해 서럽도록 아름답게 치장된 빈말이다. 라깡은 욕망과 욕구를 구분함으로써 이 빈말에 의미를 부여하고자 했다. 특정 대상을 통해 충족될 수 있는 바람은 욕구이지만, 대상을 통해 욕구가 충족되었는데도 거기에 계속 바람이 남겨진다면 그 바람은 욕망이다. 빵을 원하는 것은 욕구이고, 타인을 바라는 것은 욕망이다. 욕구는 채워지지만, 욕망은 채워지지 않는다. 인간에게는 욕망을 산출하는 근본적 결핍, 결코 채워질 수 없는 영원한 결핍이 있다. 욕망은 이 결핍을 타고 끝없이 이어진다.[1]

이 결핍이 의미하는 바는 무엇일까? 충족될 수 없는데도, 아니 이미 충족되었는데도 또 다시 일어나는 결핍의 의식, 자신의 비어 있음을 느끼게 하는 공허감, 그래서 또 다시 '욕망의 전차' 위에 몸을 싣게 만드는 영원한 결핍, 그리고 영원한 욕망, 그 정체는 과연 무엇일까?

욕망은 결핍에서 비롯된다. 내가 가지지 않은 것, 내게 없는 것, 내게 결핍된 것, 그래서 내가 불쾌하고 불편하게 느끼게 되는 것, 바로 그것을 얻고자 하는 것이 욕망이다. 결핍을 채우려는 것이 욕망인 것이다. 나의 결핍을 채워주는 것은 내게 쾌감을 준다. 그러므로 욕망은 내게 쾌감[樂受]을 주는 것을 좋아하고[愛], 그것을 좇아 집착하게[取] 만든다. 애·취의 행위[業]를 일으키는 마음, 탐내고 성내는 마음인 탐심貪心과 진심嗔心이 바로 욕망이다.

그런데 불교는 이 탐심과 진심의 욕망을 부정적인 것으로 간주한다. 우리가 탐하는 것은 즐거움이며, 애써 피하고자 하는 것은 고통이다. 불교는 즐거움을 탐하고 고통에 분노하는 탐심과 진심의 욕망은 집착을 낳을 뿐이며, 욕망과 집착은 그 자체가 바람직한 것이 아니라고 본다. 욕망과 집착에 물든 행위는 업業으로서, 업은 선업이든 악업이든 모두 극복되어야 하는 것으로 간주한다. 업은 그 보報로서 욕계의 윤회를 불러오므로 윤회를 벗어나는 해탈에 장애가 되기 때문이다.

그러나 즐거움을 원하고 고통을 피하고자 하는 욕망, 이것은 개별 생명체가 자기 자신을 유지해 나가기 위한 자연스럽고 필연적인 전략이 아닌가? 꽃들이 만발한 눈부신 봄날 자유롭게 허공을 나는 꽃가루, 아름다운 색과 향기에 취해 꽃을 찾는 나비, 이런 생명현상은 욕망의 자연스런 표출이 아닌가? 지렁이도 밟으면 꿈틀하는 것은 고통을 피함으로써 자신을 살리려는 당연한 행위가 아닌가? 그런데 왜 인간은 탐심과 진심, 욕망과 집착을 버려야 하는가?

욕망은 과연 긍정할 만한 것인가, 아니면 부정해야만 할 것인가? 욕망은 발산해야 하는 것인가, 아니면 극복되어야 하는 것인가? 우리는 대개 이 문제를 우리 삶에 있어서 욕망이 차지하는 위치가 무엇인지를 통해 대답하려고 한다. 욕망이 삶의 조건이고 동력이라면, 욕망은 마땅히 부정보다는 긍정해야 할 것으로 간주된다. 이것은 욕망에 기반한 우리의 삶 자체를 절대의 가치로 전제하는 '소박한 낙관주의'이다.

그러나 우리의 삶 자체의 가치가 의문시된다면, 문제는 복잡해진다. 만일 욕망에 기반한 우리의 삶, 욕망의 삶 자체가 고통이라면, 그래도 욕망을 긍정할 것인가? 이 경우 만일 우리가 고통스런 욕망의 삶 안에 갇혀 있는 존재라면, 욕망의 삶 너머로 나아갈 길이 없다면, 우리는 '허무주의'를 벗어날 길이 없게 된다. 허무주의 안에서도 두 태도가 가능하다. 고통의 삶을 부정하고, 따라서 욕망도 부정하는 허무주의는 '부정적 허무주의'이다. 반면 욕망의 삶 자체가 고통인데도, 그럼에도 불구하고 삶을 긍정하고 욕망을 긍정한다면, 이것은

'긍정적 허무주의'라고 할 수 있을 것이다.[2]

불교는 욕망이 삶의 동력이라는 것을 알지만, 그렇다고 욕망을 긍정하지 않는다. 삶 자체가 고통이기에, 삶의 동력인 욕망이 곧 고통의 뿌리라는 것을 알기 때문이다. 그렇다고 불교가 허무주의, 그것도 부정적 허무주의인 것은 아니다. 불교는 인간을 욕망의 삶인 욕계에 갇힌 존재로 보지 않고 욕계로부터의 해탈이 가능하다고 보기 때문이다. 불교가 욕망을 부정하는 것은 그냥 우리의 삶이 괴롭기 때문이 아니라, 욕망의 업으로 인한 고통의 삶, 윤회의 삶 너머로의 해탈을 지향하기 때문이다.

삶의 긍정	↔	삶의 부정	↔	삶의 긍정	↔	욕계의 삶의 부정
		(삶이 고통이어서)				(욕계 너머 해탈을 위해)
↓		↓		↓		↓
욕망의 긍정		욕망의 부정		욕망의 긍정		욕망의 부정
〈소박한 낙관주의〉		〈부정적 허무주의〉		〈긍정적 허무주의〉		〈불교적 이상주의〉

이하에서는 불교가 어떤 의미에서 욕망을 삶의 동력으로 보는지, 그런 삶이 어떤 의미에서 고통이며, 그런 고통의 삶을 벗어나는 해탈이 무엇을 의미하는지를 살펴보기로 한다.

2. 욕계의 욕망

1) 말나식의 욕망: 탐심과 진심의 욕망

인간은 개별자로서 이 세계 안에서 각각 특정한 시공간을 차지하고 존재한다. 따라서 각자가 맞이하는 내적 외적 상황이 서로 다 다르다. 이 특정 시공간의 개별자를 우리는 각자 자신의 자아로 여기며 살아간다. 자아가 세계를 인식할 수 있는 인식능력 내지 인식기관을 근根이라고 하고, 그 근에 상응하는 인식대상을 경境이라고 한다. 불교는 안이비설신의 6근과 색성향미촉법 6경을 구분한다. 자아와 세계, 근根과 경境이 화합하면 식識이 생기고, 근경식이 화합하면 촉觸이 생긴다.

안과 색을 연하여 안식이 생기고, 세 가지가 화합하여 촉이 생긴다.[3]

근경식 화합의 촉으로부터 일어나는 것이 느낌이다. 느낌 수受는 의식적이거나 의지적인 작용이 일어나기 이전에 그냥 상황 자체로부터 마음이 수동적으로 받아들이게 되는 결과물이다. 느낌은 크게 세 종류로 나뉘는데, 기분 좋은 즐거운 느낌, 기분 나쁜 괴로운 느낌, 그리고 즐겁지도 괴롭지도 않은 느낌이 그것이다. 이를 각각 락수樂受, 고수苦受, 사수捨受라고 한다.[4] 이 느낌과 더불어 마음의 작용이 일어나게 되는데, 인식차원의 지각과 의지차원의 행위가 그것이다. 지각을 상想, 행위를 행行이라고 한다.

촉을 인연으로 해서 수·상·행이 생긴다.[5]

빨간 사과와 대면하여 그저 기분이 좋은 것이 락수라면, 그것이 사과라는 것을 아는 것이 지각 상想이고, 사과를 좋아하며 그것을 먹으려 드는 것은 행위 행行이다.

```
근┐
경 │ → 촉   →   수   →   상: 지각
식┘                      행: 행위
           (수동적 수용)   (능동적 작용)
```

지각은 느낌에 근거해서 대상을 아는 것인데 반해, 행위는 느낌에 근거해서 느낌을 일으키는 대상에 대한 애증의 분별을 일으키는 것이다. 대상이 락수를 일으키면 나는 그 대상을 좋아하게 되고, 대상이 고수를 일으키면 나는 그 대상을 싫어하게 된다. 느낌이 유쾌한가 불쾌한가는 수동적 상태인 데 반해, 대상을 좋아하는가 싫어하는가는 능동적 행위이다. 예를 들어 어떤 상황이 괴롭게 느껴지는 것은 나 자신도 어쩔 수 없이 거기 내던져진 수동적 상태이지만, 그래서 그 상황을 싫어하고 피하려 하는 것은 나 스스로 그에 대처하는 능동적 행위이다. 어떤 상황에서 화가 나는 것은 수동적 상태지만, 그래서 화를 낸다면 그건 능동적 행위이다.

애증의 분별이 수동적 결과가 아니고 능동적 행위라는 것은 애증의 분별을 하는가 하지 않는가가 주변 상황에 의해 자동적으로 결정되는 것이 아니라 스스로의 선택이고 책임이라는 것, 자신의 능동적인 마음의 작용이 개입된다는 것을 뜻한다. 여기 개입되는 마음이 바로 탐심과 진심의 마음인 욕망이다. 느낌에 자극받되 탐진의 욕망이 함께 작용함으로써만 비로소 애증의 행위가 일어나게 되므로, 애증의 분별은 단순히 느낌의 결과(보)가 아니라 능동적인 행위(업)가 되는 것이다.[6]

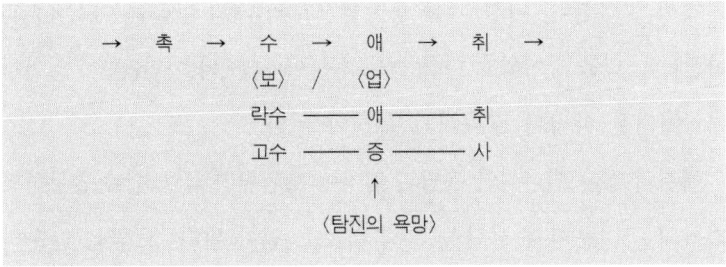

이처럼 수에서 애로의 이행이 자연적이고 필연적인 인과가 아니라 새로운 조업이기에, 바로 이 지점에서 연기의 유전문을 환멸문으로 전환시키는 수행이 요구된다. 즉 범부에게는 이 이행이 자동 연결고리처럼 되어 있어 느낌이 일어나면 자기도 모르게 느낌에 이끌려 업을 짓게 되지만, 수행자는 수행을 통해 탐진의 욕망을 멸함으로써 느낌이 생겨도 그것에 이끌려 업을 짓지 않아, 그 연결고리를 끊게 되는 것이다.[7]

탐심과 진심의 욕망은 개체의 의意에서 비롯된다. 의는 안이비설신 오근五根의 신체와 더불어 인간을 구성하는 여섯 번째 근인 의근意根이다. 의는 물리적 색色에 속하는 것이 아니라 심리적 또는 정신적 명名에 속하는 것으로, 우리가 흔히 마음 또는 의지라고 부르는 것이며, 따라서 심리적 활동인 식識의 활동을 한다. 의가 자신에게 주어지는 대상인 법경을 인식할 때 그 식을 '제6의식'이라고 하고, 그렇게 활동하는 의 자신에 대한 식을 '제7말나식'이라고 한다. 의意의 자기식인 제7말나식은 우리가 흔히 '의지意志' 또는 '자의식'이라고 부르는 것이다. 자의식은 근을 따라 경계지어진 시공간적 개별자를 자아로 여기는 식으로서, 경계 안팎의 분별, 즉 자와 타의 분별, 자아와 세계의 분별

위에서 성립한다. 나와 너를 분별함으로써 내가 나라는 아상我相과 아견我見, 나를 좋아하고 나를 높이려는 아애我愛와 아만我慢이 일어나며, 이러한 아집이 말나식의 특징이 된다.

 애취의 업은 말나식의 욕망과 집착이 느낌에 자극을 받아 발동하되 의식의 사려분별과 결단을 통해 비로소 업이 된다. 느낌은 단순히 수동적인 보로서 고 또는 락으로 분류될 뿐인데 반해, 욕망과 집착에 근거한 애취의 업은 그것이 단지 수동적인 결과적 상태가 아니라 능동적인 업 지음이기 때문에 선 또는 악이라는 윤리적 차원의 평가를 받게 된다.

```
  → 촉  →  수  →   애   →  취  →
         보: 고·락 /      업: 선·악
                              ↑
                    말나식의 욕망과 집착+의식의 사려분별
```

2) 업과 업보의 원리: 윤회의 원리

불교는 행위를 업業이라고 하고, 행위가 일으키는 결과를 보報라고 한다. 일체의 업은 그 보를 가진다. 이것이 업보의 원리다. 행위에 내포된 변화가 그로 인해 또 다른 변화를 낳는 것이다. '한 마리 나비의 날갯짓이 지구 반대편에 태풍을 불러올 수 있다'는 말은 업보의 원리를 확증하는 말이다. 아무리 하찮아 보이는 업일지라도 보를 낳지 않는 업은 없다. 존재하는 모든 것은 작용력을 갖기 때문이다. 그렇다면 불교가 논하는 업보의 원리는 어떤 차원의 원리인가?

'가는 말이 고와야 오는 말이 곱다'고 하듯이 가는 말이 업이고 되돌아오는 말이 보인가? 도둑질을 해서 감옥형을 살게 되면, 도둑질이 업이고 감옥형이 보인가? 그럼 아무도 듣지 않는 독백의 말이나 완전범죄라면, 그것은 보를 낳지 않는 업이 되는 것인가? 우리는 일상적으로 경험할 수 있는 차원에서 업보의 연관관계를 확인할 수 있다고 생각한다. 그러나 내가 마신 물 한 모금이 내 몸 안에서 어떤 작용을 일으키는지 내가 다 알지 못하듯이, 내가 행한 업이 어떤 방식으로 그 보를 낳는 것인지를 나의 일상 의식이 다 포착하지는 못한다. 사유행위를 통한 뇌파의 변화이든 말이나 몸의 행위를 통한 심신의 변화이든 모든 행위는 에너지의 변화를 일으킨다. 행위가 일으키는 에너지의 변화가 에너지의 차원에서 마치 파장의 퍼져 나감처럼 미세하게 진행해갈 때 우리의 의식은 그 인과관계를 다 알아챌 수가 없다. 의식의 차원보다 더 깊은 차원에서 그 에너지의 변화가 시간과 더불어 진행해 가다가 구체적인 현실적 모습으로 변환되는데, 그렇게 현실적으로 드러나는 변환된 모습을 업에 대한 보라고 말한다.

업(신·구·의)　　　　　　　　　보(구체화된 현실적 모습)
↓　　　　　　　　　　　　　　　↑
에너지의 변화 → 에너지의 변화 → 에너지의 변화 → 에너지의 변화

업이 일으킨 에너지가 업의 힘인 업력業力이다. 유식은 이 업력을 업이 남긴 흔적이란 의미에서 '종자種子'라고 부른다. 위의 관계를 유식의 개념으로 표현하면 다음과 같다.

```
업(신·구·의)                              보(구체화된 현실적 모습)
    ↓ (현행훈종자)                            ↑ (종자생현행)
종자의 발생 → 종자의 멸·생 → 종자의 멸·생 → 종자의 소멸
            (종자생종자)
```

이것은 마치 성장한 나무에서 씨앗이 떨어져 땅 밑에서 그 씨앗이 머물다가 때가 되면 다시 지상 위로 싹이 트고 나무로 자라나는 것과 같다.

```
지상:   나무                                새싹
        ↓ (씨앗을 남김)                       ↑ (싹이 틈)
지하:  씨앗의 발생 → 씨앗의 멸·생 → 씨앗의 멸·생 → 씨앗의 소멸
```

여기서 지상이 우리 의식이 포착할 수 있는 현상세계를 뜻한다면, 지하는 우리의 일상 의식이 포착하기 힘든 무의식의 영역을 뜻한다. 우리의 업이 보를 낳기까지 이어지는 종자의 흐름은 의식보다 더 깊은 심층 영역에 존재하며, 우리 의식은 그것을 의식 표층에서 알아채기가 힘들다. 유식은 이러한 심층 종자의 흐름을 '아뢰야식'이라고 부른다.

첫 [능변식인] 아뢰야식은 … 일체 종자식이다.[8]

아타나식[아뢰야식]은 심히 깊고 미세하다.[9]

개별 생명체인 오온이 지은 업은 반드시 보를 낳는다. 업으로 인해

변화된 에너지는 현실적으로 발현되어야 하는 것이다. 존재하는 것은 작용력을 갖기 마련이며, 그 작용력이 곧 보인 것이다. 그런데 에너지가 발현되기까지, 다시 말해 종자가 현행화하기까지 시간이 일정하지 않다. 어떤 업은 곧바로 보를 낳기도 하지만, 어떤 업은 한참 뒤에야 보를 낳기도 한다. 아직 보를 낳지 못한 업은 보를 낳기까지 그 업력을 간직하고 있어야 한다. 만일 업이 보를 낳기 이전에 그 업을 짓던 오온이 흩어지게 된다면, 남은 업력은 어떻게 되는가?

업을 지은 오온이 흩어져 사라져도 업력은 소멸하지 않고 남는다. 이것은 마치 지상 위에 나무가 없어져도 그 나무가 남긴 종자가 땅 밑에 살아남아 있는 것과 같다. 다시 말해 업을 짓던 개별 생명체인 오온은 죽어 흩어져도 그 오온이 남긴 업력은 남는다는 말이다. 업력의 종자의 흐름을 아뢰야식이라고 하므로, 개별 생명체 오온은 죽어도 그 오온이 남긴 업력의 에너지 덩어리인 아뢰야식은 남는다. 왜, 무엇을 이루기 위해서인가? 보를 낳기 위해서이다. 땅 밑 씨앗에 담긴 힘이 때가 되면 두터운 땅을 뚫고 지상으로 나오듯이, 업력은 자신을 구체화하고 현실화하고자 한다. 오온이 업을 짓고 흩어지면, 남은 업력인 아뢰야식이 그 보를 이루게 되는데, 이는 곧 아뢰야식이 자신을 구체화하고 현실화하는 것이다. 그렇다면 아뢰야식 내지 종자는 어떤 방식으로 자신을 현실화하는가?

3) 아뢰야식의 욕망: 자아와 세계 생성의 욕망

업이 남긴 업력의 자기실현 과정은 다음 12지 연기 중에 설명되고 있다.

무명 → 행 → 식 → 명색 → 육입처 → 촉 → 수 → 애 → 취 → 유 → 생 → 노사

여기서 행은 신·구·의 삼업을 총칭하는 말이다. 이들 업이 남긴 업력의 종자흐름이 아뢰야식으로서 행 다음의 식에 해당한다. 아뢰야식은 업을 짓던 개별 생명체로서의 오온이 죽어 흩어져도 업력의 에너지로 남아 있다가 그 에너지를 현실에서 구체화시키고자 이 땅에 다시 태어나기를 시도한다. 그러기 위해 다른 남녀(부모)의 성행위 결과 형성된 수정란 안에 들어가 자신을 심리적·물리적 실재인 명색名色으로 구체화한다.[10] 그렇게 해서 모의 태 내에서 새로운 오온의 태아가 형성된다. 오온의 명색은 안이비설신과 의의 육근을 갖춘 유근신(有根身=육입처)으로 자기 전개하며, 그렇게 근이 완성되면 태 밖으로 나오게 된다. 이렇게 업력이 구체화된 오온 내지 유근신을 우리는 평생 각자의 '자아'로 여기며 살아간다. 유근신의 의意가 자기의 식인 말나식으로 작용하기 때문이다. 태 밖에 나온 유근신인 자아는 자신의 근에 상응하는 경과 부딪히게 되는데 이것이 촉이다. 이처럼 12지 중 식에서 명색을 거쳐 육입처에 이르기까지가 아뢰야식으로부터 유근신의 자아가 형성되는 과정이다.

무명	→	행	→	식	→	명색	→	육입처	→	촉
업		업력/종자 아뢰야식		오온		유근신				

유근신의 근과 부딪히게 되는 대상인 경境을 우리는 '세계'라고

부른다. 그럼 이 세계는 어떻게 해서 존재하게 된 것인가? 우리가 발 딛고 사는 이 지구, 그리고 지구를 포함한 우주 전체는 어떻게 생성된 것인가?

불교는 이 세계 또한 우리의 업력을 통해 설명한다. 아무것도 없는 텅 빈 허공 중에 업력의 힘이 작용하여 풍륜, 수륜, 금륜 등 우주 세간이 만들어진다고 보는 것이다.

> 아무것도 없는 허공에 제 유정有情들의 업력業力이 작용함으로써 풍륜이 생겨났다.… 그 위에 다시 제 유정들의 업력이 작용하여 큰 구름과 비가 일어나니… 그것이 수륜이다.… 유정들의 업력이 다시 작용하여 다른 바람이 일어나 그 물을 육박하고 쳐서 그 위에 금륜을 결정한다.… 금륜 위에 아홉의 큰 산이 있는데, 묘고산이 그 가운데 있고 그 밖의 여덟 산이 묘고산을 두루 둘러 있다. 그 중 일곱 외륜산 바깥에 사대주가 있고, 다시 그것 바깥에 철륜산이 있어 한 세계를 두루 둘러싸고 있다.[11]

허공에 불어오는 업력으로부터 우주 세간이 형성된다는 것은 유정의 업력을 떠나 우주 세간이 따로 있지 않다는 말이다. 불교는 우리의 세계가 객관의 경계境으로서 주관의 근根을 떠난 존재가 아니라는 것을 강조한다. 경은 근에 상응하여서만 존재하기 때문이다. 근으로서의 자아와 경으로서의 세계가 서로 상응 관계를 이루는 것은 그 둘 다가 아뢰야식 내 종자에 담긴 업력의 발현이기 때문이다. 세계와 연관하여 자아가 지은 업이 남긴 종자는 아뢰야식에서 성숙하여 다시 자아

또는 세계의 모습으로 변현하는 것이다.[12]

이와 같이 유식은 유근신의 자아와 그 근에 상응하는 세계를 모두 아뢰야식 내 종자의 발현으로 간주한다. 근에 상응하는 세계는 다시 오근에 상응하는 색성향미촉 오경의 물리적 기세간과 제6근인 의근에 상응하는 법경의 관념적 세계로 구분해볼 수 있다. 이들 자아와 세계, 근과 경이 아뢰야식 내 종자의 발현이라는 것은 12지 연기에 따라 다음과 같이 정리될 수 있다.

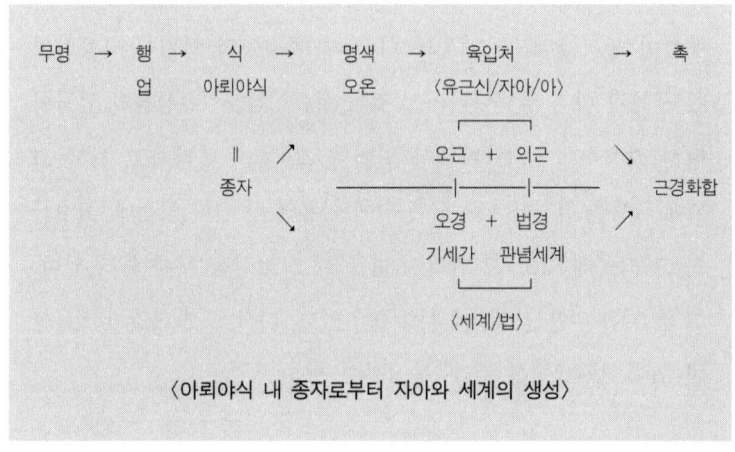

〈아뢰야식 내 종자로부터 자아와 세계의 생성〉

유식은 다수의 개별적인 유근신뿐 아니라 그 유정들이 의거해 사는 하나의 공통의 기세간까지도 모두 아뢰야식 내 종자 에너지의 발현으로 간주한다. 따라서 유근신의 개체성과 기세간의 공통성을 그것으로 발현할 종자의 차이, 즉 불공업종자와 공업종자의 차이로 설명한다. 유근신은 아뢰야식 내 불공업종자의 현실화로서 각각의 개별적 유정으로 현현하고, 세계는 아뢰야식 내 공업종자의 현실화로서 하나의 공통의 세계로 현현한다.

유근신은 이숙식〔아뢰야식〕의 불공상종자〔불공업종자〕로부터 성숙된 힘에 의해 변현된 색근 내지 근의 의지처이다.[13]

처는 이숙식〔아뢰야식〕이 공상종자〔공업종자〕로부터 성숙된 힘에 의해 변현된 색 등의 기세간이다.[14]

이처럼 아뢰야식 내 종자는 근과 경, 유근신과 세계로 변현하여 구체적 모습으로 드러나는데, 이를 아뢰야식의 객관적 부분인 상분相分이라고 한다. 그런데 아뢰야식은 그 자체가 식이므로, 종자가 구체화되어 상분을 그린다는 것은 곧 동시에 그 상분을 바라보는 주관적 작용이 함께 한다는 것을 의미한다. 현행 아뢰야식의 주관적 부분을 견분見分이라고 한다. 아뢰야식의 구체적 현실화인 현행화는 곧 주관과 객관, 견분과 상분으로 이원화를 뜻하며, 이를 아뢰야식의 전변轉變이라고 한다.

변은 식의 본체가 두 부분으로 전하는 것을 뜻한다.[15]

식체가 전변하여 상분과 견분의 두 부분이 생한다.[16]

아뢰야식의 전변은 종자의 현행화와 더불어 일어나는 주객이원화 활동이다. 유식은 객관적 상분을 종자가 현행화한 상相인 유근신과 종자와 기세간으로 설명하고,[17] 주관적 견분을 그 상분을 이해하고 분별하는 활동인 요了로 설명한다.

아뢰야식의 행상[견분]과 소연[상분]은 무엇인가? 알기 어렵다고 말한 집수와 처와 요가 그것이다. 요는 분별을 뜻하며, 그것이 행상이다. 식이 요별을 행상으로 삼기 때문이다. 처는 처소를 뜻하는데, 그것이 곧 기세간이다. 유정이 의지하는 처소이기 때문이다. 집수에는 둘이 속한다. 모든 종자와 유근신이 그것이다.[18]

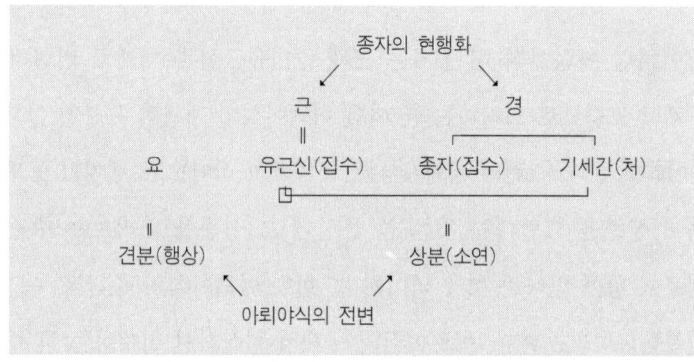

이처럼 유근신으로서의 자아나 기세간으로서의 세계는 모두 아뢰야식 내에 함장되어 있던 업력의 구체적 발현일 뿐이다. 업의 결과로 남겨진 업력의 에너지를 구체화하는 것, 에너지를 소모시키고자 하는 것이 욕망이라면, 아뢰야식이 자아와 세계로 전변하는 것은 곧 아뢰야식의 욕망 내지 종자의 욕망이라고 할 수 있다. 이와 같이 욕망은 세계 속에서 내게 쾌감을 주는 것을 좋아하고 불쾌한 것을 싫어하는 의식·말나식의 탐진의 욕망으로 그치는 것이 아니라, 바로 그 탐진의 욕망이 씨가 되어 다시금 자아와 세계를 형성해내는 아뢰야식의 욕망이 된다. 욕망이 자아와 세계 존재를 가능하게 하는 기본 동력인 셈이다.

그렇다면 불교는 왜 자아와 세계 존재의 원동력인 욕망을 부정하는 것일까? 불교가 욕망을 부정하는 것은 생명이 욕망을 따라 윤회하는 욕계를 벗어나려는 것이다. 그런데 왜 욕계를 벗어나려는 것일까? 우리는 '개똥밭에 굴러도 이승이 낫다'고 말하는데, 불교는 왜 이 욕계를 떠나고자 할까? 사랑과 욕망, 애욕에 불타 생명이 요동치는 욕계를 왜 떠나고자 할까? 생명이 그 자체로 욕망이라면, 생명을 긍정하면서 욕망을 부정한다는 것은 자기모순이 아닌가? 이에 답하기 위해서는 불교가 욕계를 어떻게 이해하는지를 살펴보아야 한다.

3. 욕계의 실상: 유전문

1) 욕망의 순환구조와 무명

욕계 안에서 함께 작용하는 아뢰야식의 욕망과 말나식의 욕망은 다음과 같이 구분된다.

```
┌ 말나식의 욕망 ── 탐진의 욕망 ── 애증과 취사의 분별: 인식의 욕망
└ 아뢰야식의 욕망 ── 생성의 욕망 ── 자아와 세계의 형성: 존재의 욕망
```

이러한 두 종류의 식의 활동을 유식은 분별변과 인연변으로 구분한다. 말나식과 의식이 행하는 사량분별과 취사선택의 활동이 '분별변分別變'이고, 아뢰야식이 행하는 자아와 세계의 형성활동이 '인연변因緣變'이다.[19] 후자는 인연에 따라 자아와 세계의 현상세계를 형성해내는 '의타기依他起'의 활동을 뜻하며, 전자는 그러한 전변활동을 자각하지

못한 상태에서 전변결과인 자아와 세계를 그 자체 존재로 간주하면서 자타로 분별하고 집착하는 '변계소집遍計所執'을 뜻한다.

```
┌ 말나식·의식의 활동 ──── 애증과 취사의 분별: 분별변 ──── 변계소집성
└ 아뢰야식의 활동    ──── 자아와 세계의 형성: 인연변 ──── 의타기성
```

그런데 이러한 두 식의 활동 내지 욕망은 서로 순환관계에 있다. 나무가 열매와 씨를 남기려 욕망하고, 그 씨는 다시 지상 위에 나무로 자라나려고 욕망하듯이, 말나식과 아뢰야식의 욕망은 서로 순환구조를 이룬다. 말나식의 욕망에 따라 우리는 애증과 취사의 업을 짓고, 그 업으로부터의 업력이 아뢰야식에 종자로 남겨진다. 그리고 이 종자는 다시 아뢰야식의 욕망이 되어 자아와 세계로 전변하여 구체화되고 현실화된다. 세계 속의 오온이 업을 짓고, 그 업이 다시 세계를 만들고, 그 세계 속에서 또 오온이 업을 짓고, 그 업이 또 세계를 만들고 … 이렇게 그 과정이 반복된다. 이것이 윤회의 모습이고 우리가 사는 세계의 모습이다. 이처럼 생사를 반복하며 윤회하는 생명은 그 자체가 욕망 덩어리이다. 욕망을 갖고 다시 태어나게 되는 이 세상 또한 욕망에 의해 만들어진 세계이기에 그 자체가 욕망의 세계, 즉 욕계欲界이다.[20]

```
아뢰야식     ┌ 유근신·기세간 ┐   말나식·의식
종자생현행   │ (자아·세계)   │   현행훈종자
인연변/의타기 └ 아뢰야식 내 종자 ┘  분별변/변계소집
```

그러나 이러한 식의 순환과정은 우리 일상 범부의 의식에는 포착되지 않는데, 그것은 아뢰야식의 미세한 의타기의 활동이 우리 의식에 가려져 있기 때문이다. 아뢰야식 내 종자의 생멸 과정이나 종자의 현행화, 한 마디로 아뢰야식의 식전변활동은 그 자체 그런 것으로서 우리 의식에 포착되지 않는다. 식전변활동은 의식되지 않은 채, 그 식전변활동의 결과물인 자아와 세계는 의식에 주어진다.[21] 따라서 우리는 자아와 세계를 자신의 식과 무관하게 그 자체로 존재하는 객관 실재로 여기게 되는 것이다. 이렇게 해서 자아와 세계, 아와 법을 각각의 실체로 여기는 아집과 법집이 일어난다. 이것이 아뢰야식의 의타기를 의타기로 알지 못하고서, 그 의타기의 산물인 아와 법을 각각의 실체로 분별 집착하는 의식과 말나식의 변계소집이다.

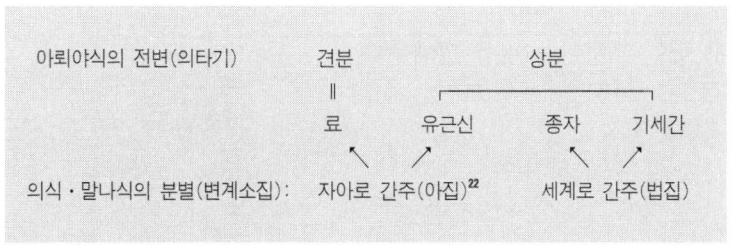

아뢰야식의 관점에서 보면 자아와 세계, 근과 경은 모두 하나의 식의 전변결과일 뿐인데, 말나식이나 의식의 관점에서 보면 자아와 세계는 서로 무관한 별개의 것으로 간주된다. 그래서 우리는 표층에 떠오른 각각의 유근신을 자기 자신인 자아로 여기고, 유근신 밖의 것을 자기와 무관한 객관 세계라고 여기게 된다. 이것이 변계소집에 해당하는 자아와 세계의 분별, 주관과 객관의 이원론이다.

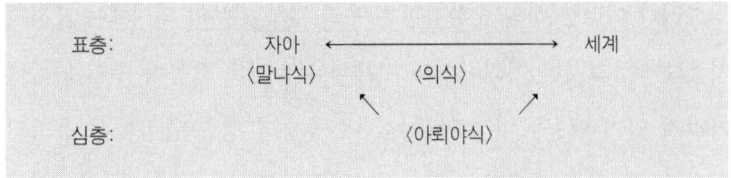

의식과 말나식이 자아와 세계, 나와 너라는 주객이원론에 빠지게 되는 것은 유근신과 기세간이 아뢰야식의 식소변이라는 것을 알지 못하기 때문이다. 자신의 미세한 아뢰야식의 활동, 심층의 마음을 알지 못하는 것이다. 이처럼 자신의 심층 마음의 활동을 알지 못하는 것이 곧 밝지 못함의 무명無明이며, 이것이 바로 어리석은 마음인 치심癡心이다. 의식과 말나식의 업을 낳는 탐심과 진심의 욕망은 바로 이 무명의 치심에 근거한 것이다. 애취의 업, 그리고 그 업으로 인한 자아와 세계의 형성은 모두 이 무명에 기반한 것이다. 12지 연기의 첫 항인 무명이 이것을 말해준다.

```
무명 → 행 → … → 수       → 애     → 취   →
                       고수·락수  애·증   취·사
 ↑                              ↑
치심                          탐심·진심
무명/소지장                    욕망/번뇌장
 ↕                              ↕
보리                           열반²³
```

자아와 세계가 식소변이라는 것을 모르고 세계 속의 일부분인 유근신을 자기 자신으로 간주하고 세계를 자기와 무관한 객관 실재로 여기게 된다. 심층 아뢰야식의 활동을 자신으로 자각하지 못하고 표층적인 유근신만을 자기 자신으로 간주하는 식이 바로 유근신의

의意가 일으키는 말나식이다. 공통의 기세간 안에서 유근신은 각각 서로 다 다르게 형성되므로, 바로 이 유근신의 다름과 차이로 인해 말나식은 아상과 아견을 갖고 탐심과 진심의 욕망을 일으키는 것이다. 이처럼 욕망은 공통의 기세간 안에서 드러나는 유근신의 차이에 따라 발생한다. 너와 나의 차이, 내게 없는 것을 네가 가지고 있는 그 차이로 인해, 나는 너를 욕망하게 되는 것이다. 내가 가지지 않은 것, 내게 결핍된 것, 그래서 내가 불쾌하게 느끼게 되는 바로 그것을 얻고자 하는 것이 욕망이다. 무명에 근거한 이 욕망의 세계, 욕계는 어떤 모습인가?

2) 욕계: 욕망의 싸움터

공종자로 형성된 공통의 기세간 내에서 각각의 존재가 자신을 서로 다른 존재로 인식하게 되는 것은 각자의 유근신이 서로 다른 위치에 경계지어져서 존재하기 때문이다. 각자의 영역을 구획짓는 경계는 유근신을 따라 형성되며, 그 경계를 따라 각자는 자신을 남과 구분한다. 즉 경계를 따라 안팎을 나누면서 경계 안을 나로, 경계 밖을 타자로 여기는 것이다. 이처럼 욕계에서 나와 너를 구분해주는 경계는 바로 유근신의 경계이다. 내 신체가 있는 그 자리를 나의 자리로 생각하는 의意의 말나식이 유근신의 경계를 나의 경계로 여기는 것이다.

그렇지만 안팎을 나눠서 나를 구획짓는 이 경계는 고정되어 있는 것이 아니라, 욕망을 따라 끊임없이 움직이는 유동적인 것이다. 즉 경계는 안팎을 구분지으면서 동시에 안팎의 내용물이 서로 왕래할 수 있게끔 무수한 구멍들로 이루어져 있으며, 내용물의 이동에 따라

경계 자체가 이동해간다. 경계 안의 내가 가지지 못한 것을 경계 밖의 네가 가지고 있으면, 나는 그것을 탐하여 너를 욕망하게 된다. 경계에 의한 너와 나의 차이가 욕망을 불러일으키는 것이다. 그러면 나는 네게로 향하여 내가 탐하는 것(愛)을 너로부터 취하여(取) 나의 경계를 확장하게 된다. 그렇게 해서 내 경계 바깥에 있어 내가 탐하던 것이 나의 경계 안으로 포섭되면, 나의 결핍이 채워지면서 너와 나의 경계는 그만큼 이동해가게 된다. 그러면 다시 새로운 경계가 형성되고, 그 경계가 만드는 새로운 차이는 다시 또 새로운 욕망을 일으킨다.

 차이로 인해 욕망이 일어나고 그로 인해 업을 짓게 되는 욕계의 현실, 이것을 가장 잘 보여주는 것이 욕계를 지탱시켜 주는 생명체들의 먹이사슬이다. 인간은 닭이 아니고 닭은 지렁이가 아니다. 이 차이를 통해 서로가 맺게 되는 관계는 결국 인간이 닭을 먹고 닭이 지렁이를 먹어, 지렁이의 몸이 닭의 피와 살이 되고, 닭의 몸이 인간의 피와 살이 되는 것이다. 그러나 차이에 따른 욕망의 관계는 먹이사슬에서만 성립하는 것이 아니다. 같은 인간 종 내에서도 각각의 유근신이 서로 다르기에 나의 처지는 너의 처지와 다르다. 내가 가난하고 네가 부자면, 나는 너의 돈을 얻기 위해 너를 위해 일해야 하고, 내가 무식하고 네가 똑똑하면 나는 너의 지식을 얻기 위해 내 돈을 바쳐야 한다.

 이와 같이 차이가 있는 곳, 남과 비교하여 내게 결핍이 느껴지는 곳은 어디든지 서로 탐하고 취하려는 욕망이 지배하게 된다. 이는 동물세계인 자연이든 인간세계인 사회이든 마찬가지이다. 자연이나 사회 구성원들의 차이는 서로간의 상호의존관계를 형성하면서 마치 상호 개체성과 평등성을 대변해주는 것 같지만, 실제는 그렇지 않다.

인간과 닭, 둘 중에서 쾌락을 좇아 욕망을 증진시킬 수 있는 자는 인간이지 닭이 아니고, 닭과 지렁이, 둘 사이에서 자기 영역을 확장시킬 수 있는 것도 닭이지 지렁이가 아니다. 인간사회에서 자신의 시간과 정력을 바쳐가며 참고 일해야 하는 자는 피고용인이지 고용인이 아니다.

이처럼 차이와 결핍에서 비롯되는 욕망의 세계는 권력과 지배를 겨냥한 비교와 경쟁과 투쟁의 전투장일 뿐이다. 욕계는 무수한 경계들 주위에서 무수한 욕망들이 서로 부딪히고 충돌하며 투쟁하는 기의 싸움터, 욕망의 전쟁터이다. 약육강식과 적자생존의 세계이며, 빈익빈 부익부의 세계인 것이다. 차이에 따라 상하의 위계질서가 형성되고 권력관계가 확립되고 나면, 강자의 위치에서 그 위계질서를 유지하려는 노력 또는 약자의 위치에서 그 질서를 뒤엎으려는 모반이 일어나지만, 그것은 모두 다 자기 영역을 확장하여 자기 욕망을 충족시키고자 하는 욕망의 자기발현일 뿐이다.

욕망은 차이와 결핍의 의식에서 생겨나며, 인간이든 동물이든 욕계의 유정에 있어 그런 욕망을 일으키는 가장 두드러진 차이는 남·녀의 성 차이다. 따라서 유정의 욕망 중 가장 강한 욕망은 남녀의 차이에 입각한 성적 욕망인 성욕이다. 성욕은 자신과는 다른 성인 이성異性을 탐하면서, 타인을 자기 것으로 확보하고자 하는 욕망이다. 또는 사회생물학적으로 말해 여성은 자신에게 없는 정자를 탐하고 남성은 자신에게 없는 난자를 탐해 서로가 서로의 것을 취해 자신의 흔적, 자기 후손을 남겨 자기 영역을 확보하려는 욕망이라고 볼 수 있다. 너의 돈이나 너의 지식을 욕망하듯, 너의 아름다움이나 너의 건강한 몸을 욕망하여 너를 나의 것으로 만들고자 하는 것이다. 불교에 있어서도 중생의 욕망 중 가장 근본적인 욕망은 성욕으로 간주된다. 중생이 끊임없이 육도윤회하게 되는 것이 바로 성욕 때문이다. 부모의 성관계를 주시하다가 수정란 안으로 들어가게 만드는 것이 성욕이며, 그렇게 욕계에 태어난 이후 탐심과 진심에 따라 짓는 업이 바로 애愛인데, 가장 기본적이고 강렬한 애가 바로 이성에 대한 애인 것이다.

성적 욕망 또한 욕계에서의 일이기에 남녀 간의 관계에 있어서도 서로간의 차이를 통한 위계질서 내지 권력관계가 없지 않다. 인간 사회에서 남녀 간의 권력관계는 유근신 자체의 강약으로 인한 것일 수도 있고 사회적 관습과 문화를 통해 유지되는 것일 수도 있다. 모계사회 또는 부계사회는 두 성 중에서 어느 성이 남녀관계에서 우위를 점하여 권력을 휘두르는 계층인가를 말해주는 것이다.

불교가 욕망을 부정하는 것은 차이에 입각한 욕망이 결국은 차이의 위계질서와 권력구조 위에 행사되는 권력의 각축장, 다양한 힘이 서로 부딪히고 경쟁하고 투쟁하다가 강자가 승리하고 약자가 패하게 되는 그런 약육강식의 터전이라는 것을 알기 때문이다. 욕망의 전차는 평화의 땅에 정착하기 위해 달려가는 것이 아니라, 보다 더 큰 욕망으로 불 붙어 가는 그 가속도를 즐기기 위해 질주하고 있을 뿐이다. 반복되는 우리의 삶이 바로 그런 것이다.

3) 욕계의 고통

욕계는 개별자들의 욕망이 서로 부딪히고 충돌하고 투쟁하는 욕망의 싸움터이며, 그 안에서 결국 강자가 승리하고 약자가 패하게 되는 약육강식의 터전이다. 승자는 원하는 바를 얻고 패자는 그것을 빼앗겨 잃어버리게 된다. 욕계에서 우리가 짓는 업, 애와 취가 그런 것이다. 승자가 얻은 것을 향유하며 즐거워하는 동안, 패자는 잃어버린 것을 그리며 괴로워하게 된다. 패자가 잃어버린 것은 자신의 소유물일 수도 있고 자신의 능력이나 기회일 수도 있으며, 극단의 경우 자신의 목숨일 수도 있다. 그래서 욕계에서 가장 두드러진 고통은 약자 또는 패자의 고통이다. 그러나 강자 또한 욕망이 지배하는 욕계에 살고 있는 한, 고통으로부터 자유롭지 못하다.

욕망은 나의 결핍을 채우기 위해 내게 없는 것을 탐하고 취하고자 한다. 내게 없는 것이 네게 있으면, 나는 내 경계선 너머 네게로 향해 그것을 나의 것으로 취하고자 한다. 그렇게 해서 나의 결핍이 채워지고 욕망이 충족되면, 결국 나의 영역은 확대되고 너의 영역은 축소되면서 너와 나 사이의 경계선은 이동해간다. 너와 나 사이의 경계선은 본래 그렇게 고정된 불변의 것이 아니라 끊임없이 이리저리로 이동해갈 수 있는 유동적인 것이기 때문이다. 그런데 경계가 이동해 가면 그 경계를 따라 다시 새로운 차이가 만들어지며, 그에 따라 다시 새로운 욕망이 일어난다. 새로운 욕망은 그것이 충족되기까지 다시 새로운 긴장과 갈등을 일으킨다. 결국 강자든 약자든 욕망을 좇아 업을 짓는 모든 중생은 끊임없이 반복되는 욕망의 파도를 타고 언제나 다시 시작되는 삶의 고통을 피할 수 없는 것이다.

그래서 불교는 우리가 얻고자 하는 락과 우리가 피하고자 하는 고가 실제로는 상대적인 고와 락일 뿐이고, 근본적인 의미에서는 그 둘 다가 모두 고일 뿐이라고 말한다. 생노병사와 애별리愛別離·원증회怨憎會·구부득求不得이 상대적 고라면, 그 고의 바탕이 되는 오음

성고는 우리 욕계의 삶의 모든 것을 포괄하는 근본적 고를 의미한다. 상대적 고뿐 아니라 우리가 락이라고 여기는 상대적 락까지도 결국은 모두 다 고다. 우리가 애써 얻으려고 하는 락은 근본적 고통 위의 작은 웃음, 근본적 고통 중의 짧은 휴식일 뿐이다. 결국 욕망으로 들끓는 욕계 전체가 고통 덩어리인 것이다. 그래서 불교는 욕계를 애욕으로 불타는 화택, 하루빨리 뛰쳐나가야 할 장소로 간주한다.

상대적 고 + 상대적 락	: 욕망의 분별
근본적 고	: 욕계의 실상

그러나 욕계가 불타는 화택이고 그 안에서의 우리의 삶이 고통이라고 한들, 우리가 욕계 바깥 어디에로 나아갈 수 있단 말인가? 생명이 욕망이고 욕망이 애욕으로 불붙음인데, 이 타오르는 생명의 불을 끄고 무얼 이루고자 하는 것인가? 불교가 욕망과 욕계 너머로 지향하는 것은 과연 무엇인가?

4. 욕계 너머로의 해탈: 환멸문

1) 무명과 명: 아뢰야식과 일심

탐진의 욕망을 일으키고 그에 따라 업을 짓게 하는 궁극 원인은 무명이다. 무명은 자아와 세계가 아뢰야식의 식소변이라는 유식성唯識性을 알지 못하는 것, 자기 마음 심층의 아뢰야식의 작용을 자각하지 못하는 것이다. 이 무명을 극복하여 명을 얻는 것은 곧 유식성을 깨닫는 것이다. 유식성을 안다는 것은 자아와 세계, 아와 법이 아뢰야식의 식소변에 지나지 않는다는 것, 따라서 실유가 아니라 가假일 뿐이며 본래 공空이라는 것을 깨닫는 것이다.

가로서 아와 법을 설한다.[24]

그렇다면 아와 법이 아뢰야식의 식소변으로서 공이고 가임을 아는 것, 유식성을 자각하는 것이 뜻하는 바는 무엇인가? 자아와 세계, 아와 법으로 변현하는 식은 아뢰야식이다. 아뢰야식은 지난 생의 오온이 지은 업이 남긴 에너지인 업력을 종자로 함장하고 있다. 여기서 지난 생은 현재 순간 이전까지의 생, 그리고 지난 과거의 전생을 뜻할 뿐 아니라 무한히 소급해가는 과거의 전생들을 다 포함하는 것이다. 현생이 전생의 기억을 담고 있고, 전생이 또 그 전생의 기억을 담고 있고, 또 그 전생은 다시 그 전생의 기억을 담고 있고 … 이렇게 해서 아뢰야식 내 종자의 에너지는 무한한 영겁의 역사를 담은 것이 된다. 무한한 영겁의 역사를 거슬러 올라가게 되면, 결국 나는 너와 구분되지 않는 하나로 합쳐지게 된다. 그래서 나의 아뢰야식은 너의 아뢰야식과 대부분의 종자를 공유하게 된다. 나의 기세간과 너의 기세간이 동일한 하나의 기세간일 수 있는 것은 기세간으로 전변할 종자를 너와 내가 공유하고 있기 때문이다. 그래서 기세간을 형성할 종자를 공종자라고 하는 것이다. 그만큼 너와 나의 아뢰야식은 심층에서 하나로 존재한다.

기세간으로 전변할 유루종자를 함장하고 있는 아뢰야식은 생멸하는 현상세계를 그려내는 의타기의 생멸심이지만, 그런 의타기의 식을 바로 그런 것으로서 자각하는 심은 무명의 변계소집을 버리고 원성실성을 획득한 심, 불생불멸의 진여심이다. 진여심은 심층 아뢰야식의 하나됨을 자각하여 표층에서의 아집과 법집을 극복한 마음이다. 이것이 바로 유식관의 수행이 지향하는 바, 분별적 인식을 무분별적 지혜로 변화시키는 전식득지의 과정이다. 현상의 모든 차별상이 심층 아뢰야식 내지 일심의 하나 속에 융해되는 궁극적 깨달음의 관점에서 보면 생멸의 아뢰야식은 곧 불생불멸의 진여심이며, 번뇌의 중생은 곧 보리의 부처이다. 유식성의 자각을 강조하는 유식이 궁극적으로 밝히고자 하는 것은 결국 유정 심층에 내재된 하나의 마음, 즉 '일심一心'이다.

그러므로 도처에서 오로지 일심일 뿐이라고 설한다.[25]

그럼에도 불구하고 우리가 자기 자신을 각각 서로 구분되는 개별 실체로 여기는 것은 각자의 유근신이 서로 다르기 때문이다. 유근신의 차이는 아뢰야식 내 불공종자의 차이로서, 표층에서 우리가 구분하는 각자의 차이는 결국 유근신의 차이인 것이다. 이와 같이 우리는 심층 아뢰야식 내지 일심에서는 하나이되 표층에서는 유근신에 따라 서로 다른 존재로 간주된다.

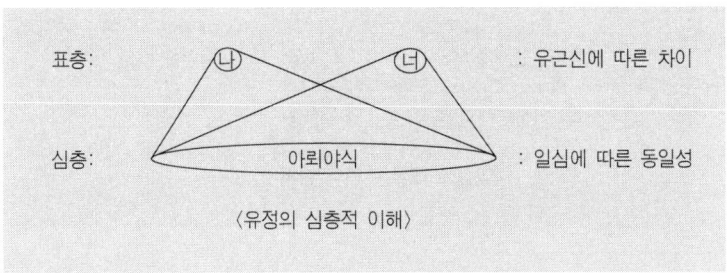
〈유정의 심층적 이해〉

우리가 마음 심층에서 다 같은 하나라는 것, 하나의 마음이라는 것을 알지 못하기에 표층적인 유근신의 차이에 따라 내게 없는 것을 탐하고 내게 있는 것에 분노하는 탐진의 욕망이 일어난다. 심층에서 하나의 마음이라는 것을 모르는 무명으로 인해 표층에서 탐심과 진심의 욕망에 이끌리는 것이다.

그러므로 아뢰야식의 활동을 그런 것으로서 자각하여 유식성을 깨닫는 것, 아와 법이 식소변으로서 가이고 공이라는 것을 깨닫는 것은 곧 마음 표층의 차이에 이끌리지 않고 마음 심층의 동일성을 깨닫는 것을 의미한다. 표층에서 성립하는 너와 나의 차이에 따라 결핍과 욕망으로 빠져드는 것이 아니라, 그 차이 너머 심층에서 성립하는 너와 나의 하나됨을 자각하여 결핍과 욕망의 의식을 넘어서는 것이다. 무명에 싸여 심층의 동일성을 모르고 표층의 차이만을 알 뿐이면, 그 차이의 분별로 인해 탐진의 욕망에 이끌리게 되지만, 무명을 벗고 명을 얻어 심층 일심의 하나를 자각하면, 일체 분별이 허망분별임을 알아 탐진의 욕망을 벗어나게 되는 것이다.

```
표층: 유근신의 차이:        욕망        욕망을 벗음
  ↑                        ↑             ↑
심층: 일심의 동일성:        무명          명
           〈일심에 대한 무명과 명의 차이〉
```

유식성을 깨달아 무명을 벗고 명明을 얻으려는 것은 더 이상 욕망의 불길에 휩싸이지 않고 번뇌 망상의 고해苦海를 벗어나고자 하는 것이다. 삶이 고통스러운 것은 결핍과 욕망이 충족되지 않아서가 아니라, 자신을 자타분별 속에서 차이와 결핍으로만 느끼는 무명 때문이고, 결핍을 채우고 욕망을 충족시키려는 헛된 마음 때문이다. 우리로 하여금 끊임없이 육도를 윤회하게 만드는 것은 표층의 차이에 이끌려 결핍을 채우고자 하는 욕망이지만, 그 욕망을 일으키는 것은 결국 심층 마음의 하나됨을 알지 못하는 무명 때문인 것이다. 그렇다면 무명을 벗은 명, 심층 한 마음에 대한 자각은 우리에게 어떻게 의식되는 것인가?

2) 결핍과 공

유식이 강조하는 것은 유근신의 자아나 유근신이 의거해 사는 기세간이 모두 아뢰야식의 식소변이라는 것, 그것들이 그 자체 실유가 아니라 가유라는 것이다. 따라서 실재하는 것은 식의 전변 결과인 아와 법이 아니라, 그렇게 전변하는 심층의 식 또는 마음일 뿐이다.

실제로 외적 대상[아와 법]은 존재하지 않는다. 오직 내적 식만이

존재할 뿐이다.[26]

　전변된 결과인 아我와 법法은 가假이고, 그런 가유假有를 그려내는 식識 내지 심心만이 존재한다. 그러면 그 심은 무엇으로 존재하는가? 마음에 의해 그려진 모든 것이 다 마음의 전변결과이기에, 그렇게 전변하는 마음 자체는 어떠한 상相도 내용도 가지지 않는다. 그것은 온갖 상의 세계가 그 안에 그려질 수 있는 빈 공간과 같은 것이다. 가의 세계를 그려내는 마음은 그 자체가 공이다.

　그런데 이 공은 단지 추상적인 빈공간, 무정無情의 공이 아니고, 신령한 자기 자각성을 가지는 공이다. 이 마음으로서의 공의 자기자각성을 원효는 '본래의 성이 자신을 신령스럽게 안다'는 의미에서 '성자신해'라고 하고, 지눌은 '고요하게 비어 있는 공적의 신령한 자기지'라는 의미에서 '공적영지'라고 하였다. 유정의 마음은 바로 성자신해와 공적영지의 마음이며, 이것이 바로 모든 유정의 진면목인 것이다.

> 모든 법이 다 공한 곳에 신령스런 앎이 있어 어둡지 않으므로, 무정한 것과는 다르다. 성이 스스로 신령스럽게 아는 것〔성자신해〕, 이것이 곧 너의 공적하여 신령스럽게 아는〔공적영지〕 청정한 심체이다.[27]

　이러한 성자신해 또는 공적영지의 마음이 바로 전체 기세간의 바탕이 되는 하나의 공의 마음인 일심이다. 일심은 기세간으로 변현하는 아뢰야식이 자신을 변현된 욕계 속에서가 아니라, 욕계 너머의 공으로 자각하는 마음이다. 욕계의 차별상 너머 모든 생명체가 하나가 되는 큰 무한의 마음이다. 그래서 이 마음을 불생불멸의 마음인 진여라고 하는 것이다.

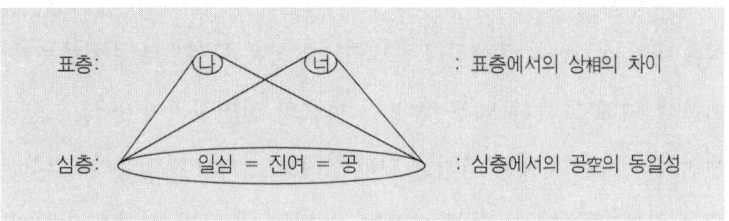

유정의 일심 내지 진여의 공성은 유정에 의해 산출된 욕계 내에서의 결핍과는 구분된다. 결핍은 욕계에서의 너와 나의 차이를 통해 욕망을 일으키며 그 결핍을 채우려는 애취의 업을 짓게 하지만, 유정 모두의 공성은 너와 나의 차이가 아닌 동일성을 느끼게 하며 표층의 고락에 이끌려 업 짓는 것을 그만두게 한다. 욕계에서는 너와 내가 서로 다른 남남이지만, 마음 심층에서는 너와 내가 같은 하나라는 그런 동체의식을 갖게 하는 것이 바로 공의 자각이고 일심의 자각이다. 한 마디로 결핍의 의식은 표층의 차이에서 비롯되는 의식인데 반해, 공의 의식은 심층 동일성이 불러일으키는 의식이다.

```
표층: 너와 나의 차이의 의식     = 결핍의 의식
 ↑
심층: 너와 나의 동일성의 의식   = 공의 의식
```

3) 욕망과 자비

욕계 안의 모든 것은 서로 다른 것들이다. 각각의 개체가 서로 다름을 통해서 자기 자신으로 자기 존재를 확인받고 있다. 서로 다른 것이기에 그 상대적 결핍을 따라 서로를 욕망하면서 애증이 뒤얽힌 상호관계를 맺으며 살아간다.

그러나 욕계를 그려내는 각각의 유정은 현상적으로 보면 유근신으로서는 서로 다 다르지만, 그 동일한 세계를 그려내는 하나의 생명으로서는 다 동일하다. 심층에서 하나로 존재하는 유정들이 공통적으로 그려내는 세계가 바로 우리가 함께 사는 하나의 기세간이며, 우리는 그 안에서 각각 상이한 유근신을 갖고 등장한다. 이는 마치 각각의 배우가 각각의 역을 맡아서 함께 하나의 공통의 연극을 펼쳐내는 것과 같다. 무대 위에서는 각각의 역이 다 다르고 그 역에 따라 애증의 관계가 복잡하게 얽혀들지만, 그것은 모두 다 무대 위에서의 연기일 뿐이다. 자신과 세계의 공성을 자각한다는 것은 욕계의 우리 삶을 무대 위 연극처럼 느끼며 자신을 무대 밖에 세우는 것과 같다. 그렇게 해서 우리는 우리 자신의 욕망을 비우고, 무아를 실현하게 된다.

욕계에서 유근신의 차이는 욕망을 불러일으키고 분별의 업을 짓게 하여 그 차이를 점점 더 증폭시키고 욕망을 점점 더 강화시켜 우리를 끊임없이 육도윤회하게 하지만, 욕계 너머 생명의 하나됨에 대한 자각은 유정의 현상적 차이가 허구이고 우리의 분별이 허망분별임을 알아 욕망을 비우고 집착을 버리게 한다. 욕계의 삶이 우리 마음이 그려내는 가상이라는 것을 알아 인생을 일장춘몽처럼, 한 편의 연극을 보듯 그렇게 관조하게 되는 것이다. 그래서 무대 위 특정 인물이나 특정 사건에 열광하지도 좌절하지도 않고 일체의 집착을 버려 업력으로 인한 윤회를 벗어나게 되는 것이다.

그렇다고 유정에 대한 일체의 관심이나 사랑이 다 사라지는 것은 아니다. 자신과 세계의 공성을 자각하고 무대 밖을 바라보는 자, 그가 원하는 것은 무엇일까? 그가 바라는 것은 무대 밖에서의 만남이다. 욕계 안에서 너와 나의 차이에 의해 생겨나는 애탐의 욕망에 이끌리지 않고 그 욕망 너머에 선 자, 욕망의 허망성과 욕계의 고통을 알아 욕계를 넘어선 자, 그래서 욕망을 비우고 집착을 버린 자, 그런 또 다른 부처를 만나고 싶어하는 것이다. 우리가 마음 심층에서는 모두 하나라는 것, 하나의 마음, 하나의 진여, 하나의 부처라는 것, 그것을 이 생애에서 확인하고 싶어하는 것이다.

욕계의 욕망에 이끌리는 것이 아니라 욕망을 비운 공의 마음으로 타자를 배려하는 감정을 우리는 욕망이 아니라 사랑이라고 부른다. 불교는 이를 '자비'라고 부른다. 모든 생명체가 근본에 있어 하나라는 깨달음, 동체라는 깨달음 위에 일어나는 순수한 공감의 감정이 곧 동체대비의 감정, 자비인 것이다.

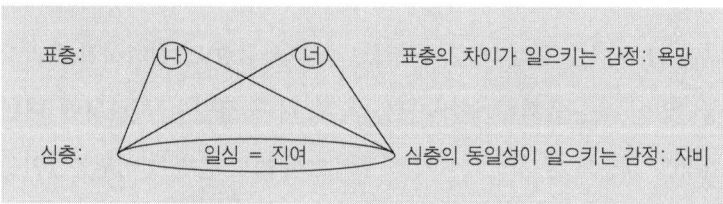

유식이 자아와 세계가 식소변의 가유라는 유식성을 논하면서 심층심의 자각과 그 공성을 강조하는 것은 그 빈 마음 안에 찾아드는 생명의 진실한 기운, 동체대비의 감각을 일깨우기 위한 것이다. 자신의 비어 있음은 세상적인 것들을 취해서 채워야 할 결핍이 아니라, 만유

본래의 공성이다. 그 비어 있음을 결핍으로 느끼는가 아니면 공으로 자각하는가는 유정이 자기 자신을 얼마만큼의 깊이로 느끼는가를 말해준다. 표층에서 느껴지는 결핍의 의식은 그 결핍을 채우고자 하는 욕망과 집착을 낳지만, 심층에서 느껴지는 공성의 자각은 그 비어 있음을 채우기보다는 오히려 비워두기를 바라며, 빈자리를 채우려는 욕망과 집착을 오히려 잠재운다. 그것은 자신의 쾌감을 좇아 행동하기보다는, 타인의 고통에 공감하고 공명하는 감수성인 자비심을 불러일으킨다.

```
표층: 너와 나의 차이의 의식    = 결핍의 의식  → 욕망
  ↕
심층: 너와 나의 동일성의 의식  = 공의 의식   → 자비
```

5. 선악을 넘어선 해탈의 추구

불교에 따르면 우리 일상 범부의 행위는 모두 탐심과 진심의 욕망에 물들어 있다. 그러나 그렇다고 모든 행위가 다 악인 것은 아니다. 불교는 욕망과 집착에 근거한 업을 다시 선업과 악업으로 구분한다. 업의 선·악의 구분은 戒계로써 표현된다. 신·구·의 삼업에 대해 계로써 금하는 업들이 악업이며, 이와 반대되는 행위들이 선업이다. 대표적인 10악업은 다음과 같다.

10악업 : 살생殺生 · 투도偸盜 · 사음邪婬 · 망어妄語 · 기어綺語 · 악구惡口 · 양설兩舌 · 탐욕貪欲 · 진에瞋恚 · 사견邪見

이 10악업과 반대되는 행위, 계에 일치하는 행위가 바로 선업이다. 선업이든 악업이든 모두 즐거운 느낌을 좋아하고 괴로운 느낌을 싫어하는 말나식의 욕망과 집착에 기반한 행위들이다. 악을 행하지 않고 선업을 쌓기 위해서는 욕망을 넘어설 필요가 없이 욕망을 적절히 계에 맞게 조절하면 되는 것이다. 이것은 계의 차원이고 윤리의 차원이다.

비구・비구니 계는 석가 생존시 문제가 되는 상황이 발생하면, 그에 맞춰 적절한 대처로서 정해지기 시작했다. 계 내지 윤리는 인간사회 내지는 전체 생명세계가 조화롭게 서로 공존할 수 있는 방안으로서 생각된 것이다. 우리가 일반적으로 욕망 자체를 부정하지 않고 단지 그것의 적절한 조절과 통제만을 시도하는 것은 우리가 선악의 욕계 속에 살면서 그 안에서 선하게 살기를 시도하지, 선악의 피안으로, 욕계 바깥으로 나가기를 시도하지는 않기 때문이다.

그러나 선・악의 피안으로 나아가 선업도 악업도 짓지 않기 위해서는, 그래서 욕계의 육도윤회를 벗어나기 위해서는, 탐심과 진심의 적절한 조절을 넘어서서 탐심과 진심을 약화시키고 근절시키는 것이 요구된다. 그리고 그럴 수 있기 위해서는 탐심과 진심의 뿌리가 되는 치심의 무명을 극복해야 한다. 이것은 계를 넘어서는 정定과 혜慧의 차원이며, 윤리의 차원을 넘어선 수행과 명상의 차원 내지 종교의 차원이다.

본고는 유식불교에서 욕망의 문제를 단순한 윤리적 차원이 아니라 불교가 본래 지향하는 바 수행과 종교의 차원에서 논해보고자 하였다. 욕망이 우리의 삶을 가능하게 하는 삶의 원동력임에도 불구하고 불교가 왜 욕망을 부정하는지, 어떤 의미에서 이 욕계의 현실을 고통으로 해석하고 있는지, 그리고 욕계 너머 불교가 나아가고자 하는 바가 무엇인지를 논해 본 것이다. 이것은 결국 불교가 인간을 욕계 속의 개별 유근신 이상의 존재로 이해하기에 가능한 것이다. 마음 심층에서는 누구나 진여이고 일심이며 따라서 욕계의 윤회를 벗어 해탈할 수 있다는 것, 누구나 다 하나의 마음, 하나의 진여로서 우리가 모두 하나라는 것, 이것을 불교의 핵심으로 밝혀보고자 한 것이다.

만일 유근신을 모든 생명체의 삶의 한계라고 본다면, 그리고 그런 의미에서 동물적 행동방식을 인간 심리와 행위의 원형으로 삼는다면, 다시 말해 유근신이 우리 각자의 운명이고 종착점이어서 우리가 우리 각자의 유근신을 벗어날 길이 없다면, 욕망을 부정하는 것은 무의미할 것이다. 허무주의만이 우리에게 남겨진 길이라면, 소극적 허무주의보다는 적극적 허무주의가 보다 더 인간적일 것이다. 운명을 긍정하고, 고통을 긍정하고, 욕망을 긍정하는 것, 치열하게 싸우고 이기고 아파하고 그러다가 목숨이 다 하면 죽고, 그러면서도 또 다시 태어나도 좋다고 생을 긍정하는 것, 그런 긍정적 허무주의가 보다 인간적일 것이다.

그러나 필자는 불교의 정신은 이 긍정적 허무주의보다도 더 높은 차원의 긍정적 정신이며 더 깊은 차원의 진리의 해명이라고 생각한다. 이 모두 유근신과 기세간을 한갓 꿈으로 자각하게 만드는 그런 투명한 정신이 빛나기 때문이다. 차이가 아닌 동일성의 의식, 욕망이 아닌 자비의 감정을 일깨워주기 때문이다. 이것이 석가의 정신이고 불교의 정신이 아닐까?

{선불교의 욕망 이해}

욕망의 바다에서 유영하기

이덕진(창원전문대 장례복지과)

1. 욕망과 인간

인류는 끊임없이 '삶의 전과 후에서의 근원'을 찾기 위한 존재론적인 질문을 해왔다. 그러나 불교적 시각에서 본다면, 이러한 의문은 '희론戱論'에 불과하다. 왜냐하면, 필자가 이해하는 한, 불전佛典이 표방하는 바는, 그 반이 '인생은 고해苦海'라는 것이고, 나머지 반은 어떻게 하면 그 '고苦로부터 해탈解脫'할 수 있느냐는 것이다. 그리고 무게의 축은 당연히 후자에 있다. 그렇기 때문에 불교에서 가장 중요한 것은 '삶의 의미 있는 구축'이 된다. 이렇게 본다면 해탈, 즉 열반涅槃은 대자유인이 되어서 '주인공의 삶'을 사는 것 그 이상도 이하도 아니다. 결국 우리의 삶, 다시 말해서 '생명生命의 약동躍動'인 '생의生意' 그 자체가 삶이자, 삶의 원천이고 동력인 것이다.

우리의 삶은 필연적으로 욕망을 수반한다. 거기에 더하여 21세기의 화두는 '실용과 욕망'이라고 회자膾炙된다. 이 말은 현대가 욕망의 시대라는 것을 단적으로 표현해주고 있다.[1] 다시 말해서 현대처럼 욕망이 널리 긍정되고 욕망이 널리 조장되어지던 시대는 역사상 그 어느 때에도 없었다고 할 수 있다. 이것은 바람직한가, 바람직하지 않은가? 불교는 욕망을 어떻게 보아야 하는가, 더 나아가서 선불교는 욕망을 어떻게 취급해야 좋을까?

이상적 불교인의 삶은 종종 '무주상無住相'으로 표명된다. 이때 '상相에 머무름이 없다고 함'은 욕망과 더불어 있으면서 욕망에 머무르지 않는 것을 의미하는가, 아니면 욕망이라는 것 자체를 없앰인가? 욕망은 더불어 살아야 하는 것인가, 아니면 극복되어져야 하는 것인가? 욕망 없는 인생은 이상향인가, 아니면 회색빛 재에 불과한 곳인가? 깨달음의 증득이 가져오는 경지는 욕망을 활발발活潑潑하게 살리는 것인가, 아니면 욕망을 절멸絶滅시키는 것인가? 참으로 난감한 문제, 그러나 반드시 정리하고 해결책을 강구하여 답을 제시해야만 할 문제가 아닐 수 없다.[2]

이 글은 필자에게 주어진 '욕망, 삶의 동력인가 괴로움의 뿌리인가'라는 대주제에 대해서, 선불교를 하나의 소주제로 하여, 21세기를 살아가는 우리에게는 대단히 의미심장한, 욕망이라는 화두에 대해서 정색을 하고, 진지하고 거짓없이 대답을 하라는 요구에 대한 나름대로의 답이다.[3]

2. 대승보살사상과 욕망

초기불교에서 욕망을 바라보는 시각은 기본적으로 부정적이다. 그것은, 욕망의 본질 때문이라기보다는, 욕망이 바람직하지 못한 마음의 여러 가지 상태를 가져오기 때문이다. 그렇기 때문에 욕망을 제거·통제·극복의 대상으로 파악하고 있다. 왜냐하면 욕망과 쾌락에서 나오는 '맛'은 너무 강렬하여 실제의 일상에서 욕망에 사로잡히지 않기는 어렵기 때문이다. 따라서 이 맛이 무상無常, 무아無我에 기반한 것이기 때문에, 곧 근심거리로 다가오게 된다는 사실을 꿰뚫어 알지 못하면, '맛과 근심거리의 고리'는 계속해서 하나의 권력으로 군림하여, 행복한 삶을 이루는 데 장애가 된다. 그러나 초기불교에서 욕망을 부정적으로 본다고 해서 인간의 행복 자체를 부정하는 것은 아니다. 왜냐하면 욕망의 억제가, 아주 중요한 방편이기는 하지만, 붓다가 지향하는 목표 그 자체는 아니기 때문이다.

그렇기 때문에 초기불교는 욕망이 결코 만족되거나 바람대로 이루어지는 것이 아니라는 속성을 잘 이해하여 대처해 나가는 훈련을 함으로써 욕망을 제어하고 다스려 결국은 제거한다는 입장을 지니고 있다. 다시 말해서 탐욕貪慾으로부터 벗어남은, 욕망의 속성에 대한 이해에서부터 시작되며, 인식의 과정을 따라 욕망의 발생경로에 주목하면서, 각각의 대상으로부터 욕망을 단속하는 것이다.

이때 욕망을 제거하고 다스리는 것은 닦음의 문제와 연결되는데, 그것은 선수행과 긴밀히 연관되어 있다 이에 관련되는 선수행으로는 감각기관에 집중[susamāhitindriya], 사띠[念, sati], 관법觀法, 심일경心

一境 등이 있다. 사띠는 욕망에서 오는 맛 '지켜보기'이며, 관법은 통찰의 방법으로 감각대상과 마음에서 욕망이 일어나고 사라지는 과정과 그 속에서 참 이치를 발견해 내는 것이고, 삼매三昧, 구체적으로 심일경心一境의 방법은 마음의 집중과 통일상태를 극대화하는 것이다. 그렇기 때문에 결국 초기불교의 욕망론은 이해에서 시작하여 닦음으로 마친다고 할 수 있다.[4]

따라서 초기불교의 관점에서 부, 권력, 명예 등의 욕망을 추구하는 것은, 그 자체가 문제가 되는 것은 아니다. 단지 이러한 인위적 욕망이 경계의 대상이기 때문에 조심해야 한다는 것이다. 무엇보다도 오감각에 대한 쾌락 추구의 욕망과 소유의 욕망은 탐貪·진瞋·치癡를 은폐하고 있기 때문에 반불교적인 것으로 간주된다. 그러나 이러한 부정적 의미의 욕망의 지멸이 모든 욕망에 적용되는 것은 아니다. 왜냐하면 중도적 입장에서 법도에 맞게 충족되어야 하는 자연적 욕망도 있기 때문이다. 당연하게 이러한 욕망(욕구)은 긍정되어지며, 장려되어진다.[5]

불교도들이 추구하는 목표가 소승불교에서는 아라한이 되는 것이지만, 대승불교에서는 이를 편협한 이기적 추구라고 본다. 왜냐하면 깨달음에 이르렀다 하더라도 다른 중생들을 구제하기 위해 성불을 늦추는 보살菩薩이 되어야 한다고 동아시아의 대승불교에서는 주장하기 때문이다. 주지하듯이 보살은 산스크리트어 bodhisattva를 음역音譯한 것으로써 bodhi와 sattva의 두 단어가 합쳐진 합성어이다. 보디는 깨달음을 뜻하고 사트바는 사람을 뜻한다. 그러므로 보디사트바는 깨달은 사람이라는 뜻이다. 문자가 함의하는 바 그대로 보살은 깨달았지만 불격佛格을 지양止揚하고 인격人格을 지향志向한다. 이렇게 해서 보살의 가장 큰 공덕인 자비慈悲는 원시불교에서 강조했던 지혜智慧와 동등한 위치에 서게 되는 것이다.

대승불교사상의 가장 중요한 특징은 중생에 대한 대자비大慈悲를 특징으로 하는 이타적利他的 존재로서의 보살의 이상이다. 보살이 공성空性의 수습修習을 통해 수행도의 마지막 단계에까지 상승했을 때 그에게는 두 가지 대안이 있다. 하나는 무상無常, 고苦, 무아無我의 관찰을 강화시켜 사물의 공성에 대한 인식을 심화시키는 길이다. 그렇게 될 때 그는 부처가 되고 열반에 들어가게 될 것이다. 다른 하나는 그 단계에서 중생에 대한 대자비심을 강화시키는 길이다.

앞에서 말했듯이 보살은 부처가 되고 열반에 들어가는 대신 대비심을 강화시켜 다시 세간으로 돌아온다. 보살은 중생에 대한 그의 행위가 공空하다는 사실을 명확하게 인식하면서도 허깨비같은 중생의 구제를 위해 허깨비같은 노력을 부단하게 지속하는 자이다. 이때 보살은 이전의 수행자와는 전혀 다른 실천적 목표를 갖고 있다. 그것은 먼저 타인과 자신의 동일성을 인식하고, 다음으로 타인의 고통을 자신의 기쁨과 교환하는 적극적인 보살행의 단계로 나아가는 것이다.

이때 이타행의 근거는 '고통의 편재성遍在性'과 '모든 존재는 고苦를 피하고 낙樂을 구한다'고 하는 원리에 있다. 그 원리가 모든 사람은 동일한 고통과 동일한 기쁨을 갖고 있고, 자신은 스스로를 보호하듯 그들을 보호해야만 한다는 보살의 실천윤리의 근거가 되는 것이다.

고통의 편재성을 통한 이러한 윤리적 명령은 다음 단계에서 '자아의식自我意識의 허구성虛構性'과 '모든 존재의 비실체성非實體性'에 대한 통찰에 의거해 새로운 차원의 윤리로 전환된다. 만일 모든 존재가 본래적으로 공空하다면 타인과 자신을 구별할 하등의 근거가 없게 된다. 모든 내적·외적 대상의 존재성이 영으로 수렴되었을 때, 집착되어야 할 대상도 집착하는 의식도 함께 소멸되며, 따라서 이 단계에서 대승보살은 기꺼이 자신의 기쁨을 타인의 고통과 바꾼다.[6]

그렇기 때문에 보살이 수행과정에서 계율戒律을 지키고, 수행을 통해서 이것이 공성空性임을 깨닫고, 계행을 일체지一切智의 지혜 혹은 무상보리無上菩提를 얻기 위한 행위로 회향回向시키며, 중생을 모두 이롭게 하고 깨닫게 한다면, 그들의 수행은 자비행이라는 견지에서 최상의 것이 된다.

보살은 계를 지키고 수행을 하면서 중생들을 구제하기 위해 세상으로 회향하지만, 다른 한편 계행과 보살행은 세속적인 삶에 기반을 두고 있다. 이는 세속에 대한 긍정적인 근거를 제시한다. 따라서 한 사람이 세상에 태어나서 무상보리를 얻고자 한다면 그는 대승의 수행에 의지하여야 한다. 또 만약 그가 수행하고자 한다면, 그는 보시布施·지계持戒·인욕忍辱·정진精進·선정禪定·지혜智慧를 따라서 수행하여야 한다. 보살은 이러한 궁극적인 목표를 상정하기 때문에 대승의 수행은 단편적이거나 고정적인 것이 아니다. 보살은 '바라밀다波羅蜜多'에 도달하기 위하여 끊임없이 행하고 또 헤쳐 나아가야 하는 것이다.

보살은 궁극적인 목적을 향해 윤회 속에서 수행하는 존재이다. 기나긴 윤회의 삶이란 생명 활동이 연속적으로 이어지는 것이다. 또한 속세의 삶 속에서 감각적인 문제에 관련된 다양한 결과물들과 윤회를 초래하는 여타의 요소들이 우리를 억누른다. 보살은 이러한 문제의 양상과 원인을 지각하고 인지하여야 하며, 나아가 이를 윤리적인 영역으로 가져와야 한다. 그리고 '해야 할 것'과 '하지 말아야 할 것' 혹은 '옳은 것'과 '그른 것'에 대한 원칙을 세워야 한다. 그렇지 않다면 세속적인 삶을 대승의 수행으로 회향하는 과정에서, 수행에 장애가 되고 윤회의 과정을 타락시키는 모든 행위들이 큰 문제를 초래하게 될 것이다.[7] 여기서 보살은 욕망으로 대표되는 세속사회의 제 현상과 만나게 되며, 욕망과 부단한 투쟁을 하게 된다.

다른 한편 대승불교 전통 안에서 욕망의 문제는 새로운 양상으로 전개된다. 보살은 중생을 깨달음으로 인도하기 위해서 권유하며, 때로는 어떠한 행위라도 하는 존재이다. 그렇기 때문에 권유는 어떤 이들에게는 금욕을 깨뜨리는 형식으로 적용될 수도 있다. 다시 말해서 보살은 중생들의 깨달음에 도움을 주기 위해서 감각적인 쾌락을 추구하거나 일견 윤리적 덕목에 반하는 것처럼 보이는 행위를 할 수도 있다. 그리고 그들에게 이러한 행위가 더 이상 필요하지 않다고 인식되는 순간, 보살은 즉시 그 행위들을 멈춘다. 대승불교에서 보살은 중생을 끌어안기 위해서 요구되어지는 어떠한 행위에 대해서도 두려움을 가져서는 안 된다. 동시에 그는 중생을 내치거나 고통 속에 내버려 둘 수 있는 어떠한 행위나 가르침에 대해서도 경계하여야 한다. 그렇기 때문에, 원효(元曉, 617~686)의 예에서도 보이듯이, 성적 욕망에 관한 계율을 파하는 것이 증오를 일으키거나 자비를 행하지 않은 것보다 훨씬 더 작은 죄가 될 수도 있는 것이다.[8]

따라서 수행자가 기나긴 삶의 윤회를 겪으면서 욕망에 얽히게 된다고 해도 그는 계율을 무너뜨린 것이 아니다. 나아가 수행자가 세속의 삶 속에서 여러 가지 감각적인 쾌락을 즐기고 안락함을 누린다 하더라도 그가 깨달음으로 향하는 수행을 성실히 행하되 포기하지 않는다면 파계라고 부를 수 없다.

그러나 욕망에 관한 보살의 행위를 파계라고 말하지 않지만, 이것이 곧 욕망이라는 굴레 자체를 긍정적으로 보거나 무시, 혹은 자유로울 수 있다는 것을 의미하지는 않는다. 그렇기 때문에 욕망에서 비롯되는 번뇌를 인정하고 자기를 제어할 수 있는 능력을 길러야 그러한 문제에서 자유로워질 수 있다. 다시 말해서 욕망에서 비롯된 근본적인 문제를 인정한 후에, 보살은 육바라밀을 통해 이러한 욕망을 제어하고 맞서는 것을 수행의 단계로 승화시켜야 한다.

물론 욕망에서 비롯되는 번뇌는 제어하고 억제해야 한다. 그러나 보살은 꼭 이러한 규제에 얽매일 필요는 없다. 대승의 수행에서, 보살은 이러한 경향성을 바꿀 기회를 가진다. 그리고 욕망의 층위가 변화하는 순간, 삶의 목적이 상승하게 되고, 이전의 삶보다 가치있고 안정되며 삶의 에너지도 강해질 것이다. 그러므로 그는 지고한 대승의 수행으로 나아가야 하며, 무상보리에 기반하여 행위할 수 있다. 만일 무상보리로 회향하게 된다면, 기존의 잘못을 극복할 수 있는 초월적인 힘을 보여주게 될 것이다.

다른 한편 욕망에서 비롯되는 생사번뇌는 끊임없는 윤회를 초래하기 때문에, 욕망은 수행의 기회를 제공한다. 그렇기 때문에 결과적으로 욕망은 보살의 기나긴 수행에 이익이 되기도 한다. 만일 어떤 이가 윤회를 거듭하는 동안 끊임없이 수행하여 왔더라도 대승의 길에서 벗어났다면, 그의 수행은 보살의 행으로 승화되지 못하였기 때문에 보살의 계행이라는 관점에서 인정할 수 없다. 따라서 윤회 속의 삶도, 생사번뇌와 같은 윤회의 주요 요소들도 인정되지 않는다. 보살의 수행에 이익되지 않기 때문이다. 결과적으로 허비된 시간들과 윤회의 요소들은, 생사의 고통과 같은 것으로 취급되어, 보살의 수행으로 회향하는 데 실패하게 할 뿐 아니라 윤리적으로 인정받지도 못하게 된다.

그러나 어떤 이가 욕망과 윤회를 대승의 수행으로 회향한다면, 욕망과 윤회는 대승의 깨달음을 구성하는 요소가 되며, 보살의 수행에 이익을 주고, 이 모든 과정이 보살의 윤리적 관점에서 확고한 지위를 얻는다. 이러한 경우, 욕망 혹은 윤회는 보살의 수행에 기여하기 때문에 명백히 긍정적인 것이라고 결론내릴 수 있다.[9]

3. 선불교와 인간의 욕망

1) 선불교 형성의 함의

주지하듯이 대승불교인 중국 선불교의 형성에는 그때까지의 모든 불교 교학사상이 집대성된다.

우선, 선禪은 인도불교의 원래적인 정신적 자각주의와 명상 수행의 전통을 잇고 있으며, 두 번째는, 구마라습(鳩摩羅什, kumaarajiiva, 350~409년경) 이래의 대승大乘 공관空觀에 대한 다양한 이론적 모색과 성과가 합쳐진다.

세 번째로, 그 위에 천태지의(天台智顗, 538~597)에 의해 새롭게 재해석되고 중국의 역사 현실에 맞도록 주체적으로 재창조된 명상수행론이 선종 형성에 직접적인 영향을 준다. 지의는 중국 전통문화의 기반 위에서, 불교의 본질을 갖추면서도, 동시에 중국인이 실천적으로 수행할 수 있는 '중국적 불교'를 만드는 데 주춧돌을 놓은 사람이다.[10] 그 결과 지의는 모든 것을 현실 속에서 살아가는 개체의 마음속에 있는 문제로 보고, 마음에서 일어나는 선악 대립을 '공관空觀의 상즉성相卽性'에 기초하여 실천적으로 해소하고자 '지관止觀'이라는 명상수행론을 제시하였는데, 이것이 선종에 크나큰 영향을 준 것이다.[11]

그러나 중국의 선종은 구체적 역사 현장에서 살아가는 개별 주체가 일상적 삶 그 자체에서 완전한 자유를 생생하게 느끼며 살아갈 수 있도록 하는 근원적 자각성을 목표로 하기 때문에 천태의 지관이나 인도선과 꼭 같다고는 할 수 없다.

네 번째로, 세계와 현실인간의 본래적 완전성으로 귀결되는 현수법장(賢首法藏, 643~712)으로 대표되는 화엄의 세계관은, 자신 이외의 어떠한 권위도 인정하지 않으며 닦아야 할 것도 없다는 선종의 인간관으로 수용된다. 화엄에서 말하는 세계관은 끝없이 중첩해서 상호작용하는 중중무진重重無盡의 본래적 일승교이다.[12] 모든 세계가 주어진 그대로 이미 완전하다는 화엄의 세계관에서는 고통 받고 살아가는 현실의 인간도 그 순간 그 지점에서는 완전할 수밖에 없다.

화엄은 비록 최소한의 진리의 빛(佛性)을 느끼더라도, 그 빛을 찾고자 하는 모든 이에게 활짝 열려 있다. 그렇기 때문에 만약 그러한 마음을 냈다면 바로 그 순간이 부처가 되는 순간이고 해탈하는 때이다. 여기에서 화엄적인 보살 수행의 길이 시작된다. 화엄 보살도는 화엄의 세계관을 배경으로 하고, '닦음'과 '깨달음'의 벌어진 틈을 일상적 삶 속에서 팽팽하게 긴장시키고 화해시켜 가는 멀고도 가까운 이상적 삶의 전형을 보여준다. 일상의 삶을 누리기 위한 하찮은 행위도 해탈을 향한 마음의 문을 열고 다시 본다면 그 행위는 곧 해탈의 즐거움을 아기자기하게 누리는 유희적 행위로 보일 것이다. 심지어 고통까지도 포함한 나에게 주어진 모든 조건들의 화합이 벌이는 삶은 우주적 시공간에서 볼 때 너무나 아름다운 한 편의 우주적 드라마가 되며, 그가 두 번 다시 공연되지 않는 이 생생한 드라마에 가장 적합한 주인공이 되어 매순간마다 후회하지 않을 최선의 연기로 자기의 삶을 엮어가겠다고 한다면, 그는 자신도 모르는 사이에 화엄 보살도의 실천자가 되어 있는 것이다.[13]

다섯 번째, 어떤 범부라도 아미타불을 부르는 염불을 통해 일시에 왕생할 수 있다는 정토사상은 주체의 대중성과 실천의 간명성 그리고 구제의 일시성이라는 방향을 제시함으로써 선종 형성에 큰 영향을 주었다. 정토종은 부처의 구제력과 범부의 신앙信仰이 조응하여 범부와 부처의 간극을 일시에 좁힌다. 보살수행의 결과로 부처가 되어서도 영원히 타인을 구제하는 아미타불은 정토종의 주불이다.

아미타불은 3가지 측면에서 이해된다. 첫째, 보신의 의미이다. 보신이라는 것은 수행의 결과인 것이다. 따라서 누구나 보살수행을 하면 부처가 될 수 있다. 또 보살수행의 핵심은 타인구제에 있다. 따라서 타인구제를 해야만 부처가 된다. 동시에 부처는 타인구제를 해야만 한다. 둘째, 아미타불은 영원한 생명을 가진 부처이다. 물론 불교도들은 미륵불에 희망을 건다. 그러나 미륵불이 온다는 시간은 너무나 멀다. 따라서 고통의 질곡에 빠져 있는 사람들은 '지금', 여기에서 '나'를 구제해줄 부처를 절실히 기다린다. 아미타불은 그런 점에서 의미심장하다. 셋째, 아미타불의 구제력에 대한 신앙의 문제이다. 대승불교는 타인의 구제가 자신의 구제가 된다. 그래서 보살도를 수행한다. 그렇기 때문에 보살의 타인 구제는 구제 이전에 보살 자신의 수행이다. 그러나 부처의 타인 구제는 온전한 타인 구제이다. 부처는 오로지 베풀며, 그 베풂은 모든 곳에 미친다. 즉 정토불교에 이르러 타력불교적인 성격이 온전히 드러난다.[14]

그렇기 때문에 마음을 닦는다는 수행 방법을 떠나서 본다면, 오히려 화엄사상과 정토신앙이 중국 선불교를 형성하는 데 더 큰 기여를 했다. 왜냐하면 화엄사상은 인간을 포함한 사물의 세계가 본래 완전하다고 보는 현실의 '본래적 완전성'을 제시했기 때문이며, 정토신앙은 누구나 믿음만 가지면 부처의 자비와 구제의 힘에 의해서 왕생할 수 있다는 가르침을 통해 '범부의 구제 가능성'과, '간단하고도 일시적인 구제 방법'을 제시하고 있기 때문이다.

결국 선불교는 인도불교와 중국문화가 서로 주고받은 기나긴 상호작용이 끝나면서 나온 결과라고 할 수 있다. 그렇지만 간과해서는 안 될 것이 있다. 그것은 선의 경우 천태·화엄·정토를 포함한 교학 등은 선불교와 동등한 위치를 차지하는 것이 아니라, 단지 소재素材로서 이용되고 있을 뿐이라는 것이다.[15]

주지하다시피 선불교는 불교 역사상 가장 혁명적인 불교라고 회자된다. 그 이유는 다름 아니라 선이, 멀게는 붓다의 초기불교를, 가깝게는 전통적인 중국의 교학불교를, '마음의 종교'로 변화시켰기 때문이다. 즉 선의 개혁성은 마음〔自心, 自性〕에 대한 은폐隱蔽를 풀어서 마음을 현시顯示했다는 점에 있다. 하지만 마음이라 해도 시대에 따라서, 선사에 따라서 그 함의含意가 달라지며, 그 점이 선에 대한 이해를 어렵게 만드는 요인이기도 하다. 그렇다고 하더라도 선불교가 모든 담론과 수행을 마음자리를 중심으로 하여 전개하는 것은 변하지 않는 고유한 특징이 된다.

2) 욕망을 지닌 인간에 대한 선불교의 입처

(1) 주체적 자각을 통한 주인공의 삶

선불교는 기라성같은 많은 조사들로 점철된다. 그러나 그 중에서도 선사상사적 의미에서 크게 대두되는 인물은 네 사람이다. 혜능, 마조, 임제, 그리고 대혜선사가 그들이다. 사실 이 네 선사는 인간의 자각적 주체성에 대한 새로운 이해와 관련한 중국 선종사를 대표하고 있는 인물이라고 해도 과언이 아니다. 또 그들이 표방한 성性, 심心, 그리고 인人은 선종사에서 인간에 대한 이해가 어떻게 성숙되고 발전되어 가는지를 단적으로 보여준다. 거기에 대하여 대혜는 '방법론적인 자각'을 통하여 인간이해에 대한 보다 빠른 지름길을 알려준다. 따라서 이 네 선사를 통해서 욕망을 지닌 인간에 대한 선불교 이해의 함의를 파악하려는 시도는 간명하고도 적절한 태도라고 말할 수 있다.

주지하듯이 육조혜능(六祖慧能, 638~713) 이전에는 진성眞性이 중생심 속에서 망상妄想에 가려져 있다고 보았다. 그렇기 때문에 자성自性은 진망眞妄 이원二元 가운데 하나가 된다. 그러나 혜능은 이러한 입장을 혁파하여, 자성이 만법을 함장含藏하고 있기 때문에, 만법이 모두 자성으로부터 생겨나고 모두 자성 속에서 나타난다고 주장하면서 자성일원적自性一元的 태도를 나타낸다.

다시 말해서 혜능은 자심과 자성의 관계를 자심이 자성에 귀의하는 관계로 본다. 즉 자심自心은 자성自性을 둘러싼 심성心城의 역할을 하고 있다. 모든 존재는 자성 가운데에 있고, 지혜 그 자체는 항상 밝기 때문에, 만약 선지식을 만나서 바른 가르침을 받고 스스로 그 미망을 떨쳐버리면, 자성 가운데 모든 존재가 함께 모습을 나타내게 된다. 청정법신불이란 자심을 가진 우리가 자성에 귀의한다는 것이고, 그것은 곧 참 부처에 귀의하는 것이 된다.[16]

상기한 표면적인 주장 속에 놓여 있는 혜능의 중국 사상사에 대한 기여 가운데 가장 위대한 점은, 중국 전통 불교의 추상적인 본체로서의 성격을 구체적이고 현실적인 인심人心으로 재해석한 점에 있다고 할 수 있다. 즉 중국 전통 불교가 그때까지 가지고 있던 외재적 종교로서의 특징을 내재적인 종교로 변성시킴과 아울러 부처에 대한 숭배를 자심自心에 대한 숭배로 질적인 변화를 만들어 냈다는 것이다.[17] 다시 말해서 본체로서의 우주적 자성을 탐구하는 데 집착하지 않고, 실천적 의미를 지닌 인간 해석을 통하여 인간을 본체로부터 해방시킨 것이다. 그는 일체를 인간의 자심자성에 귀일시킨다. 결국 혜능에 의하면 미망번뇌와 대혜해탈도 역시 동일한 주체의 다른 활동이며, 결코 이 번뇌의 주인공인 인간을 떠나 따로 보리가 있는 것은 아니다. 그렇기 때문에 혜능이 말하는 바의 깨달음은 '인간의 자성'을 몰록 발견[頓見]하는 것이 된다.[18]

중국 선불교는 달마로부터 시작하여 6조 혜능을 그 발원지로 한다.

그러나 사상적으로나 교단적으로 '중국 선종의 실질적인 형성'은 마조 도일(馬祖道一, 709~788)에 의하여 시작된다.

마조의 선법은, 지금 '각자 자신의 마음이 부처이다'[19]라는 연구와 '평상심이 도'[20]라는 표현을 통해서 잘 알 수가 있다. 마조가 표방하는 바의 '평상심平常心'은 깨달은 자의 마음을 나타내는 말이기도 하고, '마음이 부처'라고 할 때의 그 마음이기도 하다. 그러기 때문에 이때의 마음, 즉 평상심은 깨친 자의 입장에서 말하는 마음이기도 하고, 만법의 근원으로서의 마음이기도 하며, 동시에 일상의 평범한 마음이기도 하다.

그런데 위에서 보듯이, 혜능의 경우 깨달음의 대상은 심心보다는 성(性, 自性, 眞性, 佛性)에 있다. 그러나 마조의 관심은 성性이 아니라 심心에 있다. 성이 일심一心 가운데 불변不變의 측면을 뜻한다면, 심은 인연因緣 따라 변화하는 마음 그 자체를 말한다.[21] 그렇기 때문에 마조는 '마음이 곧 부처'라고, 혜능의 일원론적 입장을 한층 더 발전시키면서, 혜능의 성性에 해당하는 자리에 심心을 바꿔 놓는다.

그렇다면 마조가 이처럼 성을 심으로 대치한 의의는 무엇인가? 그것은 철저한 일원적 자세의 확립이라고 말할 수 있다. 비록 혜능이 자성일원自性一元을 말하고 있더라도, 그때 성性에는 여전히 상대되는 의미로서 상相이 있게 된다. 그러나 심일원心一元은 삼계유심三界唯心의 의미를 지니므로 상대가 없다. 이것은 수행자가, 한편으로는 미혹한 범부의 입장이 아니라 깨친 자의 입장에 선다는 것을 의미하고, 다른 한편으로는 깨달음의 시혜에 초점을 맞추고 있지 깨달음을 향한 수행에 초점을 맞추고 있는 것이 아님을 의미한다. 이처럼 깨친 자의 입장에서 깨달음의 지혜에 초점을 맞추고 있는 것에서, 직지인심直指人心과 돈오견성頓悟見性을 표방하는 조사선祖師禪이 성립하는 것이다.

중국선의 독자적인 개성과 가치를 구현한 임제의현(臨濟義玄, ?~867)의 선법은 중국불교가 개척해 온 장구한 역사적 발전 단계 가운데에서도 가장 특징적이고 진보적인 정점에 속한다. 임제는 형해화形骸化된 전통이나 사상적 권위, 형식과 타성의 굴레에서 과감하게 벗어나 인간해방의 근본 문제를 참신하게 제기하고 선체험禪體驗의 가치를 소리 높여 외친 선승이며, 지금까지도 강렬한 안광을 내뿜고 있는 정신세계의 거인이다. 임제는 마조에 의하여 대성된 남종선의 대기대용大機大用의 선법을 '무위진인無位眞人'이라고 하는 절대주체 확립의 도로 완성했고, 매우 날카롭고 명료한 언어와 행업行業으로 독자적인 선풍을 선양하였으며, 이후 그 문하가 송대 이후 중국불교의 주류를 형성했다. 그렇기 때문에 후대에 우리가 선종을 말하면 그것은 모두 임제종을 말하는 것이 된다.

임제에 의하면 불성은 바로 지금 여기에서 살아 움직이고 지각하고 인식하는 우리 안에 있다. 그렇기 때문에 임제선은 지금 바로 눈앞에서 법문을 듣고 있는, 듣고 말할 줄 아는 바로 그 사람을 대상으로 한다. 다시 말해서 부처란 바로 면전에서 법을 듣는 이 사람이고, 깨달음이란 바로 이 사람을 깨닫는 것이다. 이처럼 지금 여기에서 살아 움직이고 인식한다는 임제의 말은, 심성설의 측면에서는 마조의 평상심을 친근하게 표현한 것이 되며, 공부법의 측면에서는 혜능과 마조의 돈오를 더욱 생생하게 나타낸 것이 된다. 또한 마조는 평상심을 조작·시비·취사·단상·범성이 없는 것이라고 다분히 소극적이고 부정적이며 관념적으로 표현했다. 그러나 임제는 지금 여기서 보고·듣고·말하고·행동하는 것이라 하여 긍정적이고 적극적이며 구체적으로 지적하고 있다. 결국 임제의 선법은 구체적이고 현실적으로 선의 요체를 지적하고 있다는 점에서 마조계 조사선법의 한층 더 발전된 모습을 보여주고 있다고 할 수 있다.

임제선의 특징은 마음 또는 불성을 '사람(人)'이라는 말로 표현하는 데 있다. 임제는 마음의 작용성을 극대화하고 그 모든 것을 하나로 모아서 '사람'이라는 단어로 표현되는 선법을 개척하였다. 그렇기 때문에 마조가 혜능 자성自性의 추상성을 극복하면서 일심一心이라는 평상심의 선을 만들어서, 조사선을 보다 현실적인 종교로 만들었다면, 임제는 마음이라는 말조차도 극복하고 '지금 여기서 살아 움직이는 사람'이라고 하는 지극히 평범한 언어를 구사하면서, 선법을 더욱 구체화·일상화하였다고 할 수 있다.[22]

임제선은 한 마디로 살아 움직이는 선이다. 이것은 임제가 '마음'이라는 비교적 정태적靜態的인 용어보다는 '청법인聽法人'이라든지 '무의도인無依道人'이라든지 '지금 눈앞에서 듣고 있는 것'이라든지 하는 훨씬 동태적動態的이고 현용現用의 의미가 있는 언어를 사용하고 있는 점을 보아서도 알 수가 있다.[23] 결국 임제선법은 바로 '이 (살아 움직이는) 사람'을 파악하는 것이 목적인 선이다.

임제는 '이 사람'의 특징을, 만법이 생겨 나오는 바탕이며, 만법을 인식하는 주체이고, 모양도 없고 뿌리도 없이 활발하고 자재하게 작용하는 것으로 설명한다. 그뿐 아니라 임제는 바로 '이 사람'이 조사요 부처라고 한다. 또 만법과 '이 사람'의 관계에 대하여서는,

만법이 '이 사람'을 근원으로 하여 나타나므로, '이 사람'이 유일하게 진실되고 만법은 공상空相으로서 명칭에 그칠 뿐이라고 한다.[24] 그렇기 때문에 바로 부처요 조사인 '이 사람'을 깨닫는 방법은, 밖으로 남의 말이나 언구 위에서 지해를 일으키지도 말고, 대상경계 위에서 상相을 따라가지도 말며, 육도만행六度萬行을 닦아서 이룬다는 생각도 버리고, 오직 지금 당장 스스로를 믿고 회광반조廻光返照함을 통해서, 지금 듣고 말하고 생각을 내며 살아 움직이는 '이것'을 파악해야 한다.

임제는 어디에도 구속받지 않으면서 철저히 자신의 언어만으로 자신이 체험하는 선을 말하고 있다. 그렇기 때문에 이런 점에서 임제야말로 가장 '중국식 선법'에 철저했던 선사라고 할 수 있다. 다시 말해서 임제는 마조계 조사선의 전통 아래에서, 심즉시불心卽是佛의 일심법一心法을 말하고, 허공인 마음의 무한한 작용성과 만법을 인식하는 작용을 표방한다. 그렇지만 임제의 위대성은 거기에서 한 걸음 더 나아가, 근원자인 마음을 '바로 지금 여기에서 설법을 듣고 있는 사람'으로 표현하고 있다는 점에 있다. 이러한 특징 때문에 우리는, "안으로나 밖으로나 만나는 것은 모두 죽여 버려라"고 설파하면서, "부처를 만나면 부처를 죽이고 조사를 만나면 조사를 죽여라"고 사자후를 토하는 임제에 이르러서야 비로소 '중국선이 완성'되었다고 말하는 것이다.

조사선에서 표방하는 '평상심이 바로 부처이다'라는 말의 본래의 의도는, 도를 다른 곳에서 구하려는 마음을 경계하는 것이다. 본성은 고칠 필요가 없음에도 불구하고, 닦아야[修] 한다는 마음 자체가 바로 조작심이기 때문에 분별심에 속박되며, 수修라는 말 자체가 '고치고 보수한다'는 뜻을 내부적으로 가지고 있기 때문에, 본래부터 우리가 가지고 태어나는 불성으로서의 자성을 고쳐야 할 그 무엇으로 보게 된다는 것이다. 그렇지만 이러한 해석의 저간에 본각本覺을 중심으로 도道를 해석하고자 하는 사유체계의 단초가 보이는 것도 부정할 수는 없다. 그리고 조사선은 시대가 진행되면서 실제로, 본래 의도와는 달리, 의미가 변절되는 부정적인 경우가 생기기도 하는 것이다. 다시 말해서 본각本覺만을 지나치게 강조하게 되면서 시각始覺을 무시하게 되는 경향을 보이게 된다. 대혜종고(大慧宗杲, 1089~1163)는 이러한 본각에 너무 치중한 나머지 시각, 즉 수행을 경시하는 풍조를 힐난하면서 간화선을 주창한다.[25]

선의 실천에는 해행解行의 일여一如가 따라야 하므로, 선적의 이해나 어록의 섭렵만으로 진실한 자아自我의 각증覺證은 되지 않는다. 체험을 통하지 않으면 개념적 이해만으로 그 본질을 체득했다고 말할 수 없기 때문이다. 또한 비판적 정신이 결여된 맹목적 수행 역시 잘못이다. 자아발견의 철저한 실천에는 반드시 '정신적 전환동기'가 있어야 한다. 밖으로 내닫던 의식활동을 돌려 안으로 향할 때, 우리는 앞이 가로막히는 계기, 혹은 깊은 자기부정과 운명적으로 만날 수밖에 없다. 그것은 우리가 반드시 거쳐야 할 필연이다. 따라서 의심의 뭉치[疑團]가 고의로 주어진다. 그리고 이 일전一轉의 의단疑團을 통하여 대오大悟토록 하고자 한다. 이것이 곧 간화선의 실천이다.

따라서 대혜 간화선의 진정한 의의는 공안公案보다는 간화看話에 있다. 왜냐하면 조사들의 남겨진 고칙古則으로서의 공안은 수행하는 납자衲子의 가슴에서 화두로 자리잡을 때에 비로소 그 진정한 의미가 생겨나기 때문이다. 화두는 존재자인 인간이 그가 주인공임을 깨닫는 계기로서 작용을 하게 된다. 손님을 주인으로 알고 손님에게 내주었던 방을 도로 되찾는 계기가 되는 것이다. 그렇기 때문에 본각의 입장에만 집착하여 깨달음을 무분별하고 무책임하게 수용하는 태도는, 시각의 입장에서 의단疑團을 주요한 방법으로 하는 대혜의 간화선에 의하면 사마외도가 된다.

초기불교에서도 물론 자심의 가치를 부정하지는 않는다. 그렇지만 선을 포함한 중국의 대승불교에서 주장하는 것처럼 마음을 현시하지도 않는다. 그러나 대승불교에서는 마음을 형이상계와 형이하계 전체를 관통하는 실체로 설명될 가능성이 있는 언명을 '종종' 한다. 즉 마음을 겉으로 드러낼 뿐 아니라 동시에 우주론적 실체로 해석하고자 하는 경향을 일부에서 보이고 있는 것이다. 이 문제에 관한 한 조사선도 그렇게 자유롭다고 말하기는 힘들다. 그러나 대혜에게서는 그러한 점이 보이지 않는다. 대혜에게 자심은 분명하게 존재하는 실체이다. 그러나 자심의 근원을 묻지 않는 점에 그의 특징이 있다. 즉 대혜는 마음을 현시顯示하지만 우주론적宇宙論的 대아大我와 연계시키지는 않는 것이다.[26]

대혜는 그런 의미에서 조사선이 부분적으로 가지고 있던 '부정적인 입장'에서의 본각적인 입장을 뛰어넘어 초기불교 정신으로 상당히 회귀하는 경향을 보이고 있다.[27] 이것은 그가 붓다를 인용하여 실체의 해체를 강조하고, 실체에 관한 집착을 버리라고, 초기불교에서 주장하는 바와 같은 실체의 부정을 강조하는 것으로도 알 수 있다.[28]

그럼에도 불구하고 그에게서는 일상성을 강조하고 인간을 주체적인 존재의 자유인으로 주장하는 긍정적인 의미에서의 조사선의 건강성은 여전하고 오히려 더욱 더 강조되는 면이 있다. 다시 말해서 초기불교의 시각에서 볼 때 부정적인 두 가지의 모습인, 불교가 중국으로 들어오면서 가지게 되는 실재에 대한 은연중의 인정과 은둔적이고 피세적인 모습들이 그의 간화선에서는 잘 보이지 않는 것이다.

대혜가 강조하는 것은 다음과 같다. 우리에게는 부처의 가능성으로서의 마음은 있다. 그러나 그 마음은 본성론적本性論的 실체實體라기보다는 현상론적現象論的 실체이다. 이 점이 대혜의 사상이 초기불교와도 조사선의 불교와도 다른 점이다. 그리고 이 점이 바로 그가 초기불교와도 남종선 사상과도 그리고 조사선의 불교와도 배치되지 않으면서도 그 사상들과 만나게 되는 지점이기도 하다. 즉 그는 초기불교에서의 '실체實體의 부정否定'과, 남종선 사상에서의 '자성自性의 혜용慧用'과, 조사선 사상에서의 '건강성健康性'을 모두 다 포용하고 있는 것이다. 다시 말해서 그는 붓다, 혜능, 마조, 그리고 임제를 동시에 관통하고 있다.

결국 중국의 선불교는 인간을 해석함에 있어 성性에서 심心으로 그리고 인人으로 발전적으로 변화시킨다. 이러한 해석이 가지고 있는 불교사적 의의는 크다. 그 의의를 한 마디로 말한다면 '인간(성)의 해방'이라고 말할 수 있다. 정情에 대비되는 의미로서의 성性에서, 성정性情 모두를 포함하는 심心으로, 그리고 마침내는 인간 그 자체를 부처라고 여기게 되는 것이다. 이것은 인간에 대한 무한한 신뢰를 표방하는 것으로서, 선언적이고 당위적이기는 하지만, 욕망을 가진 주인공인 인간이 영위하는, 우리의 삶 그 자체가 부처의 삶이며, 욕망이 적나라하게 드러나는 우리가 사는 세상 그 자체가 불국토라는 의미와 크게 다르지 않다.

그렇기 때문에 선불교에서 깨달은 이는, 그의 한 생각이 생멸함에 따라 우주 일체가 생멸하는, 일체 우주를 자기화한 주인공인 사람이다. 그러나 다른 한편 주인공은 개체적인 소아小我의 경지를 뛰어넘은 사람이다. 그렇다면 선에서 말하는 주체적 자각을 통한 삶, 다시 말해서 불성을 가진 주인공이라는 용어로 표방되고 있는 '인간중심주의'는 어떠한 함의를 가지고 있는 것인가.

주지하듯이 서구 근대의 인간중심주의에는 '이성중심주의'가 내장內藏되어 있다. 근대적 자아의 이성적 자기중심성은 모든 대상들을 자기 동일성 안으로 포섭하면서 지배하고자 한다. 그런 의미에서 이성적 주체로서의 자아는 세계와의 합일을 관계성을 통해서 이루는 것이 아니라, 소유所有와 포섭包攝을 통한 자기화自己化로서의 전체화全體化를 의미한다. 따라서 근대적 주체개념으로서의 '자아실현 self-actualization'은 무한한 자기 확장의 이념으로 해석될 수 있다. 뿐만 아니라 전통적으로 서구에 있어서의 실체는 변화하는 현상계의 뒤에서 변화를 가능하게 하는 불변의 존재로서 전제되었다. 따라서 무엇이 '있다'고 하는 것은 그 본질상 시간과 공간으로부터 분리된 불변의 실체성이 전제되는 것처럼, '이성이 있다'는 것은 인간을 규정하는 실체로서의 본성이 있음을 의미하게 된다.[29]

이와 같은 근대적 주체개념이 갖는 이성적 자아중심성의 한계 극복은 이미 불성으로서의 주인공인 인간관에 구현되어서 '불성적 인간관과 초월적 인간인식'을 함의한다. 앞에서도 언급했듯이 중국 선종의 실질적인 창시자 혜능은 '마음[性]이 곧 부처'이고, '일체중생이 모두 불성佛性'을 갖추고 있음을 설파한다. 이것은 본체로서의 우주적 자성을 탐구하는 데 집착하지 않고, 실천적 의미를 지닌 인간 해석을 통하여 인간을 본체 내지는 실체로부터 해방시킨 것이다. 즉 혜능이 말하는 바의 깨달음은 '인간의 불성으로서의 자성'을 몰록 발견하는 것이다. 중국 선종의 실질적인 형성자인 마조 역시 "각자 자신의 마음이 부처임을 믿도록 하라. 이 마음이 바로 부처의 마음이다. 그러므로 법을 구하는 자라면 응당 구하는 것이 없어야 하니, 마음 밖에 따로 부처가 없으며, 부처 밖에 따로 마음이 없기 때문이다. 3계가 오직 마음일 뿐이며, 삼라만상이 한 법에서 나온 것이다. 도는 닦을 것이 없으니 물들지만 말라. 평상심이 도이다. 무엇을 평상심이라고 하는가. 조작이 없고, 시비가 없고, 취사가 없고, 단상이 없으며, 범부와 성인이 없는 것이다."[30]라고 하며 중생의 전도된 견해를 교정할 것을 설파한다.

따라서, 부처라는 인간상이 불교적 테두리에서만 해당되는 것이 아니라, '깨달은 자'라는 보편적 가치의 인간상을 드러낸다고 볼 수 있다. 그렇기 때문에 여기서의 깨달음은 합리적 계산이나 판단에 의한 결과물이 아니라, 여여如如한 본래의 자기 자신에 대한 '자각과 각성'일 뿐이다. 그것은 이성적 자기개념에 대한 집착도 아니며, 이성적 인간능력이라는 실체화된 어떤 것도 아니다.

따라서 불성을 가진 주인공이 '있음'은 서구적 인간중심주의의 이성이 '있음'과는 다른 존재론적 의미로서, 이성과 같은 실체적實體的 입자粒子의 의미를 담고 있지 않다. 다시 말해서 불성을 가진 주인공이 '있음'은 서구의 존재론적 맥락에서의 유와 무의 구분을 초월해 있다.

초월하면서도 포함하기 때문에 공空이라고밖에는 설명이 안 된다. 이러한 공의 논리는 그것의 무규정성無規定性 때문에 '공이란 이것이다', 혹은 '불성이란 이것이다'는 표현이 불가능하다. 그러나 실체적 사유에 의하면, 시간적·공간적인 제약없이 불변하고 고정된 어떤 것을 전제하므로, 어떠한 시·공적 맥락에서이건 대상에 대해 '이것'으로 지칭하는 것이 가능하다.

그러나 지속적으로 변화하는 것의 어느 한 단면을 시간과 공간으로부터 분리하여 추상화시킬 수 없다는 것이 중도적 사유의 기본적 입장이다. 따라서 불변의 고정된 어떤 것도 인정하지 않는 세계에서는 '이것이다'는 단정적·규정적 지적이 있을 수 없으므로, '~도 아니요, ~도 아니요'라는 부정의 표현을 통해서 형상화시킬 수밖에 없다.

그것은 자아의 긍정에 의한 무한 확장이 아니라, 오히려 자기부정과 자기포기를 통한 대아적大我的인 긍정이라 할 수 있다. 이와 같이 자기 폐쇄적 한계를 넘어서 자아의 진정한 자유인 동시에 해방을 의미하는 '초월'을 전제하는 공에 입각한 불성을 가진 주인공의 개념은, 어떠한 것에도 집착하지 않는 끊임없는 부정을 통해 새롭게 자신을 비약시켜 나가는 본질적인 자기각성의 과정임을 의미한다.[31]

결국 선은 마음을 통일하여 잡념을 일으키지 않는 것이며, 그리하여 진정한 자기의 참모습에 돌아가는 것이다. 그것을 깨달음이라고도 하고, 본성을 본다고 하여 견성이라고도 한다. 따라서 선은 구제자와 피구제자가 있을 수 없으며, 믿는 자와 믿는 대상이 없다. 구제자에 대한 신앙이나 귀의를 강조하는 사상이 아니고 부처와 동등한 입장에 서게 된다. 어디까지나 일원적인 본래의 자기, 진실한 본성으로 돌아가는 것이지 밖을 향해 깨달음을 구하는 것을 오히려 경계한다. 그러므로 진실한 자아를 탐구하고 절대주체의 자각에 사는 자각적 종교이다.

다시 말해서 선은 현실에서 살아가는 개별주체가 부처의 위치에서 자신을 포착하고 자기 이외의 어떤 권위도 받아들이지 않으며, 자신의 일상적 행위 하나 하나가 모두 부처의 작위라고 본다. 경전이나 교의 혹은 교단으로부터 벗어나 일상적 삶 속에 사는 개별자가 이미 존재하는 스스로의 완전성을 깨닫는 실천적 자각운동인 것이다. 거기에는 부처에 대한 경외감도, 진리를 얻고자 이타행을 수행하는 보살의 결단도, 부처의 자비에 대한 기대감도 크게 드러나지 않는다.

그렇기 때문에 선은 일체의 종교적 위엄을 걷어치운다. 불교 속에 살면서 끼어들어 있던 거짓된 희망과 신비로 위장된 욕망과 추상화된 현실 도피를 말끔히 씻어내면서, 생생하게 살아있는 현실의 개별주체가 적나라한 자기의 본모습에 직접 대면해서 주눅들어 있던 삶의 역동성을 일깨우고자 한다.

(2) 유기적 전체 속에서의 개체

선불교, 더 나아가서 대승불교의 모든 생명은 근본적으로 하나라는 동체대비同體大悲에 입각한 '연기적緣起的이며 유기체적有機體的인 세계인식'은 근대의 '기계적機械的이고 요소환원적要素還元的인 세계관'을 극복할 수 있는 깨달음의 출발점이다. 모든 것이 인因과 연緣에 의한 관계로 이루어져 있기에 입자나 요소와도 같이 독립적인 존재는 있을 수 없다는 것이다. 따라서 어느 것이건 다른 것에 의지하지 않고 존재할 수 없다는 '공空'에 입각한 존재의 자각은 분열이나 분절에 의한 개체의 집합체로서의 전체가 아니라 살아있는 생명으로서의 유기체적 전체를 인식하는 일이다.

선의 일원론적이며 연기적이고 유기체주의적인 세계관·우주관에 대해서는 우리나라 근·현대의 대선사 만공월면(滿空月面, 1871~1946)의 언명이 도움이 될 수 있다.[32]

만공에 의하면 '나'의 한 생각의 일어나고 멸함이 우주의 건립과 기별이 되며, 나의 한 생각이 일어날 때 일체가 생기고, 나의 한 생각이 멸할 때 일체가 멸한다.[33] 이는 나를 우주와 동일시하는 것이다. 또 선사는 삼계가 오직 이 마음이고 나의 집이라고 한다. 이는 마음과 삼라만상을 동일시하는 것이다. 여기서 우리는 만공이 나, 마음, 그리고 삼라만상을 동일시함을 알 수 있다.[34]

뿐만 아니라 만공은 우주의 정체는 마음이고, 이때 마음의 체體는 태허太虛이고 용用은 삼라만상이라고 한다. 그렇기 때문에 마음은 누구 때문이 아니라 본래 완전하고 본래 밝으며,[35] 일심이 곧 만상이요, 만상이 곧 일심이 된다. 더 나아가서, 만공에 의하면, 마음은 터럭만치도 원융무애를 유실하지 아니하였거니, 형상을 비추는 거울이 된다.[36] 그렇기 때문에 어떤 것도 마음이라는 구슬을 더럽히지 못한다.[37] 즉, 그에 의하면, 마음은 물질에 의존해서 생기는 존재가 아니라, 자기창조적인 존재이다.[38]

결국 선의 세계관과 인간관은 다음과 같이 정리될 수 있다. 첫째, 선에서 표방하는 부처는, 그의 한 생각이 생멸함에 따라 우주 일체가 생멸하는, 일체 우주를 자기화한 주인공인 사람으로서 개체적인 소아의 경지를 뛰어넘은 사람이다. 둘째, 선은 일원론적이면서 연기적이고 유기체적인 세계관을 표방한다. 우주는 모든 중생이 인因과 연緣에 의한 관계로 이루어져 있기에, 각각 자기 습성에 맞는 생활을 조화롭게 하고 있는 유기체적인 세상이다. 다시 말해서 우주의 모든 것들은 연기적이면서 유기적 전체로 결합되어 있다. 여기서 자연은 인간을 위한 배경이 아니다. 자연과 인간은 서로 조화롭게 연결되어 있다. 우주는 하나의 출렁거리는 유기체이며, 그 자체 완성된 존재로서 출렁거린다. 따라서 주인도 손님도 없으며, 모두가 주인이고 모두가 손님이다.[39]

선불교에 의하면 우주의 근원적인 주재자는 인간이다. 그러나 우주의 주인공인 이 인간은 삼천대천세계 그 자체이기도 하며, 삼천대천세계의 일원이기도 하다. 그렇기 때문에 인간은 서구적 의미에서의 전지전능자는 결코 아니다. 인간은 단지 선언적이고 당위적인 의미에서 전지자일 뿐이다. 그렇기 때문에 선불교의 세계 안에서는 인간이 주인공이라는 것과 인간이, 연기적인 입장에서 유기체적인 세계의 일원이라는 것은 결코 모순되지도 않을 뿐더러 상충되지도 않는다. 그런 의미에서 자성은 곧 공空이 되고, 모든 법은 본래부터 항상 적멸한 상相인 것이다.[40]

주지하듯이 근대문명의 패러다임은 인간중심적 형이상학과, 거기에 바탕을 둔 자연과학관 등으로 대표된다. 이 패러다임이 이론적으로는 자기모순적이며, 구체적으로는 자기파멸적이라는 것은 주지의 사실이다. 인간중심주의는 기독교적 세계관의 틀 안에서만 가능한 형이상학적인 허구에 불과하기 때문에, 인간중심주의의 포기만이 현대 문명의 위기를 극복할 수 있는 대안이 될 수 있다. 20세기에 와서 경이로운 속도로 발전하는 양자역학, 유전공학 등은 이원론적 형이상학이 더 이상 믿을 수 없는 관념적 허구임을 드러냈다. 그렇기 때문에 21세기의 새로운 문명 패러다임은 인간이 아니라 유기적 자연 자체를 중심으로 해서 나타나야 되며, 이때 가치의 근본은 인간이 아니라 생명 그 자체가 되어야 한다. 즉 올바른 세계관은 인간과 자연을 갈라서 인간을 담론의 중심에 놓는 이원론적 인간중심주의가 아니라, 인간과 자연을 연기적이고 유기적으로 결합하는 일원론적인 생태중심주의가 되어야 한다.[41]

현대 과학이 파악하고 있는 우주에서는 지구만이 아니라 태양조차도 우주의 중심에 있지 않다. 태양은 우리 은하계 안에 있는 수 천억 개나 되는 별들 중의 하나일 뿐이다. 또한 우주는 그 기하학적인 구조 때문에 우주 안의 그 어느 점도 우주의 중심이 될 수 없다. 이는 둥근 공의 경우, 표면의 그 어느 점도 그 공의 중심이 될 수 없는 것과 마찬가지이다. 공의 모든 부분이 모여 평등한 공의 전체를 만들 듯 우주의 모든 부분이 모여 평등한 법계라는 전 우주를 형성한다. 이때 사물은 우주의 전체이기도 하고 부분이기도 하다. 어느 것 하나 중심이 아닌 것이 없고, 어느 것 하나 주인공 아닌 것이 없다.

우리 주위에는 수없이 많은 생명체가 있다. 생명체는 외부와의 상호작용 없이는 생명작용을 지속할 수 없게 되어 있다. 그렇지만 어디까지가 외부인가? 외부에서 들어와서 잠시 내 몸속에 머물다가 빠져나가는 음식물이나 공기는 내 몸인가, 아닌가? 내 몸안에 있는 근육이나 혈액은 내 몸인가, 아닌가? 그것들은 잠시 내 몸속에 있기는 하지만 언젠가는 교체되어지는 것에 불과한 것이다. 또한 내 몸이란 어떠한가? 먹은 음식이 소화되어 배설되는 과정에 내 몸이 있다. 나의 몸은 존재하고 있는 사물이 아니라 음식물이 흐르는 강과 같은 것이다. 이것은 정신도 마찬가지이다. 음식을 먹지 않고서는 정신활동은 없다. 음식을 먹고 살아가는 삶 속에서 나타나는 인지의 과정을 우리는 정신이나 영혼이라 부를 뿐이다. 삶에는 물질과 정신, 육신과 영혼의 구별이 없다. 모든 것이 상호의존적으로 연기하고 있을 뿐이다. 모든 것이 상호의존적으로 연기하고 있는 삶 속에는 특별히 '나'라고 할 만한 것이 없을 뿐만 아니라 '나'가 아니라고 할 만한 것도 없다. 즉 무아無我인 것이다.[42]

결국 외부와 구별되는 '나'의 존재를 명확히 한다는 것은 불가능하다. 이처럼 나라는 존재는 혼자서 존재하는 것이 아니라, 끝도 없고 시작도 없는 인연因緣으로 이루어졌다. 즉 나라고 내세울 만한 것은 어디에도 없다. 그런 의미에서 자성自性은 무아無我이며, 공空이며, 나는 유기체적인 세계 안의 존재인 것이다. 하지만 무아·공이라고 해도 없는 것은 아니기 때문에, 이때의 자심·공, 그리고 무아는 보편적 가능성으로서의 우주, 개별적 존재들, 운동, 의식이라고 말할 수 있다. 그렇기 때문에 선이 도달하고자 하는 것이 절대적 진리의 앎이나 깨달음에 있다면, 그러한 절대적 진리는 다름 아닌 분석적 사유가 아니라 참선을 통해서만 획득할 수 있는 공空, 즉 모든 존재의 비이원성, 곧 하나됨을 의미한다.[43]

그렇기 때문에 세계와 나는, 연기적 세계관 안에서 법계法界를 이루기도 하고 법계 그 자체이기도 한 것이다. 다시 말해서 '나'는 만유의 도리를 자재로 쓰는 사람이지만 결코 만유 위에 군림하지 않는다. 오직 나는 만유 안에서 나 자신과 우주의 올바른 관계에 대한 깨달음을 증득하고자 하며, 그러한 깨달음을 통한 자비의 구현을 목적으로 할 뿐이다. 우리는 여기에서 현대과학의 새로운 우주관과 선의 우주관이 놀랍도록 닮았다는 것을 인지할 수 있다. 닮은 것은 우주에 대한 것만이 아니다. 현대과학의 새로운 인간 이해와 선의 인간에 대한 이해도 또한 놀랍도록 닮았다. 그렇기 때문에 선의 세계관은 21세기 현대문명의 패러다임과 그 궤를 같이한다.

결국, 선에서 표방하는 일원론적이면서 연기적이고 유기체적인 진리인식은 생태학적 각성이라 할 수 있다. 다시 말해 '생명'을 모든 가치판단의 기준으로 삼아 생태중심 생명가치관을 확립함으로써 미래의 생태적 생활을 준비하는 태도를 의미한다.

우주와 나에 대한 이러한 깨달음은 반야의 지혜를 대변하는 통합적 진리인식을 의미한다. 이때 통합은 획일지향의 통폐합이 아니라, 그 반대로 다른 것들이 서로 다른 목소리를 낼 수 있음에 대한 포용의 이념이다. 반야의 지혜란 지식을 통한 '채움'이 아니라 '비움'을 통한 충만으로서, '버림'을 통한 '얻음'이라는 '공'의 자각이다. 즉, 부분과 전체, 나와 세계, 생과 멸이 다른 것이 아니기 때문에 나의 부정은 전체의 긍정으로 이루어질 수 있다는 자기 확신의 앎이다. 즉, '나'가 없어진 세상에서 '나' 아닌 것이 없게 되는 불교적 세계관에 관한 자각적 앎이다.

뿐만 아니라 반야의 지혜에 기반한 선의 이념은 있는 그대로의 여여한 상태를 깨닫게 한다. 그것은 나의 마음과 대상세계가 다르지 않음에 대한 여여이며, 모든 만물이 밀접하게 연계되어 있음에 대한 여여를 의미한다. 그것은 욕망의 충족형태로서 지식을 소유하는 활동이 아니라, 자비에 의한 지혜 그 자체로 스스로 체화되어짐을 의미한다.

현대의 모든 문제 해결은 결국 이러한 연기적 세계관에 입각한 생태적 생명인식의 자각에서 출발되어야 한다. 이러한 근본적인 세계인식에 대한 회심이 없이는 어떠한 제도적·행동적 개편도 무의미하고 무책임한 시도로 전락될 것이다. 즉, '연기적 세계관'과 '유기체적·생태학적 각성'을 통해 자신을 비롯한 모든 생명체가 하나의 그물망으로서 전체를 이루고 있다는 동체대비적 인식이 현대사회 모든 담론의 핵심에 자리한 욕망을 바라보는 입처가 되어야 할 것이다.[44] 그리고 선불교가 바로 그러하다.

물론 선의 우주관·인간관은 화엄의 우주관·인간관과 아주 많이 닮았다. 『화엄경』에서 말하는 우주는 완전하게 비목적론적이다. 태초의 시간에 관한 이론도 없으며 창조자의 개념도 없고, 그 모든 것의 목적이라는 것도 없다. 즉 화엄의 우주는 본질적으로 동일성과 상호연기성의 우주이다. 『화엄경』에서는 우주를 법계法界라고 표현하는데, 법계란 연기현전緣起現前하는 우주만유이다. 이 법계의 체體는 일심一心이다. 따라서 법계란 일심체상一心體上에 연기하는 만유이다. 그래서 우주만유의 낱낱 법이 자성을 가지고 각자의 영역을 지켜 조화를 이루어 가는 것을 법계라 하고, 그것들이 모두 무자성적 존재로서 인연에 따라서 존재하는 것을 법계연기라고 한다.[45]

선이 화엄적 법계관과 유사한 세계관을 가지고 있는 것은 사실이고, 화엄의 영향을 다대하게 받고 있는 것을 무시할 수는 없다. 그러나 선이 현상의 미망을 돌파하기 위해 현상의 본질을 묻고 돌파하는 강렬한 에너지를 가지고 있다면, 화엄은 그 내부에 강한 관념성을 가지고 있기 때문에, 그 세계관만을 가지고 화엄과 선의 사유체계가 동일하다는 생각을 하는 것은 위험할 수 있다. 왜냐하면 실천하는 힘에 엄청난 차이가 있기 때문이다.

3) 인간의 욕망에 대한 선불교의 견처
(1) 인식의 대전회를 통한 깨달음의 증득

보리달마(菩提達磨, ?~528)로부터 시작되었다고 하는 중국 선불교는 오조홍인(五祖弘忍, 601~678)의 제자인 대통신수(大通神秀, 606~706)와 육조혜능(六祖慧能, 638~713)의 시대가 되면 신수는 점오漸悟를 주장하고 혜능은 돈오頓悟를 제창함에 의해서 그 색깔이 확연하게 달라진다. 후에 혜능의 남종선이 신수의 북종선을 대체하여 중국 선종의 주류를 형성하게 되면서부터 혜능을 '선종의 실질적인 창시자'라고 하기도 한다. 하지만 혜능이 주장하는 것은 단순히 신수의 북종선 비판이 아니다. 혜능은 북종선을 빗대어 종래의 좌선坐禪과 입정入定의 방편을 중시하는 정태적靜態的 선법禪法을 비판하고 있는 것이다.[46] 즉 남종선은 선에 대한 본질적 이해의 전환을 통한 새로운 패러다임을 구축하게 된다.[47]

혜능은 마음의 깨침을 중시한다. 도는 오직 마음을 깨침으로만 증득된다고[道由心悟] 주장하고, 수행의 계위를 거치지 않고 곧바로 심지를 증오함[頓悟見性]을 말하면서, 마음이 곧 부처[心卽佛]이고, 일체중생이 모두 불성을 갖추고 있음[一切衆生悉有佛性]을 설파하는 것이다. 그렇기 때문에 깨닫지 못한다면 부처조차도 중생이요, 한 생각에 깨달으면 중생이라 할지라도 부처이기 때문에, 마음을 알아 자성自性을 본다면 스스로 불도佛道를 성취할 수 있다는 것이다.[48]

그렇다고 하더라도 북종선과, 더 나아가서 북종선이라는 언명으로 대표되는 달마 이래 동산법문東山法門의 선법과, 남종선이 가지고 있는 바의 선에 대한 대전제가 다른 것 같지는 않다. 다시 말해서 그들은 모두 사람마다 가지고 있는 바의 본래적 불성은 번뇌에 의해 가려져 있고, 이것은 반드시 수행을 통하여만 번뇌를 제거하고 불성을 발현하여 성불할 수 있다고 생각한다.

그러나 어떻게 번뇌를 제거하고 수행할 것인가를 가리는 문제에 들어가면 대답이 달라진다. 신수로 대표되는 북종선은 사람들은 모두 불성을 가지고 있지만 밖이 먼지에 의해 가려져 있기 때문에 계속해서 불식시키고 부단히 수습을 해야 성불할 수 있다고 생각하였다. 다시 말해 북종선의 선법은 망념을 없애고 마음을 닦는 점진적인 방법을 선호하기 때문에 비교적 규범화·형식화를 중시한다고 할 수 있다. 그러나 혜능으로 대표되는 남종선은 심성은 본래 청정하고 본래불이기 때문에 반드시 번잡한 형식의 수습을 통하여 부처의 경계로 들어갈 수 있는 것이 아니라고 주장하였다. 즉 남종선은 전체 수행과정을 모두 돈오頓悟에 귀결시키고 있는 것이다. 물론 북종선도 일반적인 돈오를 반대하지는 않았다. 그러나 북종선은 돈오를 전체 수행 중의 하나의 고리이며 이러한 고리는 반드시 장기간의 축적을 조건으로 삼는다고 보았다. 반면 남종선은 돈오의 필요성과 가능성을 극력 주장하였고 그것을 수행의 유일한 고리로 파악하였다.[49] 그래서 남종선은 불교 수행을 활발하고 생동적이며 정신에 구애되지 않는 길로 인도하여 일상생활과 결부시켰다.

'중국 조사선祖師禪의 실질적인 형성자' 마조는 심성心性을 진성眞性과 망상妄想으로 이분하여 사망귀진捨妄歸眞을 주장하는 점수법漸修法을 조작된 수행이라고 부정하면서, 도는 닦을 필요가 없기 때문에 수도修道나 좌선坐禪에 의지해서는 안 된다고 설파한다. 이것은 마조가 깨달음의 전제조건으로서의 수행 또는 수행을 통한 깨달음을 부정하는 '불수돈오不修頓悟'를 그의 수증관修證觀의 중심자리에 놓는 것을 의미한다.[50]

마조는, 이 점은 혜능도 마찬가지이지만, 점수론자漸修論者들의 결정적인 오류가 유위조작이라는 수행의 과정을 통하여 도를 얻고자 하는 데에 있다고 여긴다. 다시 말해서 선이란 도를 만들어 가는 일이 아니라 중생의 전도된 견해를 교정하는 일이라고 보는 것이 남종南宗 돈오선頓悟禪의 기본적인 입장이다. 그렇기 때문에 올바른 학선學禪이란, 점차적으로 닦아 자신의 불완전함을 보충해 가는 것이 아니라, 자신이 착각하고 있음을 돈오頓悟하여 자신이 본래 아무 문제가 없는 완전한 존재임을 자각하는 일이 된다.[51]

마조가 깨침의 전제조건으로서의 조작된 수행을 부정하는 것은 혜능 이전 동산법문의 수행을 통하여 깨침에 이른다는 수인증과修因證果를 부정하는 것이다. 또한 이것은 마조가 한편으로는 혜능의 정혜불이법定慧不二法을 계승하는 것을 의미하고, 다른 한편으로는 사망귀진捨妄歸眞·좌선관행坐禪觀行이라는 혜능 이전 동산법문의 선종 수행법인 좌선법을 자신의 일심법一心法으로 부정하는 것이다.

결국 중국 선종은 구체적 역사 현장에서 살아가는 개별 주체가 우리의 현실 그 자체에서 인간을 포함한 사물의 세계가 본래 완전하다고 보는 '본래적 완전성'을 자각한다면 완전한 자유를 생생하게 얻을 수 있음을 표방하며, 동시에 누구나 전도된 견해를 교정하기만 하면 몰록 깨칠 수 있다는 언명을 통해 '자력을 통한 깨달음에 대한 가능성' 과, '간단하고도 일시적인 깨달음'을 제시하면서 우리에게 '인식의 대전회'를 통해서 깨달음을 증득할 것을 설파하고 있다.

상기의 논증을 통하여 보이듯이, 조사선은 한편으로는 깨친 자의 입장에 서며, 다른 한편으로는 깨달음의 지혜에 초점을 맞추고 있다. 이처럼 깨친 자의 입장에서 깨달음의 지혜에 초점을 맞추고 있는 것에서 조사선이 성립한다. 이것은 결국 중국 조사선(남종선)의 전통이 돈오頓悟에 초점이 맞추어져 있다는 것을 의미한다.

간화선看話禪이란 '화두話頭를 간하여 본래 성품자리를 바로 보는 선법'이다. 본래 성품자리는 모두가 지닌 자성自性이며, 이 성품을 보고 깨닫는다고 해서 견성성불이라 한다. 대혜선사가 체계화한 간화선은 조사선의 핵심을 가장 잘 간직하고 있는 수행법이다. 조사선에서는 수행자들이 스스로가 본래 부처임을 확인하기 위해 선문답을 통해 깨닫는 증득의 과정을 거친다. 그에 비하여 간화선에서는 깨달음의 과정을 화두라는 독특한 방식을 도입함으로써 좀더 명확하고 구체적인 틀로 정형화하고 있다. 조사선과 간화선은 다만 이 점이 서로 다를 뿐이다. 다시 말해서 간화선은 조사선이 강조하는 견성 체험을 그대로 이어받았을 뿐만 아니라, 조사들이 마음의 본래면목을 바로 보였던 말길이 끊어진 말씀을 화두라는 형태로 잘 정형화해서 이 화두를 통해 지금 이 자리에서 마음을 깨치게 하는 탁월한 수행법이다.

그렇기 때문에 간화선은 조사선의 흐름을 고스란히 이어받고 있는 정맥이다.

간화선의 대표적인 화두인 불성佛性의 유有·무無에 대한 문제는 당의 조주종심(趙州從諗, 778~897)에서 비롯된다.[52] 『조주어록趙州語錄』을 보자

㉠(한 스님이) 물었다. "개에게도 불성이 있습니까?" 대사가 말했다. "없다." 학인學人이 (다시) 물었다. "위로는 모든 부처님으로부터 아래로는 개미에 이르기까지 모두 불성이 있는데 개에게는 어찌하여 없습니까?" 대사가 말하였다. "그것은 업식성業識性이 있기 때문이다."[53]

㉡(한 스님이) 물었다. "개에게도 불성이 있습니까?" 대사가 말했다. "집집마다 그 문전에는 장안으로 통하는 길이 있다."[54]

질문한 승려에 의하면 구자狗子, 즉 개는 인간이 아니다. 그렇지만 대승불교의 전통에서는 일체중생 실유불성一切衆生悉有佛性이라고 한다. 그렇다면 인간이 아닌 미천한 존재인 개가 불성을 가질 수 있느냐는 것이다. 또 가질 수 있다면 그것은 무엇 때문이고, 가질 수 없다면 그것은 또 무엇 때문이냐는 것이다. 질문은 교학적인 논의의 범주를 벗어나지 않는다. 그러나 스승인 조주의 대답이 범상하지가 않다. 즉 논쟁의 불씨를 가지고 있는 것이다.

조주는 인용문 ㉠에서는 개에게는 업식성業識性이 있기 때문에 불성이 없다고 부정적으로 대답한다. 그러나 인용문 ㉡에서는 "집집마

다 그 문전에는 장안으로 통하는 길이 있다"는 긍정적인 표현을 사용한다. 이는 모든 사람들의 마음에 깨달음의 길이 있다는 식으로 해석이 되고, 결국은 불성의 편재성遍在性을 암시하는 듯하다. 즉 불성의 존재를 긍정하는 표현으로 받아들여질 수도 있는 것이다. 즉 구자불성 狗子佛性의 유有·무無에 대한 조주의 입장은 서로 충돌하는 것처럼 보인다.

조주의 대답은 크게 두 가지로 해석이 가능하다. 첫째 조주의 '없다'는, 인간으로 태어나지 못하고 미천한 존재로서 태어날 수밖에 없는 업식성을 강조한 언명일 수가 있다. 즉 원래는 불성을 가지고 있지만 현재의 오염되어 있는 현상을 강조하기 위하여 '없다'라는 대답을 했다는 것이다. 이 표현은 개뿐 아니라 인간을 포함하여 업식성을 벗지 못하는 모든 중생은 불성이 없다는 뜻일 수도 있다. 그 다음에 조주가 '있다'라고 한 것은 인간으로 태어난 것이 아니라 개로 태어날 수밖에 없는 업식성을 가지고 있기는 하지만, 넓은 의미에서 중생이라는 차원에서 불성이 '있다'고 했을 수도 있을 것이다. 이 경우는 오염되어 있는 현상 밑에 있는 본래면목에 주목하는 관점이 된다. 결과적으로 없다와 있다는 서로 모순되는 언명이 아니다. 업식에 가리어진 자는 그가 개이건 인간이건 불성을 자각할 수 없지만, 그러나 그것이 중생에게 불성이 없다는 의미는 아니며, 우리가 만일 업식을 벗어 던질 수만 있다면 불성을 자각할 수 있게 된다. 이 입장은 일체중생은 모두 불성을 가지고 있다는 대승불교의 교학정신에 보다 가까운 이해가 된다.

둘째 조주가 '있다'와 '없다'라는 상호 모순되어 보이는 대답에서 노리는 것은 언어 외적인 것일 수도 있다. 질문한 승려는 전해 듣거나 스스로 습득한 관념을 의식의 배경에 두고 질문한다. 그는 진리에 대한 생각을 가지고 있고 그 사고체계에 닫혀 있다. 닫혀 있다는 말은 단단하다는 말이고, 자기 이외의 것을 배척한다는 말이며, 새로운 것을 받아들일 수 없다는 말이 되기도 한다. 그렇기 때문에 조주는 질문한 승려를 뒤흔들고자 한다. 그것이 선입견이라고 설명되건, 편견이라고 표현되건, 집착이라고 말해지건 간에, 그 승려를 둘러싸고 있는 모든 것을 일단 흩트려 놓고자 하는 것이다. 즉 조주가 '없다'라는 언명을 통해 노리는 것은 불성이 있는가 없는가의 양단적인 물음에 대한 어느 한편을 편드는 것으로서의 없다는 의미가 아니라 질문하는 승려의 문자에 대한 집착을 파괴하는 기능을 가진 '없다'인 것이다. 이렇게 본다면 '있다'라는 표현도 불성이 '있다'라는 식으로 해석한다면 역시 죽은 말이 된다. 질문하는 승려는 유 · 무와 중생 · 부처 등의 관념에 얽매여 있고, 조주는 이것을 깨기 위하여 질문자의 고집스러운 일변을 전제한 질문에 대하여, 답변 하나가 모두 화두의 기능을 충실하게 할 수 있도록 하기 위하여, 교묘하게 답변하고 있다.

다시 말해서 조주의 답변은 승려의 의문에 대하여 예상했던 해결의 방향을 제시하기보다는 막연히 가지고 있었던 해답의 실마리마저 끊어버림으로서, 질문자에게 명백한 해답을 제시하는 것이 아니라 반대로 의심의 상태를 만들어 주는 것이다. 어떤 상황에서나 본분의 작용을 열어 보이는 목적에 응용되는 수단으로 언어를 사용하는 것은 조사선의 특징이다. 즉 언어문자에 대한 조사선의 입장은 언어문자를 한편으로는 긍정적으로 평가하면서 다른 한편으로는 속박으로 작용할 수 있다는 점에 항상 주의를 기울이는 것이다. 그렇기 때문에 조사선의 입장에서 본다면 조주의 유·무는 답이 하나의 정해진 해답으로 굳어지는 것을 방비한 장치가 된다. 즉 의심의 뭉치를 고의로 만들어서 공부의 틀을 만들어 주고자 하는 것이다.[55] 그렇기 때문에 조주가 '있다'와 '없다'라는 상호 모순되어 보이는 대답에서 노리는 것은 언어 외적인 것으로서, 질문한 승려에게 의단疑團을 만들어 주기 위한 것이라고 해석이 될 수도 있다. 이렇게 말한다면 이러한 입장은 언어의 '현시顯示'가 아닌 '암시暗示', '긍정'이 아닌 '부정'을 통하여 깨달음에 도달하고자 하는 조사선의 '해체적解體的 불교 정신'에 보다 가까운 해석이 된다.[56]

다시 말해서 유무有無라는 말을 따라서, 유무의 뜻을 정하여 결정하고 생각하는 이들은, 조주 문답의 껍데기만 보는 자가 된다. 그렇기 때문에 조주의 구자불성에 대한 전후의 상반된 언명을 가지고, 구자불성의 유와 무 중 어느 한편으로 단정하려 하는 자는 제대로 공부의 길을 열지 못하는 무리가 될 뿐이다. 왜냐하면 조주의 의도는 불성에 있는 것이 아니라 유와 무를 통하여 우리를 흩트려 놓고자 하는 것에 있기 때문이다.

뿐만 아니라 조주가 유·무라는 언어를 사용함은 본분의 작용을 어떤 상황에서나 열어보이고자 하기 때문이다. 즉 언어는 수단이다. 그렇기 때문에 언어 자체에 천착하면 언어의 효용은 상실된다. 그리고 이러한 사유형태는 근원적으로는 조사선과 만난다. 다음을 보자.

(학인이 물었다.) "모든 길이 끊어져 말과 생각이 통하지 않는 경지는

어떤 것입니까?" "아직 계단 아래 머물러 있는 놈에 불과하다."⁵⁷

인용문에서 보듯이 제자는 궁극의 깨달음은 말과 생각이 끊어진 경지라는 관념을 가지고 물음을 던진다. 스승의 계단 아래에 있다는 답변은 제자가 말과 생각이 끊어진 경지에 집착하여 말과 생각의 활발한 작용을 상실하고 있음을 비판한 것이다. 즉 조사선의 특징은 빗장이 없이 어느 곳으로도 열려 있는 것이 된다. 그렇기 때문에 모든 길이 끊어져 말과 생각이 통하지 않는 경지는 동시에 모든 말과 생각이 통하는 경지가 된다.⁵⁸ 조사선의 경우 언어를 해체함은 일체의 존재를 향하여 열리는 것이다. 그렇기 때문에 '언어의 해체'라는 문제는 조사선의 경우 핵심이 된다.⁵⁹

간화선은, 비록 송나라 때 완성된 수행법이긴 하지만, 그 방법론 자체가 전혀 새로운 것이 아니다. 간화선에서 말하는 화두의 구조는 붓다께서 말씀하신 중도·연기의 구조와 긴밀하게 연결되어 있다. 간화선 역시 무기설과 대비시킬 때 그 진정한 취지가 되살아난다. 붓다는 몇 가지 형이상학적 문제에 대해 답을 하지 않고 침묵을 지키셨다. 그런데 그런 형이상학적 문제들은 모두 사구로 배열되어 있었다. 예를 들어 '이 세상과 자아가 상주하는지' 여부에 대해 질문자는 다음과 같이 묻는다. '이 세상과 자아는 ①상주하는가, ②무상한가, ③상주하면서 무상한가, ④상주하지도 않고 무상하지도 않은가?' 그리고 붓다는 이 네 가지 판단 가운데 그 어떤 것도 수용하지 않고 침묵하셨다. '개에게 불성이 있는가?'라는 질문에 조주는 '유'라고도 '무'라고도 대답했다. 이 '있다'와 '없다'라는 대답은 ①있다,

②없다, ③있기도 하고 없기도 하다, ④있지도 않고 없지도 않다 등의 4가지 사유방식으로 이해해서는 모두 어긋난다. 간화선에서 화두는 이 사구四句 가운데 그 어떤 사유방식도 인정하지 않을 뿐만 아니라 사유 그 자체를 허락하지 않는다. 간화선 수행자는 이렇게 사구적 분별의 출구를 모두 막고 은산철벽과 같은 화두를 대면하고 앉아 있는데, 무기설에서는 사구로 배열된 형이상학적 의문들에 대해 붓다는 은산철벽과 같이 침묵하신다.[60]

연기·중도는 이것과 저것을 여읜 자리에서 이것과 저것을 그대로 보는 우주와 삶에 대한 바른 관점이다. 그렇다고 중도가 이것과 저것의 한가운데를 뜻하는 개념은 더욱 아니다. 이래도 틀리고 저래도 틀린다. 우리는 그것을 말이나 글로 설명해 낼 수 없다. 이때 우리의 생각은 이럴 수도 없고 저럴 수도 없는 지경에 빠져버린다. 칠통漆桶 속의 쥐와 같이 옴짝달싹할 수가 없게 된다는 말이다. 따라서 간화선 수행법 은 붓다께서 말씀하신 중도, 연기와 구조와 내용이 같다. 이 모두는 우리의 분별적 사유를 해체하거나 차단함을 통해서 깨달음의 세계로 인도한다는 점에서 그 방법과 목적이 일치한다.

선은 붓다께서 밝히신 이 진리를 당장 이 자리에서 몰록 체화하거나 환히 드러내 보이는 길이다. 남종선과 조사선, 더 나아가서 간화선이 탁월한 수행법인 이유는 바로 '이 자리에서' 깨달음을 실현하는 데 있지, 초기불교와 '깨달음의 경지'가 다르기 때문이 아니다. 선에서 말하는 깨달음은 바로 공空에 바탕을 둔 반야般若이며, 그 반야 또한 연기와 무아에 근거한다. 그러므로 선이란 연기법을 바로 이 자리에서 보여주고 그것을 체험하는 수행법이다. 뿐만 아니라 깨달음은 중도·

연기・무아・공의 법칙을 증득한 이후 보살행으로 나아가는 동력이 된다.[61]

불교는 신이나 혹은 절대자의 도움 없이 깨달음의 경지에 도달하고자 한다. 그것은 마치 화장실에 가서 스스로 소변을 보는 것과 같아서, 붓다마저도 화장실로 가는 방법을 가르쳐주는 일종의 안내자에 불과하지 대신 소변을 보아줄 수는 없는 것이다. 그렇다면 깨달음을 얻기 위해서 우리는 어떻게 수행해야 할까? 선에서는 우리의 깨달음을 가로막는 것을 무엇이라고 볼까? 대답은 번뇌煩惱이다. 그렇다면 그 번뇌는 어디서부터 연원한다고 보고 있을까? 선사들은 '마음[心]'에 대한 우리의 잘못된 자세에서 비롯된다고 본다. 다시 말해서 '마음'을 잘못 이해해서 생기는 존재에 대한 근거 없는 연루 등에 대한 욕망과 집착이 번뇌를 만들고, 더 나아가서 깨침을 가로막는 장애가 된다. 또한 언어라는 도구를 사용해서 마음을 설명할 수밖에 없기 때문에 결과적으로 도구인 언어에 천착해서 생기는 언어에의 집착과 욕망도 깨달음의 장애가 된다.

그렇다면 이 문제를 어떻게 해결해야 할까? 우선 우리는 사물을 있는 그대로 여여如如하게 내버려 둠으로써 있는 그대로의 진리를 파악해야 한다. 또한 모든 길이 끊어져 말과 생각이 통하지 않는 경지는 동시에 모든 말과 생각이 통하는 경지가 되기 때문에 빗장이 없이 어느 곳으로도 '열려' 있어야 한다. 그렇게 함으로서 분리와 소외를 극복하고 존재하는 모든 것과 하나가 되는 경험을 얻을 수 있다. 나 자신과 타인과 존재하는 모든 것에 대해 반응을 나타내고 응답을 하되, 있는 그대로의 전인全人으로서의 '내'가, 있는 그대로의 모든 사람들과 모든 사물의 현실성에 반응하고 응답하여야 한다.
 이 진실한 반응으로서의 행위에는 창조성의 영역이 존재한다. 이 세계라고 하는 것은 나의 창조적인 이해를 통해서 창조되고 변용된 세계인 것이다. 그리하여 이 세계가 저 너머의 낯선 세계가 아닌, 나의 세계가 되는 것이다. 이때 지성이나 논리의 세계는 의미가 없을 수도 있다. 왜냐하면 지성이나 논리로부터 어떤 궁극적인 답을 기대한다는 것은 너무 지나친 요구이기 때문이다. 인간 존재 전체를 포괄하는 것은 지성이 아니라 우리의 존재 아래에 깊숙이 있는 그 어떤 것에 의해서일 것이다. 이것을 파내어 열어젖히기 위해서는 '의지의 가장 근본적인 진동'이 필요하게 된다. 이러한 진동을 느낄 때 자각의 문은 비로소 열리고, 새로운 세계가 현전現前하게 될 것이다. 몰록 깨침은 별안간에 부처가 됨이 아니라, 한꺼번에 이 세상이 허깨비임을 깨닫는, 말하자면 생사와 열반을 한 통 속에 몰아넣고 동시에 이해하는 인식방법이다. 부처가 됨이 아니라 부처도 없고 중생도 없는 한 세상 일대사기연을 확 깨닫는 '인식의 대전회'가 바로 깨달음의 정체인 것이다.[62]
 선의 목적은 시종 자아가 완전하게 존재하기 위해서는 자기의 내외 양면에 있어서의 괴리를, 즉 자아가 누구이며 무엇인지를 진실로 알기 위해서, 자기 자신과 자신의 세계로부터 자아를 분리하고 소외시키는 괴리를 극복하려는 데 있다. 따라서 선의 경우, 깨달음의 경지에 도달하기 위해서는 두 가지의 작용이 요구되어진다. 첫째, 자아의 심층에 매몰되어 있는, 그리고 쉽게 파헤칠 수 없는 근원적인 관심사를 그 심연에까지 뚫고 들어가 그것을 밑바닥에서부터 환기시키는 것이다. 둘째, 이 근원적인 열망과 탐구를 각성시키면서 그것에 대하여 올바른 방향을 정하게 하는 것이다. 왜냐하면 이러한 근본적인 열망이나 탐구는 단지 환기하였다는 것만으론 충분하지 않기 때문이다. 그것들은 약화되고 미혹될지도 모르는 많은 기만적인 망상의 함정에 빠져 들어가지 않기 위하여 보다 신중하게 지도되고 육성되지 않으면 안 될 것이다.[63]

그렇기 때문에 계산하는 계량적인 지식이 아니라, 마음의 심성을 발휘하는 것이 반야이다. 반야지를 가진 사람은 보되 분별지의 기능을 발휘하지 않으며, 개별을 보면서도 개별에 떨어지지 않는다. 뿐만 아니라 명제의 진위가 아니라 마음의 수양에 무게 중심을 둔다. 왜냐하면 대상을 겨냥하는 서양적 사유체계류의 인식의 지각 작용이 아니기 때문이다. 선불교는 지식으로서 조절한다면 지식의 놀음에 불과하다고 보기 때문에, 지식의 놀음에 의존하지 않고 마음의 수행에 의존하고 있고, 수행의 바탕 위에 있으므로 결코 관념론이 아닌 것이다. 그렇기 때문에 깨달음이란 알되 아는 대상에 대한 집착이 없는 것이고, 알되 나의 의식을 규정하는 제한성이 없는 것이다. 더 나아가서 깨달음이란 앎의 힘의 영역을 벗어나서 인격의 해탈 방향을 드러나게 하며, 우리를 묶여 있는 것에서 풀려나게 하고, 유무의 구속을 벗어나게 한다. 그 결과 심리 작용이 아닌 전면적인 인격의 변화가 일어난다. 이때 전 인격의 순일한 지평의 경지는 결코 직접적인 표현이 아닌, 암시와 해체를 통한 간접적인 표현만이 가능하게 될 것이다.

불교의 궁극적인 목적은 열반, 즉 '고苦로부터의 해탈'이다. 그렇기 때문에 열반, 즉 깨달음이란 우리가 현세에서 당하고 있는 많은 고통으로부터 벗어나 '절대 자유의 경지', '절대 평화의 경지'에 도달하는 것을 의미할 뿐 초자연적이나 우주론적인 심오한 의미를 내재하고 있는 것이 아니다.

깨달음은 탐욕과 미움과 무지의 소멸이다. 이때 깨달음을 무無나 단멸斷滅의 상태로 간주해서는 안 된다. 그것은 마치 맹인이 볼 수 없다고 해서 빛이 존재하지 않는다고 주장하는 것과 같다. 그러나 그것이 무엇인지를 적당하게 표현할 말은 없다. 깨달음은 만들어지지도 않고 형태를 이루고 있지도 않은 것이다. 그러나 그것은 환상과 무지의 감각적 세계와는 동떨어져 있다. 그러므로 그것은 영원하고 바람직하며 행복한 최상의 가치를 지닌 삶의 목표이다. 동시에 깨달음은 어느 장소에 위치하지 않을 뿐만 아니라, 초월적 자아가 머무는 천국의 종류도 아니다. 그것은 전적으로 우리 자신들에게만 의존하고 있을 뿐이다.

깨달음, 다시 말해서 열반은 '등불을 불어 끄는 것'을 의미한다. 하지만 이때 불어서 꺼지는 것은 사람마다의 탐욕의 불꽃이다. 갈망은 계속하여 살아있는 동안에 일어난다. 따라서 열반은 사물에 묶이는 속박으로부터 해방되는 것이고, 외부세계에 대한 강박적인 집착과 욕망으로부터 우리를 해방시키는 것이다. 깨달음은 인간의 갈망하는 경향을 불어서 끈다. 그렇기 때문에 그것은 환경으로부터 해방되는 것이 아니라, 우리가 그 환경들에게 자신을 속박시킨 족쇄들로부터 해방되는 것이다. '내게 오는 것이면 무엇이든 한껏 받아들인다'고 말할 수 있을 만큼 강인한 사람은 자유롭게 된다. 자유란 우리가 어떤 사람이나 사물에 의해서 노예로 만들어질 수 없음을 의미한다. 어느 것도, 어느 사람도 깨친 이를 노예로 삼을 수 없다. 왜냐하면 그는 욕망으로부터 해방되었기 때문이다.

(2) 깨어 있음을 전제로 한 욕망의 긍정

선불교는 대승불교의 범주 안에 들어 있지만 가끔 보살행에 충실하지 못한 경우도 있다. 왜냐하면 선의 중점적 관심이 견성즉불見性卽佛, 곧 구경각究竟覺의 증득證得에 있기 때문이다. 그 결과 중생구제의 길로 들어설 수 있는 여지가 억제되는 선수증론禪修證論의 메커니즘은 그 관심에 상응하는 사회적 태도의 반영이라고 말할 수 있다. 그것은 아마 깨달음에 대한 철저성으로 말미암아, 선이 '부처와 나'라는 대결구도를 너무 강조하기 때문에, 보살이 부처와 중생의 매개 기능을 상실하고 중생의 영역으로 편입되기 때문일 것이다.

이처럼 구경각만을 중점적 관심으로 두는 선의 태도는 때때로 중생의 범주를 한정시킬 수도 있다. 다시 말해서 선사들의 주된 관심사가 구경각을 증득하는 데 있기 때문에 구제해야 할 대상으로서의 중생 개념은 그 설자리가 매우 좁아져 버리는 것이다. 또한 수행의 과정에 있는 자는 그 자신이 아직 못 깨친 신분이므로 중생교화를 내세울 수 없으며 구경각을 증득한 자라야 중생교화의 여지가 생긴다. 중생구제의 강력한 이론적 배경이 되었던 대승불교의 상구보리上求菩提 하화중생下化衆生이라는 이념이 선에 와서는 분별심分別心에 속박束縛된 발언이라는 죄목으로 배격되어지기 때문에, 결국 선이 함의하는 중생 개념에서 구제 대상으로서의 중생이 설 여지는 매우 좁다고 볼 수도 있다.[64]

그러나 이것은 잘못된 것이다. 깨달음은 나와 남, 이것과 저것의 경계를 깨고 자타불이自他不二의 세계를 체득하는 것이다. 선은 번뇌가 그대로 깨달음이고 세간이 그대로 출세간이라는 믿음 위에 서 있기 때문에, 번뇌 가운데 있되 번뇌에 속박되지 않고 그것을 부처의 자리로 돌려놓는다. 세간에 있되 세간에 물들지 않고 세간에서 만행을 실천하며 교화활동을 펼친다. 다시 말해서 깨달은 이는 인연에 따라 자연스럽게 중생제도의 길을 가면서, 중생들의 근기에 따라 그때그때 저마다의 본래면목을 밝게 보여주는 것이다.[65]

이 문제와 연관하여, 대혜는 말하기를, 깨달음의 경지에 이른 이는 '대자비심'을 떨쳐 일으켜 역순의 경계 가운데 진흙을 안고 물에 합하여[66] 몸과 목숨을 아끼지 않고 구업을 두려워하지 말고 모든 것을 건져내는 사람이라고 하였다. 만약 이와 같이 깨어 있지 않다면 결코 깨달은 것이 아니라는 것이다.[67] 그렇기 때문에 깨어 있는 이는 보살의 길에서 물러나지 않고, 보살의 일을 저버리지 않으며, 대자비심을 버리지 아니하고, 바라밀을 닦아 익히되 일찍이 휴식한 적도 없었으며, 온갖 불국토를 관찰하되 싫어하거나 태만함이 없어서 중생들을 제도하는 원을 버린 적도 없고, 법륜 굴리는 일을 끊지 않고 중생들을 교화하는 업을 폐한 적도 없었으며, 내지 가진 바의 수승한 원이 다 원만하게 되어서 온갖 국토의 차별을 분명히 알고, 부처님의 근본성품에 들어서 피안에 이르게 된다.[68] 결국, 대혜의 언냉을 통해서도 알 수 있듯이, 선에서 말하는 깨달음의 요체는, 깨어 있음을 반드시 수반하며, 그리고 그 깨어 있음의 증거는 공성空性을 증득한 '지혜'와 중생에 대한 보살행인 '자비'이다.[69] 그렇기 때문에 '깨어 있음'을 수반하지 않는 '깨달음'은 깨달음이라고 할 수가 없다. 그것은 선가禪家에서 그토록 폄하해 마지않는 알음알이〔知解〕를 통한 관념적 깨달음일 뿐이다.

다시 말해서 선의 근본종지는 중도법이고, 붓다께서는 스스로 깨달은 존재의 실상을 중도·연기·무아·공으로 표현하였다. 선 수행법은 붓다께서 밝히신 이 진리를 당장 이 자리에서 몰록 체화體化하거나 환히 드러내 보이는 길이다. 이것은 본래 연기적 존재였던 인간이 잘못하여 비연기적으로 살다가 그 잘못됨이 송두리째 부서지고 깨지면서 동시에 다시 연기적인 삶으로 되돌아오게 되는 것이다.[70] 그렇기 때문에 선에서 말하는 깨달음은 바로 공에 바탕을 둔 반야행般若行이고, 반야행은 중생에 대한 자비, 즉 보살행으로 진행될 수밖에 없으며, 그 반야와 자비 또한 연기와 무아에 근거하는 것은 당연한 일이 된다. 다시 말해서 중도적 사고와 중도적 인생관 그리고 중도적 세계관의 정립을 확고히 하고 난 뒤에, 화두 참구를 통해 이 중도·연기·무아·공의 법칙을 증득하고, 이후 보살행으로 나아가는 것이 선의 가르침이 되는 것은 너무나 당연한 일이다.

'깨달음'은 자기조직적인 창발현상(self-organized emergence)이다. 이때 깨달음을 거쳐서 나타나는 새로운 창발적 상태는 '깨어 있음'이다. 또한 깨달음은 삶을 전제로 하고 있으며 삶이란 생명체의 구체적 체험의 장이다. 그렇기 때문에 깨어 있음은 일상의 삶을 떠나 존재하는 것이 아니며, 아상我相을 지닌 생명체가 연기적 관계에 대한 철저한 자각을 통해 개체로서의 부분과 불성으로 표현되는 전체가 서로 다르지 않는 불이不二의 삶을 살아감을 말한다. 다시 말해서 연기적 관계성에 대한 철저한 인식전환으로부터 얻게 되는 '일상적 삶의 경이로운 재발견'과 그 '재발견의 끊임없는 확장'이 선불교의 근본적 가르침이라고 할 수 있다. 왜냐하면 생명체는 그 특성이 다양성과 자율성의 근간이 되는 개체고유성과 개방성이므로, 열린 관계에 깨어 있을 때 아상이 고통의 원인이라기보다는 오히려 다양한 존재가 어우러지는 근거가 되기 때문이다. 그럼에도 불구하고 만일 선불교가 산중의 '목적으로서의 관념적 깨달음'이라는 것에 가장 의미를 두고 있다면, 그것은 비판의 대상이 될 수도 있다.[71]

이러한 비판으로부터 선불교가 자유롭기 위해서는 우리들의 삶 속에 있는 '과정으로서의 깨어 있음'과 '구세의식'으로의 전환이 필요하다. 명심할 것은 이때 선의 구세의식은 깨달은 자의 우월의식이 아니라, 저잣거리에서의 동참의식이 되어야 한다는 것이다. 그렇기 때문에 진정한 의미의 깨어 있는 선수행자는 구원이나 시혜의식이 없어야 하며, 자기희생이 전제된 채 입니입수入泥入水하는 '더불어 삶'이라는 동류의식을 갖춘 보살이 되어야 한다. 더 나아가서 깨달음이 곧 깨어 있음이라는 현재진행형의 바탕이 되기 위해서는 깨달음마저 놓아버려야 할 것이다.[72]

깨어 있음의 삶에서는 신비주의나 초월주의, 더 나아가서 눈앞에 있는 세계를 뛰어넘거나 부정하는, 탈속적이고 초인적인 수행보다는 나무를 하고 물 긷는 일상의 삶이 곧 진정한 수행이 된다. 근·현대 한국의 선사 용성진종(龍城震鐘, 1864~1940)은 "신통묘용이 제게도 있습니까?"라는 제자의 물음에, "심하구나, 그대의 미혹함이여! 그대가 바로 지금 이 자리에서 눈썹을 움직이고 눈을 깜빡거리며 손발을 움직이는 것이 바로 신통묘용이 아니고 무엇인가. 그러므로 옛 사람이 '신통과 묘용이 다른 게 아니라 물 긷고 나무를 나르는 것이라.' 하였다."[73]

선사에 의하면, 깨어 있는 사람의 분상에 있어서는 일체 작위하는 모든 것들이 다른 게 아니다. 오직 이 마음일 뿐. 마치 전단향나무를 쪼개면 조각조각이 전부 전단향인 것과 같다. 임운任運하여 등등하고 소요자재하게 날을 보낸다.[74] 그렇다고 해서 깨달음이 어떤 별천지의 세계를 가리키는 것은 아니다. 지금 이 자리에서 역력하게 살아있는 삶의 모습일 뿐이다. 이것은 너무나 당연해서 새삼 일러준다는 것조차 맨살에 상처를 내는 꼴이 된다. 이것은 조주가 말했듯이 차나 한 잔 마시는 일이다. 더 이상 다시 보태고 얻을 바가 없다. 이미 그 자체로 갖추어져 있기에 불가득不可得이요 불가설不可說인 것이다.[75] 다음을 보자.

(돈오견성한다는 것은) 만법에 모두 통하고, 만행을 모두 갖추어 일체를 떠나지 않고 다만 법상을 떠나서 무소득을 짓는 것이다.[76] 불법은 세간에 있는 것이니 세간을 떠나서 깨닫는 것이 아니다. 세간을 떠나서 깨달음을 찾는 것은 마치 토끼의 뿔을 구하는 것과 같다.[77]

위에서 혜능은 돈오견성頓悟見性한다는 것은 다른 것이 아니라고 한다. 그것은 만법에 모두 통하고, 만행을 모두 갖추어 일체를 떠나지 않고, 다만 법상法相을 떠나서 무소득無所得을 짓는 것이다. 뿐만 아니라 불법은 이 세상에 있는 것이기 때문에 이 세상을 떠나서 깨닫는 것이 아니라고 한다. 그렇기 때문에 이 세상을 떠나서 깨달음을 찾는 것은 마치 토끼의 뿔을 구하는 것과 같다는 것이다. 이것은 결국 일체의 모습(相)에 대한 집착이 없이, 일체의 모습 그 가운데서 온갖 존재자들과 막힘없이 교섭하는 것을 말하는 것이다. 즉 돈오頓悟는 대상경계對象境界 속에서 자성自性의 활용活用을 적극적으로 지향함을 의미한다.

더 나아가서 깨달음은, 세상 속에서 불성佛性인 자성의 적극적인 활용이라는 깨어 있음을 견지하면서, 이제 우리의 모든 정신 활동에 대한 하나의 열쇠로서 작용하게 된다. 그리하여 우리들은 이제까지 경험한 것보다 더 만족스럽고 보다 더 평화로워져서, 이제까지 한 번도 경험해 보지 못한 충만함 속에 살게 된다. 그 결과 '삶의 색조'가 바뀌어져서, 원래 그랬던 것처럼, 봄날의 꽃들은 더 아름답게 보이며, 계곡의 시냇물은 더 신선하고 맑게 흐르는 것처럼 여겨지게 된다.[78]

이때 이 깨어 있음이라는 평안하고 행복한 상태에는 반드시 전제되는 것이 있다. 그것은 우리가 자기애自己愛를 극복한 차원에서만 가능하다는 것이다. 즉 열려서 반응적으로 되고, 감수적으로 되고, 각성되고, 공空으로 되는 단계에서만 가능하다. 그렇기 때문에 깨어 있음이라고 하는 것은 인간과 자연, 인간과 인간이 정의적情意的으로 충분하게 연결지어져, 분리와 소외를 극복하고, 존재하는 모든 것과 하나가 되는 경험에 도달하는 것을 의미한다. 다시 말해서 자기의 개아個我를 버려, 탐욕하는 것을 중단하고, 개아를 보존하고 확대하려는 끊임없는 욕망을 그만두며, 단지 자기를 보존하고 이용하고 갈망하려는 행위에서가 아니라, 있는 그대로의 존재의 활동 속에서, 주인공이 되어서, 자기 자신을 욕망하고 경험하며 제어하는 경지에 이르러야 비로소 깨어 있다고 할 수 있을 것이다.[79]

깨어 있음은 삶의 현장에서 갈애와 번뇌 그리고 탐욕과 노여움과 어리석음 등이 소멸되어지는 것을 말한다. 그러나 그렇다고 해도 우리의 삶, 다시 말해서 '생명의 약동躍動'인 '생의生意' 그 자체가 없어지는 것은 아니다. 왜냐하면 생명현상이란 끊임없는 변화 속에서 전체이면서 부분이고 부분이면서 전체를 유지하는 창발적 현상이기 때문이다. 그렇기 때문에 오히려 우리는 더욱 더 역동적으로 그리고 강력하게 이런 '갈애와 번뇌와 탐욕과 노여움 그리고 어리석음'들과 투쟁하게 된다. 따라서 깨어 있음은 궁극적인 의미에서 소멸의 상태가 아니다. 거기서는 지각도 감정도 정지되지 않는다. 오히려 지각과 감정은 정신적 전환동기를 거쳐 초감각적 차원으로 인식의 대전회大轉回, 다시 말해서 인식에서의 상전이(相轉移, phase transition)를 일으키며, 이때 강박적 충동(갈애, 번뇌, 탐욕, 노여움, 어리석음 등)들은 소멸된다.[80] 그 결과 우리는 부정적인 의미의 욕망, 예를 들어 탐貪·진瞋·치癡 같은 것 등이 주는 사물의 속박들에서 해방될 수 있는 것이다.

이 문제를 선사의 눈을 통하여 다시 보자. 고려말의 선사 나옹혜근(懶翁慧勤, 1320~1376)에 의하면, 산하대지와 초목총림이 다 법왕法王의 몸이다. 그렇기 때문에 산하대지는 법왕의 몸을 완전히 드러내고, 초목총림은 모두 사자후를 짓는다. 한 곳에 몸을 나타내면 천만 곳에서 한꺼번에 나타나고, 한 곳에서 법을 설하면 천만 곳에서 한꺼번에 법을 설한다. 한 몸이 여러 몸을 나타내고 여러 몸이 한 몸을 나타내며, 한 법이 모든 법이 되고 모든 법이 한 법이 되는데, 마치 인드라망의 구슬처럼 서로 받아들이고 크고 둥근 거울처럼 영상이 서로 섞인다. 그 가운데 일체 중생은 승속이나 남녀를 가리지 않고, 지혜 있는 이나 지혜 없는 이나, 유정이나 무정이나, 가는 이나 오는 이나, 죽은 이나 산 이를 가리지 않고 모두 성불한다.[81] 티끌마다 세계마다가 다 법왕의 몸이기 때문에, 털끝에 바다세계를 간직하고 겨자씨에 수미산을 받아들인다.[82] 그러하기 때문에 티끌 하나 하나가 남의 집 물건이 아니고 조그만 암자에 온 법계가 다 들어 있을 수밖에 없고,[83] 온갖 사물이 완전히 법왕의 몸을 드러낸다. 그 결과 삿갓 쓴 농부들의 손이 바삐 움직이고 아낙네들 도롱이 입고 몸이 매우 바쁜, 농촌에서 항상 있는 일들이 모두 천진天眞을 드러낸다.[84] 하지만 또 한편으로는 빈손에 호미를 들고 있고, 걸어가면서 물소를 타며, 사람이 다리 위를 지나가는데, 오히려 다리는 흐르고 물은 흐르지 않으며,[85] 수미산을 겨자씨 속에 넣기는 오히려 쉽지만, 겨자씨를 수미산 속에 넣기는 매우 어렵다.[86]

혜근은 『화엄경』을 구체적으로 언급하면서 그의 선사상을 피력한 적은 없다. 하지만 상기한 글들에서 우리는 그의 선사상이 정통화엄의 법계연기설에서 비롯된 사사무애事事無碍, 이사무애理事無碍觀을 그 기본토대로 한다는 것을 유추하기는 어렵지 않다.[87]

혜근이 언급하는 바의 진여본성은 화엄의 법계연기설 안에서의 진여본성이다. 따라서 산하대지와 초목총림은 본체론적인 의미에서의 법왕의 현신이며, 자연은 그대로 법왕인 진여가 그대로 나타낸 것일 뿐 다른 것은 아니다. 깨친다는 것은 선적 직관으로 진여인 자연을 회광반조하는 것일 뿐이다. 또한 깨친다는 것은 다름 아닌 '우주적 이성인 진여본성眞如本性'을 우리가 '분유分有'하고 있음을 '증득證得'하는 것이다. 그렇기 때문에 혜근이 말하는 바의 진여본성,

즉 우리의 이성은 우주적 이성과 그 체를 같이한다. 그렇다고 하더라도 그 존재는 서구적인 의미에서의 전지전능하며 초월적이고 절대적인 존재로서, 세계를 어떤 목적을 가지고 운영하는 전지전능자는 아니다. 다시 말해서 진여본성은 우리를 넘어서 있고, 동시에 우리 안에 있다. 그러나 그 근원은 알 수 없으며, 물을 필요도 없다. 그것은 굳이 이름지어 말한다면 자연, 도道, 혹은 선禪이라 말할 수 있다. 하지만 그 존재는 목적적 존재目的的存在라기보다는 차라리 무목적적 존재無目的的存在이다. 또한 그 존재는 '자기에게서부터 나오는 존재[mind]'이다. 하지만, 보다 더 근원적으로는 '자기를 넘어서 있는 존재[MIND]'와 체體를 같이하는 존재라는, 본체론적인 성격을 가진 '자기에게서부터 나오는 존재[MIND]'이다. 따라서 우리에게 필요한 것은 '법자연적法自然的인 의미'에서의 도의 증득일 뿐이다.

그렇다면 수미산을 겨자씨 속에 넣거나, 더 나아가서 겨자씨를 수미산 속에 넣기는 오히려 어렵다는 그의 표현은 어떻게 이해되어져야 할까? 이 문제는 화엄적 세계관으로 설명이 가능하다. 우리의 생활은 그물과 같다. 그물은 모두 네 개의 매듭으로 되어 있지만 인간이 펴고 있는 생활의 매듭은 수많은 매듭으로 이어져 있다. 한 톨의 작은 겨자씨 속에 수미산이 들어간다는 말과 같다. 수미산은 대단히 큰 산이다. 그 위에 세계가 겹쳐 있다는 것인데, 그러한 매듭을 하나 끌어올리면 온 세계가 따라 올라 온다고 할 때 겨자씨와 수미산과의 관계를 공간상의 관계로 보지 않고 그물의 매듭의 관계로 보면 수미산은 쉽게 겨자씨 속으로 들어올 수 있다. 문제는 어디에 중점을 두는가에 있다. 그런데 그 중심점은 꼭 하나로 정해지지 않는다.

하나의 중심은 다른 중심에 연결되어 있다. 즉 그물 자체가 전체적으로 중심이 되는 것이며, 우리가 서 있는 세계에 온 세계가 들어 올려져서 모두가 우리들과 연관되어 있다고 할 수 있다.[88] 이렇게 본다면 회주懷州에서 소가 풀을 뜯는데, 익주益州에서 말이 배가 부를 수가 있다. 더 나아가 티끌 하나에 시방세계가 들어갈 수가 있을 것이다. 평상인의 상투적인 논리의 눈에는 초월적이고 역설적이며, 기발하고 광기를 가진 것처럼 보이지만, 논리의 판을 다시 짜서 본다면 그렇지가 않다.[89]

지눌의 법을 이은 수선사 제2세인 고려 중기의 선사인 진각혜심(眞覺 慧諶, 1178~1210)도 동일한 언명을 하고 있다.[90] 혜심에 의하면, 겨자씨 안에 수미산이 들어가고, 한 터럭 끝에는 시방세계가 들어 있다. 회주의 소가 벼를 먹는데 익주의 말이 배가 부르고, 빈손에 호미를 잡고 걸으면서 물소를 타며, 사람은 다리 위를 지나가는데 다리는 흐르고 물은 흐르지 않는다. 한 티끌 속에 티끌 수 같은 세계가 있고, 낱낱의 세계에는 생각하기 어려운 많은 부처가 있다. 이 화장세계의 바다 가운데에는 산이거나 강이거나 물을 것 없고, 심지어 나무숲이나 티끌이나 털에 이르기까지 모두 진여의 법계에 합하여 끝없는 공덕을 갖추고 있다.[91]

그렇다 하더라도, 수미산을 겨자씨 속에 넣는 것은 이해가 가능하지만, 겨자씨를 수미산 속에 넣기는 오히려 어렵다는 선사의 언명은 설명이 쉽게 되지는 않는다. 필자는 이 점이 선의 입장을 잘 드러내고 있다고 생각한다. 일반적으로 본다면 산은 산이고 물은 물이다. 즉 진眞과 속俗은 다르다. 하지만 선사의 시각에서 보면 진속불이眞俗不二이다. 즉 진과 속은 다르지 않다. 다시 말해서 속은 진이 나타내진 것이다. 그런 의미에서 수미산은 겨자씨 속에 들어가고, 농부는 빈손에 호미를 잡고 있다. 즉 산은 산이 아니고 물은 물이 아닌 것이 되는 것이다.

하지만 더 나아가서 보면, 다시 산은 산이고 물은 물이 된다. 왜냐하면 진공묘유眞空妙有의 세계는 현존現存하여 실존하는 개체인 현존재 앞에서 떡 버티고 서 있기 때문이다. 따라서 우리는 겨자씨를 수미산 속에 다시 넣는 작업을 하여야 한다. 하지만 진속불이의 사고에 빠져 있는 우리에게는 그 일이 사실상 더 어렵다. 선불교는 '옷 입고 밥 먹는' 일상사를 살아가면서 그 일상사에 함몰되지 않는 주인공의 삶을 살아가는 것이 바로 구경각인 것을, 겨자씨를 수미산에 집어넣는 것이 수미산을 겨자씨 속에 넣는 것보다 더 어렵다는 표현을 통하여 우리에게 설파하고 있는 것이다.

우리는 여기서 혜근과 혜심 등을 대표로 하는 선사의 인간관이, 구체적으로는 마조계의 조사선 더 나아가서는 임제의 무위진인無位眞人이 의미하고 있는 현실세계를 살아가는 주인공主人公의 활발발한 삶의 중시와 동일한 것을 발견할 수 있다. 다시 말해서 선사들은 거의 모두가 일상적인 현실세계에 대한 무한한 신뢰를 표방하면서, 욕망을 가진 주인공인 인간이 영위하는 우리의 삶 그 자체가 부처의 삶이며, 욕망이 적나라하게 드러나는 우리가 사는 세간 그 자체가 불국토라고 설파하고 있다. 그렇기 때문에 선은 결코 욕망 없는 인생을 궁극적인 세계로 추구하지 않으며, 오히려 지양止揚해야 마땅한 대상으로 여긴다. 그렇기 때문에 선사의 깨어 있는 눈에는 우리의 삶, 다시 말해서 '생명生命의 약동躍動'인 '생의生意'의 활발발活潑潑함은 오히려 권장해야 할 사항이지 절멸絶滅시켜야 할 대상은 결코 아닌 것이다.

(3) 욕망의 다스림을 통한 삶의 올바른 경영

붓다는 괴로움이 생기는 것은 모두 욕망 때문이라고 한다.[92] 그렇다면 욕망은 어디에서 연유하는가? 붓다는 내[我]가 존재한다는 실체에 대한 집착이 모든 욕망을 낳는다고 본다. 그렇다면 나[我, 存在]는 없는가? 붓다는 형이상학적 자아[眞我]는 없고, 단지 경험적인 자아[假我]만이 있다고 생각한다. 가아假我인 인간은 하나의 물질적·육체적인 요소인 색色과 네 개의 정신적인 요소인 수受·상想·행行·식識으로 이루어져 있다. 따라서 우리가 아我가 있다고 본다면 그것은 이 오온五蘊을 아로 착각하는 것이다. 만일 물질적인 요소와 정신적인 요소에 대하여 알지 못하고 밝지 못하며, 끊지 못하고 욕망을 떠나지 못하면 그는 능히 괴로움을 끊지 못한다. 하지만 물질과 정신에 대해서 알고 밝으며 끊고 욕망을 떠나면 그는 능히 괴로움을 끊을 수 있다.[93] 결국 붓다에 의하면 존재란 결국 오온일 뿐이며, 오온은 색온·수온·상온·행온·식온일 뿐이다.

따라서 붓다가 욕망에 대해서 부정적인 견해를 보이는 이유는, 그 욕망이 형이상학적이고 영원불변한 실체에 대한 집착에서 비롯된 것이기 때문이다. 그렇기 때문에 만일 실체에 대한 집착으로부터가 아니라 윤리적으로 적절하게 제어된 상태의 경험아로부터의 욕망이라면 그것을 부정할 이유가 없어진다. 다시 말해서 붓다가 욕망을 끊으라고 한 것은, 욕망은 결코 실체이거나 실체로부터 연유된 것이 아니므로, 욕망을 다스리고 조절하라는 의미인 것이다.

불교는 모든 욕망을 부정한 무소유의 종교, 또는 경제적인 활동에 매우 소극적이거나 부정적 입장을 견지하는 종교, 심지어 세속적인 노동을 떠나 있는 초월적 종교로 인식되기도 한다. 그러나 불교에서는 물질적 충족 등의 욕망을 결코 악으로 보지 않는다. "어떤 괴로움이 가장 무거운가 하면, 빈궁의 괴로움이다. 죽는 괴로움과 가난한 괴로움 두 가지가 모두 다름이 없으나 차라리 죽는 괴로움을 받을지언정 빈궁하게 살지는 않으리라."[94]라는 말에서 보이는 것처럼, 불교는 오히려 가난을 인류의 적으로 보고 있다.

불교의 경우 중생의 고로부터의 해탈은 그 모든 것에 우선하는 궁극적 목적이다. 나머지는 모두 그 목적을 위한 실용적인 방편일 뿐이다. 따라서 이러한 원리적 근거에서 본다면 중생의 욕망이 발랄하고 창조적이어서 그의 삶을 크게 성취시키며, 더 나아가서 대승적 이타의 행으로 전환될 수만 있다면 반대할 이유가 전혀 없게 된다. 뿐만 아니라 오히려 장려되어야 할 성질이 된다.

그렇다고 불교가 이윤의 무한추구까지를 인정한다고 보는 것은 곤란하다. 불교는 근본적으로 나(我)와 나의 소유물(我所)을 인정하지 않는다.[95] '나' 또는 '내 것'이라는 전도된 관념은 숱한 이기적 욕망을 불러일으키는 바, 윤회 더 나아가서 번뇌의 뿌리인 욕망을 제어하고 극복해야 한다는 가르침은 수많은 경전 속에 설해져 있다.

그렇기 때문에 불교는 욕망의 이기적 추구를 경계하고 '욕망의 질적 전환'을 할 것을 강조하고 있다. 이렇듯 불교에서는 기본적으로 욕망 추구의 원리를 수용하면서도, 삶의 궁극적 목표가 물질적 가치

등을 포함한 욕망의 추구가 아니라 열반에 있다는 대전제 아래, 다양한 방편을 통해 욕망을 다스리고 있다.[96] 그렇다면 선불교에서는 어떻게 욕망을 다스리고 있을까. 다음을 보자.

어떤 스님이 와륜선사(臥輪禪師)의 게를 들어 말했다. "와륜은 기량이 있어 능히 온갖 생각을 다 끊었네. 경계를 대하고도 마음이 일어나지 않으니〔心不起〕깨달음〔菩提〕이 나날이 자라네." 혜능이 그것을 듣고, 이 게는 심지(心地)를 아직 밝히지 못했으니 만약 이것에 의하여 행하면 계박(繫縛)을 덧붙이게 된다고 하면서, 그에 대하여 게 하나를 제시하였다. "혜능은 기량이 없어 온갖 생각을 끊지 못했네. 경계를 대하면 마음이 자주 일어나니〔心數起〕깨달음〔菩提〕이 어찌 자라겠는가.[97]

위의 글에서 보듯이, 혜능은 '경계를 대하여 마음이 일어나지 않는', '심불기(心不起)'는 아무런 의미가 없다고 보며, '경계에 대하여 마음을 일으키는', '심수기(心數起)'가 중요하다고 본다. 즉 깨친다는 것은 '다시 마음을 일으킴이 없는' 것이 아니라, 무여열반에 들더라도 '다시 마음을 일으키는', '대경(對境)에서의 혜용(慧用)', 즉 '깨어 있음'이라는 것이다.[98]

다시 말해서 돈오는 번뇌를 없애는 것이 아니라, 번뇌 속에 있으면서 번뇌에 물들지 아니하는, 욕망을 제거하는 것이 아니라, 욕망 속에 있으면서 욕망에 함몰되지 아니하는, 대상경계 속에서 자성의 활용함을 지향하는 '대경혜용(對境慧用)'을 의미하기 때문에, 돈오의 경지는 결국 대경혜용을 강조함에 다름이 아니다. 왜냐하면 심불기(心不起)의 수정修定을 위주로 하는 선법은 경계에 대한 적극적인 활용이 없기 때문이다. 결국 혜능의 선법은 단지 자성의 의미로서 정혜의 평등성을 깨닫는 것뿐만이 아니고 대상경계 속에서 그것을 활용함을 지향하는 대경혜용의 사상이다. 그렇기 때문에 좌선을 통하여 청정한 본심을 관찰하고자 하는 응심입정凝心入定의 방법은 '청정함에 속박된 것'에 불과하게 된다.[99] 왜냐하면, 혜능에 의하면, 도는 마땅히 흐르게 해야 하기 때문이다. 따라서 그에 의하면 일행삼매란 모든 곳에서 가고 머무르고 앉고 눕고 간에 하나같이 직심直心을 행하는 것이 된다. 이것이야말로 마음이 법에 집착하지 않는 참된 태도라는 것이다.[100] 결국 혜능을 대표로 한 남종선법은 '활용活用'을 가장 중시하고 있다.

혜능이 보기에는 깨달음, 즉 돈오는 현실적인 번뇌의 세계를 부정함에 의하여 성취되는 것이 아니라 번뇌와 열반의 불이不二에 의거하여 번뇌의 세계에서 깨어 있음을 전개하는 작용이다. 적극적으로 일상의 모든 존재방식을 수용하여 그것을 도가 구체적으로 실현되는 장으로 삼는 태도는 남종선 돈오 사상의 중요한 기초이며 동시에 목적이 되는 것이다. 이렇게 되면, 결국 도를 깨친다는 것, 즉 일체법에 통달한다는 것은, 일체법 가운데에 있으면서, 그것들로부터 자유로운 깨어 있음의 의미와 다르지 않게 된다. 그렇기 때문에 동적인 사물경계에 응용되지 않고 부동을 지키기만 하는 선정은 집착에 불과하게 되는 것이다.[101]

따라서 혜능의 관점에서 볼 때, 북종선의 심불기는 혜慧가 없는 정定이며, 좌선하여 심心의 작용을 단절시키고 공심空心을 고수하는 폐단을 초래한다. 따라서 경계를 대하고 망념이 일어나지 않는 심불기를 가지고는 부족하며, 적극적으로 경계 속에서 마음을 활용해 나가는 심수기가 깨달음의 완성으로 제시된다. 결국 혜능에 의해서 공심정좌空心靜坐가 비판되는 이유는 공에 집착하여 즉사卽事의 혜용慧用이 없기 때문이다. 왜냐하면 그것은 혜용이 결여된 무기공無記空이며 거짓 선정이기 때문이다. 이것은 또한 대상경계와 절연을 통하여 공심空心을 유지하는 것으로 심心의 불기不起에 고착된 것이다.

혜능은 반야지의 혜용을 통한 동적인 상황을 중시한다. 그에 비하여 북종선은 정적인 관조에 주력한다. 또한 남종선에 의한 북종선의 좌선에 대한 비판은, 혜慧의 결핍에서 좌선이 병이 되기 때문이며, 사념思念의 조작된 작의作意이기 때문이다. 결국 좌선이 병이 되는 것은 혜의 결핍을 말함에 다름이 아니라는 것을 우리는 알 수 있다.[102]

결국 선불교의 욕망에 대한 입장은, 욕망을 없애는 것이 아니라, 욕망 속에 있으면서 욕망에 물들지 아니하고, 대상경계 속에서 불성인 자성의 활용함을 지향하는 데 있다. 그렇기 때문에 깨달음은 현실적인 번뇌의 세계를 부정함에 의하여 성취되는 것이 아니라, 번뇌즉열반煩惱卽涅槃, 다시 말해서 번뇌와 열반의 불이에 의거하여 적극적으로 번뇌의 세계에서 깨어 있음을 전개하는 작용이다. 그렇기 때문에 적극적으로 일상의 모든 존재방식을 수용하여 그것을 도가 구체적으로 실현되는 장으로 삼는 태도는 선불교 사상의 시작이며 동시에 끝이 되는 것이다.

그렇다면 선에서의 깨어 있음은 욕망을 어떻게 다스려서 우리의 삶을 올바르게 경영할 수 있게 할까? 가장 기본적인 것을 말해보자. 선불교에서 우리의 깨어 있음을 가로막는 것은 무엇이라고 볼까.

대답은 자명하다. 잘못된 욕망으로부터 비롯된 번뇌煩惱이다. 선사들은 번뇌를 깨달음이라는 경지, 즉 깨어 있음을 견지하는 것을 가로막는 장애로 보고 있다. 그렇다면 그 장애는 어디에서 비롯되는가? 선불교에서는 '마음[心]'에 대한 우리의 잘못된 자세에서 비롯된다고 본다. 오늘날 현대인들은 '마음'에 대한 잘못된 자세를 가지고 있다. 그렇기 때문에 마음공부를 통하여 오염된 삶의 방식을 정화하고자 하는 선사들과는 달리 우리들은 오히려 이기적인 탐심·진심·치심에 오염될 가능성이 많은 것이다. 따라서 선사들은 마음공부를 통하여 무명과 조장된 탐욕에서 비롯된 그릇된 가치관을 혁파하고자 하며, 마음을 증득한 후, 깨어 있음으로서 삼독三毒으로 오염된 삶의 방식을 주체적 자각을 통하여 정화하고자 한다.

그 결과 깨어 있음은 생각을 하되 생각에 걸림이 없는 것[無思]을 말한다. 중생은 생각과 대상에 끄달려 그것에 집착하는 속박된 삶을 살아가지만, 깨어 있는 이는 진정 자유롭고 걸림이 없는 삶을 살아간다. 그렇기 때문에 온종일 일상사를 여의지 않는 가운데 모든 경계에 미혹되지 않는 대자유인이 되는 것이다. 즉 종일토록 밥을 먹어도 한 톨의 밥알도 씹지 않으며, 종일토록 걷지만 한 조각의 땅도 밟지 않는다.

그렇다면 선에서 표방하는 깨어 있음은 현대의 일상언어로 어떻게 번역되어질 수 있을까? 여러 가지로 설명이 가능하겠지만, '안녕과 행복'이라는 단어로 재해석되어질 수 있다. 즉 자아의 긍정에 의한 무한 확장이 아니라, 오히려 자기부정과 자기포기를 통한 대아적인 긍정을 통한, 나를 포함한 많은 사람의 안녕과 행복이 선의 궁극적

목적인 것이다. 선사들이 깨침을 통하여 신통력이나 우주의 원리를 체득하여 내생을 보거나 미래를 보거나 축지법을 쓸 수 있다고 본다면, 그것은 선에 대한 크나큰 오해이다. 선사들이 깨침을 통하여 얻는 신통력은, '바로 지금 이 자리에서 눈썹을 움직이고 눈을 깜빡거리며 손발을 움직이는 것', '자고 일어나고 밥 먹고 때가 되면 화장실에 가는' 지극히 일상적인 '안녕과 행복'일 뿐이다. 다시 말해서 깨어 있음은 언제 어디서나 자유자재함을 함의하기 때문에 욕망의 손님이 되기보다는 욕망의 주인이 되어 욕망을 다스린다. 그 결과 욕망이 그의 안녕과 행복을 해치는 일은 결코 없다.

깨달은 이는 나와 너를 분별하는 자기상이 사라져 종일토록 살림을 살지만 그 일에 걸리는 일이 없다. 마음이 쉬고 무심하기 때문에 만 가지 일들이 함께 닥친다 해도 마음이 흔들리지 않는다. 왜냐하면 깨어 있는 욕망인인 선사는 그 한가한 마음[無心], 일없음[無事]으로 모든 일을 빈틈없이 바르게 처리하기 때문이다. 그러나 그는 도력이나 신통력과는 관계가 없는 사람이다. 그도 보통 사람들처럼 먹고 자고 한다. 그러나 그의 삶은 다르다. 왜냐하면 '삶과 세계를 바라보는 눈'이 깨달음 전과는 달라졌기 때문에 삶 자체가 생의生意인 욕망으로 충만하여 활발발하다.

임제선사는 인간 누구에게나 현현하고 있는 주인공인 무위진인을 인지하라고 하였다. 그렇게 하여 집착과 탐착을 끊고 모든 것에 대한 구함이 없이 일체의 모든 분별 경계를 단정하여 진정한 견해를 가진다면 평상무사인平常無事人이 되어 수처작주隨處作主하고 입처개진立處皆眞하는 활조活祖의 삶을 살게 된다는 것이다.[103] 임제는 오직 주인공인 무의도인이 모든 부처의 어머니라고 한다.[104] 즉 부처란 의지함이 없는 곳에서 나오고, 그 의지함이 없는 것을 깨달으면, 부처 또한 얻을 것이 없게 되는 것이다.[105]

그렇기 때문에 깨어 있음은 대자유인이 되는 것이다. 대자유인은 자주적이고 자율적이며, 능동적이고 적극적이며, 내게도 남에게도 한없이 자애로우며, 모든 순역順逆 경계에 자유자재한다. 깨어 있음의 이 역동적인 현상은 말로도 설명할 수 없고 글로도 표현할 수 없다. 본인 스스로 물을 마셔 보아야 차고 더운 것을 아는 이치와 같다. 그렇기 때문에 주인공은 훤하게 밝음을 가진다. 추호의 의심도 없으며, 어디로 가야 할지, 무엇을 해야 할지, 갈 길이 정확하고 또렷이 보인다. 그래서 불안해하거나 방황하지 않을 뿐 아니라 서고 앉는 자리 자리마다 완성된 삶의 모습을 환히 드러내 보인다. 또한 홀로 모든 속박에서 벗어나 어디에도 의존함이 없다.[106] 그는 의존할 바가 없기 때문에 어디에도 집착하지 않으며, 집착하지 않으므로 정신적으로 고요하고 안정된 상태에 머물러 있다. 더 나아가서 자기가 자기 자신의 주인공이 되어서, 대자유인의 삶을 영위하는 것은, 타인과 자신의 동일성을 인식하고, 타인의 고통을 자신의 기쁨과 교환하는 적극적인 보살행의 단계로 나아가는 것을 수반하고, 이것은 깨어 있는 사람이 진정으로 추구해야 할 삶의 목표가 된다.

깨어 있음은 다양多樣함에 다름이 아니다. 남과 다름은 '차별'이 아니라 단지 '차이'일 뿐이기 때문에, 선사에 의하면, 시비나 비난의 대상이 아니다. 또한 다양함은 획일劃一이 아니라, 그 반대로 다른 것들이 서로 다른 목소리를 낼 수 있음에 대한 포용包容의 이념이다.

모든 만물이 밀접하게 연계되어 있기에 나의 부정은 전체의 긍정으로 이루어질 수 있으며, 부분과 전체, 나와 세계, 생生과 멸滅이 다른 것이 아니기 때문에 다양함을 통하여 오히려 우리는 서로 자랄 수 있고 채울 수 있다.

뿐만 아니라 깨어 있음은 '더불어 삶'을 의미한다. 모든 것이 인因과 연緣에 의한 관계로 이루어져 있기에 독립적인 존재는 있을 수 없다. 따라서 어느 것이건 다른 것에 의지하지 않고 존재할 수 없다는 '공空'에 입각한 존재의 자각은 살아있는 생명으로서의 유기적 전체를 인식하는 일이다. 인간은 다른 인간을 위한 배경이 아니며, 자연 또한 인간을 위한 것이 아니다. 인간과 인간, 자연과 인간은 서로 조화롭게 연결되어 있다. 우주는 하나의 출렁거리는 유기체이며 그 자체 완성된 존재로서 출렁거린다. 따라서 주인도 손님도 없으며, 인간과 자연 모두가 주인이고 모두가 손님이 된다.

깨어 있음은 '진짜욕망 늘이기'와 '가짜욕망 줄이기'이다. 주인공의 삶, 깨어 있음의 삶을 살기 위해서 선사들은 우리에게 물화物化되고 양화量化된 '가짜욕망'을 줄이고 비우며, 심화心化되고 질화質化된 '진짜욕망'을 늘이고 채우라고 한다. 세속 사회에서의 행복이 주로 물량화된 욕망의 충족을 통한 것이라면 선불교가 가르치는 행복은 물량화된 욕망을 덜어냄으로써 얻어지는 행복이다. 욕망의 바람을 분모로, 욕망의 충족을 분자로 하여 얻어지는 그 결과를 행복지수라고 한다면 선불교가, 이 점은 붓다도 마찬가지이지만, 우리에게 가르치는 것은 분모를 줄임으로써 행복지수를 크게 하라는 것이다. 더 나아가 선의 행복 추구 방식은 자신의 행복 추구가 아니라 타인을 도움으로써 나의 행복이 더 커진다는 것이다. 그렇기 때문에 선사들은 우리에게 집착에서 벗어나라고 설파한다. 그것은 왜일까? 이기심을 송두리째 버려야 본래의 자기로 회귀할 수 있으며, 그 바탕이 있어야 이웃을 위한 삶을 살아갈 수 있으며, 나하고 생각이 180도 다른 사람들과 삶 그리고 세상을 인정하는 상생과 화합의 장을 만들 수 있기 때문이다. 깨어 있는 사람이란 바로 이러한 선의 심화心化되고 질화質化된 욕망 방정식을 이해하고 실천하는 사람을 말한다.[107]

그렇기 때문에 선에서 추구하는 정신적이고 질적인 변화를 거친 욕망은 허공과 같이 무한히 넓어 한정이 없다. 그 속에 존재하는 모든 사물은 평등해서 우열이 없고, 귀천도 없고, 친소도 없고, 시비도 없다. 대립과 갈등 그리고 투쟁이 없는 평화로운 세계만이 있을 뿐이다. 또 모든 존재가 하나로 통일되어 있기에 남을 위하는 것이 자기를 위하는 것이고, 자기를 위하는 것이 남을 위하는 것이 된다.

깨어 있음을 전제로 한 욕망은, 소유의 충족이 아니라, 자비에 의한 지혜 그 자체로 스스로 체화되어진 결과, 나의 것을 나누고, 나의 것을 버리는 무소유無所有 · 무주상無主相에 있다. 선은 현실에 바탕을 두어, 나와 남은 둘이 아니기 때문에, 중생이 있는 곳에 부처가 있다고 믿는다. 다시 말해서 연기의 원리를 통하여 세계가 하나의 인드라망으로 구성되어 있다고 보고, 중생이 아프면 부처가 아프며, 중생이 행복하면 부처가 행복하다고 여긴다. 그렇기 때문에 세상의 모든 연관관계를 찾아서, 그 어렵고 고달픈 현실에서 참된 불교의 '진짜욕망'의 길을 찾아 무소유의 삶을 실행하고 무주상의 보시를 실천하는 보살행을 꿈꾼다. 그렇기 때문에 선불교에서는 적게 먹고 적게 쓰는 불편을 감수하라고 하며, 그러한 삶이 바로 깨달은 이의 삶이라고 한다. 왜냐하면 춥고 배고픈 이웃에게 먹여야 하는 욕망 때문이다.

깨달은 이는 '열심히 살기'보다는 '바르게 살기'를 원하여, '빠른 삶'보다는 '느린 삶'을 선호하면서, 물질적 가치나 사회적 명예를 얻기 위하여 달려가던 기존의 삶에 대해서 반성한다. 선은 마음이 불행하면 몸이, 몸이 불행하면 마음이 결코 행복해질 수 없다고 생각하고, 진정한 행복은 내면과 외형이 조화로운 그 지점에서 이루어진다고 생각한다. 그렇기 때문에 깨어 있음은 신체와 정신이 조화되는 건강한 삶을 행복의 척도로 삼고 다방면에서 여유와 행복을 욕망한다. 그렇지만 이러한 욕망은 현대인들의 일신의 건강과 행복을 위하여 유기농 식사를 하는 등의 자기 중심적인 욕망과는 근본적으로 다르다. 다시 말해서, 깨달은 이가 추구하는 욕망은 '부르주아적 삶의 변형'으로서의 쾌락을 추구하는 현대인들의 욕망 추구가 아니다. 이런 점에서 현대의 편리便利를 늘 갈망하는 '욕망의 조장'은 선불교의 불편不便을 즐겨 수용하는 '욕망의 다스림'과는 근본적으로 차이가 있다.

4. 욕망하는 사회와 선불교

전통 사회와 비교할 때 근·현대 사회의 인간관에 관한 한 특징은 '욕망하는 인간'의 긍정이라 할 수 있다. 이제 욕망은 더 이상 금기시되거나 죄악시되지 않으며, 인간의 자연스러운 자기 표출로 이해된다. 그렇기 때문에 근대 이후의 사회는 인간의 이기적 본능을 긍정하고

그 바탕 위에 정치적·사회적·경제적 질서가 제도화되고 있다.[108]

선불교 역시 긍정적인 입장에서 욕망을 말한다. 욕망을 가진 주인공인 인간이 영위하는, 우리의 삶 그 자체가 부처의 삶이며, 욕망이 적나라하게 드러나는 우리가 사는 세간 그 자체가 불국토라고 여긴다. 그렇기 때문에 결코 욕망 없는 인생을 궁극적인 세계로 추구하지 않으며, 오히려 지양해야 마땅한 대상으로 여긴다. 그렇기 때문에 선사의 깨어 있는 눈에는 우리의 삶, 다시 말해서 '생명의 약동'인 '생의生意'의 활발발活潑潑함은 오히려 권장해야 할 사항이지 절멸絶滅시켜야 할 대상은 결코 아니다. 왜냐하면 종교로서의 선은 발랄한 행동과 창조적 충동인 사람의 욕망을 크게 성취시키도록 하기 위해 마련된 것이지, 욕망을 막기 위해 있는 것은 결코 아니기 때문이다.

그러나 한편에서 인류의 보편적 진보와 무한한 가능성을 말하는 자본주의로 대표되는 욕망의 패러다임은, 다른 한편으로는 오늘날 지구촌, 더 나아가서 자연과 인간에 대한 총체적인 위기의식을 제공한 근본 원인으로 비판되고 있다. 뿐만 아니라 현재의 위기의식은, 자본주의가 브레이크가 고장난 기관차처럼 폭주하고 있으며, 현재로서는 그것을 막을 뾰족한 대안이 없다는 점에서, 가시적이고 부분적인 문제상황에 대한 반성이 아니라, 근원적이고 거시적인 차원에서의 절망과 회의를 반영하고 있으며, 21세기 이후의 인류의 삶에 대한 전망을 어둡게 하고 있다. 무엇보다 우리를 구원할 새로운 이념이 필요한 시대인 것이다.

이 문제와 관련하여 선불교는 밝음과 어두움을 동시에 가지고 있다. 우선 선은 눈앞에 있는 '사실의 세계'인 사회를 개혁함으로써 인간의 고통을 근본적으로 제거할 수 있으리라고 믿지 않는다. 선이 보기에 문제를 일으키는 근본 원인은 인간이 가지고 있는 번뇌의 뿌리로서 욕망이고, 그것은 어떤 시대이든 간에 인간이 늘 가지고 있는 것이다. 따라서 개인의 미망을 없애는 '경지의 세계'를 증득하는 데에 막대한 관심을 쏟는다. 따라서 현대의 욕망에 대한 '선불교의 대안'은 눈앞에 있는 문제를 해결하려 하기보다는 문제 자체를 없애 버림으로써, 다시 말해서 문제를 문제 삼지 않음으로써 문제를 해결하는 방식이다.

그렇기 때문에 선은 현대의 자본주의처럼 물화物化되고 양화量化된 욕망을 조장하지 않는다. 선불교의 욕망에 대한 입장은 물화되거나 양화된 욕망은 미망에 불과해서 우리를 불행하게 할 뿐이기 때문에, 이러한 욕망을 없애는 것이 아니라 욕망 속에 있으면서 욕망에 물들지 아니하는 것을 지향한다. 뿐만 아니라 자기의 개아個我를 버려, 탐貪하는 것을 중단하고, 개아를 보존하고 확대하려는 끊임없는 욕망을 그만두며, 단지 자기를 보존하고 이용하고 갈망하려는 행위에서가 아니라, 있는 그대로의 존재의 활동 속에서, 주인공이 되어서, 자기 자신을 욕망하고 경험하며 제어하는 경지의 세계를 꿈꾼다.

행복은 '가짜욕망'을 줄이고 비우며 '진짜욕망'을 늘이고 채우면서 가능해진다. 자본주의로 대표되는 현대사회에서의 행복이 주로 욕망의 조장과 충족을 통한 것이라면, 선불교가 가르치는 행복은 욕망을 덜어내고 다스림으로써 얻어지는 행복이다. 더 나아가 선의 욕망 추구 방식은 자신의 욕망 추구가 아니라 타인을 도움으로써 나의 행복이 더 커진다는 것이다. 선은 이러한 욕망 방정식을 이해하고 실천하려 한다. 이것이 선의 밝음이다.

그러나 다른 한편, 이러한 방식은 '사회 구조와 제도'에 대해서 언급하지 않는다는 한계를 필연적으로 수반할 수밖에 없다. 오늘날 사실 모든 문제의 시작은 '사회 구조와 제도의 모순'에서 비롯된다. 따라서 '사회 구조와 제도의 개선'이라는 명제는 현대 모든 철학의 화두이다. 하지만 선의 입장에서 변호한다면 선은 '경지'에 대한 이야기를 함으로써, 더 큰 사회 제도와 구조의 개선에 대해서 논의한다고 볼 수 있다. 왜냐하면 그것은 선이 사실세계에 대해서 담론하지 않고, 경지세계에 대해서 발언하기 때문이다. 그러한 선의 특징은 역설적으로 불교가 사실세계에 대해서 닫혀 있는 것을 지양하게 하고, 오히려 사실세계에 대해서 열리는 것이 가능하게 만들어준다. 즉 불교는 인간의 윤리를 고정시켜 절대시하지 않음으로써, 더 나아가 인간이 모여 사는 국가의 제도와 법규를 한정시키지 않음으로써, 오히려 인간세계의 윤리와 제도와 법규를 열려 있게 만들고, 그 결과 인간들로 하여금 끊임없이 자기 시대에 대해서 반성을 할 수 있는 계기를 만들어 주며, 미래에 대해서 열려 있게 만든다고 볼 수 있다. 이것이 왜 오늘날 선불교가 역사의 질곡을 관통하여 다시금 선불교인가 하는 화두에 대한 답이 될 수도 있다.

그렇다면 이렇게 부정적인 의미의 욕망이 적나라하게 조장되는 사회를 개선할 수 있는 새롭고도 적극적이며 역동적이고도 직접적인 힘을 선이 제공할 수 있을까. 대답은 이렇다. 선, 나아가서 불교가 욕망으로 대표되는 세속세계에서의 자본주의와 '힘'으로 직접적인 경쟁을 하는 것은 현실적으로 그리고 구조적으로도 불가능하다. 왜냐하면 선불교는 '사실의 세계'가 아닌 '경지의 세계'를 표방하고 있기 때문에 현실적인 힘을 가질 수도 없고, 또한 가지려고 하지도 않기 때문이다. 이것이 선의 어두움이다.

{서양철학의 욕망 이해}

금욕주의와 쾌락주의를 넘어서

박찬국(서울대 철학과)

1. 금욕주의적 입장

1) 쇼펜하우어가 보는 욕망 - 인생고人生苦의 원인으로서의 욕망

'인생은 충족되지 않는 욕망과 권태 사이에서 오락가락하는 시계추와 같다'는 말은 쇼펜하우어가 인생에 대해서 남긴 불멸의 명언이다.[1] 사람들은 누구나 자신을 걷잡을 수 없이 몰아대는 욕망에 시달리다가 그것을 겨우 만족시켜 놓으면 어느덧 권태가 몰려들어와 자신을 사로잡는 것을 거듭해서 경험한다. 아이들을 보면 이러한 사실이 적나라하게 드러난다. 아이들은 텔레비전에서 광고하는 최신 장난감을 갖고 싶어 안달하다가 막상 그 장난감을 갖게 되면 만족은 잠시일 뿐이고 얼마 되지 않아 싫증을 낸다.

그러나 비단 아이들뿐이겠는가? 어른은 아이들처럼 자신의 욕망과 기분상태를 솔직하게 표현하지는 않아서 그렇지 그 이면을 살펴보면 아이들과 다를 바가 없다. 이성異性에 대한 짝사랑에 애달아 하다가 막상 그 이성이 자신의 짝이 되고 나면 조만간에 권태에 사로잡히는 것이 인간의 심리다. 보다 크고 좋은 아파트를 갖고 싶어서 안달하지만, 정작 그 아파트를 갖고 나면 만족감은 채 몇 개월을 가지 못한다.

인간은 통제하기 힘든 욕망과 기분의 굴레 아래 있다. 모든 욕망은 필요와 결핍에서 생기기도 하지만, 인간의 욕망이 끝이 없다 보니 인간은 항상 결핍감에 시달린다. 따라서 채워진 욕망에 비해서 채워지지 않은 욕망이 훨씬 더 크기 마련이다. 인간의 욕망을 만족시킨다는 것은 사실상 밑 빠진 독에 물 붓기나 같다.[2]

그리고 욕망과 그것이 불러일으키는 고통은 우리가 직접적으로 느끼는 것이지만, 만족감이란 욕망과 고통의 소멸이라는 소극적인 것에 지나지 않는다. 따라서 우리는 우리가 누리고 있는 풍요에 대해서도 그것을 누리고 있는 동안에는 가치를 깨닫지 못하고 그것을 잃었을 때에서야 그 가치를 실감하게 된다. 예를 들어 우리가 건강할 때 우리는 자신이 건강하다는 사실을 의식하지도 못하는 경우가 많지만, 아픈 사람을 보거나 자신이 그것을 잃고 나면 그제서야 그것의 소중함을 깨닫게 된다.

따라서 만족이란 하나의 욕망이 충족되고 아직 새로운 욕망이 나타나 우리를 시달리게 하기 전의 순간적인 중립상태다. 그러나 새로운 욕망이 나타나지 않고 이러한 순간적인 중립상태가 조금만 더 지속되면 그것은 권태로 전환된다. 다시 말해서 어떤 욕망이 채워지고 나서 다시 새로운 욕망이 우리를 괴롭히지 않으면 우리는 곧 권태를 느끼는 것이다.

 단적으로 말해서 인간은 모든 것이 충족되어 있으면 권태를 느끼고, 충족되어 있지 않으면 결핍으로 인해서 괴로워한다. 이렇게 욕망과 순간의 만족과 권태, 그리고 새로운 욕망 사이에서 오락가락하면서 종국에는 죽음을 맞게 되는 것이 인생의 실상이다. 실상은 비극적인 인생을 우리는 욕망이 충족되는 순간에 느낄 수 있는 만족감에 속아서 가끔 웃으면서 살아갈 뿐이다.

 이런 맥락에서 쇼펜하우어는 산다는 것은 고통이라고 보았다. 그럼에도 우리 인간이 고생스럽게 생을 이끌어가는 것은 생이 주는 쾌락 때문이 아니라 죽음에 대한 두려움 때문이다.

 그러면 고통으로부터의 출구는 없는가? 쇼펜하우어는 이러한 궁극적인 출구를 금욕주의, 즉 욕망에 대한 부정에서 찾았다. 우리 인간은 자연의 산물이지만 이성을 가지고 있는 바, 이러한 이성에 의해서 욕망에 사로잡혀 있는 삶의 비참함을 깨닫고 모든 종류의 욕망에서 벗어나려고 해야 한다.

2) 이원론적인 세계관과 욕망

쇼펜하우어에게 욕망은 우리를 결핍감으로 시달리게 하고, 그러한 결핍감을 제거하기 위해 우리로 하여금 끊임없이 노동하게 하면서 진을 빼거나 서로 투쟁과 갈등에 휩싸이게 한다. 욕망은 저주스런 악이다. 인생뿐 아니라 자연 전체는 맹목적인 생존에의 의지에 사로잡힌 개체들이 자신과 후손들의 생존을 위해서 치열하게 투쟁하는 거대한 싸움터일 뿐이다. 이 세계는 존재할 수 있는 세계 중 최악의 세계라는 것이 쇼펜하우어의 생각이다.

 쇼펜하우어의 철학이 극단적인 면을 갖고 있다는 것은 사실이지만 인생의 무시할 수 없는 일면을 여실하게 잘 드러내주고 있다는 것 또한 부인할 수 없을 것이다. 따라서 우리는 철학사에서 쇼펜하우어의 철학에 가까운 철학적인 입장들을 쉽게 발견할 수 있다. 무엇보다도 인생을 일체개고—切皆苦의 현실로 보고 그러한 비참한 현실의 궁극적인 원인을 갈애渴愛에서 찾는 불교는 쇼펜하우어의 철학과 일정한 유사성을 갖는다. 쇼펜하우어도 자신의 철학적 입장을 우파니샤드의 철학과 불교와 가깝다고 보았다.

 쇼펜하우어의 철학과 유사한 철학적 입장들은 서양의 철학사에서도 쉽게 발견할 수 있다. 니체는 쇼펜하우어의 철학이 궁극적으로는 플라톤 이래의 이원론적인 서양의 형이상학과 그리스도교에 맞닿아 있다고 보았다. 물론 플라톤의 철학에는 이러한 이원론을 벗어나는 측면도 극히 강하지만, 분명히 무시할 수 없을 정도로 이원론적인 성격이 존재한다. 그리고 이러한 이원론은 그 후의 서양철학사와 종교에 커다란 영향을 끼쳤다.

 플라톤 이후의 이러한 이원론적인 입장에 따르면 인간의 욕망은 처치 곤란한 악의 덩어리이다. 아울러 그러한 입장에 따르면, 인간은 이러한 욕망의 궁극적인 소재지이자 영혼의 감옥인 육체와 대지에서 벗어나 순수정신이 주재하는 이데아의 세계나 천국으로 갈 때만 궁극적으로 행복할 수 있다고 본다. 쇼펜하우어가 욕망이 사라진 상태를 희구하듯이 이들 이원론적인 철학들에서도 욕망이 사라진 상태를 희구한다.

우리는 이러한 이원론의 가장 극단적인 형태를 무엇보다도 그리스도교에서 발견한다. 플라톤에서는 이성과 육체의 이원론이 지배했다면, 그리스도교에서는 이제 인간의 욕망과 육체는 물론이고 인간의 이성까지도 포괄하는 속세의 영역과 그것들을 초월하는 신의 영역의 이원론이 지배하게 된다. 플라톤이나 쇼펜하우어만 하더라도 인간의 이성이 갖는 순수성과 능력을 믿었지만, 그리스도교에 와서는 인간의 이성마저도 인간의 욕망과 마찬가지로 타락한 것으로 간주되며 오직 신의 은총과 계시만이 선한 것으로 간주되는 것이다. 물론 이 역시 그리스도교 내의 모든 흐름들이 다 그렇다는 것은 아니다. 토마스 아퀴나스만 해도 인간의 욕망이나 이성을 그 자체로 헛되고 사악한 것으로 보지는 않는다. 그럼에도 불구하고 그리스도교 내에서는 극단적인 이원론이 커다란 물줄기를 형성하고 있다.

예를 들어서 극단적인 이원론인 마니교의 영향을 받은 아우구스티누스만 하더라도 영육 이원론에 빠져 있는 것은 물론, 인간의 육체적인 욕망과 이성적인 능력을 무력하고 사악한 것으로 폄하하고 있다. 그는 이성을 신학의 시녀가 되기에도 적합하지 않다고 보았다.[3] 루터 역시 인간의 욕망은 물론이고 이성마저도 악마의 창녀라고까지 말했다. 이러한 입장은 나중에 키에르케고르에게까지도 이어진다. 그리고 이러한 극단적인 이원론이 수반하는 엄격한 금욕주의는 칼뱅주의와 퓨리터니즘 등에서 가장 전형적으로 나타나고 있으며 19세기까지도 위세를 떨쳤다. 19세기 서양에서는 자유분방한 사랑이나 성적인 쾌락 괴 불륜이 살인 못지않은 치명적인 범죄로 간주되었다.

그런데 이러한 이원론적인 입장이 아니더라도 서양 철학사에서는 욕망에 대해서 부정적인 입장을 취하면서 욕망이 지배하는 현실로부터의 도피를 주창하는 철학들이 있었다. 우리는 이러한 철학적 입장을 무엇보다도 에피쿠로스학파와 스토아철학에서 발견한다.

3) 에피쿠로스학파와 스토아학파
(1) 에피쿠로스학파
에피쿠로스는 인간의 삶의 목적을 행복이라고 보았다. 이 경우 행복이란 고통을 피하고 쾌락을 향유하는 것을 의미한다. 이러한 쾌락은 그러나 육체적·감각적 쾌락을 의미하지는 않는다. 에피쿠로스에 따르면 그러한 것들은 모두 무상한 것이기 때문에 우리에게 진정한 행복을 줄 수 없다.

참된 행복은 영혼의 고요한 평정 상태를 가리킨다. 이러한 상태는 우리가 욕망의 횡포에서 벗어날 수 있을 때에만 도달된다.

욕망의 횡포에서 벗어나기 위해서 우리는 부와 명예와 권력의 유혹에서 벗어나 마음이 맞는 친구들과 함께 은둔생활을 해야 한다. 사회현실에 참여하는 것은 영혼의 혼란만을 조장할 뿐이다.

그러나 이러한 은둔하는 것 외에 우리는 우리 자신의 욕망을 끊임없이 절제해야만 한다. 우리는 자연적이지 않은 욕망, 즉 인간의 생존과 건강과 행복에 필요하지 않은 모든 욕망을 버리고 극히 적은 것에 만족해야 한다. 사치스런 물품에 대한 욕망은 인간을 좌절하게 만들며 보다 사치스런 것들에 대한 욕망을 불러일으킨다. 이에 반해서 약간의 빵과 물과 같은 자연적인 음식에 만족하는 사람은 쉽게 만족할 수 있으며, 배고프고 목마를 때 생생한 쾌락을 맛볼 수 있다. 자신의 욕망을 이성이라는 체로 쳐서, 자연적이지 않거나 반드시 필요하지 않은 것, 인위적이고 과도하고 피상적이고 무용한 것은 과감히 버려야 한다.[4] 이렇게 하여 도달된 영혼의 동요가 없는 상태인 아타락시아가 진정한 행복이다.

그런데 에피쿠로스는 극단적인 이원론에서 보는 것처럼 욕망 자체를 죄악시하는 것은 아니며 지나친 욕망에 빠지는 것을 어리석은 것으로 볼 뿐이다.

(2) 스토아학파

에피쿠로스학파가 마음의 평정을 구하기 위해서 사회적인 현실로 도피할 것을 주장한다면, 스토아학파는 사회참여를 주장하면서도 궁극적인 구원을 자신의 내면에서 찾고 있다. 이 점에서 스토아학파는 내면에로의 도피를 설파하고 있다고 볼 수 있다.

스토아학파에 따르면 현명한 삶은 자신이 할 수 있는 일, 자신이 획득할 수 있는 것에 자신의 욕망을 제한하는 것이다. 자연적인 현실과 사회적인 현실은 내가 마음대로 할 수 있는 것이 아니다. 이에 반해서 내가 마음대로 할 수 있는 것은 나의 욕망이나 생각이다. 자신의 욕망과 생각을 통제함으로써 나는 나의 힘과 능력을 넘어서는 것은 원하지 않고 현재 가지고 있는 것에 만족할 수 있으며 현재의 상태에 만족할 수 있다. 예를 들어 말하자면, 내가 다른 사람으로부터 모욕을 당했다고 하더라도 그 사람의 모욕에 무게를 두지 않고 무시해 버린다면 나는 괴롭지 않을 것이다. 내가 큰 사고를 당했다고 하더라도 그것을 불가피한 자연의 뜻으로 받아들인다면, 나는 괴롭지 않을 것이다. 이렇게 해서 얻어지는 마음의 평정을 스토아학파는 아파테이 아라고 불렀고 그러한 상태야말로 행복이라고 보았다.

그리고 이렇게 생각과 욕망을 지배하기 위해서는 강력한 의지를 가져야 하지만 이는 쉽지 않다. 따라서 의지가 생각과 욕망을 지배하는 것을 돕기 위해서 스토아 철학자들은 결정론적인 철학을 도입한다. 대표적인 스토아 철학자인 에픽테토스는 이렇게 말한다.

"그대가 원하는 대로 사건들이 일어나기를 요구하지 말고, 그것들이 있는 그대로 생겨나도록 원해야 한다. 그렇게 하면 그대의 삶이 행복해질 것이다."[5]

스토아학파는 운명애(amor fati)를 주창한다. 스토아학파는 현실에서 도피하지 않고 현실에 참여하며 자연이 자신에게 부과한 의무를 다하려고 한다는 점에서 에피쿠로스학파와는 다르다. 그렇지만 스토아학파가 말하는 운명애는 아무것도 원하지 않거나 적어도 현재의 상태 이상을 원하지 않는 의지다. 그것은 헤겔이 말하는 것처럼 공허하고 관념적인 의지이다. 그것은 현실을 변혁하려는 것을 실질적으로 포기한 의지다. 나쁘게 말하면 그것은 일종의 자포자기의 철학이다. 이 점에서 에피쿠로스학파 못지않게 스토아학파의 사상은 로마제국의 지배 하에서 현실 변혁의 길이 막혀 있었던 지식인들의 철학이라고 볼 수 있을 것이다.

(3) 에피쿠로스학파와 스토아학파에 대한 평가

에피쿠로스학파와 스토아학파는 극단적인 이원론을 표방하고 있는 것은 아니지만 두 이론 모두 욕망을 경계해야 할 부정적인 것으로 보고 있다. 그들은 우리를 현실과 연결하는 욕망이 우리를 혼란스럽게 할까봐 두려워하고 있다. 그들에서는 마음의 평정을 구하려는 욕망이 다른 욕망을 압도하고 있다고 할 수 있다.

그러나 이들은 마음의 평정만을 구하고 그러한 적정의 상태를 가장 이상적인 상태로 봄으로써 "휴머니즘 정신에 바탕을 둔 행동이나 예술작품 창작계획과 같은 원대한 야망을 갖지 못하게 한다. 기아와 전쟁에 허덕이는 사람들을 구하려는 사람이나 숭엄한 예술작품을 창작하려는 사람들은 실패할 가능성도 매우 높기 때문이다."[6]

에피쿠로스는 그러한 참여에의 욕망이나 예술작품을 창작하려는 욕망들마저도 비자연적이고 불필요한 욕망이라고 본다. 그러나 이렇게 주장함으로써 그는 인간을 단순히 감각적이고 이기적인 존재로 축소 환원시킨다. 그것은 인간으로 하여금 남의 것을 훔치거나 남을 속이지는 않게 하지만 인간을 위대하거나 고귀하게 만들지는 않는다.

스토아 철학자들의 경우에는 사회참여에 대해서 이야기하지만 그것을 즐거움으로써가 아니라 자연이 명하는 의무를 실현하는 것으로 보고 있다. 이 점에서 스토아 철학자들은 칸트 철학과 유사하지만, 스토아 철학은 사회에 참여하면서 다른 사람들과 관계를 깊이 하는 것 자체를 우리가 갖는 근본적인 욕망으로 보지는 않는다. 그것은 하나의 의무일 뿐이다.

4) 금욕주의적 입장에 대한 니체의 비판

서양철학과 그리스도교의 역사에 나타나는 금욕주의적 입장을 가장 철저하게 비판한 철학자는 니체라고 할 수 있을 것이다.

서양 형이상학과 그리스도교를 니체는 이원론으로 규정한다. 서양 형이상학과 그리스도교는 생성·변화하는 현실을 가상이나 타락한 세계로 보면서 영원불변의 세계를 진정한 세계로 간주한다. 그것들은 하나의 인간 역시 생성·변화하는 현실에 속하는 부분인 육체와 그렇지 않은 부분인 영혼으로 나눈다. 이와 함께 그것들은 육체적인 욕망과 감각적인 충동을 비본질적인 것이고 타락한 것으로 간주하면서 영혼이 이러한 욕망과 충동에 물들지 않도록 경고한다.

이러한 이원론은 무엇보다도 플라톤의 이데아론과 그리스도교에서 가장 전형적으로 나타나지만, 니체는 욕망과 이성을 대립적으로 보면서 욕망에 대해서 순수한 이성에서 비롯되는 절대적인 도덕률을 강제해야 한다고 보는 칸트식의 철학까지도 근본적으로 이원론적인 것으로 보고 있다. 니체가 보기에는 플라톤의 이데아세계나 그리스도교의 피안세계가 허구인 것과 마찬가지로 칸트가 말하는 순수한 도덕률도 허구에 지나지 않는다. 칸트가 말하는 도덕률은 그리스도교에서 말하는 신의 명령이라는 관념을 양심의 명령이라는 관념으로 대체했을 뿐이며, 근본적으로는 그리스도교적인 이원론의 사고방식의 구속 아래 있는 것이다. 이에 반하여 니체는 모든 종류의 도덕률을 인간들이 삶의 유지와 강화를 위해서 만들어낸 관습에 불과한 것이라고 보았다.

이러한 이원론 덕분에 사람들은 영원불변한 천상의 세계에 대한 희망과 기대에 의지하거나 자신이 양심의 절대적인 명령에 따르고 있다고 자위하면서 지상에서 겪는 고통과 불안, 무상함을 견뎌낼 수 있게 된다. 그러나 이러한 허구적인 위안에 의존함으로써 사람들은 더욱 나약하고 비겁하게 될 뿐 아니라 더욱 병적이 된다. 덧없이 생성·변화하는 현실에 대해서 인간이 느꼈던 불안은 초월적이거나 신적인 존재나 절대적인 도덕규범에 의지하는 것을 통해서 사라지는 것이 아니라 오히려 그것들에 대한 불안으로 변형되어 나타난다. 즉 이제 사람들은 자신이 신과 도덕의 명령을 어기지 않았는지에 대해서 불안해 하고 죄책감과 신경과민에 사로잡히고 자학하게 되는 것이다.

니체는 서양의 형이상학과 그리스도교의 이원론적인 상상을 모두 정신적으로 허약하고 병든 인간들로부터 생긴 것이라고 보았다. 이렇게 정신적으로 허약하고 병든 인간들에게서 나온 이론체계가 일반인들에게 진리의 체계로 주입되면서, 정신적으로 건강한 사람들마저도 병약하게 만들어 버린다. 병든 인간들은 병든 상상과 허구에 의해서 자신의 삶뿐 아니라 건강한 사람들의 삶마저도 더욱 더 구제불능의 병든 삶으로 만들어 버리는 것이다.

니체는 이러한 이원론은 삶의 태도로서 필연적으로 금욕주의를 낳는다고 보았다. 금욕주의는 단순히 욕망을 억압하는 것을 넘어서, 욕망을 억압하는 삶을 이상적인 삶이라고 보는 한편 욕망을 분출하면서 사는 삶은 타락한 것으로 본다. 금욕주의자들은 이렇게 자신들이 모든 욕망을 근절하려고 하는 자라고 생각하지만, 니체가 보기에는 금욕주의 자체는 만물의 본질인 힘에의 의지가 구현되는 병적인 방식일 뿐이다. 니체에 의하면 금욕주의자들은 보통 인생의 실패자들인 경우가 많다. 이들은 외부 환경이나 타인들을 지배함으로써 자신의 힘을 느끼고 싶었지만, 이러한 다른 대상이 없거나 그것들을 지배하는 데 실패했기 때문에 자신의 힘을 느끼는 방법으로 자신을 학대하고 지배하는 것을 택하게 되었다는 것이다.

니체는 이러한 금욕주의가 플라톤의 형이상학과 그리스도교 이래 거의 2,500년의 서양의 역사를 지배했다고 보고 있고, 당시의 유럽도 이러한 금욕주의의 지배 아래 있다고 보았다. 니체는 이러한 금욕주의를 일종의 정신병으로 보았으며, 따라서 금욕주의가 지배하던 당시의 유럽을 거대한 정신병원이라고 불렀다.

그런데 죄책감으로 괴로워하는 자들은 보통은 부도덕한 자들이 아니라 사실은 가장 도덕적인 인간들이다. 사실상 도덕적이고 양심적인 인간일수록 자신이 선한 인간이라고 자부하지 않는다. 이들은 오히려 자신들이 절대적인 선의 기준에 비추어 한없이 부족하다는 것에 대해서 자책하고 자학한다. 오히려 후안무치하고 부도덕한 인간들일수록 자신이 선하다고 떠벌린다.

니체는, 인간들의 자연스런 정념을 근절하려고 하면서 모든 이기심의 초월과 타인을 위한 희생만을 요구하는 그리스도교적인 도덕관념은 자신을 지고지순한 존재로 만들고 싶어하는 진지한 인간들을 우울하고 병적인 인간으로 만들고 있다고 보았다. 이렇게 진지하고 성실하게 자신을 극복하려는 인간들이야말로 그리스도교적인 도덕관념과 죄의식에서 벗어나 올바른 가치관을 가질 경우에는 자신들의 밝고 우아한 모습을 통해서 인류에게 기쁨을 줄 수 있었을 것이라고 니체는 말하고 있다.

이원론과 금욕주의에 대한 니체의 이러한 비판은 우리가 앞에서 살펴본 쇼펜하우어나 에피쿠로스 그리고 스토아학파의 금욕주의에는 타당하지 않을지도 모른다. 무엇보다도 쇼펜하우어는 이성이 궁극적으로는 생에의 맹목적인 의지에서 비롯된다고 보았으며, 에피쿠로스는 유물론적인 원자론을 주장했고, 스토아학파는 범신론적인 철학을 전개했다는 점에서 그것들은 분명히 이원론적인 철학은 아니다. 그러나 이들은 욕망의 적극적인 구현보다는 욕망의 억제를 내세우며 욕망과 이성을 대립시키고 있다.

　니체에 따르면, 이원론적인 금욕주의든 비이원론적인 금욕주의든 금욕주의에 사로잡힐 경우 우리가 현실에서 느끼는 불쾌감과 고통을 완화시키는 방법으로 택하게 되는 주요한 방법은 의지나 욕망 자체를 억제하고 제거하는 것이다. 그것은 사랑하지도 않고, 미워하지도 않으며, 무관심하고, 복수도 하지 않고, 부자도 되지 않고, 일하지도 않는 것이다. 이러한 조치를 니체는 많은 열대식물이 여름잠을 자는 것과 유사한 상태를 추구하는 것으로 보고 있다. 니체는 그리스도교에서 말하는 황홀경과 신성화의 상태는 물론이고 쇼펜하우어가 말하는 의지 부정의 상태 그리고 아마도 에피쿠로스학파가 말하는 아타락시아나 스토아학파가 말하는 아파테이아의 상태는 이렇게 감정과 의지를 제거함으로써 도달하게 되는 일종의 최면상태라고 보고 있다. 그리고 니체는 불교가 말하는 니르바나의 상태까지도 그러한 상태로 보고 있다.

　그러한 상태는 최면적인 무의 상태이고, 가장 깊은 잠의 휴식이고, 고통이 부재한 상태다. 삶의 의지가 약화되어 있는 자는 이렇게 고통이 제거되고 최면적인 휴식 상태에 들어간 것을 최상의 선으로 여기고 신적인 것으로 여긴다. 따라서 이들은 무無를 신이라고 부르고 신을 무라고 부른다. 이런 의미에서 니체는 금욕주의를 '무를 열망하는 의지'라고 규정하고 있다.

5) 금욕주의적 입장에 대한 헤겔의 비판

이러한 금욕주의적인 입장에 대해서 헤겔은 니체와 유사한 비판을 가하고 있다. 그러나 니체와 달리 역사를 발전하는 과정으로 보는 역사관에 따라서 헤겔은 한편으로는 금욕주의적인 입장에 대해서 일정한 긍정한 의의를 부여하고 있다.

『정신현상학』에서 헤겔은 인간의 가장 근본적인 욕구를 인정욕구에서 찾고 있다. 헤겔에 따르면 인간은 동물과 달리 단순한 본능적인 욕망의 충족을 넘어서 타인으로부터 인정받고 싶다는 욕구를 갖는다. 인간은 자신의 가치와 존엄성을 인정받고 싶어한다는 것이다. 헤겔은 인정에 대한 욕구가 인간의 가장 근본적인 욕구이며 따라서 그것은 정치세계에서 가장 핵심적인 요소일 뿐 아니라 역사 과정 전체를 움직이는 힘으로 보고 있다.

인정욕구야말로 인간의 가장 근본적인 욕구이기에, 인간은 인정받기 위해서 자신의 목숨도 걸 수 있다. 인간이 자신의 위신을 위해서 자신의 목숨을 내건다는 것은 인간들에게도 존재하는 가장 동물적인 본능, 즉 어떻게 해서든지 자신의 생명을 보존하고 싶어하는 본능을 극복하는 것을 말한다. 따라서 인간 역사의 시원에서 인간들은 서로 만나면 상대에게 자신을 인정하도록 하게 하기 위해서 자신들의 목숨을 내걸고 치열한 싸움을 벌인다. 바로 이것이 헤겔이 말하는 유명한 인정투쟁이다.

인간들이 이렇게 서로 싸우는 것은 자신이 죽음도 두려워하지 않을 정도로 자유롭고 인간에게만 고유한 존엄성을 가지고 있다는 사실을 다른 인간들로부터 인정받기 위해서이다. 이러한 투쟁을 통하여 승리자는 주인이 되고 패배자, 즉 상대방의 우월함을 인정하는 대신에 생명을 구걸하는 자는 노예가 된다. 여기서 주인은 자신의 목숨보다도 자신의 위신과 명예를 더 중시하는 자인 반면에, 노예란 위신이나 자존심보다는 생명의 보존을 더 중시하는 자이다.

그러나 노예사회는 사실은 노예에게뿐 아니라 주인에게도 불만족한 사회이다. 주인은 자신을 인정하는 노예가 인간으로서 불완전하다는 데에 불만을 느낀다. 주인은 자신과 대등한 존엄과 가치를 갖는 인간에게서 인정을 받고 싶어하는 것이다. 인간 같지도 않은 인간들로부터 인정을 받기 위해서 자신의 목숨을 내걸었다는 데에 대해서 그는 불만을 느낀다.

이에 반해서 노예는 자신이 인간으로서 인정받지 못하고 있다는 데서 불만을 느낄 것이다. 이러한 불만이 노예로 하여금 자신을 도야하도록 몰아가는 추동력이 된다. 주인은 노예의 노동을 통해서 보장되는 여가와 풍요로운 생활에서 지루한 삶을 살게 된다. 주인의 인간성은 변하지 않는다. 그는 자신을 도야하지 않는 것이다. 이에 대해서 노예는 노동을 통해서 자신의 인격을 변화시켜 나간다. 처음에 노예는 주인에 대한 공포 때문에 마지못해서 노동을 했을 것이다. 그러나 노동하는 과정에서 그는 자신의 동물적 욕망을 통제하는 법을 배운다.

그는 무엇보다도 자신이 노동을 통해서 자연을 변화시켜 나갈 수 있다는 것을 깨닫는다. 헤겔에게 인간의 노동이란 단순히 욕망을 충족시키기 위한 행위가 아니라 자연을 변형시키고 그 변형된 자연에서 자신의 창조적 능력을 확인하는 행위인 것이다.

노예는 노동을 통해서 자신이 자연의 제약을 넘어설 수 있는 자유로운 존재라는 사실을 자각하게 된다. 그러나 노예는 이러한 자각을 아직 현실화할 수 없다. 그는 아직은 노예일 뿐이며 그가 자각하는 자유란 하나의 이념에 지나지 않는다. 이러한 이념과 현실의 모순이 노예로 하여금 자신이 어떻게 하면 진정으로 자유로워질 수 있는지를 생각하게 한다.

노예는 자신이 자유로워질 수 있는 방법이 주인과의 피비린내 나는 인정투쟁을 재개하는 것이라고 생각하지 않는다. 그는 그러한 인정투쟁이 서로에게 불만족한 상태를 야기할 뿐이라는 사실을 알고 다른 방법을 모색하게 되는 것이다. 이러한 점에서 노예의 자기의식은 주인의 자기의식보다도 더 깊이를 갖게 된다. 주인은 자신이 이미 자유 자체라고 생각하면서 자유를 만끽할 뿐 진정한 자유가 무엇인지에 대해서는 생각하지 않기 때문이다.

노예는 진정한 자유를 찾게 될 때까지 여러 가지 자유의 형태를 구상한다. 이러한 자유의 형태들은 아직은 진정하지 않은 자유의 형태들이지만 노예들에게 자유가 결여된 자신의 현실을 자각하게 하는 긍정적 역할을 갖는다. 헤겔은 노예들이 실험하는 자유의 형태들로서 에피쿠로스학파나 스토아학파와 같은 금욕주의와 회의주의 등의 철학을 들고 있으며 그 중에 가장 대표적인 것으로서 기독교를 들고 있다.

 기독교는 신 앞에서의 만인의 평등을 주장한다. 기독교에서 인간의 인간됨은 타인에 대한 우월한 용기나 힘에 존재하는 것이 아니라 신의 말씀을 따를 수 있는 능력, 달리 말해서 선악을 구별할 수 있는 도덕적 능력에 존재한다. 인간은 그 인간이 아무리 무능력하고 보잘것없는 인간이라도 그 영혼이 순수할 경우에 다른 어떤 인간보다도 더 확실하게 구원을 받을 수 있다는 것이다.

 그러나 기독교가 갖는 문제점은, 기독교에서 인간의 자유는 지상에서가 아니라 피안에서만 실현될 수 있다는 점이다. 기독교에서 이 차안은 눈물의 골짜기일 뿐이라는 사실이 당연시되고 있다. 인간의 자유는 이 현실에서 도저히 실현될 수 없다. 이러한 의미에서 기독교는 가장 대표적인 '불행한 의식'이다. 기독교도들은 자신의 현 상태에 대해서 불만을 품으면서도 자신들의 현 상태를 자력으로 바꿀 수 없다고 생각하는 것이다. 그러나 기독교는 노예로 하여금 자신이 얼마나 부자유하고 비인간적인 상황에 처하고 있는지를 깨닫게 해주었으며, 인간들이 지향해야 할 자유의 상태가 만인들이 서로를 자유롭고 자율적인 존재로 인정하는 사회라는 것을 보여주었다.

 프랑스혁명은 자유와 평등에 대한 기독교의 이념을 지상에 실현하고자 한 사건이었다. 혁명을 일으킴으로써 노예들은 자신의 생명을 내걸고 죽음에 대한 공포를 극복하게 되었다. 프랑스혁명 이후에 탄생한 근대의 자유민주주의 국가는 자유와 평등이라는 기독교적 이념을 현실세계에 실현한 것이다. 헤겔은 자신의 철학을 이렇게 자신을 해방한 노예들의 자기의식이라고 보았다. 헤겔은 인간의 역사는 프랑스혁명에서 하나의 종말을 맞았다고 보는 바, 이는 역사 과정의 원동력이 되었던 욕망인 인정에 대한 욕망이 보편적이고도 상호적인 인정을 특징으로 하는 사회에 의해서 마침내 충족되었다고 보기 때문이다.

헤겔이 에피쿠로스학파나 스토아학파 그리고 기독교와 같은 금욕주의적인 입장들을, 현실을 마음대로 할 수 없었던 무력한 노예들에게서 비롯된 것으로 보는 면에서는 니체와 동일하다. 그러나 니체와 달리 헤겔은 그러한 입장을 노예들이 자신들의 자유를 깨닫기 시작하는 초보적인 단계를 표현하는 것으로 보고 있다.

2. 욕망의 해방을 주장하는 입장

우리는 이상에서 인간의 욕망을 어리석거나 사악한 것으로 보는 철학적 입장들을 살펴보았다. 이러한 철학들에서는 인간 불행의 모든 원천은 인간의 욕망에 있기 때문에 욕망을 금하거나 통제하고 마음의 순수한 평안을 구할 것이 권장된다.

그러나 서양의 철학사에서는 이러한 입장에 대해서, 인간의 원래 욕망은 순수한데 억압적이고 불합리한 사회에 의해서 왜곡되고 불순해졌으며 병적으로 되었다고 보는 입장이 존재한다. 이러한 입장에서는 욕망의 억제가 아니라 욕망을 억압하는 사회구조의 변혁과 욕망의 해방이 주창된다. 이러한 입장의 대표적인 주장을 우리는 빌헬름 라이히와 허버트 마르쿠제와 같은 사람들에게서 볼 수 있을 것이다. 라이히와 마르쿠제는 우리가 나중에 살펴볼 프롬과 마찬가지로 마르크스의 철학에 프로이트의 정신분석학을 도입함으로써 마르크스 철학에 새로운 기초를 부여하려고 했던 사람들이다.

1) 빌헬름 라이히

라이히는 인간의 욕망을 공격적이고 타인에게 피해를 주는 것으로 보는 것이 아니라, 본질적으로 평화적이고 남에 대한 존중과 정의에 대한 사랑을 포함하는 것으로 보았다.

인간의 폭력과 사악함은 욕망 때문이라기보다는 오히려 욕망의 좌절, 특히 자연스런 성적인 욕망의 좌절에서 비롯된다. 프로이트에 따르면 억압받은 성적인 욕망들은 사회적인 타부에 의해서 무의식으로 추방된 후 성인이 되었을 때 그의 의식에 장애를 일으킨다. 의식으로 되돌아온 억압된 욕망들은 위장된 모습으로 그리고 변태적인 욕망의 형태로 되돌아온다. 그리고 이로 인해 사람들은 자신들이 사회적으로 허용되지 않는 욕망을 갖고 있다는 점에서 죄책감을 느끼게 된다.

따라서 인간에 내재한 악의 근원은 욕망 자체가 아니라 권위주의적 교육과 권위에 굴종하게 하면서 노동을 강요하는 사회적인 구조에 있다. 오늘날의 인간들은 진정한 성적인 쾌감을 맛볼 수 없기 때문에 진정으로 사랑할 수 없으며 독립적이지도 못하다. 현대인은 금지된 것을 마음속으로 몰래 꿈꾸는 동시에 죄의식에 사로잡혀 불안에 떨면서 권위적인 모랄에 순종하면서 살아간다. 아울러 현대 사회에서 보이는 많은 악은 자본주의의 잘못된 사회구조에 의한 엄청난 빈부격차에서 비롯된다. 따라서 바람직한 사회를 이루려면 도덕적 억압이나 검열을 최소화하고 물질적 풍요로움을 보장하고 부의 균등한 분배를 실현해야 한다. 라이히는 이러한 상태가 실현되면 사회에는 극히 조화로운 무정부 상태가 지속될 것이라고 본다.

라이히의 논리는 매우 간단하다. 그는 먹을 것이 충분히 있는 사람은 남의 것을 훔치지도 않고 남을 해치지도 않을 것이라고 생각한다. 마찬가지로 자연스럽게 성적인 욕망을 채우는 사람은 성폭력을 행사하지도 않고 사디스트처럼 성적으로 타락하지도 않으며 파트너를 자주 바꾸지도 않을 것이다. 그러한 사람의 성생활은 진정한 사랑의 감정에 근거하고 있다.[7]

2) 허버트 마르쿠제

라이히가 죽은 지 10년이 지난 1968년 그의 사상은 학생운동과 사회운동에 사상적인 기초를 부여했고 마르쿠제와 같은 사람에 의해서 계승되고 발전되었다. 마르쿠제는 인간 행동의 근본 동인을 리비도로 보는 프로이트의 정신분석학의 근본 전제를 받아들이면서도 그것에 중대한 수정을 가하는 방식으로 자신의 독자적인 철학을 전개하고 있다.

주지하듯이 프로이트는 인간의 근본적인 본능이 성욕이라고 본다. 문명의 진보는 노동에 의해서 일어나지만 노동은 인간이 본능적으로 추구하는 것은 아니다. 노동은 사람들이 본능적으로 추구하는 것이 아니라 고통스럽고 불쾌한 것이기 때문에, 어느 누구도 좋아서 하는 것이 아니기 때문에 사람들에게 강요되지 않으면 안 된다. 노동을 향한 본능과 같은 것이 없을 경우, 불쾌한 노동을 위하여 요구되는 정력은 성 본능에서 동원되지 않으면 안 된다. 문명은 성 본능을 건설적인 노동력에로 승화할 것을 요구한다. 성 본능의 억압과 승화는 사회적 지배와 감시라는 형태로 행해지고, 이러한 사회적 지배와 감시는 가정 내에서는 가부장적인 지배와 감시로 나타난다. 따라서 사회적 지배란 단순히 지배계급이 특권을 누리기 위한 것이 아니라 문명의 유지를 위해서 불가피한 것이 된다.

인간이 쾌락을 탐하면 탐할수록 노동을 위해서 사용해야 할 에너지와 시간을 낭비하는 것이 되므로, 인간의 생존과 문명의 발전을 위해서 쾌락충동은 억제되지 않으면 안 된다. 문명의 진보와 쾌락추구는 본질적으로 모순관계에 있다. 바로 이 점에서 프로이트는 문명이 필연적으로 자신에 대한 불만을 수반한다고 말하고 있다. 프로이트 철학은 이 점에서 인류의 운명에 대해서 비관적이다. 이에 대해서 마르크스는 자본주의를 통한 생산력 발전과 함께 억압 없는 사회가 실현될 수 있는 물질적 기반이 마련된 것으로 본다. 마르쿠제의 철학은 근본적인 인간관에서는 프로이트의 인간학에 입각하면서도 프로이트의 비관주의적인 역사철학을 마르크스의 낙관주의적인 역사철학을 통해서 수정하는 것으로 이루어져 있다.

마르쿠제는 프로이트와 마찬가지로 문명의 진보는 삼중의 지배를 필수적으로 전제한다고 본다. 즉 문명의 진보는 첫째로 인간의 자기 자신에 대한 지배, 즉 쾌락만을 추구하는 감각적 충동에 대한 지배, 둘째로 사회구성원들이 그렇게 자신을 통제하고 노동에 진력할 수 있도록 하는 사회적 지배, 셋째로 과학과 기술에 의한 외적 자연에 대한 지배를 통해서 가능하게 된다.[8]

이러한 삼중적 지배에 대해서 마르쿠제는 그것이 인간을 동물적인 자연 상태에서 문명의 단계에로 고양시키는 한에서는 이성적인 것이라고 보고 있다. 그러나 마르쿠제는 문명이 완전히 개화된 후에도 그러한 삼중적인 지배가 과연 이성적인지에 대해서 의문을 제기한다. 문명의 진보와 함께 물질적 자원의 희소성은 약화되었다. 마르쿠제는 성충동에 대한 억압은 이제 자신이 수행해야 할 역사적 기능을 완전히 실현했으며, 따라서 자연을 기술적으로 지배하고 인간에 대한 사회적 지배가 더 이상 필요하지 않는 시점에 이르렀다고 본다.[9]

세계의 많은 나라들이 아직도 빈곤상태에서 벗어나지 못한 것은 자원이 부족해서가 아니라 자원이 분배되고 이용되는 방법이 잘못되었기 때문이다. 자원이 제대로 분배될 경우 소외된 노동을 위해서 쓰여야만 했던 충동에너지의 보다 큰 부분이 다시 그것의 근원적인 형태를 되찾을 수 있다고 마르쿠제는 생각하고 있다. 이와 관련하여 오해하면 안 되는 것은, 마르쿠제는 노동의 기계화를 통한 생산력의 발전은 노동의 폐지를 초래하는 것이 아니라 노동을 예술적인 유희로 변형시킬 것이라고 말하고 있다는 점이다.

마르쿠제는 프로이트만 해도 노동도 그것이 자유롭게 선택될 수 있을 경우에는 특별한 만족을 제공한다는 사실을 인정하고 있다고 말하고 있다. 마르쿠제는 성본능을 상당히 충족시켜 주는 노동의 양식이 분명히 존재한다고 생각하며 이러한 진정한 예술적 노동은 억압 없는 본능의 상태에서 성장한다고 생각한다. 마르쿠제는 '기술과 예술 그리고 노동과 유희의 합일'을 주창한다.[10] 이러한 유희적 노동에서 인간의 근원적인 힘들이 전개된다. 이러한 근원적인 힘들은 에로틱한 성격을 띤다. 그것은 삶의 보편적인 에로틱화를 초래할 것이다.

모든 노동이 비성화非性化를 포함하는 것은 아니며 모든 노동이 불쾌하고 고통스런 것만은 아니다.

마르쿠제는 이러한 에로틱화(Erotisierung)를 성적 욕망의 방종한 분출을 의미하는 섹스화(Sexualisierung)와 구별하고 있다.[11] 진정한 의미에서 성욕은 개인과 인류를 직접적으로 연결시키는 살아 있는 유기체의 유일한 기능이다. 이러한 에로틱화와 함께 자동화라는 경제적 기초 위에서 모든 사람들이 자율적인 인간에로 성숙하게 되고 인간들 상호 간의 민주적인 조화가 구현되게 된다.

물론 마르쿠제는 모든 진보에도 불구하고 희소성은 여전히 커서 각자의 필요와 욕구에 따라서 물질을 분배하는 것은 어렵다는 사실을 인정한다. 그러나 마르쿠제는 자신이 모든 억압을 문제 삼는 것이 아니라 불필요한 과잉억압을 문제 삼는다고 말하고 있다. 현대사회에서 행해지는 본능의 억압은 문명의 유지를 위해서 필수적으로 요구되는 것이 아니라 지배계급의 이익을 위한 과잉억압이라는 것이다.

따라서 과잉억압의 제거는 노동 자체의 제거가 아니라 인간존재를 노동하는 기계로 전락시키는 사회적 조직의 제거를 의미한다. 마르쿠제는 현대사회에서 지배계급의 이익에 따라서 필요하게 된 과잉억압이 사라질 경우에는, 성적인 욕구뿐 아니라 음식, 주택, 의복, 여가와 같은 다양한 욕구들이 충분히 비억압적으로 발현될 수 있다고 본다. 이러한 상태에서 이성은 더 이상 감성을 억압하는 것으로 기능하는 것이 아니라 삶의 본능을 보호하고 풍요롭게 한다. 이성은 감성적인 필연성을 포괄할 정도로 감성적인 것이 된다. 그 동안 이성과 의식에 대립되는 것으로 파악되었고 성기 부분의 만족만을 추구했던 성욕은 이성과 의식과 조화되는 에로스로 변형된다.

3) 라이히와 마르쿠제 사상의 비판적 검토

라이히와 마르쿠제의 사상을 수용하는 사람들은 비억압적인 교육을 이상적인 교육방식으로 추종하게 되었다. 썸머힐 학교의 창시자인 유진 오닐과 같은 사람은 아이들에게 수업을 강요하지 않고 자유롭게 하고 싶은 대로 하게 했다.[12]

라이히와 마르쿠제 사상이 갖는 첫 번째 문제점으로 우리는 그들의 인간관이 지나치게 낙천적이라는 점을 들 수 있을 것이다. 그들은 생산력의 발전으로 인간이 평화롭게 자신들의 행복을 추구할 수 있는 선행조건이 실현되었다고 생각한다. 그러나 인간이 이러한 상태를 구현하기 위해서는 사회적인 억압의 철폐를 넘어서 자신들의 인격을 연마하려는 노력이 행해져야 한다. 단순히 사회적인 억압을 철폐하는 것만으로는 인간과 자연과의 조화 및 인간과 인간 간의 조화로운 삶은 불가능하다고 여겨진다.

인간은 성충동의 해방을 통해서가 아니라 오히려 자기도야와 문화의 습득을 통해서 진정한 자신의 본질과 세계와의 합일에 도달하는 것은 아닐까? 이에 대해서 라이히와 마르쿠제는 프로이트와 마찬가지로 문명을 억압적인 것으로 보고 소위 문명에 의해서 왜곡되지 않은 순수한 자연 상태로의 회귀를 주창한다. 이러한 의미에서 사람들은 라이히나 마르쿠제를 20세기의 루소라고도 말할 수 있을 것이다.[13] 라이히나 마르쿠제는 억압되지 않은 상태에서의 쾌락본능을 비이기적이고 극히 순수한 것으로 보고 있다. 그러나 그렇게 볼 수 있는 근거는 무엇인가?

이와 관련하여 우리가 다음에 살펴볼 프롬과 같은 사람은, 라이히나 마르쿠제 같은 사상가들은 인간의 쾌락본능의 해방을 주창한다는 점에서 아직 19세기적 문제의식에 사로잡혀 있다고 본다. 이에 대해서 프롬과 같은 사람이 보기에 현대의 문제는 인간이 삶의 의미를 망각했다는 점에 있다.[14] 사람들은 삶의 의미를 망각했기에 쾌락의 추구에서 구원을 찾으려 하지만 그것은 다시 의미의 공백을 불러일으키고, 이는 다시 쾌락에 더욱 빠지게 하는 악순환을 불러일으키고 있다. 현대인들의 문제는 충분히 쾌락을 맛보지 않았다는 데에 있는 것이 아니라 충만한 의미에 찬 삶을 결여하고 있다는 데에 있다.

따라서 현대인들의 문제는 단순히 쾌락본능의 해방을 통해서 해결될 수 있는 것은 아니다. 프롬은 이 점에서 현대의 문제는 19세기식의 문제의식과는 다른 문제의식에 의해서만 파악될 수 있고 해결될 수 있다고 말하고 있다.

3. 금욕주의와 쾌락주의를 넘어서 - 니체의 힘의 철학

1) 니체와 힘에의 의지 철학

아리스토텔레스에 의하면 인간의 삶의 궁극 목적은 행복(eudaimonia) 이다.[15] 그런데 행복이란 무엇인가? 사람들은 흔히 행복을 감각적 쾌감과 동일시하는 경향이 있다. 이에 대해서 니체는 행복을 힘의 감정이라고 말하고 있다. 니체는 우리 인간의 가장 근본적인 욕망이 힘을 갖기를 바라고 자신이 힘을 가지고 있음을 느끼고 싶어하는 욕망이라고 보고 있다. 이러한 욕망을 니체는 힘에의 의지라고 부르고 있거니와, 이러한 욕망이 만족될 때 우리는 행복을 느낀다고 말하고 있다.[16]

니체는 모든 현상들을 힘에의 의지로부터 설명하려고 한다. 힘에의 의지는 정신적이건 물질적이건 자신이 지배할 수 있는 영역을 최대한 확대하려는 충동이다. 그것은 원초적으로는 자신보다 육체적으로 연약하게 보이는 자들을 괴롭히는 식으로 나타날 수 있지만, 다른 한편으로는 다른 사람들을 정신적으로 감복시켜서 자신을 따르게 하는 식으로도 나타날 수 있다. 즉 힘에의 의지는 가장 천박한 형태에서부터 가장 세련된 형태에까지, 단순한 육체적 학대와 잔인한 정복에서부터 이성적인 설득에 이르기까지 모든 것을 포괄하고 있는 것이다.

그런데 니체는 힘에의 의지를 충족시키는 방식으로 크게 병적인 방식과 건강한 방식을, 그리고 야만적인 방식과 세련되고 고상한 방식을 구별한다. 이러한 방식들 중에서 니체가 가장 문제 삼고 우려하는 것은 힘에의 의지를 충족시키는 병적인 방식이다. 이러한 방식은 힘에의 의지를 충족시키는 세련되고 고상한 방식에 속하지만, 그것은 사람들을 병적으로 만들고 궁극적으로는 허약하고 의존적인 존재로 만든다. 우리가 이미 앞에서 보았던 것처럼 니체는 플라톤 이래로 이원론이 지배한 서양의 역사가 바로 힘에의 의지가 병적으로 나타난 역사라고 보면서 그것의 병적인 성격을 폭로하는 한편, 힘에의 의지를 실현하는 건강한 방식을 탐구했다.

니체는 힘에의 의지를 만족시키는 병적인 방식보다는 힘에의 의지를 야만적이고 폭력적으로 발휘하는 방식이 더 낫다고 보았다. 야만적이고 폭력적인 방식은 인간들을 위축시키고 병들게 하지는 않기 때문이다. 이러한 야만적이고 폭력적인 방식은 니체가 『도덕의 계보학』에서 금발의 야수라고 불렀던 고대 아리안들이 타 민족을 거리낌 없이 침략하고 지배하는 데서 전형적으로 나타나고 있다.[17] 그러나 니체는 문화가 발달함에 따라서 힘에의 의지는 건강하면서도 세련되고 우아한 형태로 실현될 것이 요구되었다고 본다.[18]

따라서 니체가 추구하는 것은 건강하면서도 세련되고 우아한 형태로 힘에의 의지를 실현하는 길이다. 아래에서는 우선 힘에의 의지를 구현하는 병적인 방식에 대한 니체의 비판을 살펴본 후에 힘에의 의지를 구현하는 건강한 방식에 대해서 살펴보겠다.

2) 힘에의 의지를 실현하는 병적인 형태로서 금욕주의

니체는 지상의 삶과 인간의 육체를 덧없고 악한 것으로 보면서, 천상의 삶과 순수한 영혼을 영원하고 선한 것으로 보는 서양의 형이상학과 그리스도교의 이원론과 그에 입각한 금욕주의 역시 힘에의 의지가 구현되는 방식 중의 하나로 보았다. 그들은 이 지상의 삶과 육체적인 욕망을 무시하고 폄하하는 것을 통해서 그것들에 대한 힘을 얻으려고 한다. 더 나아가 그것은 지상에서의 삶을 천상으로 나아가는 과도적인 삶으로 봄으로써 자신들의 삶에 의미를 부여하려고 한다. 이러한 삶의 태도를 니체는 금욕주의적인 이상으로 부르고 있다.

금욕주의적 이상은 인간에게 삶의 의미와 삶을 견디어 나갈 힘을 주었지만, 그것은 그것이 극복한 고통보다도 보다 깊은, 보다 유독한, 보다 삶을 갉아먹는 고통을 가져왔다. 이 금욕주의적 이상은 사람들이 겪는 모든 고통을 죄의 결과로 해석함으로써 사람들로 하여금 자신을 더욱 더 괴롭히게 만들었다. 예를 들어 사람들은 우연한 교통사고로 자식이 죽었을 경우 그것을 자신이 그 전에 범한 죄에 대한 신의 형벌로 생각하게 된다. 그 결과 사람들은 자식의 죽음으로 인해서 자신이 겪고 있는 고통에 덧붙여 자신이 죄인이라는 죄책감에 시달리게 된다. 이와 함께 사람들은 자신의 불쾌감과 고통을 당연한 것으로 여기면서 수용하게 되며 오히려 자신을 더욱 괴롭히고 고통을 갈구하게 된다. 그러나 사람들은 그렇게 자신을 괴롭히는 방식으로 능동성을 회복하면서 이전에 자신을 누르고 있던 의기소침과 피로함, 중압감을 극복하게 된다.

니체는 금욕주의는 위와 같이 인간의 욕망과 충동을 죄악시하면서 부정하는 것 외에 다른 여러 가지 형태를 취할 수 있다고 말하고 있다.

그러한 방법 중의 하나가 바로 기계적인 활동이다. 이러한 활동은 오늘날 노동의 축복으로 불리는 방법이다. 이것은 고통을 받는 사람의 관심을 고통에서 노동에로 향하게 한다. 금욕주의가 삶의 구체적인 현실을 피해서 순수한 영혼과 통하는 피안이나 천국 혹은 무의 상태로 도피하듯이, 열심히 노동하는 인간을 성실한 인간으로 칭송하는 현대 사회에서는 많은 사람들이 노동으로 도피한다.[19]

이에 반해서 니체는 사람들이 노동에 쓸 에너지를 자신의 정신적인 성숙과 독립을 위해서 써야 한다고 본다. 니체의 의하면 노예는 그의 초과노동을 통해서 탁월한 문화인들을 보조하는 사람들이 아니라 최소한 3분의 2의 시간을 자신을 위해서 갖지 못하는 사람이다.

금욕주의가 취하는 또 다른 형태는 남에게 친절을 베풀고 선을 행하는 것이다. 우리가 삶에서 경험하는 고통과 불쾌감과 싸우는 더 고귀한 방법은 쉽게 달성할 수 있는 조그마한 즐거움을 자신에게 제공하는 것이다. 이 방법은 선을 행하고, 친절을 베풀고, 도와주고, 격려해 주고, 걱정해 주고, 위로해 주고, 칭찬해 주고, 보답해 주는 방식으로 이웃에 대한 사랑을 행하는 것이다. 선을 행하고 친절을 베풀고 이웃을 돕고 보답하는 것은 우리에게 상대방에 대한 조그마한 우월감과 그렇게 도움을 줄 수 있는 자신에 대한 자부심을 제공한다.[20]

고통과 불쾌감과 싸우는 또 하나의 방법은 집단을 형성하는 것이다. 사람들은 집단에 따르고 집단의 성공을 자신의 성공으로 생각하면서 집단 속에서 자신을 잊어버린다. 이렇게 집단의 힘을 자신의 힘과 동일시하면서 나약한 사람들은 의기소침과 좌절에서 벗어난다. 이에 대해서 니체는 진정으로 강한 사람은 집단과 무리를 싫어한다고 말하고 있다. 그는 집단과 무리에 의해서 자신의 독립성을 상실할 것을 우려하는 것이다.[21]

니체는 이러한 다양한 방법들에 의해서 고통과 불쾌감은 완화되었을지도 모르지만 인간은 향상된 것이 아니라 길들여지고, 연약해졌으며, 용기를 잃고, 섬약해졌다고 말하고 있다. 그리고 그는 이러한 길들임은 인간에게 큰 손상을 입혔다고 보고 있다. 속죄나 고행은 인류에게 많은 부정적인 결과를 초래했다. 니체에 의하면 무서운 간질병이나 마비 증세와 만성우울증, 죽음을 열망하는 집단적인 증후군 등이 금욕주의의 결과다.

이러한 금욕주의적인 방식들 외에 니체는 근대인들이 힘에의 의지를 충족시키기 위해서 택하고 있는 병적인 방식들로서 순수예술과 순수학문에의 도피, 소비에로의 도피, 그리고 물신숭배와 기꺼이 사회와 국가의 부속품이 되는 것 등을 들고 있다.

3) 힘에의 의지를 건강하면서도 기품 있게 실현하는 방식

니체가 금욕주의를 위와 같이 비판하고 있지만, 그렇다고 해서 그가 본능과 욕망을 마음대로 분출하는 방종을 주창하는 것은 아니다. 방종과 방탕은 금욕주의와 마찬가지로 하나의 극단이다. 니체는 절도를 가르친다. 니체는 욕망과 본능의 근절이나 무분별한 승화가 아니라 절도 있는 승화를 설파하고 있는 것이다.

성욕을 예로 하여 니체는 이렇게 말하고 있다.

"그리스도교는 에로스에게 독을 먹였다. ─에로스는 그것 때문에 죽지는 않았지만 그 성격이 음란하게 변했다."

정신이 관능적인 욕정을 제거하고자 할 경우 그것은 더욱 음란해질 뿐이다. 관능적인 행위를 하지 않더라도 우리의 머릿속은 온갖 음탕한 생각으로 가득 차게 된다. 따라서 니체는 관능적 욕구의 제거가 아니라 관능을 사랑으로 승화하는 것을 지향해야 한다고 말하고 있다.

우리가 앞에서 본 것처럼 서양의 전통적인 종교와 철학을 지배해 온 이원론은, 우리의 미덕은 영원불변의 참된 세계와 순수한 영혼에서 비롯되는 것인 반면에 악덕은 생성 변화하는 지상과 육체에서 비롯되는 것으로 보고 있다. 그에 반해서 니체는 합리성이 비합리성에서,

살아 있는 것이 죽은 것에서, 논리는 비논리에서, 사심 없는 관조가 탐욕스러운 의욕에서, 이타주의가 이기주의에서, 진리가 오류에서 비롯되는 것과 마찬가지로 이른 바 미덕은 악덕의 승화라고 말하고 있다. 이러한 승화에서는 원래의 바탕이 되었던 요소는 거의 사라져버린 듯 보이기 때문에 미덕과 악덕은 전혀 다른 기원을 갖는 것처럼 보이지만, 우리가 엄밀하게 관찰할 경우 그러한 근원적인 요소들을 드러낼 수 있다는 것이다.[22]

이런 맥락에서 니체는, 성욕이나 명예욕 그리고 권력욕과 같은 정념이 악의 원천으로 지탄 받아 왔지만 이러한 정념이야말로 바로 우리의 생명력의 원천이라고 보고 있다. 따라서 정념이 배제된 생명은 더 이상 생명이 아니라 죽은 것이며, 그러한 정념을 제거하고 근절하는 것은 그것이 아무리 미덕의 탈을 쓰고 있더라도 사람들의 생명력을 고갈시키고 병들게 하는 것이기 때문에 사실은 가장 큰 악덕이라는 것이다. 이러한 악덕은, 미덕의 원천으로서 강인하고 풍요로운 생명력을 가진 원초적인 악덕이 아니라 어떠한 긍정적인 가능성도 품고 있지 않은 죽음의 상태다.

이와 관련하여 니체는 거대한 사악함이, 그러한 사악함의 원천이 되는 정념이 완전히 근절된 선함보다 더 바람직하다고 본다. 이는 거대한 죄악이 있는 곳에는 또한 거대한 활력과 거대한 힘에의 의지가 있기 때문이며, 그것은 '자기 극복'을 통해서 보다 더 높은 가능성을 낳을 수 있기 때문이다. 어떠한 덕도 그것이 미덕이 되기 위해서는 정념들을 제거하는 것이 아니라 그것들을 승화시키고 절도 있게 지배하는 것이 필요하다.

이런 맥락을 고려해 볼 때 우리가 니체의 힘에의 의지를 단순히 다른 인간들을 지배하려는 의지로 보아서는 안 된다는 사실이 드러난다. 니체가 보기에는 네로, 칼리귤라, 연산군 같은 사람은 외적으로는 지배자이지만 자신의 정념들을 통제하지 못하는 천민이었다. 이렇게 세속적으로는 권력을 쥐고 있지만 정신적으로는 천민인 인간들이 지배하게 되었을 때 사람들은 왕이나 귀족보다도 서민이나 민중이 더 고귀한 존재라고 생각하게 되었다. 이러한 비판은 현대의 자본주의 사회에 대해서도 타당할 것이다. 현대의 지배자들이라 할 수 있는 부유층이나 기업경영자들 중 많은 사람들이 물신이나 향락의 노예가 되어 있다. 이들은 외적으로는 다른 사람들 위에 군림하지만 물질과 향락에 대한 자신의 욕망은 제어하지 못하고 있다.

　니체가 지향하는 이상적인 인간은 묵묵히 자신의 정념들의 주인이 되어 자신의 충만하고 자유로운 자아를 즐기는 인간이며, 니체는 이러한 인간을 기품이 있는 인간이라고 부르고 있다. 기품이 있는 인간이란 자신의 다양한 충동들에 대해서 적절한 지배력을 소유하고 있어서 내적으로 평온하고 자신에 대해서 긍지를 갖고 있는 자이다. 그는 이렇게 자신에 대해서 긍지를 갖고 있기에 구태여 외부에 자신을 그럴 듯하게 포장하면서 타인들을 압도하려고 할 필요를 느끼지 않는다. 그는 자신의 충동을 지배할 수 있는 힘이 있기에 매사에 유연하고 여유있게 행동한다. 그는 보통 사람에게는 공포를 불러일으키는 상황에서도 공포감에 대한 지배력을 소유하고 있기 때문에 유머와 재치를 잃지 않는다. 그는 어떠한 상황에서도 모든 것에 자신을 열고 그 모든 것을 자신의 성장에 필요한 방식으로 적절하게 수용한다.

4) 니체 철학의 지향점

니체의 사상이 지향하는 것은 무엇일까? 어떤 사람들은 니체가 다양성과 차이를 주창한다고 하고, 어떤 사람은 니체가 삶에 대한 디오니소스적인 긍정을 말한다고 한다. 이러한 견해들 역시 틀린 것은 아니지만 니체 철학이 전체적으로 지향하는 것을 제대로 짚어낸 것은 아니라고 생각한다.

니체의 철학을 전체적으로 볼 때 그가 궁극적으로 지향한 것은 대중과 민주주의가 지배하게 되면서 망각되어 가고 있는 귀족적인 덕들을 다시 회복하는 것이었다고 생각된다. 다양성과 차이를 존중하는 것도, 그리고 삶에 대해서 디오니소스적 긍정을 취하는 것도 니체가 구현하려고 한 귀족적인 덕의 예라고 생각한다. 바로 이 때문에 니체는 자신의 철학을 브란데스가 '라디칼한 귀족주의'라고 규정했을 때 그러한 규정을 흔쾌히 받아들일 수 있었다.

니체가 생각하는 귀족적인 덕이란 그리스도교에 의해서 이미 어느 정도 침윤된 서양 중세의 기사도적인 덕이 아니라 고대 그리스와 로마의 귀족적인 덕이다. 이러한 귀족적인 덕의 요체로 니체는 친구에 대해서는 성실하고 정직하되, 적에 대해서 용감하지만 패자에 대해서는 관대하고 항상 공손할 것을 제시하고 있다. 니체가 이러한 덕을 주창하는 것은 이러한 덕이 그 자체로서 추구해야만 하는 선이기 때문이 아니라 이러한 덕을 실현하는 것만이 우리에게 정신적으로 건강한 삶을 부여하기 때문이다.

니체는 세계를 피안과 차안으로 나누는 플라톤적인 형이상학과 그리스도교의 지배 이래로 서양인들의 삶은 병적이고 천박하게 되었다고 본다. 이러한 현실은 플라톤적인 형이상학과 그리스도교가 붕괴한 현대에서도 마찬가지다. 플라톤적인 형이상학이나 그리스도교는 피안이나 피안의 신에게 의존한 반면에, 현대인들은 국가나 이데올로기 혹은 물신物神에 의존한다. 플라톤적인 형이상학이나 그리스도교가 지배했을 때 사람들은 현실에서 자신들이 느끼는 비참함을 피안에 대한 열렬한 희구에 의해서 극복하려고 했다면, 현대인들은 자신들이 느끼는 비참함을 국가나 이데올로기 혹은 물신에 대한 열렬한 의존을 통해서 극복하려고 한다.

이에 반해서 기품이 있는 자는 어떠한 어려운 상황에서도 피안이나 국가 혹은 이데올로기나 물신과 같이 자기 외부의 것에 의존하지 않고 자신의 힘으로 우뚝 서 있으면서도 쾌활함과 밝음을 유지한다. 이런 맥락에서 니체는 가장 강한 인간의 전형으로 괴테를 꼽고 있다.[23] 이는 흔히 강한 인간으로 진시황제이나 칭기즈칸처럼 다른 사람들에게 자신의 의지를 폭력적으로 강요하는 사람들을 떠올리는 우리들의 예상과는 전혀 다른 것이다.

니체가 괴테를 강한 인간으로 보는 것은 그가 전체성을 구현했기 때문이다. 그는 이성·감정·의지의 분리에 맞서서 싸웠고, 자신의 모든 충동과 본능들을 억압하지 않았으며, 그렇다고 해서 그것들의 노예가 되지도 않았다. 그는 자신의 과거와 자신의 현재에서 경험하는 모든 것들을 배척하지 않았으며, 그렇다고 해서 그것들을 억압하지 않았고 그것들에 굴복하지도 않았다. 그는 모든 경험들과 경험을 가능케 한 모든 것을 결합하여 이들 중의 하나라도 빠지면 전체가 와해될 정도로 완벽하게 통일된 하나의 전체를 만들었으며, 이러한 전체적인 조화 안에서 생동력이 넘치는 평온을 항상 유지했다.

그렇다고 하여 괴테의 인생에 쓰라림과 충격이 없었던 것은 아니다. 예를 들어 그는 자신보다 앞서서 자식들이 죽는 것을 경험했어야만 했다. 인간들이 겪을 수 있는 최대의 슬픔은 자식의 죽음이라고 하지 않는가? 그는 보통의 인간에게는 파괴적으로 작용할 수 있는 이러한 체험도 자신의 성숙과 고양을 위해서 이용할 줄 알았다. 그는 주위의 사람들에게 관용을 베풀었지만 이는 주위의 사람들에 대한 두려움에서 비롯되는 관용이 아니라 오히려 강함에서 비롯되는 관용이었다. 그는 넓은 마음으로 사람들을 포용했다. 그는 어떤 것이 원래부터 인간에게 금지되어 있다고 보지 않았으며, 모든 것은 그때그때마다 인간 개개인의 건강한 성숙을 위해서 이용될 수 있다고 보았다.

니체는 괴테가 약함만을 금지했다고 보았다. 이 경우 약함이란 경직됨이다. 그것은 자신의 주위의 것들에 탄력적으로 응하면서 그것들을 통합할 수 있는 능력을 상실한 상태다. 그것은 어떤 충동이나 행동, 그리고 인간을 고정된 도그마에 따라서 처음부터 배척하고 거부한다. 그러한 경직은 강함의 표시가 아니라 약함과 자신이 배척하는 것들에 대한 두려움의 징표다.

괴테는 이렇게 두려움과 경직으로부터 해방되어 있는 정신으로 모든 것을 기쁘게 수용했다. 괴테는 자신이 경험한 모든 것들과 주위의 모든 것들을 신적인 것으로 긍정한다. 괴테는 만물을 능산적인 자연으로서의 신의 소산으로 보았던 스피노자의 사상을 수용하면서 모든 것은 전체성 안에서 구원받았고 긍정되고 있다고 보았다. 자신이 경험한 것들과 자신의 주위의 것들에 대한 이러한 긍정은 체념에서 비롯되는 긍정이 아니다. 즉 그것은 자신이 어쩔 수 없는 현실을 수동적으로 받아들이는 패배주의적인 긍정이 아니라 오히려 강하고 심원한 포용력에서 비롯되는 긍정인 것이다. 괴테는 그 모든 것들을 포용하면서 거기에서 하나의 조화된 전체성을 경험할 정도로 강했다. 니체는 이렇게 전체를 긍정하면서 받아들이는 최고의 긍정을 디오니소스적인 긍정이라고 부르고 있다.

디오니소스라는 이름은 서양을 2000년에 걸쳐서 지배해 온 그리스도교적인 신을 대체하는 새로운 신의 이름이다. 그리스도교적인 신이 지상과 인간의 자연스런 충동들을 무가치한 것으로 부정하는 신이었던 반면에, 디오니소스신은 이 모든 것들을 긍정하는 신이다. 니체는 이러한 신이 인격적으로 존재한다고 믿지 않는다. 그리스도교의 여호와든 디오니소스든 하나의 허구에 지나지 않는다. 이 두 신은 특정한 정신상태의 표현이다.

그리스도교의 여호와는 지상에서 벌어지는 다양한 사건들과 자신의 충동들을 자신 안에 통합하는 능력을 상실한 연약한 정신이 만들어낸 허구다. 그것은 여호와의 이름으로 지상의 일들과 자신의 자연스런 충동들을 무가치한 것으로 배척하고 타기唾棄한다. 이렇게 연약한 정신은 부정하는 정신인 것이다. 이러한 부정은 자신이 절대적인 진리로 신봉하고 의지하는 특정한 교리에 따라서 기계적으로 이루어진다. 연약한 정신은 경직된 정신이며 비관용적인 정신인 것이다. 이에 반해서 디오니소스신은 강하면서도 부드러운 관용의 정신에게 드러난 아름답고 성스러운 전체성으로서의 이 세계에 대한 이름이며, 그러한 정신을 가리키는 이름이기도 하다.

니체의 이러한 사상은 공교롭게도 '번뇌세상이 바로 열반세상이라는' 선불교의 사상과 통한다. 니체는 불교를 그리스도교와 마찬가지로 현실도피적인 종교로 배척했지만 선불교는 철저하게 현실을 긍정하며 우리가 살고 있는 모든 순간과 모든 장소에서, 즉 '지금 여기'에서 최고의 충만을 경험할 것을 요구한다. 선불교에서 말하는 깨달음의 상태란 사실은 이렇게 자신 내의 모든 충동들과 세계 내의 모든 것들이 하나의 조화로운 통일, 즉 전체성을 이룬 상태를 말한다.

그러나 모든 것을 긍정한다고 해서 모든 것이 무분별하게 긍정되는 것은 아니다. 니체만 해도 다른 사람들을 비열하게 중상하고 모략하는 것과 같은 연약하고 병든 정신은 배격한다. 강한 인간은 모든 것들을 수용하면서도 그것들에 고유한 형식을 부여한다. 괴테의 경우만 해도 괴테라는 인간과 그의 작품에는 남이 흉내낼 수 없는 고유한 스타일이 존재한다. 이는 선불교에서 깨달은 개인이라도 서로 간에 획일적으로 동일한 것이 아니라 각자적인 스타일을 갖는 것이나 마찬가지다.

개인뿐 아니라 어떤 민족의 문화도 그렇다. 어떤 문화든 하나의 통일적인 양식을 가져야 한다. 그렇지 않고서는 그 문화가 현대처럼 아무리 많은 지식과 학식을 가지고 있어도 그것은 야만적인 문화다. 니체는 그리스문화야말로 다양한 요소들이 혼합된 자신 안의 혼돈을 하나의 통일적이면서도 독특한 형식으로 구현해 낸 전형적인 문화라고 본다.

이렇게 모든 것을 독자적인 방식으로 종합하고 통일하는 상태와는 달리, 자신이 경험한 모든 것들과 자신의 주변의 것들을 통합할 능력을 상실한 상태를 니체는 데카당스라고 부르고 있다. 이러한 상태에서는 모든 것이 지리멸렬하게 분산되어 있다. 전체적인 통합력을 상실한 이러한 데카당스의 스타일은 그럼에도 개별적인 요소들을 자극적이고 선정적인 것으로 만듦으로써 사람들의 주목을 끌고 사람들을 흥분시킨다. 이러한 데카당스의 스타일은 그것과 마찬가지로 자신을 통합할 능력을 결여한 데카당스한 인간들에게 강력한 효과를 미친다. 그것은 이렇게 사람들에게 미치는 강한 영향력을 근거로 하여, 자신이 실제로 강한 것처럼 착각한다.

5) 니체와 서양의 비금욕주의적인 전통철학

"……내가 바보가 아니라면 내가 다음과 같은 사실을 부정하지 않는다는 것은 자명하다. 비윤리적이라고 불리는 많은 행위들은 피해져야 하고 극복되어야 하며, 윤리적이라고 불리는 많은 행위들은 행해져야 하고 장려되어야 한다. 그러나 전자도 후자도 이제까지와는 다른 근거들로부터 행해져야 한다고 나는 생각한다. 우리는 다르게 배워야만 한다. 아마 상당히 오랜 후가 될지도 모르지만, 마침내 더 많은 것에 도달하기 위해서, 즉 다르게 느끼기 위해서."[24]

전통적인 도덕을 극복하려는 니체의 작업에서 니체가 극복하려는 것은 사실은 도덕 그 자체가 아니라 도덕에 대한 그릇된 편견들이라고 볼 수 있다. 이러한 편견들은 플라톤 이래 유럽의 철학과 종교를 지배해 온 것으로서 인간이 따라야 할 도덕적 규범들이 인간의 감성적인 충동이나 욕구와는 무관하게 그 자체로 존재한다고 보는 견해들이다. 그것은 도덕의 기원을 인간들의 경험적인 심리에서 찾는 것이 아니라 이데아의 세계나 아니면 신의 계시 혹은 경험적인 심리와 무관한 양심에서 찾는 것이다.

니체에게 모든 도덕규범들은 사실 인간이 자신들의 육체적·정신적인 삶을 건강하면서도 강인한 삶으로 구현해 나갈 수 있는 지침들에 불과하다. 즉 니체는 도덕규범들을 우리의 경험적인 현실을 초월한 것으로서 시대와 장소를 막론하고 무조건으로 타당한 것이 아니라 우리가 건강한 삶을 실현하기 위해서 필요하다면 얼마든지 변형할 수 있고 다른 것으로 대체할 수 있는 것으로 보는 것이다.

따라서 니체가 이른바 초월적인 도덕규범의 존재를 부정한 것은 악이 횡행하는 무법천지의 세계를 정당화하기 위한 것이 아니라, 초월적인 도덕규범의 잔인한 지배로부터 인간을 해방시켜서 인간의 잠재적인 능력을 최고도로 발휘할 수 있는 정신적인 토대를 제공하기 위한 것이었다. 예를 들어 우리는 성도덕과 관련해서 육체적인 순결을 무조건적으로 강조하는 도덕규범들이 죄책감을 만연시키고 사람들로 하여금 자신을 학대하게 하는 결과를 초래했음을 잘 알고 있다.

우리는 이러한 니체의 입장을 어떻게 볼 것인가? 그것은 니체 자신과 푸코나 데리다 그리고 들뢰즈와 같은 사람들이 파악하듯이 서양의 전통철학과 그렇게 대립되는 것인가? 그것은 분명히 우리가 위에서 살펴본 이원론과 금욕주의적인 입장과는 구별된다. 그러나 서양 철학사는 이렇게 이원론과 금욕주의적인 입장만 존재하는 것은 아니다. 플라톤만 해도 이데아와 현상계 사이의 절대적인 분리를 말하는 측면이 있지만 이데아 세계가 현상계에 구현될 수 있다고 생각하고 있으며 본인 스스로 자신이 생각하는 국가의 이데아, 즉 이상 국가를 실현하기 위해서 현실정치에 뛰어들었다.

또한 이상적인 인간으로서의 철인정치가란 플라톤에게는 단순한 이상에 불과한 것이 아니라 인간이 실현해야 할 적극적인 이상이었다. 그리고 플라톤은 욕망의 제어와 통제를 말할 뿐이지 욕망 자체를 부정적으로 보는 것은 아니며, 그는 통속적인 플라톤 해석이 주장하는 것처럼 신체를 부정적으로 보지도 않는다. 이상국가에서 교육은 신체를 건강하게 단련하는 데서부터 시작하고 있지 않는가? 그가 이상적인 인간으로 보는 철인정치가란 머리만 크고 몸체는 허약한 파리한 지식인이 아니다. 철인 정치가는 건강한 육체는 물론 절제와 용기라는 덕을 갖추고 있으며, 필요하다면 군인들과 함께 전쟁터로 나갈 수 있는 사람들이다.

더 나아가 그는 인간의 감각적 욕망 이외에 선의 이데아를 향한 욕망인 에로스를 인간의 가장 근본적인 욕망으로 상정하고 있다. 이러한 욕망은 그리스도교에서처럼 피안을 향하는 욕망이 아니라 지상에 이데아를 구현하고 자신을 보다 아름답고 이상적인 인간으로 만들어 가려는 자기도야에의 욕망이다.

이러한 자기도야를 니체도 부정하는 것은 아니다. 괴테와 같은 인간은 자연스럽게 만들어진 것이 아니라 끊임없는 단련과 도야를 통해서 만들어진 것이다. 지나치게 도발적인 주장이 될지도 모르지만 니체가 이상으로 여겼던 기품 있는 인간은 플라톤이 생각하는 귀족적인 덕들을 구현한 인간에 가깝다. 그러한 덕들이란 다른 인간에 대한 따뜻한 동정과 같은 서민적인 덕보다는, 자신에 대한 절제와 긍지 그리고 어떠한 고통과 난관에도 불구하고 삶과 인생을 의연하게 긍정하는 강건한 정신력과 같은 것들이다.

그리스 고전철학과 니체가 가지고 있는 이러한 유사성은 아리스토텔레스에서 보다 분명히 드러난다. 아리스토텔레스가 말하는 긍지에 찬 인간은 니체가 지향했던 우아하고 기품 있는 인간과 극히 유사하다.

이러한 필자의 주장에 대해서 사람들은 플라톤이나 아리스토텔레스는 인간의 의지나 욕망에 비해서 이성을 중시하는 주지주의자主知主意者인 반면에 니체는 인간의 근본적인 본질을 힘에의 의지에서 찾는 주의주의자主意主義者가 아니냐고 반문을 펼지 모른다. 플라톤이나 아리스토텔레스가 이성을 중시한 것은 사실이다. 그러나 양자가 이성을 중시한 것은, 이성이 그 자체로 선한 것이기 때문이 아니라 이성을 잘 활용하는 것이 육체적으로 정신적으로 건강하고 행복한 삶을 가능하게 한다고 보았기 때문이다.

따라서 이들에게 있어서도 가장 중요한 것은 이성 그 자체가 아니라 인간이 자신의 삶을 건강하고 행복하게 사는 것이다. 그리고 이렇게 건강하고 행복한 상태는 외부 세계에 의해서 좌우되는 것이 아니라 자신이 주인의 입장에서 상황에 능동적으로 대처하는 것에 의해서 가능하다. 다시 말해서 그것은 우리가 내적인 힘을 가져야 가능한 것이다. 이 점에서 볼 때 이들도 니체와 마찬가지로 인간이 추구하는 것은 힘이며 인간의 가장 근본적인 욕망은 힘에 대한 욕망으로 본다고 할 수 있을 것이다. 그리고 이들은 그러한 힘이 우리가 우리의 이성적인 능력을 제대로 사용할 경우에만 주어진다고 보는 것이다.

그리고 항간의 오해와는 달리 니체는 이성을 멸시하거나 부정적으로 보지 않는다. 그는 다만, 이성을 육체와 욕망과 분리된 순수한 것으로 보면서, 이성이 우리의 육체와 욕망을 고려하지 않고 자신에게 원래부터 주어져 있는 순수한 신적인 명령에 따라야 한다는 주장에 대해서 반대할 뿐이다. 그러나 그 역시 우리가 현실을 제대로 살아나가기 위해서 의지할 수 있는 것은 이성이라고 보았을 것이다. 니체 자신의 철학은 사유하는 능력인 이성에 의해서 쓰인 작품이 아닌가?

이에 위와 같은 필자의 주장을 뒷받침하기 위해서 아래에서 간략하게 플라톤과 아리스토텔레스의 인간관을 살펴보도록 하겠다.

4. 플라톤과 아리스토텔레스의 인간관

1) 플라톤의 인간관

플라톤에 의하면 인간의 영혼은 이성, 의지(기개) 및 감각적 욕망의 세 부분으로 이루어져 있다. 이성은 반성하고 추론할 수 있는 능력이다. 감각적 욕망은 식욕이나 생존에의 욕구 그리고 성적인 욕망과 같은 신체적인 욕망을 의미하며, 의지는 분노 · 공격성 · 야심 · 자긍심 · 명예심과 같은 것을 의미한다.

감각적 욕망이 추구하는 것은 감각적인 쾌락이며 기개가 추구하는 것은 명예이고 이성이 추구하는 것은 지혜이다. 인간이 동물과 구별되는 점은 이성을 갖는다는 점이며, 이에 이성은 인간의 심적인 기능 중 최상의 것으로서 평가된다. 이에 대해서 육체적 욕망은 인간을 비이성적이게 만들 여지가 많은 것으로 가장 낮게 평가되며, 의지는 육체적 욕망을 통제하는 데에서 이성을 도울 수도 있다는 점에서 중간적인 지위를 갖는 것으로서 평가된다. 플라톤은 인간은 이성적으로 선이 무엇인지는 알아도 그것이 육체적 욕망과 갈등을 빚을 수 있다고 생각했으며, 이성의 도야와 의지력의 강화를 통해서 육체적 욕망을 통제하지 않으면 안 된다고 생각했다.

이성의 힘이 약할 경우에 영혼은 무질서하게 된다. 이 경우 의지와 감각적 욕망과 같은 열등한 부분들이 자신들의 이익을 취하기 위해서 오히려 이성을 이용하게 되며, 이와 함께 영혼은 열정에 사로잡히게 되고 병적으로 된다. 의지의 근본적인 속성인 명예욕이 가장 강해질 때 영혼은 권력에 대한 야망과 허영심에 사로잡히게 될 것이다. 그리고 감각적 욕망이 가장 강해질 때 영양공급에 대한 욕구는 폭식이나 대식에 대한 욕구가 되고, 생존에의 욕구는 물질적 부에 대한 탐욕으로 나타나며, 성적인 욕망은 성적인 쾌락에 대한 탐닉과 음란이나 퇴폐로 나타날 수 있다.

그러나 이성의 힘이 강해질 때 이성은 이러한 의지와 감각적 욕망을 제어하면서 보다 높은 목적을 위해서 사용한다. 의지는 이성에 복종하면서 이성이 천박한 욕망을 지배하도록 도와준다. 이와 함께 무절제한 욕망 대신에 절도 있는 욕망이 자리 잡게 되며, 명예욕에 사로잡혔던 의지의 무의식적이고 광적인 과감성은 대의大義를 생각하는 영웅적 용기가 된다.

그런데 플라톤은 이성이 욕망을 제어할 것을 주장하지만 그렇다고 하여 육체적 욕망을 경시한 것은 아니라는 사실이 지적되지 않으면 안 된다. 육체적 욕망은 절도 있게 충족되어야 하며, 신체는 건강하고 아름다워야 한다. 그는 그리스도교에서처럼 육체적 쾌락을 금욕적으로 부정하는 것은 바람직하지 않다고 생각했다. 그가 경계한 것은 다만 육체적 쾌락에 전적으로 자신을 내맡기는 삶이었을 뿐이다. 아울러 플라톤은 건전한 인격은 자신의 명예를 소중히 하는 자존심과 자긍심을 갖지 않으면 안 된다고 보았다. 이러한 점 역시 겸손을 긍지보다도 중시하는 그리스도교와는 구별되는 점이라고 할 수 있다. 이러한 자존심과 자긍심은 자아를 적극적으로 만들며, 많은 것을 성취하도록 추동한다.

플라톤이 추구하는 바람직한 인간은 탁월한 지혜를 갖추면서도 강력한 추진력과 건강하고 튼튼한 신체를 갖춘 인간이다.

2) 아리스토텔레스의 인간관

흔히 사람들은 행복을 쾌감이 지속되는 상태라고 생각한다. 그러나 행복이란 어떠한 고통도 없이 지속적인 만족 상태에 있는 것이 아니라 니체가 말하는 것처럼 자신의 능동적인 힘을 즐기는 것이다. 프롬이 말하듯이 현대의 실패는 현대를 지배하는 쾌락주의적인 삶의 실패다. 현대인들은 행복을 감각적인 욕망의 충족과 동일시하기에 감각적인 욕망을 보다 자극적으로 그리고 세련되게 충족시킬 수 있는 다양한 물품들을 만들어 낸다. 그렇다고 해서 현대인들이 자신들의 삶에 만족하고 행복해 하는 것은 아니다. 우리가 쇼펜하우어의 욕망이론에서 보았던 것처럼, 감각적인 욕망만을 좇는 삶은 걷잡을 수 없는 욕망과 권태 그리고 무의미의 굴레에로 인간을 끌어들일 따름이다. 니체 역시 이런 맥락에서 당시의 공리주의적인 쾌락주의가 인간을 약하고 병적으로 만들고 있다고 생각했다.

인간은 모든 감각적인 욕망들이 생기자마자 충족되면 행복감을 느끼게 되는 수동적인 존재가 아니다. 우리가 지속적으로 쾌감만을 얻도록 맞춰가 되어 있다고 가정할 경우에, 우리는 그러한 상태를 끔찍한 상태라고 생각할 것이다. 인간은 자신의 감각적인 욕망을 충족시켜 주는 외부의 사물들에 수동적으로 의존함으로써 행복을 얻는 것이 아니라 오히려 능동적인 활동 속에서 느낀다. 그리고 이러한 능동적인 활동은 근심과 고통 그리고 투쟁을 배제하지 않는다.

우리는 쾌락을 얻기 위해서 일하고 행동하는 것이 아니다. 대부분의 경우 오히려 우리는 능동적으로 활동하고 일하는 데서 행복을 느끼는 것이며, 그러한 일을 성공적으로 수행하고 나서 우리가 느끼는 쾌감은 그러한 활동을 하는 가운데에서 느꼈던 행복의 부산물에 지나지 않는다. 예를 들어서 화가는 그림을 그리는 능동적인 활동 자체에서 행복을 경험한다. 그가 기대했던 만큼 훌륭한 작품이 나오지 못했더라도 그는 자신의 활동 자체에서 행복을 경험할 수 있다. 따라서 교양과 문화를 닦고 익히는 활동 자체가 이성적인 존재로서의 인간이 바라는 가장 큰 행복일 수 있다. 이에 반해 우리가 쾌락의 획득을 목표로 간주하고 우리의 활동을 그것을 얻기 위한 수단으로 삼을 때 우리의 활동은 우리가 쾌락을 얻기 위해 어쩔 수 없이 하지 않으면 안 되는 고역이 된다.

새는 단순히 먹고 마시는 데서만 기쁨을 느끼는 것이 아니라 건강하게 하늘을 날아다니는 데서 행복을 느낄 것이다. 이와 마찬가지로 인간은 자신의 본질적인 기능들을 제대로 발휘하고 있을 때 행복을 경험한다. 아리스토텔레스는 인간의 본질적 기능을 이성이라고 보았으며 이성을 잘 발휘하고 행동할 때 우리는 행복하다고 보았다. 즉 우리가 올바르게 이성적으로 사유하고 이성적으로 살 때 우리는 행복하다는 것이다.

아리스토텔레스는 이러한 이성적인 활동이 주로 이론적인 지혜를 추구하는 관조적인 삶과 실천적인 지혜를 추구하는 실천적인 삶으로 이루어져 있다고 보았다. 우리는 당시에는 노예들에게 맡겨진 노동도 이러한 이성적인 활동의 하나로 볼 수 있을 것이다. 나중에 마르크스는 노동을 이성적인 활동 중에서 가장 중요한 것으로 보았고, 노동이 기계를 보조하는 활동이 아니라 진정으로 창조적이고 이성적인 활동이 될 수 있는 사회적 조건을 구현하려고 했다.

플라톤은 욕구를 죄악시하거나 욕구의 극단적인 억압을 주장하는 것은 아니지만 그럼에도 육체와 욕구를 이성에 비해서 폄하하고 경계하면서 욕망을 이성의 지배 아래 둘 것을 요구한다. 이에 반해 아리스토텔레스는 육체와 욕구 자체를 절대로 폄하하지 않으며 이 두 요소가 서로 협력해야 한다고 본다. 아리스토텔레스는 이성은 감정이나 정념과 함께 작용하며 그것들을 더욱 완전하게 만든다고 생각한다. 즉 아리스토텔레스에게 중요한 것은 우리의 욕망을 실현하되 그것을 이성적으로 실현하는 것이다.

이런 맥락에서 아리스토텔레스는 이성적인 결정을 심사숙고된 욕구라고 정의한다. 이는 행위란 항상 욕구로부터 생겨나는 것이지 단지 사고나 신념으로부터 생겨나지는 않기 때문이다. 에링턴은 아리스토텔레스의 이러한 주장을 정념을 예술가의 재료로 보고 이성을 예술가의 손으로 생각하는 것과 같다고 보고 있다.[25] 아리스토텔레스는 지적인 측면뿐 아니라 욕망과 감정의 측면까지도 포괄하는 인간의 본성 전체를 완전히 발휘하는 것을 최고선으로 본다.[26]

따라서 실천적인 이성의 첫 번째 임무는 영혼의 비이성적인 부분에 속하는 욕망과 느낌, 감정들을 인도하여 이것들이 특수한 여러 상황에서 중용에 해당하는 감정을 갖고 행위를 하도록 만드는 것이다. 실천적인 삶의 영역에서 이성적으로 활동한다는 것은 지나친 열정을 통제하면서 양극단을 피하여 중용을 구현하는 것이다. 만용과 비겁 사이의 용기, 탐닉과 무감각 사이의 절제, 사치와 인색 사이의 관대함이 있고, 허영과 비굴함 사이의 긍지, 허풍과 무뚝뚝함 사이의 기지, 수줍음과 뻔뻔스러움 사이의 겸손이 그와 같은 중용의 덕들이다.

그런데 진정으로 중용의 덕을 갖춘 사람은 중용에 따라 행동하면서 쾌감을 느껴야 한다. 따라서 육체적인 쾌락을 절제하면서도 그로 인해서 고통을 겪는 사람은 실지로는 쾌락을 절제하였다고 해도 절제의 덕을 구현한 사람이라고 할 수 없다. 두려운 상황에서 굳건히 버티었지만 그것 때문에 큰 고통을 느끼는 사람은 잘 버티었다고 할지라도 실지로는 비겁한 자에 불과하다. 덕이 있게 행위 한다는 것은 단순히 외적인 행동을 중용에 맞춘다는 것이 아니라 정신까지도 중용을 흔쾌히 받아들이면서 그 가운데서 만족과 쾌감을 느낀다는 것을 의미하는 것이다.[27]

니체가 인간이 실현해야 할 가치들을 인간의 힘을 고양시키는 수단적인 것으로 본 것처럼, 아리스토텔레스도 덕을 우리가 무조건적으로 실현해야 할 절대적인 것으로 본 것이 아니라 우리에게 행복을 가져다주는 수단적인 것으로 보았다. 따라서 아리스토텔레스는 각 개인의 조건과 각 개인이 처한 상황에 따라서 각 개인이 취해야 할 태도나 행동은 각각 다를 수 있다고 보았으며, 어떠한 행동이 중용을 구현하는 행동인지는 일반화시켜서 말할 수는 없다고 보았다. 우리들 각자가 실현해야 할 중용은 우리들 각자의 입장에서 볼 때 중용이 되는 것이지 다른 조건들을 소유하고 있는 사람들에게는 각기 다른 것이다.[28]

이 점에서 아리스토텔레스는 보편적인 법칙을 탐구하는 이론적인 이성에 대해서 각각의 개별적인 인간과 그 인간이 처하는 그때그때마다의 구체적인 상황을 고려하는 실천적인 이성은 전적으로 다른 성격을 갖는다고 보았다. 이론적인 학문에서는 뛰어난 사람이라도 실천적인 삶에서는 어리석을 수도 있다는 것이다.

아리스토텔레스는 인간이 행복하기 위해서는 이성적인 활동 이외에 그러한 활동을 할 수 있는 여건을 마련해줄 수 있는 외적인 것들도 필요하다고 보았다. 즉 아리스토텔레스는 우리가 행복하기 위해서는 적절한 사회적인 지위와 명예, 재산, 건강, 좋은 친구 등이 필요하다고 보았다. 그것들은 행복을 가져다주는 가장 핵심적인 것은 아니라 하더라도 행복해지는 데 필요하며 우리가 행복을 얻는 데 도움을 줄 수 있기 때문이다.

5. 에리히 프롬의 욕망론

인간에게는 다양한 종류의 욕망이 있다. 쇼펜하우어가 말하는 것처럼 새로운 욕망을 낳거나 기껏해야 권태로 이어지는 욕망은 이른 바 세속적인 욕망들이다. 그것은 보다 더 맛있는 것을 먹고 싶고, 보다

신기한 것을 보고 싶거나, 보다 더 멋있는 이성을 갖고 싶다는 욕망이며, 보다 큰 명예와 재산을 갖고 싶다는 욕망이다. 이러한 욕망들은 우리를 외부의 덧없는 것들에 묶어 두고 그러한 덧없는 것들의 부침에 우리의 삶을 내맡긴다. 따라서 우리가 그러한 것들에 집착할 때 우리는 우리의 삶도 그것들과 마찬가지로 무상한 것이라고 느끼게 된다. 이 경우 우리 삶의 주인은 우리 자신이 아니라 우리 자신이 어쩌지 못하는 이러한 욕망들이다.

그러나 우리 인간의 욕망에는 이러한 세속적인 욕망들에서 벗어나고 싶어하는 욕망도 존재한다. 이러한 욕망을 우리는 초월에의 욕망이라고 할 수 있다. 이러한 초월에의 욕망은 물론 그리스도교에서 말하는 것과 같은 피안에로 초월하고 싶어하는 욕망이라기보다는 자신의 삶에 보다 충만한 의미를 부여하고 싶어 하는 모든 종류의 욕망을 말한다.

욕망과 권태의 굴레에서 벗어나기 위해서 그러한 욕망들과 투쟁하는 금욕주의적인 욕망이나, 플라톤이나 아리스토텔레스에서 보는 것처럼 덕을 구현하려는 열망, 그리고 니체가 말하는 것처럼 자신의 삶에 보다 강력한 힘을 부여하고 싶어 하는 열망 역시 넓은 의미에서의 초월에의 욕망이 나타나는 다양한 방식들이다.

이렇게 볼 때 우리는 인간의 욕망이라는 것이 다차원적인 성격을 가질 수 있다는 것을 알 수 있다. 우리 인간은 쇼펜하우어가 말하는 것처럼 단순히 맹목적인 생에의 욕망에 의해서 지배되는 것이 아니라, 사실은 이러한 세속적인 욕망들과 그러한 욕망들을 넘어서려는 초월에의 욕망이 서로 갈등하고 대립하고 있다고 볼 수 있다. 에리히 프롬이 말하는 것처럼 우리 인간 내부에서는 모든 종류의 욕망과는 무관한 이성과 감각적인 욕망이 서로 싸우는 것이 아니라, 다양한 욕망들이 서로 싸우고 있는 것이다.[29]

필자는 서양의 철학자들 중에서 인간이 가지고 있는 욕망의 성격과 그것의 다양한 형태들에 대해서 가장 설득력 있게 말하고 있는 사람은 에리히 프롬이라고 생각한다. 아래에서는 일단 에리히 프롬의 인간관과 욕망관을 살펴보면서 그것들이 서양철학의 여타의 인간관과 욕망관과 어떠한 관계를 갖는지에 대해서 철학사적으로 고찰해 보도록 하겠다.

1) 프롬의 인간관과 욕망관

쇼펜하우어 같은 사람들은 인간과 동물이 근본적으로 동일한 생존에의 욕망에 의해서 규정되는 존재라고 보고 있다. 이에 대해서 프롬은 인간과 동물은 근본적으로 다른 존재라고 보며, 이에 따라 인간은 동물과는 전적으로 다른 성격의 욕망들을 갖는다고 보고 있다.[30]

동물은 자연조건에 대응하는 적응능력을 자연으로부터 부여받는다. 동물이 갖는 그러한 능력을 우리는 본능이라고 부른다. 이에 대해서 인간에게는 자연에 대한 본능적 적응능력이 결여되어 있다. 인간에게는 추위를 막아 주는 털도 없으며, 하늘을 날 수 있는 날개도 없고, 두더지 같이 땅을 파고 들어갈 수 있는 발톱도 없다. 이러한 사실을 고려해 볼 때, 인간은 생리학적인 측면에서는 가장 연약한 존재이며 생존하기에 가장 불리한 존재이다. 따라서 인간은 자신의 삶을 주체적으로 형성하지 않으면 안 된다. 인간이 이렇게 자신의 삶을 주체적으로 형성할 수 있는 능력은 보통 이성이라고 불린다.

인간 각자는 약화된 본능 대신에 이성을 가지고 있기 때문에 자신의 삶을 가능성에 가득 찬 희망의 삶으로 경험할 수도 있지만, 자신의 삶을 궁극적으로 책임져야 할 사람은 자기 자신이라는 사실 앞에서 고독감과 함께 무력감을 느낄 수도 있다. 다시 말해서 인간은 자신이 어떻게 살아야 할지가 분명하게 보이지 않는 세계 안에 무력하게 홀로 던져져 있다고 느낄 수도 있는 것이다. 이러한 고독감과 무력감은 우리가 죽음을 의식할 때 가장 첨예해진다. 인간은 철이 들면서부터는 자신의 삶이 죽음으로 끝난다는 사실을 자각한다. 그리고 인간은 죽음 앞에서 자신이 철저하게 무력한 존재이며 또한 자신의 죽음은 어느 누구도 대신해 줄 수 없고 자신이 홀로 겪어야 한다는 사실을 의식한다. 아울러 우리는 또한 죽음을 생각하면서 우리의 삶은 우리의 모든 노력에도 불구하고 결국은 죽음으로 끝나는 무의미한 것이라는 생각을 하게 되면서 허무감에 빠질 수 있다.

인간의 삶은 이성적인 존재로서의 인간만이 빠져들 수 있는 이러한 고독감과 무력감 그리고 허무감에서 벗어나 자신의 삶을 충만하고 활기있는 삶으로 만들려는 몸부림이라고 할 수 있다. 이 점에서 우리는 인간의 삶을 근본적으로 규정하는 것은 식욕이나 성욕이 아니라 인간에게만 특유한 다음과 같은 욕망이라고 할 수 있다. 그것은 다른 인간들과 사물들 그리고 세계와의 결합을 통해서 고독감에서 벗어나고, 자신이 거주하는 세계를 자신이 그 안에서 활기와 의미를 느낄 수 있는 곳으로 변형시킴으로서 무력감과 허무감에서 벗어나려는 욕망이다. 이러한 욕망은 고독감에서 벗어나기 위해서 결합과 합일을 원하는 욕망으로,

무력감에서 벗어나기 위해서 세계를 자신이 원하는 대로 변형시키려는 창조와 초월에의 욕망으로, 그리고 허무감에서 벗어나기 위해서 지향의 틀과 헌신의 대상을 구하는 욕망으로 나타난다.

(1) 결합과 합일에의 욕망
인간은 고독감과 무력감을 극복하기 위해서 다양한 방법을 개발해 왔다. 술에 만취하거나 마약을 복용하는 것도 결국은 이러한 고립감과 무력감을 극복하기 위해서 행해지는 것이다. 그러나 사람들이 가장 많이 시도하는 방법은 어떤 특정한 집단과 그것이 따르는 관습이나 신앙에 자신을 예속시키는 것이다. 이러한 집단은 혈연사회나 지연사회일 수도 있고 국가나 종교공동체일 수도 있다. 그러나 마약이나 알코올에 의한 도취적 합일에서 이루어지는 합일은 일시적인 것에 지나지 않으며, 자신을 상실하고 집단에 예속됨으로써 이루어지는 합일은 사이비 합일에 지나지 않는다.

고독감과 무력감을 극복할 수 있는 가장 완전한 해결책은 '사랑'이다. 진정한 의미의 사랑에서는 두 사람이 하나가 되면서 동시에 둘로 남아 있는 역설적 현상이 생겨난다. 그리고 이러한 사랑은 결코 한 사람에게 제한되지 않는다. 프롬이 말하는 사랑은 '한' 사람 내지 '하나의' 대상에 대한 관계가 아니라 세계 전체와의 관계를 결정하는 '태도' 곧 '특정한 성격'이다. 만일 내가 참으로 한 사람을 사랑한다면, 나는 모든 사람을 사랑하고 세계를 사랑하고 삶 자체를 사랑하게 된다.[31]

한 개인에 대한 사랑이 인류에 대한 사랑과 분리되어지는 한, 그 개인에 대한 사랑이란 다만 피상적이고 우연적인 것일 뿐이며, 사랑이 아니라 확대된 이기주의일 뿐이다. 진정한 의미의 사랑은 자신의 자율성과 독립성을 상실하지 않은 채 다른 사람, 모든 인류, 자연과의 결합을 경험하는 것이다. 이러한 의미의 사랑은 사랑하는 자의 생명과 성장에 대한 보호와 관심, 책임과 존경이라는 성격을 갖는다. 따라서 이러한 사랑은 맹목적인 것이 아니라 상대방 혹은 세계와 사물들의 진정한 본질을 드러내면서 그들이 자신의 잠재적인 가능성을 발휘하도록 돕는 이성적인 통찰과 결부되어 있다.

(2) 초월과 창조에의 열망

인간은 무력감에서 벗어나기 위해서 자신이 무엇인가를 할 수 있고, 누군가를 움직일 수 있고, 누군가에게 인상을 줄 수 있는 능력을 갖고 있다는 것을 확인하고 싶어 한다. 이러한 능력에 대한 열망을 우리는 초월과 창조에의 열망이라고 부를 수 있다.

그러한 열망이 생산적이고 긍정적으로 나타날 경우 그것은 보고 듣고 생각하고 느끼는 우리의 능력들을 정화함으로써 세계를 보다 정화된 형태로 보고 듣고 생각하고 느끼고 하는 욕구로 나타난다. 즉 그것은 세계를 단순히 자신의 생존을 확보하기 위한 장으로 보는 것을 넘어서 아름다움과 깊은 의미로 충만한 세계로 보고자 하는 욕구로 나타나는 것이다. 이러한 욕구는 근본적으로 오직 인간에게만 특유한 욕구이며, 세계와의 승화된 관계를 통해서 자기 자신의 고귀한 존재를 확인하려는 욕구이다.

그것은 단순히 생존을 위해서 노동하는 것을 넘어서 세계와의 창조적인 관계를 맺으려는 열망이다. 생존을 초월하려는 활동을 우리는 보통 유희라고 부르는데, 이러한 의미의 유희는 예술행위뿐 아니라 종교적인 행위까지도 포함하며, 노동도 단순히 생존을 위한 것이 아니라 자신의 능력을 확인하기 위한 것일 경우에는 노동까지도 포함한다. 우리가 이러한 의미의 유희에 몰입해 있을 때 세계는 우리에게 무력감을 느끼게 하는 낯선 세계가 아니라 흥미롭고 경이로운 세계로 나타난다.

그러나 초월과 창조에의 열망은 부정적인 형태로 나타날 수 있다. 이 경우 그것은 자연이나 다른 사람들을 지배하고 정복하며 사물들을 소유하는 것을 통해서 자신의 힘을 확인하려는 욕망으로 나타난다.

(3) 지향의 틀과 헌신할 대상에 대한 욕구

인간은 본능의 구속에서 벗어나 이성을 갖고 있기 때문에, 세계가 덧없이 생성·소멸하고 있으며 자신은 아무 근거도 이유도 없이 이 세계에 던져져 있다는 사실을 발견하게 된다. 인간은 이렇게 낯선 세계에 던져져 있으면서도 이 세계를 자신이 살아야 할 세계로서 인수하지 않으면 안 된다. 이러한 상황에 직면하여 인간은 세계와 자신이 존재하는 의미와 자신이 어떻게 살아야 하는지에 대한 의문에 사로잡히게 된다. 인간은 세계와 자신의 존재의미를 밝혀주고 자신이 세계에서 어떻게 살고 행동해야 할지를 지시하는 지향의 틀을 갖고자 하는 것이다.

여기서 말하는 지향의 틀이란 한갓 머릿속에 머무르는 관념체계에 그쳐서는 안 된다. 만약 인간이 육체를 소유하지 않고 순수하게 지성만을 가지고 있다면 하나의 포괄적인 관념체계에 지나지 않는 지향의 틀만으로도 충분할지 모른다. 그러나 인간이 정신과 아울러 육체를 갖는 존재인 한, 사고뿐 아니라 행동이나 감정의 차원에서도 인간을 강력하게 사로잡을 수 있는 지향의 틀이 필요하다. 이렇게 사고뿐 아니라 인간의 존재 전체를 사로잡는 지향의 틀은 보통 절대적이고 무한한 존재를 중심축으로 갖는다. 이는 인간은 자신의 삶의 무상함과 무력함을 의식하면서 자신의 삶이 영원성과 충만한 힘을 갖기를 바라기 때문이다.

인간은 절대적이고 무한한 존재에 귀의하는 것을 통해서 영원성과 아울러 그 어떤 상황에서도 흔들리지 않는 충만한 힘을 갖고자 한다. 따라서 인간의 존재 전체를 사로잡는 모든 지향체계는 이러한 절대적이고 무한한 존재를 체계의 중심에 가지며 이러한 존재에 대한 헌신을 요구한다. 이러한 헌신의 대상은 인간의 모든 욕망과 에너지를 하나의 방향으로 통합하고 그것에 절대적인 확실성을 부여하는 것을 통해서 그를 모든 종류의 의심과 불안에서 해방시킨다.

인간에게 자신을 헌신할 대상을 지시하는 지향체계는 세계의 근거와 의미 그리고 그 안에서의 인간의 위치에 대한 이해를 제공해야만 한다. 세계 전체에 대한 이러한 이해를 마련해주는 것은 보통 종교였다. 이 경우 프롬은 종교라는 단어를 극히 넓은 의미로 사용하고 있으며, 그것은 '집단이 공유하는 사상과 행위의 체계로서 개인에게 지향체계와 헌신의 대상을 제공하는 모든 것'을 가리킨다.[32] 이런 의미에서 종교는 인간과 문화가 존재하는 모든 곳에서 존재하며, 심지어 무신론이 지배하는 곳에서도 존재한다. 그 경우 사람들은 동물이나 나무, 씨족이나 부족, 민족이나 인종 그리고 어떤 특정한 계급, 눈에 보이지 않는 신, 고상한 인물, 악마와 같은 지도자들, 돈이나 성공을 헌신의 대상으로서 숭배하는 것이다. 이러한 대상들은 인간의 독립과 성장을 돕는 존재일 수도 있는 반면에, 인간을 예속하고 그의 성장을 막는 우상일 수도 있다.

지향체계와 헌신의 대상을 발견하는 것과 관련하여 한 인간에게 일차적으로 문제가 되는 것은 불안의 해소이지 진실의 확보가 아니다. 따라서 우리 인간은 그러한 열망으로 인해서 불합리한 정치적인 교리나 종교적인 교리에 쉽게 빠지게 된다. 그러한 교리를 신봉하고 있지 않는 사람들의 눈으로 보면 그것은 분명히 말도 안 되는 이론체계에 불과한 것임에도 불구하고 그것을 신봉하는 사람들을 철저하게 사로잡는다. 사람들은 지도자들의 암시적인 영향력이나 암시에 걸리기 쉬운 인간의 성질에서 그러한 경향의 원인을 찾지만, 그러나 이것이 원인의 전부는 아니다. 지향체계와 헌신의 대상에 대한 욕구가 본래 강렬하지 않다면, 인간은 그렇게 쉽게 암시에 걸리지도 않을 것이다.

2) 인간만이 갖는 욕망의 의의

결합과 초월에의 욕망과 지향의 틀과 헌신할 대상에 대한 욕망은 생리적 욕구가 만족된 후에 비로소 나타나는 것은 아니다. 그것들은 인간 존재의 근저에 있는 것이며, 인간의 모든 사고와 행동을 근본적으로 규정하는 것이다. 따라서 사람들이 성적 만족을 얻을 수 없거나 굶주리고 있기 때문에 자살하는 경우는 거의 없지만, 사랑·권력·명성·복수의 욕망을 실현할 수 없었기 때문에는 자살을 택해 왔다.

물론 생활고 때문에 자살하는 사람들도 있지만 이 경우에도 단순히 생활고 자체 때문에 자살하는 것은 아니고 그것이 초래하는 무력감과 고독감 그리고 열등의식 때문에 자살한다고 볼 수 있다. 예를 들어 말하자면, 한국전쟁 직후의 우리나라처럼 대부분의 사람들이 생활고로 시달리는 때에는, 생활고 때문에 자살하는 사람은 극히 드물었다. 이에 반해서 요즘처럼 많은 사람들이 물질적인 풍요를 누리는 상황에서 생활고는 단순한 생활고를 넘어서 열등의식과 무력감 그리고 고독감을 낳기 때문에 사람들은 생활고를 계기로 자살을 하게 된다.

결합과 초월에의 욕망 그리고 지향의 틀과 헌신할 대상에 대한 욕망이 만물에 대한 사랑이라는 형태로 성스러운 것으로 나타나든, 혹은 다른 인간들이나 사물들에 대한 지배와 파괴라는 악마적인 형태로 나타나든, 그것은 자연과 동물의 영역을 초월하는 것이다. 인간에게만 고유한 욕망은 성스럽거나 악마적인 것의 영역에 속한다. 따라서 인간의 복잡한 심리나 욕망은 식욕이나 성욕과 같은 본능적인 동인으로 환원하여 설명할 수 없다.[33]

결합과 초월에의 욕망 그리고 지향의 틀과 헌신할 대상에 대한 욕망이 긍정적인 형태로 나타날 경우에 그것들은 사랑, 친절, 연대, 자유, 그리고 진리를 구하려는 욕망으로 나타나지만, 부정적인 형태로 나타날 경우에는 편협한 이기주의나 지배욕과 소유욕 혹은 광신적인 민족주의나 인종주의와 같은 이데올로기나 광신적인 종교에 자신을 예속하는 것으로 나타난다. 그리고 그러한 욕망을 실현하는 긍정적인 방식은 보다 큰 힘, 기쁨, 자아의 통합, 활력의 감각을 낳는 반면에, 부정적인 방식은 생명력의 저하, 슬픔, 분열과 파괴를 낳는다. 전자의 방식은 생명지향적인 것인 반면에, 후자는 생명을 파괴하는 성격을 갖는 것이다.

그러나 우리가 보통 악이라고 부르는 후자의 방식도 전자의 방식과 마찬가지로 인간에게만 특유한 욕망을 실현하는 하나의 방식일 뿐이다. 가장 잔인하고 파괴적인 자까지도 성자聖者와 동일한 욕망을 갖는 인간이지만, 그는 그러한 욕망을 실현하는 보다 나은 해답을 발견할 수 없었기에 비뚤어지고 병들게 된 인간이다. 이런 의미에서 악은 철저하게 인간적인 현상이며, 인간이 약화된 본능 대신에 이성을 갖고 있기 때문에 생기는 현상이다. 따라서 일부에서 흔히 주장되는 것처럼 인간에게 공격적인 본능이나 파괴적인 본능이 존재한다고 봄으로써 설명하려는 것은 잘못된 것이다.

우리 내부에서는 이성과 욕망이 갈등하는 것이 아니라 프롬이 말하는 근본적인 열망들이 나타날 수 있는 생산적이거나 비생산적인 형태들이 서로 갈등하는 것이다. 구체적으로 말해서 우리에게는 다른 사람이나 사물과 사랑에 의해서 결합하고 싶어하는 열망도 있지만 다른 한편으로는 손쉽게 술과 마약에 의해서 결합을 실현하고 싶어하는 열망도 있다. 우리는 다양한 창조적인 활동을 통해서 자신의 힘을 즐기고 싶어하는 열망도 있지만 다른 한편으로는 다른 인간이나 사물을 지배하고 정복하는 것을 통해서 자신의 힘을 확인하고 싶어하는 열망도 있다. 이러한 열망들 중 생산적인 방식은 우리의 삶에 진정한 활력과 충만한 의미를 부여하기 때문에 우리는 그러한 열망들을 이성적인 열망이라고 부른다. 이에 반해서 비생산적인 방식은 그것들이 우리에게는 외관상으로는 활력과 충만한 의미를 부여하는 것같이 보이지만, 종국에는 우리의 삶을 병들게 하고 공허 속에 남겨두기 때문에 우리는 그러한 열망들을 흔히 비이성적인 열망이라고 부른다.

이렇게 볼 때 이성과 욕망이 우리 안에서 싸우는 것이 아니라 이성적인 열망과 비이성적인 열망이 서로 싸우는 것이다. 그런데 우리는 어떠한 열망이 이성적인 열망이고 비이성적인 열망인지 쉽게 알 수 없다. 나치즘을 신봉하던 사람이나 광신적인 볼셰비즘을 신봉하던 사람들은 자신들이 철저하게 이성적인 사람이고 오히려 다른 사람들을 비이성적인 인간이라고 믿었다. 따라서 우리가 비생산적인 열망이 아니라 생산적인 열망을 실현하기 위해서는 따뜻한 마음과 함께 냉철한 지혜가 필요한 것이다.

3) 인간과 사회

모든 인간에게는 결합과 초월에의 욕망 그리고 지향의 틀과 헌신할 대상에 대한 욕망을 생산적인 방식으로 실현할 수 있는 선善의 가능성과, 비생산적이고 파괴적인 방식으로 실현할 수 있는 악의 가능성이 항상 함께 존재한다. 그런데 공산주의와 같은 유토피아를 꿈꾸던 사상가들은 그러한 유토피아가 단순한 공상이 아니라 현실이 될 수 있다는 주장을 뒷받침하기 위해서, 인간의 편협한 이기주의적 성향과 파괴적인 성향을 과소평가하면서 인간을 지나치게 낙관적으로 고찰하는 경향이 있었다.

그들에 따르면 인간은 원래 선함에도 불구하고 잘못된 사회적 환경 때문에 타락하게 되었기 때문에 그러한 사회적 환경만 철폐하면 인간은 본래의 선한 본성을 회복하고 이상적인 사회를 건설할 수 있다는 것이다. 그러나 이러한 낙관론은 역사의 진행 과정에서 철저하게 부정되었다. 인간의 선한 성향을 믿고서 유토피아를 건설하려고 했던 시도는 오히려 전체주의라는 괴물을 낳고 말았다.

그 결과 이러한 낙관론에 대해서 공격성을 인간의 선천적인 본능으로 보는 견해가 대두되었다. 그러나 이러한 비관론 역시 역사 앞에서 부정된다. 인간에게 공격성이라는 선천적인 본능이 존재한다면 인간 사회에는 항상 동일한 정도로 잔혹과 파괴가 존재할 수밖에 없을 것이기 때문이다. 이에 대해서 어떤 시대와 어떤 지역은 보다 평화로웠던 반면에, 어떤 시대와 지역은 보다 갈등과 분쟁이 많았다.

인간에게 존재하는 편협한 이기주의나 공격성은 단순히 사회적 환경의 산물이나 인간의 본능이 아니라 이성적인 존재로서의 인간에게 존재하는 잠재적 가능성들이다. 그렇기 때문에 사회적 환경이 유토피아적으로 바뀐다고 하여 금방 사라질 수 있는 것이 아니다. 그럼에도 그것은 성욕이나 식욕과 같은 본능이 아닌 하나의 잠재적인 가능성이기 때문에 우리는 그것이 현실화되는 것을 막을 수 있으며, 그러한 악으로 향하는 에너지를 창조적이고 생명을 긍정하는 방향으로 유도할 수 있다.

인간은 인간 특유의 욕망을 충족시키려는 동일한 성향을 가지고 있을 뿐 천성적으로 선하지도 악하지도 않다. 우리는 인간이 사랑을 통한 합일을 추구하는 선한 잠재적 가능성을 가지고 있다는 것을 인정하면서도, 편협한 이기주의에 빠져서 소유와 지배에 탐닉할 수 있는 악한 잠재적 가능성을 갖는다는 사실도 인정해야 한다. 따라서 바람직한 사회는 인간의 이러한 양면성을 고려하면서 인간이 자신들의 욕망을 긍정적이고 생산적으로 실현하는 것을 돕는 사회라고 할 수 있다.

인간이 갖는 이러한 양면성을 고려하는 정치철학적인 방안으로 플라톤이나 니체는 엘리트주의를 주창하고 있다. 그들은 인간 특유의 열망을 생산적으로 실현하는 것은 탁월한 소수를 제외한 대부분의 사람들에게는 쉽지 않다고 본다. 따라서 이들은 소수가 다수를 지도하고 이끄는 사회를 구상하게 된다. 이에 대해서 프롬은 인간의 열망을 생산적인 방식으로 구현하는 것을 도울 수 있는 사회체제를 '휴머니즘적인 사회주의사회'로 보고 있다.[34]

4) 프롬의 욕망관의 의의

우리는 쇼펜하우어가 앞에서 욕망에서 벗어나는 길로서 의지부정을 내세우고 '무'에로 돌아갈 것을 설파하고 있다는 것을 보았다. 그러나 이러한 쇼펜하우어에 대해서 프롬은 우리가 보통 빠져 있는 세속적인 욕망들이란 사실은 인간들이 갖는 근원적인 열망들이 병적으로 나타난 것들이라고 볼 것이다. 온갖 감각적인 쾌락을 주는 사물들에 대한 욕망이나 알코올 혹은 마약에 대한 욕망 혹은 이성異性에 대한 맹목적인 집착은 결합과 합일에의 욕망의 병적인 형태이며, 자신에게 힘을 준다고 생각되는 재산과 명예에 대한 욕망은 초월과 창조에의 열망의 병적인 형태다.

아울러 프롬은 이러한 병적인 욕망으로부터의 탈출구로서 쇼펜하우어가 제시하는 모든 종류의 욕망에 대한 부정과 세상으로부터의 도피는 병적인 욕망들의 진정한 극복이 아니라 인간들의 창조력을 마비시키는 것으로 볼 것이며, 쇼펜하우어의 철학 자체를 하나의 병적인 현상이라고 볼 것이다. 프롬은 쇼펜하우어의 이러한 대안에 대해서 인간의 근원적인 욕망들을 생산적으로 구현할 것을 주장한다. 필자는 프롬의 이러한 사상은 힘에의 의지에 대한 니체의 사상과 극히 근접해 있다고 생각한다. 아니, 프롬의 사상은 니체의 사상뿐 아니라 플라톤과 아리스토텔레스의 사상과도 근접해 있다고 본다.

니체나 하이데거가 자신들의 철학 이전의 서양철학 전체를 퇴락한 철학으로 비판하는 반면에, 프롬은 플라톤 이래 니체와 하이데거에 이르는 서양 철학사 전체에는 일정한 연속성이 존재한다고 본다. 따라서 에리히 프롬은 플라톤에서 니체 그리고 마르크스와 프로이트에 이르는 서양 철학의 성찰과 유대교 신비주의와 그리스도교 신비주의 그리고 불교와 같은 위대한 종교들의 성찰을 종합하고 있는 것이다.

니체와 하이데거 철학이 20세기 후반 이후의 지성계를 풍미하면서 플라톤 이래의 서양의 형이상학의 역사를 이원론적인 것으로 보면서 단죄하는 지적인 분위기가 지배하게 되었지만, 필자는 플라톤 이래의 비금욕주의적인 서양철학의 흐름 속에서 일정한 연속성을 보는 프롬의 견해가 오히려 이들 사상가들 사이에 단절을 상정하는 견해보다도 훨씬 더 철학사의 실제에 부합된다고 생각한다. 이러한 입장에서 필자는 위에서 니체의 사상이 플라톤과 아리스토텔레스의 사상과 어떤 점에서 근친성을 갖는지를 밝히려고 하였다.

프롬은 플라톤이 말하는 인간의 근본적인 열망으로서의 에로스나 아리스토텔레스가 말하는 인간이 자신의 이성적인 본질을 실현하려고 하는 열망, 그리고 니체가 말하는 힘에의 의지가 결국은 동일한 것을 가리킨다고 보았다. 즉 그것은 프롬 자신이 말하는 근본적인 열망들이다. 따라서 그것들은 프롬이 말하는 것처럼 긍정적인 방식으로도 그리고 비생산적이고 부정적인 방식으로도 실현될 수 있다.

플라톤이 말하는 에로스는 자칫 비생산적인 방식으로 실현될 수 있다. 사람들은 절대적이고 진정한 선을 열망하지만 많은 경우 그것들을 아름다운 육체로 착각하고 그것에 집착한다. 그리고 아리스토텔레스가 말하는 중용의 덕도 쉬운 것은 아니다. 우리는 보통 중용을 놓치고 과도하거나 모자란 것을 중용으로 착각하고 고집하는 경우가 많다. 그리고 니체가 말하는 힘에의 의지 역시 우리가 앞에서 본 것처럼 병적으로도 실현되는 가능성들이 많다. 이렇게 볼 때 플라톤과 아리스토텔레스 그리고 니체는 프롬이 말하는 근본적인 열망들을 생산적이고 긍정적으로 실현하는 방식들을 고민한 사람들이라고 볼 수 있다. 그리고 2,500년이 넘는 세월 동안 플라톤과 아리스토텔레스가 니체 못지않게 사람들에게 가르침과 감명을 주는 것도 그들이 설파하는 철학이 우리가 삶을 진정으로 힘 있고 충만하게 사는 데 도움을 주기 때문이다.

6. 푸코와 들뢰즈, 그리고 서양의 전통철학

필자는 앞에서 니체를 서양 형이상학의 비금욕주의적인 흐름과의 연속선상에서 보려고 시도했다. 반면 푸코와 들뢰즈는 니체의 철학을 서양 형이상학의 전통과 가장 대척적인 입장에 서 있는 것으로 보고 있다. 이와 함께 그들은 마르크스나 프로이트보다도 니체를 근대의 합리적인 관리사회로부터 사람들을 해방시킬 수 있는 사상적인 기초를 놓은 사람으로 평가하고 있다. 그들에 따르면 니체야말로 진정한 좌파이고 마르크스나 프로이트는 우파에 속한다.

전통 형이상학에서는 이성과 욕망 사이의 대립이 문제되었던 반면에, 푸코와 들뢰즈에서는 이른바 합리적인 권력과 욕망 사이의 대립이 문제가 되고 있다. 이 점에서 푸코와 들뢰즈의 입장은 우리가 위에서 살펴본 빌헬름 라이히와 마르쿠제의 입장과 근본적으로 유사해 보인다. 마르쿠제는 20세기의 서구사회를 억압적인 관용이 지배하는 사회로 규정하면서 표면적인 관용 아래 실질적으로는 모든 종류의 비판적인 사고가 억압된 일차원적인 사회로 보았다. 이와 마찬가지로 들뢰즈나 푸코는 계몽주의가 지배하는 근대 이후의 서구의 역사는 실질적으로는 이성적인 합리성을 구현한다는 외피 아래 사실은 인간들의 자발적인 욕망을 철저하게 억압하는 규율을 내면화한 시대라고 비판하고 있다.

그들에 따르면 근대사회는 사람들의 욕망이 해방된 사회인 것처럼 보이지만 사실은 신체와 정신이 사람들이 알지 못하는 가운데 통제되고 있으며, 보이지 않는 권력에 대해서 자발적인 복종이 강요되고 있는 사회다. 즉 근대사회는 부드러운 관리사회라는 것이다.

1) 푸코에 있어서 권력과 욕망

푸코에 의하면 근대 이후의 합리적인 권력은 사람들을 단순히 감금하고 감시하는 것이 아니라, 무엇이 정상이고 무엇이 비정상인지에 대한 지식을 사람들에게 각인시키고 이러한 지식에 따라서 사람들을 끊임없이 판정함으로써 사람들을 일정한 틀로 형성한다. 그것은 무엇보다도 사람들의 욕망을 특정한 방향에로 주조한다. 이러한 주장과 함께 푸코는 근본적으로는 니체의 『도덕의 계보학』에서 제시되고 있는 시각을 수용하고 있다. 니체는 형벌체계의 역사적인 전개를 신체에 대한 직접적으로 물리적인 폭력(고문)에서 주체에 대한 정교하면서도 완화된 지배로 나아가는 과정으로 보고 있는 바, 푸코는 광기의 역사에 대한 분석이나 감시와 처벌의 역사에 대한 분석에서 니체의 이러한 시각을 그대로 수용하고 있다.

즉 광기에 대한 지배는, 르네상스 이후의 고전주의 시대에는 광기를 게으른 질병으로 간주하고 광인들을 '불량하고 게으른 사람들'로 간주하면서 대대적으로 감금하는 식으로 행해졌다.[35] 이에 대해서 18세기 후반부터는 광인들은 정신의학의 관리대상이 되었다. 즉 고전시대와는 달리 광인들은 범죄자나 극빈자들과는 전혀 다른 부류의 사람들로 구분되면서 광인들은 욕망의 조절이 어렵거나 정신발달에 장애가 있는 사람들로 규정되었다. 이와 함께 광인들은 감금에서 풀려나 가족적인 분위기 아래 운영되던 치료시설에 수용되었다.[36]

그러나 푸코는 외관상으로는 인도주의적으로 보이는 이러한 조치들이 사실은 광인들의 정신을 보다 효과적으로 장악하는 것을 목표하고 있다고 보았다. 광인은 정신의학적 담론에서는 철저하게 비이성적이고 비정상적인 인간으로 간주되었다. 따라서 광인들은 항상 타인의 시선을 의식해야만 하며 타인들로부터 정상적인 인간이라는 평가를 받기 위해서 노력해야만 한다. 광인은 이렇게 자신이 비정상이이라는 것을 깨닫고 정상적인 부르주아적인 합리성을 갖추도록 강요되면서 자신에 대해서 죄의식과 열등의식을 갖게 된다.[37] 광인들은 육체적으로는 아니지만 정신적으로 고문을 당하게 되는 것이다. 광인들은 고전시대에는 육체적으로만 부자유했을 뿐 정신은 자유로웠던 반면에, 정신의학 개혁운동이 시작된 이후부터는 정신적인 자유마저도 상실하게 되었다.

아울러 푸코는 18세기 이전의 유럽에서 성욕에 대한 관리는 주로 그리스도교회에서 주도하는 고해성사를 통해서 이루어진 반면에, 18세기 이후부터는 성욕에 대한 관리가 국가의 위탁과 주도 아래 의학을 비롯한 과학이 행하는 방식으로 바뀌게 되었다고 보고 있다. 이와 함께 소년들과 광인들, 범죄자들과 동성애자들의 성행동이 과학적으로 분석되었다. 그 이전에 동성애는 범죄로 간주되었지만 동성애자는 변태적인 특수한 인간집단으로 간주되었고, 노출증환자 등 다양한 형태의 변태적인 성행동들이 의학적으로 분류되고 분석되었다.

푸코는 동양이 세련된 사랑의 기술(ars erotica)을 창조했다면 근대 서구문화는 세련된 쾌락보다는 개인의 통제를 목표로 하는 성에 대한 과학(scientia sexualis)을 개발했다고 보았다. 푸코는 이러한 성과학의 근저에는 중세 이래로 심화되어 온 고백의 문화가 있었다고 본다. 고백은 근대에 들어와 문화가 전반적으로 세속화되면서 보편적인 것이 되었다. 서구인은 고백하는 동물이 되었고, 이러한 고백문화는 규율과 감시의 문화와 함께 인간을 온순한 동물로 만드는 데 기여했다.[38] 이른바 이성적인 주체로서의 인간은 고백의 문화가 지배해 오면서 '복종하는 주체'가 되었다는 것이다.

2) 푸코의 철학과 서양의 전통철학

푸코의 이상의 분석을 보면, 푸코가 성욕을 비롯한 욕망들에 대한 국가적인 관리를 일방적으로 비판하면서 욕망들의 무분별한 해방을 주창하는 것 같이 보인다. 그리고 이 점에서 푸코는 플라톤이나 아리스토텔레스처럼 절제를 주장하는 서양의 고전철학의 전통과 전혀 입장을 달리하는 것처럼 보인다. 그러나 나중에 푸코는 『성의 역사』 제2부인 『쾌락의 활용』에서 보는 것처럼 플라톤이나 아리스토텔레스의 입장과 실질적으로 다를 바 없는 입장을 표방하게 된다.[39]

푸코는 그리스인들이 그리스도교도들처럼 성을 죄악으로 보지는 않았지만 그렇다고 해서 성적인 방종을 인정하지도 않았다고 본다. 이들은 성욕의 절제를 중요한 가치로 인식했다. 푸코는 성에 대한 고대 그리스인들의 태도에서 주체의 긍정적인 자기 제어가 있을 수 있다는 사실을 시사하고 있는 것이다. 이러한 주체는 개인에 대한 사회적 지배와는 아무런 관련도 없는 건강한 주체이며, 니체가 말하는 주권자적인 개인(das souveraine Individuum)이라고 할 수 있다.[40]

3) 들뢰즈의 니체 해석

주지하다시피 들뢰즈는 자신의 사상이 니체의 사상을 계승 발전시키는 것으로 보고 있다. 실로 들뢰즈는 자신의 사유도정의 처음부터 끝까지 니체의 사상을 비판하기보다는 그것을 긍정적으로 해석하면서 자신의 사상을 전개하고 있다.[41] 이런 맥락에서 여기서는 니체의 사상에 대한 들뢰즈의 해석을 살펴보는 것으로 들뢰즈의 사상에 대한 분석을 대체하기로 한다.

우선 들뢰즈는 니체가 인간의 근본적인 욕망으로 간주하는 힘에의 의지가 흔히 오해되는 것처럼 다른 사람들을 지배하고 싶은 욕망이 아니라는 사실을 드러내는 데서부터 출발한다. 힘에의 의지를 '지배욕'이라는 의미로 해석할 경우에 그것은 불가피하게 기존의 가치들에 의존하는 것이 되고 만다. 전통 형이상학이나 기독교적인 가치가 지배하는 가운데 지배자의 위치를 점하는 사람들은 그들에게 복속되고 있는 사람들 못지않게 힘에의 의지가 병들어 있는 자들이다. 이에 대해서 진정한 의미에서의 힘에의 의지란 아직 승인되지 않은 새로운 가치를 창조하는 숨은 원리다.

진정한 의미의 힘에의 의지는 긍정하고 창조하는 것이지만, 병적인 의미의 힘에의 의지는 부정하는 성질을 갖는다. 긍정하는 의지가 생의 고통과 즐거움 그리고 다양성을 긍정하는 반면에, 부정하는 의지는 그것들을 부정한다. 긍정하는 의지가 생의 고통과 즐거움을 긍정하면서 자신에 대해서 긍지를 품는다면, 부정하는 의지는 그렇게 긍정하는 의지를 타락하고 악한 것으로 단죄하고 부정하면서 자신을 선한 존재로 내세운다. 생성과 다양성을 긍정하는 의지로부터는 새로운 가치를 자유롭게 창조하는 능동적인 힘이 비롯되는 반면에, 생성과 다양성을 부정하는 의지로부터는 기존의 가치에 얽매이는 반동적인 힘이 비롯된다.

그러나 우선 대개는 반동적인 힘들이 승리를 거두고, 부정하는 힘에의 의지가 승리한다. 생은 생성과 다양성에서 비롯되는 불안에서 벗어나는 대가로 기존의 억압적인 가치에 순응하는 것이다. 이렇게 반동적인 힘들과 부정의 의지가 공동으로 승리하는 것을 니체는 '니힐

리즘' 혹은 노예들의 승리라고 부른다. 이들 연약한 자들, 즉 노예들은 자신들의 힘을 합하는 것에 의해서 승리하는 것이 아니라 다른 사람의 힘을 빼는 것에 의해서 승리한다. 그들은 자신들이 갖는 전염시키는 힘에 의해서 승리한다. 모든 생이 병들게 되고 모든 인간들이 노예가 되는 것에 의해서 니힐리즘이 승리를 거둔다.

그러나 노예들이 권력을 갖고 지배한다고 해도 노예라는 데는 변함이 없으며, 연약한 자들은 계속해서 연약한 자로 머문다. 반동적인 힘들이 지배해도 그것들이 반동적인 것이라는 데는 변함이 없다. 우리의 지배자들은 모두가 노예가 된 상태에서 승리하는 노예들이다. 니체는 유럽인들을 길들여진 인간으로 보고 있으며 근대국가를 개미떼와 같은 것으로 묘사하고 있다. 거기에서 우두머리와 권력자들은 고귀함이 아니라 자신들의 저열함에 의해서, 자신의 저열함과 광대짓을 전염시킴으로써 승리하는 것이다. 부정하는 힘에의 의지가 승리할 때만 힘에의 의지는 기성의 가치들에 영합하면서 타인들을 지배하기를 원하는 의지가 된다. 즉 그것은 기성의 가치들을, 즉 화폐, 명예, 권력 등을 자신의 것으로 요구하고 자신의 것으로 만드는 것을 의미한다. 이런 의미에서 들뢰즈는 다음과 같은 니체의 말을 니체의 가장 위대한 말 중의 하나로 인용하고 있다.

"우리는 강한 자들을 약한 자들의 공격으로부터 지켜야만 한다."[42]

이렇게 노예들이 승리하면서 생은 가치를 잃고 능동적이기를 그치며 그것의 가장 연약한 형태들로, 즉 소위 영원불변의 신적인 가치들과 양립할 수 있는 병약한 형태들로 전락한다. 철학에게 그 결과는 심대한 것이었다. 왜냐하면 철학은 생보다도 우월한 것으로 간주되는 가치들을 비판하면서 새로운 가치들을 창조하는 것이 아니라 용인된 가치들을 정당화하는 것으로 전락하게 되기 때문이다.

철학자들은 더 이상 생리학자이거나 의사가 아니고 형이상학자가 되며, 더 이상 시인이 아니고 '공적인 교사'가 된다. 그들은 자신들이 진리와 이성의 요구에 복종한다고 말하지만 이성적이지 않은 힘들, 즉 국가, 종교, 기존의 가치들에 봉사하는 자들일 뿐이다. 소크라테스 학파로부터 헤겔주의자에 이르기까지의 철학사는 오랜 복종의 역사이며, 그러한 복종을 하지 않을 수 없는 이유를 제시해 온 역사다. 따라서 미래의 철학으로서의 참된 철학은 영원한 것도 역사적인 것도 아니다. 그것은 반시대적인 것이어야만 한다.[43]

부정하는 힘에의 의지에 반反해, 긍정하는 힘에의 의지는 생으로부터 기존의 가치라는 짐을 제거하며 춤, 경쾌함, 웃음을 자신의 특성으로 갖는다. 그것은 생의 발랄한 생성과 흐드러진 다양성을 짓누르는 획일적인 가치의 짐을 떨쳐 버리고, 경쾌하게 춤추고 웃으면서 생의 고통과 즐거움을 흔쾌하게 받아들인다. 다수성에 대한 긍정에는 다양한 것에 대한 진정한 기쁨이 존재한다. 이와 반대로, 부정하는 힘에의 의지는 부정적인 감정이나 슬픈 정념에 높은 가치를 부여함으로써 자신의 권력을 확보한다. 부정하는 힘에의 의지는 생성을 유죄로 판정하면서 고정불변의 존재 안으로 흡수되고 해소되어야 할 것으로 본다. 또한 그것은 다수성 역시 부당하고 단죄되어야 하며 '일자(궁극적 실체)' 안으로 흡수되고 해소되어야 할 것으로 본다.

4) 푸코와 들뢰즈의 철학이 갖는 의의

들뢰즈의 이러한 니체 해석은 위에서 내가 행한 니체 해석과 근본적으로 다를 바 없다고 생각한다. 아울러 나는 들뢰즈가 니체를 빌려서 말하는 긍정하는 힘에의 의지는 프롬이 제시하는 근원적인 열망의 생산적인 형태와 본질적으로 동일하다고 본다. 그리고 나는 위에서 니체와 프롬의 사상이 플라톤과 아리스토텔레스와 상통하는 면이 있다는 것을 제시하려고 했다.

이렇게 본다면 우리는 푸코와 들뢰즈 그리고 니체 사이에는 물론이고, 푸코와 들뢰즈와 플라톤 및 아리스토텔레스 그리고 여기에서는 다루지 않았지만 토마스 아퀴나스나 스피노자, 헤겔과 마르크스에 이르는 서양철학의 비이원론적이고 비금욕주의적인 전통에는 일정한 연속성이 있다고 인정할 수 있을 것이다. 모든 전통을 파괴하고 무엇인가 혁신적인 것을 주창하는 것처럼 보이는 사상가들도, 결국은 인간이 자신의 욕망을 어떻게 다룰 것인가에 대해서는 서양의 전통 철학자들과 의견을 함께 하고 있는 것이다.

푸코와 들뢰즈의 철학이 갖는 서양의 비금욕주의적인 철학 전통과의 이러한 연속성에도 불구하고 필자는 그들의 입장이 이러한 철학전통과 아무런 차이가 없다고 보는 것은 아니다. 주지하다시피 플라톤이나 아리스토텔레스와 같은 철학자들만 해도 자신들의 시대적인 한계 때문에 가부장적인 제도를 비롯하여 노예제도 등을 인정했다. 이에 대해서 푸코나 들뢰즈는 여성이나 노동자 계층은 물론이고 광인이나 동성애자들, 이민자들, 소수민족들, 심지어 매춘들과 같은 소수자들이 얼마나 부당하게 비정상적이고 비이성적인 존재들로 간주되었는지

를 드러냈었다.[44]

　이와 동시에 그들은 외관상으로는 합리적으로 운영되는 것처럼 보이는 근대의 사회구조와 문화구조에 의해서 사람들의 정신과 신체가 얼마나 왜곡되어 있는지를 드러내었다. 플라톤과 아리스토텔레스가 욕망의 절제를 강조하는 반면에 푸코나 들뢰즈는 욕망을 억압하고 왜곡시키는 권력에 대한 비판에 주안점을 두고 있는 것이다.

　필자는 푸코와 들뢰즈의 이러한 문제의식과 철학적 작업 역시 큰 의의를 가지고 있다고 본다. 다만 푸코와 서양의 비금욕주의적인 철학 전통 사이에는 서로 간의 차이에도 불구하고 일정한 연속성이 있다고 보는 것이며, 차이 못지않게 이러한 연속성을 인정하는 가운데 우리는 서양철학의 역사에서 인간과 욕망에 대해서 보다 많은 철학적인 통찰을 얻을 수 있다고 말하고 싶다.

7. 욕망－고통의 굴레인가, 아니면 삶의 원동력인가?

　이 글의 집필을 위촉받았을 때 필자는, '욕망, 삶의 동력인가 괴로움의 뿌리인가'를 화두로 해 줄 것을 부탁받았다. 에리히 프롬의 욕망론을 논한 부분에서 나는 이미 이러한 물음에 대한 답을 제시했다고 생각한다. 프롬이 말하는 인간의 근원적인 욕망이 비생산적으로 나타날 때 그것은 인간을 수동적이고 의존적이며 교조적이고 이기적으로 만들면서 고통에 빠뜨린다. 이에 반해서 그것이 생산적으로 나타날 때 그것은 인간을 능동적이고 독립적이고 개방적이며 자신과 함께 남들과 만물을 배려하면서 건강하고 의미 있는 삶을 가능하게 한다.

필자는 플라톤에서 니체와 푸코와 들뢰즈에 이르는 서양철학의 역사는 궁극적으로는 인간의 근원적인 욕망을 어떻게 하면 생산적으로 만들 수 있는지를 고민해 온 역사라고 생각한다. 그리고 심지어 금욕주의적인 철학들도 사실은 동일한 고민을 해 왔다고 생각한다.

다만 금욕주의적인 철학은 프롬이 말하는 근원적인 욕망들이 나타나는 파괴적인 형식들에 경악을 느꼈기 때문에, 그러한 파괴적인 욕망들을 각 개인 자신에게로 향하게 하는 방식을 취하게 했다고 생각한다. 보다 구체적으로 말하면, 금욕주의적인 철학은 인간의 근원적인 열망이 다른 인간들을 정복하고 지배하려고 하면서 서로 간에 투쟁과 갈등을 일으키는 방식으로 나타나는 것에 대해서 경악하면서, 그러한 파괴적인 욕망들뿐 아니라 성욕과 명예욕을 비롯한 모든 종류의 열정 자체를 억압하고 근절해야 한다고 보게 되었다.

이러한 금욕주의적인 철학이 지배하면서 사회와 문화는 순화되고 평화적으로 되었지만 사람들은 병적이고 불행하게 되었다는 것이 서양의 역사에 대한 니체의 비판의 골자였다. 그러나 우리가 플라톤과 아리스토텔레스의 예에서 보았듯이, 비단 플라톤과 아리스토텔레스뿐 아니라 토마스 아퀴나스나 스피노자 그리고 헤겔과 마르크스에 이르는 서양철학의 전통에는 이러한 금욕주의적인 철학을 넘어서 인간의 근원적인 열망을 생산적인 방식으로 구현하는 길에 대해서 고민해 온 면면한 철학적 전통이 있다고 생각한다. 따라서 우리는 이러한 전통 모두를 신체와 욕망을 억압해 온 것으로 단죄할 것이 아니라 그러한 전통에서 우리에게 여전히 큰 도움을 줄 수 있는 통찰들을 배우는 것이 중요하다고 생각한다.

{심리학의 욕망 이해}

욕망의 자각과 조절

권석만(서울대 심리학과)

1. 인간문제에 대한 내향적 접근

우리가 살고 있는 지구에 인류의 조상이 출현한 지 200만 년 이상이 흐른 것으로 추정되고 있다. 인류는 장구한 야만의 세월을 거쳐 이제 소위 문명의 시대를 살아가고 있다. 인간은 만물의 영장으로 진화하여 지구상의 모든 존재를 장악하고 심지어 우주로의 진출을 시도하고 있다. 세상에 대한 지식은 무한히 확대되어 무려 130억 년 전에 발생한 것으로 추정되는 우주 탄생의 비밀이 밝혀지고 있을 뿐만 아니라, 물질의 극미 구조를 밝히는 나노과학도 발전하고 있다. 이제 인간은 우주선을 타고 외계까지 여행할 수 있게 되었고, 컴퓨터의 발달로 정보를 저장하고 처리하는 엄청난 능력을 갖게 되었으며, 지구 어디에서나 다른 사람과 교류할 수 있는 놀라운 통신문화를 이루었다. 의학의 눈부신 발달로 대다수의 질병이 치료될 수 있는 길이 열렸으며, 인간의 수명이 연장되어 이제는 오히려 길고 긴 노년의 삶을 걱정해야 하는 시대가 되었다. 슈퍼마켓과 백화점에는 의식주를 영위할 수 있는 수많은 상품들로 넘쳐나고 있다. 우리는 인류 문명의 모든 혜택을 누리며 행복한 삶을 영위할 수 있는 환경적 여건 속에서 살아가고 있다.

그러나 과연 21세기의 인류는 지구상에서 행복하게 잘 살아가고 있는가? 우리는 과거보다 더 행복한 삶을 누리고 있는가? 이러한 물음에 대해서 긍정적인 대답을 하기는 어렵다. 인류는 여전히 많은 갈등과 문제를 겪고 있다. 국가, 종교, 종족 간의 갈등으로 전쟁과 테러가 끊임없이 이어져 수많은 사람들이 희생되고 있다. 세계화의 흐름은 국가 간 무역장벽을 허물어 이제 모든 국가와 기업은 무한경쟁의 시대에서 새로운 형태의 전쟁을 하고 있다. 물질 중심의 상업주의 문화는 인간을 돈의 노예로 만들어가고 있으며, 양극화 현상은 계층 간 새로운 갈등을 초래할 뿐만 아니라 많은 사람들에게 상대적 결핍감을 유발하고 있다. 특히 한국은 자살률, 이혼율, 40대 돌연사 비율 등에 있어서 OECD 국가 중 최상위권을 차지할 만큼 국민들의 불행감과 스트레스가 높은 국가이다. 2007년 통계에 의하면, 한국은 1인당 GDP 2만불 시대에 접어들었고 국가총생산 규모가 세계 10위권에 속한다. 단군 이래 반만년 역사에서 물질적으로 가장 번성한 시대를 살아가고 있지만, 한국인은 결코 과거보다 행복하지 않다. 이처럼 물질문명이 눈부시게 발달한 21세기에도 인간의 갈등과 불행이 전혀 감소하지 않고 있다는 것은 무엇을 의미하는가? 왜 그런 것일까?

1) 행복에 대한 외향적 입장과 내향적 입장

인간은 누구나 행복을 추구하고 불행을 회피한다. 행복의 원천에 대한 인간의 견해는 그 소재의 인식에 따라 크게 외향적 견해와 내향적 견해로 나누어질 수 있다.[1] 외향적 견해는 인간의 행복이 외부적 요인에 의해서 주어지는 것이라는 관점에서 출발한다. 인간이 살고 있는 물리적·사회적 환경이 인간의 욕구를 잘 충족시키면 행복해지고 그렇지 못하면 불행해진다는 견해이다. 이러한 견해는 자연히 외부환경의 변화와 개선을 통해 불행을 감소시키고 행복을 증진하려는 실천적 노력, 즉 외향적 노력으로 이어지게 된다. 거시적 관점에서 보면, 인간의 행복에 대한 외향적 견해는 물리적 환경의 이해와 개선을 위한 자연과학적 또는 공학적인 기술문명을 발전시키는 정신적 토대가 되었으며, 사회적 환경의 이해와 개선을 위한 사회과학의 발전과 사회변혁의 사상적 바탕을 이루고 있다. 개인적 차원에서 이러한 외향적 견해를 지닌 사람들은 의식주를 포함한 물질적 편의를 획득하고 사회적 지위와 권력을 얻기 위해 노력한다.

외향적 견해의 일례로, 많은 사람들은 돈이 많으면 행복해질 것으로 생각한다. 우리 사회는 돈이 행복을 보장해 줄 것이라는 메시지를 끊임없이 전달하고 있다. 사람들에게 행복해지기 위해 필요한 것을 물으면, 흔히 '돈과 경제적 여유'를 들곤 한다. 그러나 미국에서 이루어진 연구[2]에 따르면, 1950년부터 1990년대에 이르는 기간 동안 개인의 소득 수준은 3배 이상 증가했지만 개인의 행복수준은 거의 증가하지 않았다. 돈은 기난 수준을 벗어나서 의식주나 질병치료와 같은 기본적 욕구를 충족시킬 때까지 행복 수준에 중요한 영향을 미친다. 그러나 이러한 기본적 욕구가 해결된 상태에서는 수입이나 재산이 행복에 미치는 영향은 미미한 것으로 나타났다.[3] 즉 재산과 소득 수준에 비례해서 행복 수준이 증가하는 것은 아니다. 오히려 돈에 큰 가치를 두는 물질주의자들은 그렇지 않은 사람들에 비해서 삶의 만족도가 떨어지는 것으로 보고되고 있다.[4,5] 이처럼 외향적인 노력만으로는 행복을 얻는 데 한계가 있다. 설혹 그러한 방법으로 행복을 얻는다 하더라도 외부적 환경에 근거한 행복은 불안정한 것이다. 환경적 상황이 변화하면 행복도 동요할 수밖에 없기 때문이다. 하물며 생로병사生老病死라는 인간의 근본적인 실존적 문제를 외향적 접근으로 해결하기는 어려울 것이다.

그러나 인간은 기본적으로 외향적인 존재이다. 우리의 감각기관이 외부세계를 향하고 있듯이, 인간은 환경과의 상호작용을 통해서 살아가는 존재이다. 인간은 생존을 위해서 외부 환경을 관찰하고 통제하는 것이 필수적이다. 그러나 이러한 노력이 항상 성공하는 것은 아니다. 환경의 통제에 어려움을 겪거나 불가능한 경우에 인간은 불쾌한 고통을 느끼게 된다. 이 경우에 고통을 줄이기 위해서 인간이 채택하는 방법은 자신을 변화시키는 것이다. 산을 움직이고자 하지만 산이 움직이지 않는다면 우리가 산으로 다가가는 것이다. 자신의 내면적 변화를 통해서 외부 환경과의 갈등을 줄이고 조화를 이루게 될 때, 고통이 감소되고 평안을 느낄 수 있기 때문이다. 이처럼 내면적 변화를 통해서 행복을 얻을 수 있다는 입장이 바로 내향적 견해이다.

내향적 견해는 행복의 근원이 인간의 내면에 존재한다는 관점에 근거한다. 내향적 견해에 따르면, 외부적 환경이나 사건은 그 자체로서 인간의 행복과 불행을 생성하는 속성을 지니고 있지 않다. 인간은 세상을 수동적으로 받아들이는 존재가 아니라 능동적으로 구성하는 존재이기 때문이다. 즉 인간의 행복과 불행은 자신에게 주어진 상황과 사건을 어떻게 심리적으로 구성하느냐에 따라 결정되는 것이다. 행복을 증진하고 불행을 감소하기 위해서는 개인의 내면적 변화가 필수적이다. 이러한 내향적 견해는 인간의 내면적 세계에 대한 탐구와 변화를 위한 노력으로 이어지게 된다. 물론 행복의 근원에 대해서는 외향적 견해와 내향적 견해를 절충하는 다양한 견해가 있을 수 있다.

2) 불교와 심리학

불교와 심리학은 인간의 행복에 대해서 내향적인 입장을 취하는 대표적인 종교와 학문이라고 생각된다. 불교는 외부적 존재 또는 타자인 신神에 의존하지 않고 자신의 마음을 변화시킴으로써 생로병사의 고통에서 벗어나 해탈解脫의 경지를 추구하는 종교이다. 심리학 역시 인간의 마음을 학술적으로 탐구하고 심리적 고통과 장애를 심리적 변화를 통해서 치유하고자 하는 학문 분야이다. 불교와 심리학은 인간문제의 근원을 마음이라는 내면세계에서 찾고자 하는 회광반조回光返照의 노력이라고 생각한다.

따라서 불교와 심리학은 인간의 욕망에 대해서 깊은 관심을 지닐 수밖에 없다. 욕망은 행복과 불행에 영향을 미치는 내면적 근원이기 때문이다. 불교에 있어서 탐욕은 인간을 고해苦海에 빠지게 하는 삼독三毒의 하나로서 경계해야 할 내면적 대상이다. 불교의 기본교리인 사성제四聖諦의 집제集諦는 욕망과 집착이 고통의 근원임을 제시하고 있다. 생로병사를 비롯한 일체의 고통으로부터 벗어난 해탈의 경지에 이르기 위해서는 이러한 욕망과 집착으로부터 자유로워지는 것이 필수적이다. 심리학 역시 인간의 행동과 감정을 유발하는 주요한 심리적 요인인 욕망에 깊은 관심을 가지고 있다. 그 결과 욕망에 관한 많은 연구가 이루어졌으며 다양한 이론들이 제시되고 있다. 또한 대다수의 심리치료는 심리적 고통과 장애를 극복하기 위해서 욕망을 자각하고 조절하는 노력에 초점을 맞추고 있다. 이 글은 심리학의 관점에서 인간의 욕망을 살펴보기 위한 것이다. 욕망에 관한 주요한 이론적 입장들을 소개하고 욕망이 인간의 삶에 미치는 긍정적·부정적 영향을 살펴볼 것이다. 아울러 욕망의 조절에 관한 심리학적 입장과 불교적 입장을 비교하여 살펴보고자 한다.

2. 욕망의 심리학

1) 욕망이란 무엇인가

'욕망'은 우리가 일상적으로 흔히 사용하는 낱말로 학술적인 용어는 아니다. 하지만 욕망이 의미하는 바는 간단하지 않다. 동양에는 본래 욕망이라는 단어가 존재하지 않았으나 서양말의 Desire를 번역하기 위해 만들어진 신조어인 듯하다.[6] 국어사전[7]에 따르면, 욕망欲望은 "누리고자 탐함. 또는 그 마음. 부족을 느껴 이를 채우려고 바라는 마음"으로 정의되고 있다. 욕欲은 "하고자 하다. 바라다. 탐내다. 좋아하다"라는 의미를 지니고, 망望 역시 "바라다. 기대하다. 그리워하다"라는 뜻을 담고 있다. 욕망이란 무언가를 좋아하고 바라면서 어떤 행위를 하고자 하는 내면적인 상태라고 볼 수 있다.

　욕망과 유사한 의미를 지니는 용어들이 많다. 예를 들어, 본능(instinct), 추동(drive), 충동(impulse), 욕구(need), 동기(motivation) 등의 다양한 용어들이 존재한다. 학자에 따라 선호하는 용어들이 다를 뿐만 아니라 이러한 용어들 간의 구분도 모호하다. 일반적으로 심리학에서는 욕망이라는 용어보다 욕구 또는 동기라는 용어를 사용한다. 어떤 학자들은 욕구와 동기를 엄밀하게 구분하여 사용하는 반면, 이 두 용어를 유사한 의미로 사용하는 학자들도 있다.

　심리학자들은 개인이 특정한 행동을 하는 이유를 밝히기 위해서 욕망에 관심을 지닌다. 우리는 매일 다양한 행동을 하며 살아간다. 어떤 순간에 특정한 행동을 하는 이유는 무엇인가? 다양한 행동 중에서 특히 그러한 행동을 선택하여 행하게 되는 이유는 무엇인가? 심리학자들은 개인으로 하여금 그러한 행동을 하도록 추진하는 내면적인 동력이 존재한다고 가정한다. Henry Murray와 같은 심리학자는 이러한 내면적 동력을 다음과 같이 욕구와 동기로 구분하여 사용하고 있다.

(1) 욕구

욕구(need)는 만족하지 못하는 내면적인 상태를 말한다. 편안함과 행복감을 느끼기에는 무언가가 부족한 결핍상태를 의미한다. 인간의 욕망에 대한 초기 연구자인 Murray[8]에 따르면, 욕구는 사람들이 환경에 대해서 어떤 것을 추구하며 행동의 방향을 결정하는 내면적인 힘이다.

　행동에 영향을 미치는 욕구는 두 가지 특성을 지닌다.[9] 첫째, 욕구는 방향성을 지닌다. 즉 행동의 방향에 영향을 미친다. 한 시점에서

할 수 있는 다양한 행동 중에서 어떤 것을 선택하는지에 영향을 미친다. 이러한 욕구는 어떤 특정한 것에 대한 추구이다. 욕구는 어떤 특정한 대상이나 경험과 관련되어 있다. 예컨대, 식욕은 음식을 찾게 만들고, 갈증은 물을 찾게 만들며, 성욕은 이성을 찾게 만든다. 또한 욕구는 접근과 회피라는 두 가지 측면을 지닌다. 욕구는 어떤 대상에 대해서 접근을 하거나 회피를 하려는 것 중 하나이다. 욕구는 대상을 향해서 접근할 것인지 아니면 그로부터 회피할 것인지의 여부를 명확히 해준다. 애정 욕구는 사람에게 접근하게 만들지만, 대인 공포는 사람을 회피하게 만든다.

둘째, 욕구는 행동의 강도에 영향을 미친다. 즉 욕구가 강렬할수록, 특정한 행동을 하려는 강도가 커진다. 여러 가지 장애물이 있음에도 불구하고 어떤 행동을 힘들여 계속하는 것은 그에 대한 욕구가 강하기 때문이다. 또한 욕구의 강도는 어떤 행동을 먼저 하고 다른 것을 다음으로 미루어야 하는지에 대한 우선순위를 정하는 데 영향을 미친다. 욕구가 강렬할수록 그에 관한 행동을 더 빨리 하게 된다.

(2) 동기

심리학자들은 욕구가 행동으로 표출되기까지 상당히 복잡한 심리적 과정을 거친다고 가정한다. 동기는 욕구와 행동 사이를 매개하는 심리적 상태이다. 즉 동기는 내재해 있는 욕구가 특정한 행동에 한 단계 더 가깝게 다가가서 구체화된 심리적 상태를 의미한다. McClelland[10]에 따르면, 동기는 추구하는 목표나 경험에 관한 구체적인 생각들과 그에 대한 열중이나 집착을 의미한다. 즉 동기는 욕구에 인지적 요소와 정서적 요소가 가미된 특정한 생각과 열망 상태를 의미한다. 예를 들어, 갈증은 무언가 목을 축일 수 있는 것을 추구하는 막연한 내면적 상태라면, 동기는 '시원한 물을 상상하고 그것을 찾기 위해 열중하는 상태'라고 할 수 있다. 욕망에 비해서 동기는 추구하는 목표가 좀더 분명하게 구체화된 심리적 상태라고 할 수 있다. 달리 말하면, 동기는 추구하는 것을 좀더 구체적으로 의식한 상태로서 특정한 행동을 하고자 하는 내면적 상태를 의미한다. 예를 들어, 식욕은 영양공급이 결핍된 신체조직에서 발생하는데, 배고픔을 느끼며 음식을 찾는 의식적인 동기로 전환되어 구체적인 행동을 하게 만든다.

(3) 압력

동기는 내면적 욕구에 의해서만 영향을 받는 것이 아니라 외부적 사건에 의해서도 영향을 받는다.[11] 견물생심見物生心이라는 말이 있듯이, 맛있는 음식을 보면 먹고 싶은 마음이 생겨난다. Murray[12]는 이러한 외부적 영향을 설명하기 위해서 '압력'이라는 용어를 사용했다. 압력(press)은 무언가를 얻고자 하거나 또는 피하고자 하는 동기를 만들어내는 외부적 조건을 말한다. 즉 외부적인 유혹을 의미한다. 맛있는 음식을 보게 되면 먹고 싶은 동기가 일어나며, 감금 상태에서는 자유를 얻고자 하는 동기가 강해진다. 인간이 어떤 행동을 하게 되는 이유는 그러한 행동을 추구하는 내면적인 동기가 있기 때문인데, 이러한 동기는 무언가가 결핍된 막연한 불만족 상태를 뜻하는 욕구와 더불어 환경적인 압력에 의해서 영향을 받는다. 이러한 관계를 도식적으로 제시하면 【그림 1】과 같다.

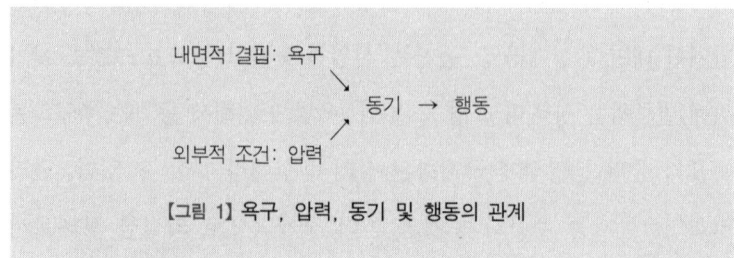

【그림 1】 욕구, 압력, 동기 및 행동의 관계

구체적인 예를 통해서 이러한 개념들을 살펴보자. "원룸에서 혼자 사는 한 청년이 일요일 오전 늦게까지 늘어지게 잠을 자고 나서 눈을 떴다. 무언가 뱃속이 허전함(욕구)을 느낀다. 냉장고가 눈에 띈다. 냉장고에 보관해 놓은 소시지(압력)를 먹고 싶다는 마음(동기)이 생긴다. 냉장고로 다가가서 문을 열고 큰 소시지를 하나 꺼내어 먹는다(행동)." "소시지를 먹고 나니 허기가 가신다. 아무런 할 일이 없다. 심심하다(욕구). TV가 보인다(압력). 일요일마다 오전에 방영하는 재미난 TV 프로그램을 봐야겠다는 마음(동기)이 생긴다. TV를 켜고 채널을 돌려 그 프로그램을 시청한다(행동)." "곧 그 프로그램이 끝나고 나니 재미있는 것이 없다. TV를 끈다. 왠지 허전하고 외로움(욕구)이 느껴진다. 마침 친구에게서 전화가 걸려온다(압력). 그 친구와 만나서 점심식사를 하며 이야기를 나누면 좋겠다는 마음(동기)이 든다. 친구에게 그러한 제안을 하고 만난다(행동)." 이처럼 욕구는 그 목표가 모호한 내면적 결핍상태인 반면, 압력은 어떤 행동을 하도록 유혹하는 외부적 요인이다. 동기는 이러한 두 요인이 결합되어 그 목표가 좀더 명확해진 내면적 심리상태로서 목표지향적인 행동을 하게 만든다.

2) 욕망의 분류

인간이 나타내는 행동이 다양하듯이, 그러한 행동을 추진하는 욕구도 다양하다. 심리학자들은 욕구를 여러 가지 방식으로 구분하고 있다. 우선, 동기는 그 근원에 따라 생리적 욕구와 심리적 욕구로 구분될 수 있다. 생리적 욕구(physiological needs)는 인간의 신체적 조건에 의해서 생겨나는 것으로서 개체의 생존과 종족의 보존에 기여한다. 이러한 욕구에는 음식, 수분, 공기, 체온, 수면, 휴식, 성에 대한 욕구가 해당된다. Murray[13]는 이를 일차적 욕구(primary needs)라고 불렀다. 생리적 욕구는 모든 사람들이 공통적으로 지니는 선천적인 욕구라고 할 수 있다. 반면에 심리적 욕구(psychological needs)는 선천적인 신체적 조건보다 후천적인 경험과 학습에 의해서 더 뚜렷한 영향을 받는 욕구들을 의미한다. 이러한 욕구에는 권력, 성취, 자존감, 친밀감 등에 대한 욕구들이 해당된다. 심리적 욕구는 생리적 욕구로부터 파생된 것일 수도 있으나 개인의 후천적 경험에 의해서 더 많은 영향을 받기 때문에 매우 다양할 뿐만 아니라 개인차가 현저하게 나타난다. Murray는 이를 이차적 욕구(secondary needs) 또는 심인성 욕구(psychogenic needs)라고 명명하면서 그 목록을 다음 표와 같이 제시한 바 있다.

심리적 욕구의 목록

영역	욕구	대표적 행동
무생물에 관한 것	획득	사물을 자신의 소유로 만들기
	질서	사물을 질서정연하게 정돈하기
	보존	사물을 저장하기
	건설	무언가를 만들어내기
애정에 관한 것	친애	타인과 함께 시간 보내기
	거부	타인을 무시하기
	양육	누군가를 돌보기
	의존	타인의 도움을 받기
	유희	재미있는 일을 통해서 기분전환 하기
권력에 관한 것	지배	타인의 행동을 지시하기
	복종	누군가에게 협력하거나 복종하기
	자율	외부적 강요에 저항하기
	공격	타인을 공격하거나 헐뜯기
	굴욕	사죄하거나 자백하기
	비난회피	비난받을 만한 충동을 억제하기
지위방어에 관한 것	굴욕회피	불리한 점이나 실패를 숨기기
	방어	해명이나 변명을 하기
	대응행동	공격이나 비난에 대항하기
야망에 관한 것	성취	장애물 극복하기
	인정	자신의 업적에 대해서 이야기하기
	과시	타인을 놀라게 하거나 감동시키기
정보교환에 관한 것	인식	타인에게 질문하기
	설명	타인에게 정보를 전달하기

이러한 욕구 목록은 인간의 다양한 행동으로부터 유추된 것이다. 그 적절성에 대해서는 논란이 있지만, 인간이 지니는 심리적 욕구의 다양성을 잘 보여주고 있다. Murray에 따르면, 대다수의 사람들이

이러한 욕구를 지니고 있지만 후천적인 경험에 따라서 그 수준이 각기 다르다. 이러한 욕구들은 상당히 독립적이지만 여러 가지 방식으로 서로 관련될 수 있다. 때로는 여러 욕구들이 융합되어 하나의 행동으로 동시에 표현될 수도 있다. 때로는 어떤 욕구가 다른 욕구에 영향을 미칠 수도 있다.

3) 욕망의 위계와 발달

다양한 욕구는 서로 밀접한 관계를 지니고 있으며 체계적으로 발달하는 경향이 있다. Maslow[14,15]는 인간의 다양한 욕구들이 일정한 위계적 순서에 따라 발달한다고 주장하였다. 그는 【그림 2】에 제시되어 있는 바와 같이 인간의 욕구를 다섯 단계로 구분하고 있다.

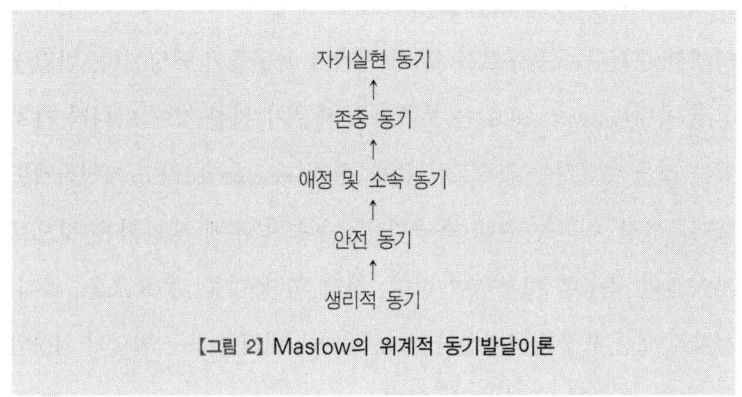

【그림 2】 Maslow의 위계적 동기발달이론

가장 낮은 단계에는 생리적 욕구(physiological needs)가 존재한다. 음식, 물, 호흡, 섹스, 수면, 배설과 같은 기본적인 욕구로서 개체의 생존을 위해 필수적인 것들이다. 둘째는 안전 욕구(safety needs)로서 다양한 위험을 회피하고 안전한 상태를 갈구하는 욕구를 뜻한다. 여기에는 건강, 직장, 가족, 재산 등의 안전을 추구하는 욕구가 포함된다. 셋째는 애정 및 소속 욕구(love/belonging needs)이다. 인간은 다른 사람과 사랑을 주고받으며 집단에 소속하고자 하는 욕구를 지닌다. 넷째는 존중 욕구(esteem needs)로서 자신이 가치 있는 존재라는 것을 느끼고자 하는 욕구이다. 자기긍지와 자기만족을 느끼기 위해 자신을 발전시키려는 욕구이기도 하다. 마지막으로, 가장 높은 단계에 위치하는 것이 자기실현 욕구(self-actualization needs)이다. 이는 자신이 지니고 있는 잠재능력을 충분히 발현하고 인생의 의미와 목적을 성취하고자 하는 욕구이다.

Maslow는 다섯 단계의 욕구를 크게 결핍 욕구와 성장 욕구로 구분하고 있다. 결핍 욕구(deficiency needs)는 무언가 부족하다는 결핍감에 의해서 생겨나는 욕구로서 첫 네 단계의 욕구들이 해당된다. 반면에 성장 욕구(growth needs)는 부족함을 채우기 위한 것이 아니라 가치 있는 것을 추구하는 것으로서 존재 욕구(being needs)라고 지칭하기도 했다. 성장 욕구는 결핍 욕구가 잘 충족된 후에 생성되는 것으로 자아실현 욕구를 비롯하여 진리, 정의, 아름다움, 풍요로움, 의미, 선함에 대한 욕구를 포함한다. 그는 말년에 이러한 욕구 발달의 최상위에 초월 욕구를 추가한 바 있다.

Maslow에 따르면, 욕구는 낮은 단계의 하위 욕구로부터 높은 단계의 상위욕구로 발달해간다. 특히 하위 욕구가 만족되지 않으면 상위 욕구로의 발달이 이루어지지 않는다. 따라서 상위 욕구로의 발달은 하위 욕구의 충족을 전제로 이루어진다. 예를 들어, 배고프고 목마르고 위험에 쫓기는 상황에서 애정 욕구나 존중 욕구는 뒤로 밀려나며, 음식과 물을 찾아 안전한 곳에 피신하려는 욕구와 행동이 우선적으로 나타나게 된다. 뿐만 아니라 애정 욕구가 충분히 충족되지 않은 사람에게는 존중 욕구나 자기실현 욕구가 잘 발달되지 않는다. 하위 욕구의 충족에 의해 상위욕구가 발전하여 행동에 영향을 미치더라도, 하위 욕구에 불만족이 생겨나면 우리의 행동은 하위 욕구의 충족을 위해 퇴행되게 된다. 이렇듯, 인간의 동기는 서로 위계적인 관계를 지니고 있으며 상위 욕구로의 발달은 하위 욕구의 안정된 충족을 필요로 한다.

Alderfer[16,17]는 Maslow의 5단계 욕구위계를 3단계로 축소하여 수정한 욕구위계이론을 제시하였다. 3단계 욕구란 생존욕구, 관계욕구, 성장욕구를 말한다. 생존 욕구(existence needs)는 생존에 필요한 여러 유형의 물질적 및 생리적 욕구를 포함한다. 즉 굶주림, 갈증, 월급, 상여금, 물리적 작업환경에 대한 욕구와 관련된다. Maslow의 욕구위계로 보면, 생리적 욕구와 안전 욕구(물리적 안전)가 포함된다. 생존 욕구는 구체성이 높아서 인간이 지닌 욕구 중 가장 분명하다. 관계 욕구(relatedness needs)는 자신에게 중요한 타인과 친밀하고 신뢰로운 인간관계를 형성하고 유지하려는 욕구를 말한다. Maslow의 안전 욕구(대인관계에서의 안전), 애정 욕구, 존중 욕구(대인관계에서의 자존심) 등과 같은 사회적 동기가 모두 관계욕구에 포함된다고 볼 수 있다. 성장 욕구(growth needs)는 개인이 중요하게 생각하는 능력이나 잠재력을 발전시키려는 욕구를 말한다. 이러한 욕구는 타인과의 비교를 통해서 얻는 자존감이 아니라 스스로 자기 확신을 통해 얻게 되는 자존감의 욕구가 포함된다. 성장 욕구는 Maslow의 자기실현 욕구와 유사하다고 볼 수 있다. Alderfer의 주장은 세 욕구를 지칭하는 영어 명칭의 첫 글자를 따서 E·R·G이론이라고 불리기도 한다. 그는 세 욕구 간의 역동적 관계를 상세하게 설명하고 있는데, 기본적인 내용은 다음과 같다. ①특정한 욕구가 덜 충족될수록 그 욕구에 대한 갈망은 더욱 강해진다. ②한 욕구가 충족되면 상위 욕구가 일어난다. ③상위 욕구의 충족이 좌절되면 하위 욕구가 일어난다.

4) 근원적 욕망

인간의 욕망에 대한 논란 중 하나는 무의식적 욕망에 관한 것으로, 인간은 스스로 자각하기 어려운 무의식적 욕망을 지닌다는 주장이 제기되어 왔다. 특히 근원적인 욕망은 무의식의 저변에서 영향을 미치기 때문에 자각하기 어렵다는 것이다. 이러한 주장에 따르면, 우리가 의식하는 욕구나 동기들은 여러 가지 심리적 기제에 의해서 변형되고 왜곡된 것이다. 그렇다면 근원적인 무의식적 욕망은 어떤 것인가? 이러한 물음에 대해서 다양한 주장이 제기되고 있다.

(1) 다윈과 진화 심리학의 입장

진화론을 주장한 Charles Darwin은 인간의 욕망 역시 진화의 산물이라고 주장한다.[18] 인간은 근본적으로 동물과 다를 바가 없으며, 인간의 욕망은 동물이 지니는 본능(instinct)과 유사한 것이다. 다만 인간은 동물과 달리 본능적 욕망을 통제할 수 있을 뿐이다. 그에 따르면, 인간의 욕망과 행동은 생물학적 구조에 의해서 유발되는 것이다.

그리고 인간의 생물학적 구조는 오랜 진화과정에서 환경에 대한 적응을 위해 선택된 것이다. 따라서 인간의 모든 욕망과 행동은 개체의 생존과 종의 보전을 돕기 위한 것이다.

이러한 다윈의 주장은 현대에 들어와서 진화심리학으로 발전하였다. 진화심리학(evolutionary psychology)은 진화생물학과 심리학이 통합되어 근래에 태동한 새로운 학문분야이다. 진화심리학자들은 진화론의 입장에서 인간의 본성과 심리적 기제를 밝히고자 한다. 즉 인간의 욕망과 행동 역시 진화의 맥락에서 그 기능과 역할을 이해하고자 하는 것이다.

진화심리학자들에 따르면, 인간이 나타내는 다양한 행동들은 생존과 번식을 위한 적응적 가치를 지니고 있다.[19] 첫째, 인간은 생존을 위해서 의식주와 안전에 대한 욕구를 지닌다. 또한 다른 종의 위협으로부터 질병에 이르기까지 다양한 환경적 위협에 투쟁하도록 설계된 불안과 공포를 지닌다. 둘째, 번식을 위해 짝짓기의 욕구를 지닌다. 즉 이성을 유혹하고 성행위를 통해 후세를 생산하려는 욕구를 지닌다. 셋째는 양육의 욕구이다. 출생된 어린 자식을 보호하고 건강하게 양육하기 위한 욕구이다. 이러한 욕구들이 인간의 가장 근원적인 욕구를 구성하고 있다. 또한 암컷과 수컷은 진화과정에서 담당한 역할과 기능이 다르기 때문에 각기 다른 심리적 본성과 기제를 지닌다.

(2) 프로이트의 입장

정신분석학의 창시자인 Sigmund Freud는 Darwin의 진화론으로부터 많은 영향을 받은 사람이다. 그는 자유연상과 꿈 분석을 이용한 심리치료 과정에서 많은 내담자들이 성적인 주제를 많이 떠올리는 것을 관찰했다. 그리고 성적인 주제들이 의식으로 떠오르는 과정에서 다양한 방식으로 상징화되고 변형되어 나타난다고 생각했다. Freud는 이러한 치료경험과 자기분석을 통해서 성욕이 인간의 가장 근원적인 욕망이며, 다른 욕구들은 성욕으로부터 파생된 것이거나 방어기제에 의해서 변형된 것이라고 여겼다.[20]

그에 따르면, 인간은 출생 시부터 원초적인 성욕, 즉 성적인 에너지를 지니고 태어난다. 성적인 에너지는 인간의 행동을 결정하는 심리적 구조의 골격을 이루는데, 이것이 원초아이다. 원초아(id)는 성적인 충동이자 에너지로서 현실적 여건을 고려하지 않고 즉각적으로 욕구를 충족시키려고 하는 쾌락원리(pleasure principle)에 따른다. 또한 원초아는 자기중심적이고 비현실적이며 비논리적인 원시적 사고과정을 나타내게 되는데 이를 일차 과정(primary process)이라고 한다. 성적 욕구는 사회의 도덕적 기준과 위배되기 때문에 억압되어 무의식 속에 자리 잡게 되지만, 인간의 행동에 지대한 영향을 미치게 된다. 어린아이는 어머니로 대표되는 양육자와의 상호작용 속에서 욕구의 충족이 지연되거나 좌절되는 경험을 하게 된다. 이러한 성장과정에서 자아가 발달하게 된다.

자아(ego)는 환경에 대한 현실적인 적응을 담당하는 심리적 구조와 기능을 의미한다. 이러한 자아는 생후 6~8개월부터 발달하기 시작하며 2~3세가 되어야 그 기능을 제대로 수행하게 된다. 즉 자아는 현실적인 환경적 여건을 인식하고 판단하며 통제하는 기능과 더불어 현실적 여건에 따라 욕구충족을 지연하는 기능을 담당하게 되는데,

이는 자아가 현실원리(reality principle)에 따라 기능한다는 것을 의미한다. 자아는 감각과 운동, 지각, 추론, 판단, 기억, 언어 등의 인지적 기능을 비롯하여 감정 조절, 만족 지연, 좌절 인내와 같은 다양한 적응적 기능을 담당한다. 이러한 기능을 하는 자아는 현실적이고 합리적이며 이성적인 사고과정을 나타내게 되는데 이를 이차 과정(secondary process)이라고 한다. 자아는 원초아와 사회적 환경의 요구를 절충하여 타협하는 기능을 지닌다.[21]

부모는 어린아이를 양육하면서 사회의 도덕적 가치와 윤리적 규범에 따라 아이의 행동에 대해서 칭찬을 하기도 하고 처벌을 하기도 한다. 이런 경험이 반복되면서, 어린아이는 부모의 칭찬과 처벌에 일정한 규칙이 있음을 알게 되고 이를 자신의 심리적 세계 속에 내재화하게 된다. 이처럼 부모의 칭찬과 처벌을 통해 아동에게 내면화된 도덕적 가치나 윤리의식을 초자아(superego)라고 하며 도덕원리(moral principle)에 따라 기능한다. 초자아의 형성을 통해 자신의 행동을 스스로 통제하게 됨으로써 부모의 처벌을 예방하고 처벌에 대한 불안을 피할 수 있게 된다. Freud는 초자아가 5~6세에 형성되기 시작하여 10~12세가 되어야 제대로 기능한다고 보았다.

Freud는 말년에 죽음의 본능 또는 공격 본능을 제시하기도 했지만, 기본적으로 성욕을 가장 근원적인 욕망으로 보았다. 그에 따르면, 인간의 모든 욕망은 성욕으로부터 파생된 것이다. 그러나 이를 죄악시하는 문화적 압력에 의해서 성욕은 무의식으로 억압되고 다양한 방어기제를 통해서 변형된 형태로 표출될 뿐이다. 성욕의 과도한 억압은 신경증을 유발하게 된다. 따라서 무의식 속에 존재하는 성욕과 그에 관한 갈등을 자각하여 자아로 하여금 원초아와 초자아의 균형을 이루게 하는 것이 정신건강에 중요하다.

(3) 융의 입장

Carl Jung은 한때 Freud의 동료이자 후계자로 여겨졌지만 성욕설에 대한 의견 차이로 결별하고 분석심리학이라는 독자적인 심리학 이론을 제시하였다. 그는 인간의 정신을 생물학적인 과정의 결과로 보려는 생물학적 환원주의를 경계하는 입장을 취했다. 아울러 무의식의 핵심인 자기가 확장되어 개인의 정신세계 전체의 균형과 조화를 이루려는 개인화 경향을 인간의 가장 근본적인 동력으로 보았다.

그에 따르면, 무의식은 개인적 무의식과 집단적 무의식으로 구분된다. 개인적 무의식(personal unconscious)은 출생 이후의 후천적 경험이 누적된 무의식으로서 각 개인마다 고유한 내용을 지닌다. 반면에, 집단적 무의식(collective unconscious)은 개인이 과거로부터 이어받은 잠재적인 기억 흔적들이 저장되어 있는 창고라고 할 수 있다. 이런 기억의 흔적들은 개인이 세상에 대하여 특정한 방식으로 반응하도록 하는 경향성을 결정한다. 집단적 무의식은 개인의 경험을 초월하는 것으로서 인류의 조상으로부터 물려받은 원시적인 동기와 심상들을 포함하고 있다. 이러한 집단적 무의식은 풍부한 신화, 심상, 상징의 내용을 담고 있는 원형과 자기로 구성되어 있다.

원형(archetypes)은 무의식에 존재하는 보편적 에너지로서 인간의 반복적인 경험에서 비롯되어 특정한 관점으로 세상을 보게 만드는 것이다. 원형 속에는 조상들의 반복적인 경험을 통해서 우리의 정신에 각인된 전형적인 심상이나 상징들이 반영되어 있다. 원형의 예로는 어머니, 아버지, 영웅, 예언자, 현자, 부활, 환생 등에 관한 것이 있다.[22]

집단적 무의식의 핵심에는 자기가 존재한다. 자기(Self)는 개인의 정신세계를 조절하는 중심체계로서 의식, 개인적 무의식, 집단적 무의식의 욕구들을 통합하고 균형을 유지하는 역할을 담당한다. 집단적 무의식에 자리하고 있는 자기는 꿈, 상징, 심상 등을 통해서 의식에 드러난다. 자기는 개인이 지니는 다양한 심리적 성향과 욕구 간의 대립과 갈등에 통일성, 균형감, 안정성을 이루면서 정신적 완전성을 지향한다. Jung에 따르면, 인생은 이러한 개성화(individualization)를 향해 나아간다. 개성화는 정신적 존재로서 분할할 수 없는 개체이자 전체가 되는 것으로서 평생에 걸쳐 이루어지는 작업이다.[23] 이것이 인격 발달의 최종적인 목표이다. 이를 위해서는 가끔씩 꿈이나 상징을 통해서 의식으로 전달되는 자기의 메시지에 귀를 기울여야 한다.

(4) 아들러의 입장

Alfred Adler 역시 한때 Freud의 동료였으나 그의 성욕설에 대한 의견 차이로 나중에 독자적으로 개인 심리학을 창시하였다. 인간의 무의식 세계를 함께 탐구하던 정신분석의 초창기 멤버들 사이에서도 근원적 욕망에 대해서 상당한 견해 차이가 있었던 듯하다. 또한 인간의 근원적 욕망을 어떻게 보느냐에 따라 인간의 정신세계를 설명하는 이론체계가 달라진다.

Adler[24]는 기관 열등(organ inferiority)에 바탕을 둔 심리학적 이론을 발전시켰다. 그 자신이 신체적 열등감을 경험한 바 있는 Adler는 신체 기관에 결함이 있는 사람들이 이를 보상하기 위해서 부단히 노력한다는 것을 관찰하게 되면서 열등감과 그에 대한 보상 욕구가 인생 전반에 걸쳐서 커다란 영향을 미친다고 보았다. 물론 인생의 모습을 결정하는 것은 열등감 자체보다는 이에 대해 대처하는 방식이다. 긍정적인 방향으로 발달하는 아동들은 다른 사람과의 사회적 접촉을 통해서 열등감과 낮은 자존감을 해소하려고 하며, 그들의 강점과 능력을 개발하고, 지혜롭고 창의적인 선택을 하며, 성장과 유능함을 향해 건강한 방식으로 노력한다. 반면에, 과잉보호를 받았거나 방치된 아동들은 긍정적인 성장과 발달을 하게 될 가능성이 훨씬 낮다. 과잉보호를 받고 자란 아동들은 다른 사람들이 자신을 돌보아줄 것으로 기대하면서 자신의 자원을 개발하지 않는다. 방치된 아동들은 열등감을 극복하려는 노력이 무시되면서 낙담하여 절망에 빠질 수 있다.

Adler는 열등감과 이를 보상하려는 욕구를 인간의 기본적 동기로 보았다. 인간은 평생 동안 열등감을 극복하고 우월감을 추구하기 위한 끊임없는 노력을 한다. 그가 말하는 우월이란 사회적으로 높은 지위를 추구하는 것이 아니라 자신의 능력을 개발하여 유능함을 추구하는 것이다. 한때 Adler는 이러한 경향을 권력에의 의지라고 표현한 바 있으나 나중에 우월의 추구라고 개칭하였다. 이러한 욕구는 인간과 인류의 성장과 발전에 있어서 매우 중요한 역할을 한다고 보았다.

(5) 대상관계 이론의 입장

대상관계 이론은 Freud의 사상에서 파생된 현대 정신분석의 한 부류라고 할 수 있다. 대상관계 이론가들은 다양한 그룹으로 나눌 수 있는데, Melanie Klein, W. R. D. Fairbairn, D. W. Winnicott, Margaret Mahler, Edith Jacobson, Otto Kernberg, John Bowlby 등이 대표적인 학자들이다. 대상관계 이론에서는 관계 형성 욕구를 인간의 가장 근원적인 동기로 여긴다. 대상관계 이론에서 사용하는 대상(object)이라는 용어는 의미 있는 관계의 대상이 될 수 있는 것이라면 사람뿐만 아니라 사물, 동물, 내면적 표상이나 상징을 포함한다.[25]

대상관계 이론은 신생아가 생리적 욕구의 충족보다 엄마와의 애착 형성을 더 소중하게 여긴다는 사실에 근거하고 있다. 또한 오이디푸스 갈등 단계 이전의 유아기에 엄마 또는 주된 양육자와의 관계 경험이 이후의 삶과 인간관계에 지속적인 영향을 미친다고 주장한다. 주된 양육자와의 초기 경험은 자기 표상과 타인 표상으로 내면화되어 성격 구조의 일부로 자리잡게 된다. 이러한 내면적 표상은 자신에 대한 인식뿐만 아니라 다른 사람과의 관계 지각과 관계 형성 능력에 영향을 미친다. 대상관계 이론가들은 다양한 심리적 갈등과 장애들이 이러한 대상관계와 자기인식의 문제를 반영한다고 믿는다. 요컨대, 대상관계 이론에서는 타자와 진밀한 유대관계를 형성하고자 하는 욕구가 인간의 가장 근원적인 중요한 욕구라고 여긴다.

(6) 인본주의 심리학의 입장

인본주의 심리학은 정신분석적 입장과 행동주의적 입장에 반대하며

1950~60년대에 태동한 제3의 심리학 조류를 의미한다. 인본주의 심리학은 정신분석이 인간에 대해서 지나치게 비관적이고 부정적인 입장을 취한다고 비판하며 인간의 긍정적인 측면에 초점을 맞춘다. 또한 행동주의 심리학의 기계론적 입장에 반대하여 인간을 전체적이고 통합적인 존재로서 이해하고자 한다. 이러한 인본주의 심리학의 대표적인 인물인 Abraham Maslow와 Carl Rogers는 자기실현 욕구를 인간의 가장 기본적인 상위의 동기라고 주장한다.

자기실현(self-actualization)이라는 용어는 심리학의 여러 이론에서 널리 사용되고 있다. 그러나 이 용어는 Kurt Goldstein[26]에 의해서 '개인이 지닌 모든 잠재력을 발휘하려는 동기'를 지칭하기 위해 처음 사용되었다. 그에 따르면, 자기실현은 삶을 이끌어가는 주된 동력으로서 결과적으로 개인의 능력을 최대화하고 인생의 행로를 결정하게 된다.

이후에 Maslow가 욕구의 위계적 발달이론에서 자기실현 욕구를 주장하면서 학계에 널리 알려지게 되었다. Maslow는 자기실현을 '개인이 잠재적으로 지니고 있는 것을 충분히 발현하려는 경향'이라고 정의했다. 좀더 자세히 말하면, 인간을 비롯한 모든 생명체 안에 이미 깃들어 있는 고유한 속성을 표출하고 발현하려는 성향을 의미한다. 앞에서 언급한 바 있듯이, 자기실현은 결핍을 채우기 위한 욕구가 아니라 성장을 추구하는 욕구로서 개인의 포부와 야망을 성취하는 데 기여한다. 따라서 자기실현 욕구는 생리적 욕구를 비롯한 하위욕구가 충족될 때까지 주도적인 것으로 떠오르지 않는다. Maslow에 따르면, 자기실현에 도달한 사람들은 뛰어난 현실감각과 직업역량을 지닐

뿐만 아니라 독립성, 자율성, 깊은 우정, 유머의 철학적 감각 등을 지닌다고 한다.

인본주의적 심리치료자인 Rogers[27]도 인간의 가장 기본적인 특성을 자기실현 성향이라고 보았다. 그에 따르면, 인간은 자신이 지니고 있는 모든 잠재능력을 발현하려는 선천적인 성향을 지니고 있는데, 이것이 바로 자기실현 성향(self-actualization tendency)이다. 자아실현 성향은 두 가지의 방향성을 지닌다. 그 하나는 개인이 선천적으로 타고난 신체적·심리적 기질을 그대로 유지하고 나타내려는 성향이다. 왼손잡이로 태어난 아이는 어려서부터 왼손을 주로 사용하며, 자극추구 성향이 강한 아동은 호기심이 많고 모험적인 행동을 나타낸다. 둘째는 개인이 지닌 모든 잠재능력을 최대한 개발하여 발휘하려는 성향이다. 어린 유아가 자꾸 넘어지면서도 걷고 뛰기 위한 노력을 자발적으로 기울이는 것이나 끊임없는 종알거림으로 언어를 습득하는 과정은 이러한 성향의 발현이라고 볼 수 있다. 이러한 자기실현 성향이 차단되거나 봉쇄될 때, 인간은 좌절감을 느끼며 때로는 심리적 장애를 나타내게 된다. 반면에, 자기실현을 하고 있는 사람은 진정한 자기 자신이 된다. 또한 자신의 잠재능력을 개발하고 삶에 도전함으로써 의미 있고 풍요로운 인생을 지향하며 살아간다. Rogers는 이러한 사람을 '충분히 기능을 발휘하는 사람(fully functioning person)'이라고 지칭했다. 자기실현을 이룬 사람이 항상 행복감과 만족감을 느끼는 것은 아니다. 그에 따르면, 인생은 자기실현 과정이며 그 부산물로서 행복이 따라오는 것이다.

(7) 긍정 심리학의 입장

최근에 심리학계에는 인간의 긍정적인 강점과 덕성을 탐구하며 행복한 삶을 추구하는 긍정 심리학이 대두되어 각광을 받고 있다. 긍정심리학(positive psychology)은 1998년에 Martin Seligman이 제창한 심리학의 새로운 동향이다. 이러한 심리학의 동향은 과거의 심리학이 인간의 불행과 장애에만 편향적으로 관심을 기울여왔다는 반성에서 출발한다. "인간이 나타내는 심리적 장애에 대해서는 많은 연구가 이루어져 왔지만 인간을 고귀하고 행복한 삶으로 인도하는 아름다운 미덕과 소중한 강점들에 대해서 학술적 이해가 부족하다. 심리적 장애를 치료하는 방법들이 다양하게 개발되었지만, 인간의 행복을 증진하는 방법은 미흡하다. 불행과 장애의 극복이 행복과 성장을 의미하지는 않는다." 이러한 인식하에 긍정 심리학은 주관적 행복을 비롯한 긍정적 심리상태, 인격적 강점과 덕성을 포함한 긍정적 특성, 그리고 인간을 행복하게 성장시키는 긍정적 조직에 대해서 연구한다.

Seligman[28]에 따르면, 인간은 행복을 추구하는 존재이며 행복한 삶은 다음과 같은 세 요소로 구성된다. 그 첫째는 긍정적 정서를 체험하는 즐거운 삶(pleasant life)이다. 둘째는 자신이 하는 일에 열정적으로 관여하는 몰입적 삶(engaged life)이다. 셋째는 자신보다 더 큰 것(예: 가족, 직장, 사회, 국가, 우주)을 위해 공헌하는 의미 있는 삶(meaningful life)이다. 즉 즐거운 기분을 느끼면서 자신의 일에 몰입하며 삶의 의미를 발견할 수 있을 때 진정한 행복을 느낄 수 있다는 것이다. 이러한 삶을 위해서는 개인마다 지니고 있는 대표적 강점을 발견하고 개발하여 일상적인 삶(직업적 활동, 인간관계, 자녀양육 등)에서 발휘하는 것이 중요하다. 자신의 강점을 잘 발휘할 수 있는 활동에 몰입하게 되면, 더 많은 즐거움을 느낄 수 있을 뿐만 아니라 이러한 활동을 통해서 좋은 성과를 거둘 수 있기 때문에 사회적 기여를 하고 있다는 인식이 증대되게 된다. 아울러 소중한 의미를 부여하는 활동에 참여하게 될 때, 우리는 즐거운 마음으로 자신의 역량을 최대한 발현할 수 있는 것이다. 이러한 주장 속에는 인간이 추구하는 기본적인 세 가지 욕구의 중요성이 반영되어 있다. 즉 즐겁고 안락한 긍정적 정서를 경험하려는 욕구, 지금 여기에 몰입하여 잠재력을 표출하려는 욕구, 그리고 인생의 의미를 추구하는 욕구가 그것이다. 이러한 세 욕구를 조화롭게 잘 충족하는 것이 행복한 삶의 관건이라고 할 수 있다.

또한 일부의 긍정 심리학자들은 주관적 행복을 이해함에 있어서 내재적 욕구와 외재적 욕구를 구분하는 것이 중요하다고 주장한다. 외재적 동기(extrinsic motivation)는 우리가 외적인 보상을 얻기 위해 행동할 때 작동한다. 외적 보상은 돈이나 소유물, 지위와 권력, 사회적 인정과 명예 등과 같이 외부에서 발생하는 행동 유인 요인을 의미한다. 반면에, 내재적 동기(intrinsic motivation)는 우리가 어떤 외부적 보상과도 상관없이 그 일 자체를 위한 어떤 활동에 참여하도록 이끌릴 때 작용되는 것이다. 내재적 동기는 기본적인 심리적 욕구에 의해서 생겨나는 것으로서 그러한 동기를 충족시키기 위한 행위 속에서 자체적으로 만족감을 느낄 수 있는 것이다. 이러한 동기는 인간에게 내재해 있는 심리적 성장과 자기실현 욕구를 반영하며, 이러한 동기의 충족은 행복에 필수적이다.

Ryan과 Deci[29]는 내재적 동기를 '새롭고 도전적인 것을 추구하고,

자신의 능력을 확장하여 연마하며, 항상 탐구하고 배우고자 하는 선천적 성향'이라고 정의하면서 인간의 대표적인 긍정적 속성으로 간주했다. 그리고 이러한 내재적 동기를 구성하는 세 가지의 기본적 욕구를 제시하였다. 그 첫째는 유능성(competence)의 욕구로서 환경에 효과적으로 대응할 수 있는 숙달된 경험을 추구하는 성향이고, 둘째는 관계성(relatedness)의 욕구로서 서로에게 지지적인 인간관계를 형성하고자 하는 성향이며, 셋째는 자율성(autonomy)의 욕구로서 삶의 중요한 문제에 관해서 독립적이고 자주적인 결정을 내리고자 하는 성향이다. 이러한 성향은 자발적인 동기(self-motivation)와 성격 통합의 바탕이 된다. 이들에 따르면, 내재적 동기를 지니는 사람들은 외적인 보상에 의해 동기가 부여된 사람들에 비해서 전반적인 행복 수준이 높을 뿐만 아니라 업무성과, 끈기, 창의성, 자존감, 활기에서도 더 높았다. 내재적 동기를 지니고 흥미로운 일에 전념하게 될 때, 몰입이라는 독특한 긍정적 심리상태를 경험하게 된다. 아울러 내재적 동기를 지닌 사람들은 건강 증진 행동, 종교적 참여, 친밀한 인간관계, 정치적 활동과 같은 다양한 영역에서도 긍정적인 결과를 나타내는 경향이 있었다.

3. 욕망이 삶에 미치는 영향

근원적 욕망이 무엇이든, 욕망은 행동의 방향을 결정하는 중요한 요인이다. 이러한 욕망은 우리를 행복으로 인도하는가 아니면 불행으로 인도하는가? 욕망은 삶의 동력인가 아니면 고통의 뿌리인가? 이러한 물음에 답하기 위해서는 욕망이 우리의 삶에 미치는 영향을 살펴볼 필요가 있다.

1) 욕망충족 이론

욕망은 그 자체로 인간을 행복하게 만들거나 불행하게 만들지 않는다. 그보다는 욕망의 충족 여부에 의해서 행복과 불행이 결정된다. 인간은 기본적으로 쾌락을 추구하고 고통을 혐오하는 존재이다. 욕망의 충족은 쾌락적 경험을 제공하는 반면, 그 좌절은 고통스런 경험을 제공한다. 즉 욕망 자체에는 행복과 불행을 결정하는 특성이 없다. 그러한 욕망의 충족 여부에 의해서 쾌락과 고통이 유발되는 것이다. 이러한 생각을 긍정 심리학에서는 욕망충족 이론(desire fulfillment theory)이라고 부른다.[30]

욕망충족 이론에 따르면, 인간의 행복 정도는 욕망을 충족시킬 수 있는 외부적 또는 상황적 조건(예: 의식주, 재산, 계층, 사회적 지위, 교육수준 등)에 비례한다. [그림 3]에서 볼 수 있듯이, 다양한 욕망이 환경적 여건에 의해서 잘 충족될수록, 그로 인한 쾌감과 만족감이 더 커지고 그 결과 더 행복할 것이다.

```
욕망  →  충족  ←──  환경적 여건
         (쾌감과 만족감)
              ↓
            행복
```
【그림 3】 욕망충족 이론

그러나 이러한 욕망충족 이론의 주장은 긍정 심리학의 연구결과들과 일치하지 않는다. 첫째, 다양한 욕망을 충족시킬 수 있는 외부적 조건과 행복도의 상관관계는 상당히 미미했다. 재산과 소득이 많다고 해서 행복수준이 높은 것은 아니다. 학력과 사회적 지위가 높다고 해서 삶의 만족도가 높은 것은 아니다. 둘째, 욕망의 충족상태는 일시적이다. 따라서 시간이 지나면 욕망의 요구가 반복된다. 끊임없이 보채는 아이와 같은 욕망을 지속적으로 충족시키기는 어렵다. 셋째, 하나의 욕망이 충족되면 다른 욕망이나 상위의 욕망이 부각되며 그 충족을 요구한다. 넷째, 인간은 욕망이 충족되면, 곧 그러한 상태에 익숙해져 행복감을 느끼지 못하는 경향이 있다. 다섯째, 개인적 욕망이 충분히 충족되어도, 자신보다 더 풍요로운 상태에 있는 사람을 보게 되면 행복감이 저하된다. 마지막으로, 외부적 여건으로 결코 충족시킬 수 없는 비현실적인 욕망을 지닌 사람은 좌절할 수밖에 없다. 불로초를 구했던 진시황제가 좌절했듯이, 생로병사의 고통으로부터 벗어나려는 욕구를 지닌 사람은 외부적 환경이나 물질을 통해서 결코 그 뜻을 이룰 수 없다. 이처럼 행복은 욕망의 충족 이외에 타인과의 비교, 추구하는 목표, 적응과정 등과 같은 다양한 심리적 요인의 영향을 받는 것으로 여겨지고 있다. 앞에서 언급한 바 있듯이, 행복에 대한 외향적 접근으로 행복을 얻을 수 없는 이유가 여기에 있다.

2) 욕망에 대한 부정적인 견해

욕망이 우리를 행복하게 만드는가 아니면 불행하게 만드는가에 대해서 대립되는 두 가지 견해가 존재한다. 먼저 욕망이 우리를 불행으로 인도한다는 비관적 입장을 살펴보기로 한다.

욕망은 눈먼 야생마와 같아서 우리를 절벽으로 인도한다고 보는 견해가 있다. 이러한 견해에 따르면, 우리가 욕망에 대한 고삐를 틀어쥐고 제어하지 않으면 불행의 나락으로 떨어지게 된다. 이러한 견해를 지닌 대표적인 인물이 Freud이다. 그는 성욕에 근거하는 성격 구조인 원초아가 비현실적인 쾌락 원리에 따라 작동하기 때문에 자아에 의해서 통제되어야 한다고 주장한다. 인간의 본성을 파괴적이라고 보는 사람들 역시 이러한 입장에 속한다. 이들에 따르면, 인간은 자연 상태 그대로 놔두어서는 안 된다. 교육과 정치조직에 의해서 인간의 욕망을 통제하지 않으면 사회는 갈등과 혼란에 빠지게 될 것이라고 생각한다.

이러한 견해의 극단은 금욕주의(asceticism)이다. 욕망은 사악할 뿐만 아니라 어리석고 위험한 것이므로 엄격하게 억제해야 한다는 생각이다. 실제로 욕망은 인간을 탐욕스럽고 방탕하게 만들어 개인적인 불행뿐만 아니라 도덕적 타락에 빠지게 한다. 우리 주변에는 욕망에 좇아 일시적인 쾌락을 추구하다 불행한 삶의 나락에 빠진 사람들이 드물지 않다. 금욕주의적 입장을 지닌 사람들이 욕망을 위험한 것으로 보는 이유는 다음과 같다.[31]

첫째, 욕망은 충족되기 어렵다는 것이다. 욕망의 충족으로 인한 쾌락은 시간이 흐름에 따라 사라진다. 인간은 욕망 충족 상태에 금방 적응하여 그로 인한 쾌락이 약화된다. 이를 둔감화(desensitization) 또는 습관화(habituation)라고 한다. 따라서 우리는 다시 쾌락을 찾아나서야 하고 좀더 강한 쾌락을 추구하게 된다. 쾌락의 쳇바퀴(hedonic treadmill) 속을 달리는 다람쥐처럼 우리는 끊임없이 욕망을 충족하기 위해 매달리게 된다. 이러한 경향은 중독 현상으로 나타나게 된다. 알코올중독, 마약중독, 게임중독, 쇼핑중독 등과 같은 대부분의 중독 현상은 욕망과 쾌락을 추구한 결과로 초래된 불행한 결과이다. 즉 욕망은 아무리 주어도 끊임없이 요구하는 거지와 같다는 생각이다.

둘째, 욕망은 인간을 무절제하고 나태한 존재로 만들 수 있다. 욕망과 쾌락을 따라 살게 되면, 현실에 대한 통제력을 상실할 수 있다. 현실을 통제하기 위해서는 여러 가지 스트레스를 견딜 수 있어야 하고 자신의 욕망을 억제할 수 있어야 한다. 그런데 욕망에 따라 제멋대로 행동한다면, 현실 적응이 현저하게 훼손될 것이다. 따라서 현실에 적응하기 위해서는 욕망을 억제하는 것이 필수적이라는 생각이다.

셋째, 욕망과 쾌락에는 의미가 없다는 것이다. 욕망을 따라 사는 것은 개나 돼지의 삶과 같이 무가치하다는 생각이다. 욕망의 충족을 추구하며 쾌락을 따라 사는 것은 궁극적으로 공허감을 줄 수밖에 없다. 왜냐하면 세월이 흘러 병들고 늙게 되면, 즐거움을 느끼는 능력이 현저하게 감퇴되기 때문이다. 욕망을 추구하는 삶은 궁극적으로 공허한 종말을 초래할 수밖에 없기 때문에 무가치하다는 생각이다.

마지막으로, 욕망은 사회적 관계와 유대를 약화시킨다. 욕망은 기본적으로 이기적인 것이어서 다른 사람의 욕구나 입장에 둔감하다. 따라서 다른 사람의 이익을 무시하거나 침해하게 되므로 결과적으로 인간관계를 와해시키고 사회적 갈등과 대립을 악화시키게 된다는 것이다.

3) 욕망에 대한 긍정적인 견해

욕망을 긍정적인 것으로 여기는 입장도 있다. 인간의 욕망은 오랜 진화의 과정에서 발달해온 적응 메커니즘이라고 할 수 있다. 따라서 욕망에 과도하게 탐닉하지만 않는다면, 욕망은 우리의 삶을 건강하고 적응적으로 인도하는 지혜로운 안내자의 역할을 한다는 입장을 지닌 사람들이 있다. Veenhoven[32]에 따르면, 이러한 사람들은 다음과 같은 견해를 지니고 있다.

첫째, 욕망은 삶의 의욕과 활기를 제공한다. 욕망은 삶에 에너지를 불어넣는 원천이라고 할 수 있다. 만약 아무런 욕망이 없다면, 무슨 동력으로 삶을 영위해 나갈 것인가? 욕망을 과도하게 억제하는 것은 생기 없는 무미건조한 삶을 초래할 뿐이라는 것이다.

둘째, 욕망은 삶에 필요하고 시급한 과제에 대응하는 능력을 증진시킨다. 인간의 자연스러운 욕망은 생존과 적응에 필요한 활동을 촉진하는 신호라고 할 수 있다. 이러한 신호를 무시하게 되면 우리의 삶이 부적응인 것으로 전락할 수 있다. 예를 들어, 우리는 몸은 수분이 부족할 때 갈증을 느끼게 하여 수분을 섭취하게 만들고, 영양이 부족할 때는 식욕을 느끼게 하여 영양을 섭취하게 만든다. 고독감은 사회적 존재인 인간으로 하여금 대인관계에 참여하도록 촉진한다. 욕망은 장구한 진화과정에서 갖추게 된 적응 메커니즘의 발현이라는 생각이다.

셋째, 욕망은 즐거움의 원천이다. 욕망의 충족을 통해서 우리는 즐거움과 행복감을 느끼게 된다. 이러한 긍정적 정서는 그 자체로 보상적인 것일 뿐만 아니라 스트레스에 대한 인내력을 증가시키고 현실에 대한 통제력을 강화한다. 또한 대인관계를 증진하고 건강에도 긍정적인 영향을 미친다. 즐거움을 느끼지 못하는 우울증 상태는 그 자체로 고통스러울 뿐만 아니라 현실적 과제에 무기력하게 대응하고 위축된 대인관계를 초래하게 만든다.

마지막으로, 욕망에 대한 긍정적인 견해를 지닌 사람들은 금욕주의자들이 너무 편향적인 생각을 지니고 있다고 비판한다. 금욕주의자들은 욕망과 쾌락 추구를 무절제한 탐욕이나 방종과 같은 극단적인 상태로 간주한다는 것이다. 즉 욕망의 위험성을 지나치게 과장하고 있다는 것이다. 그러나 적절한 욕망과 쾌락의 추구는 몸과 마음을 즐겁게 함으로써 인생을 향유하도록 만든다. 오히려 욕망에 대한 과도한 억제나 억압은 삶을 메마르게 할 뿐만 아니라 때로는 정신장애의 원인이 되기도 한다.

4. 욕망의 조절과 활용

"욕망, 삶의 동력인가 괴로움의 뿌리인가?" 이제 이 물음에 대한 해답을 모색해야 할 때가 되었다. 욕망은 삶의 건강한 동력이 될 수도 있고 고통과 불행의 뿌리가 될 수도 있다. 욕망은 우리에게 주어진 삶의 조건이다. 욕망 자체에는 옳고 그름이 없다. 욕망은 잘 조절하여 활용하게 되면 삶의 건강한 동력이 될 수도 있고, 조절되지 못한 상태로 탐닉하게 되면 고통의 뿌리가 될 수도 있다. 우리에게 주어진 야생마를 잘 길들여 타고 다니면 인생의 좋은 동반자가 될 수도 있고, 길들여지지 않은 야생마에게 우리의 운명을 맡기게 되면 고통의 나락에 빠질 수도 있다. "욕망, 삶의 동력인가 괴로움의 뿌리인가?"는 물음은 "욕망, 어떻게 조절하여 삶에 활용할 것인가?"라는 물음으로 전환하여 살펴볼 필요가 있다.

1) 욕망의 조절기제

진화 심리학의 관점에서 보면, 욕망은 인간의 생존과 번식을 돕는 적응적인 것이다. 그런데 욕망은 다양한 환경적 상황에 맞추어 스스로를 조절하는 능력을 갖추고 있지 못하다. 즉 욕망은 시력이 나쁜 야생마와 같다. 장애물이 적은 벌판을 시원스럽게 달리기에는 좋은 야생마이다. 그러나 인간의 생존조건이 다양하고 복잡해짐에 따라 욕망은 좌충우돌하는 야생마와 같은 존재가 되었다. 즉 욕망은 인간의 생존과 적응을 돕는 데 한계를 드러내게 되었다. 따라서 인간에게는 야생마의 방향과 속도를 조절하는 욕망의 조절기제가 필요하게 되었다. 욕망만으로는 다양한 환경에 효과적으로 적응할 수 없기 때문이다.

진화과정에서 인간은 두뇌의 발달을 통해서 새로운 적응기제를 도입한 것으로 생각된다. 그것은 대뇌피질(cerebral cortex), 특히 전두엽(frontal lobe)이 담당하고 있는 인지 기능이다. 전두엽의 발달을 통해서 환경을 정교하게 인식하여 평가하고 그에 적절한 대응을 하도록 하는 적응장치가 진화되었다. 이것이 바로 인간의 이성이다. 이성의 중요한 기능은 욕망의 방향과 속도를 조절하는 것이다. 특히 대뇌의 전전두엽(prefrontal lobe)은 계획을 세우는 능력과 관련된 영역으로서 이성적인 인지 기능을 담당하는 것으로 알려져 있다.[33]

인간이 하나의 행동을 하기까지 마음속에서 일어나는 심리적 과정은 매우 복잡할 뿐만 아니라 다양한 요인들이 관여한다. 내면적 욕구와 환경적 압력이 행동을 동기화하는 과정에 개인의 신념과 인지가 관여한다. 신념은 개인이 경험을 통해 형성한 지식, 믿음, 가치 등을 포함한다. 아울러 인지적 판단과정을 통해서 환경적 사건의 평가, 목표설정과 대응 행동의 계획, 행동의 결과에 대한 예상, 환경의 통제가능성 등을 고려하게 된다. 뿐만 아니라 다양한 욕구들이 충족을 위한 경합을 벌이게 된다. 이렇듯 욕망이 행동으로 표출되기까지 매우 복잡한 심리적 과정이 관여하게 된다. 심리학자들은 이러한 과정을 좀더 구체적으로 밝히기 위한 연구들을 진행하고 있으며, 특히 자기조절 과정에 깊은 관심을 지니고 있다.

2) 자기조절의 심리적 과정

욕망의 조절은 자기조절(self-regulation)의 문제로 귀착될 수 있다. 자기조절 과정에는 다음과 같은 세 단계의 과정이 필수적인 것으로 이해되고 있다.[34] 그 첫째는 자기관찰(self-observation)이다. 자기관찰은 개인이 자신의 내면적 상태나 과정을 인식하는 과정이다. 이를 위해서는 주의를 내향화하여 자신의 마음을 잘 살펴 알아차리는 것이 중요하다. 둘째는 자기평가(self-evaluation)이다. 자기평가는 자기관찰에 의한 인식에 근거하여 자신의 심리적 상태에 대해서 판단을 하는 것이다. 이러한 판단 과정은 현재의 상태와 지향하는 상태의 비교를 통해서 이루어진다. 즉 평가를 위한 판단기준 또는 비교기준이 개입된다. 마지막 세 번째는 자기반응(self-reaction)이다. 자기반응은 자기평가의 결과에 따라 자신에 대한 감정을 느끼거나 행동적 반응을 하게 되는 과정을 말한다. 자기평가가 긍정적일 경우에는 기쁨과 자부심을 느끼는 동시에 그러한 상태를 유지하거나 강화시키려는 행동을 하게 된다. 반면에 평가가 부정적일 경우에는 슬픔과 자괴감을 느끼는 동시에 그러한 상태를 변화시키기 위한 노력을 하게 된다.

(1) 자기조절의 주체: 의식과 자기

인간의 내면세계를 욕망, 정서, 인지, 행동 등과 같은 다양한 심리적 과정의 복합체로 가정한다면, 이러한 과정은 어떻게 통합적으로 운영되는 것일까? 이러한 과정을 주관하는 주체가 있는가? 있다면 무엇인가? 그리고 없다면 어떻게 이렇게 복잡한 과정이 일관성 있게 진행되는가? 즉 자기조절의 주체는 무엇인가?

생명체의 특징 중 하나는 환경을 인식하는 의식을 지닌다는 점이다. 의식의 수준은 매우 다양하며, 고등동물일수록 의식의 용량이 크다. 의식(consciousness)은 고등동물의 중요한 심리적 현상이며 기능이라고 할 수 있다. 생명체는 외부환경과 상호작용을 하면서 자신의 생명을 유지해 가는데, 생명체마다 각기 환경과 상호작용하는 방식이 다르다. 하등동물은 외부적 자극에 대해 반사적으로 반응하는 매우 단순한 상호작용 방식을 지닌다. 즉 하등동물은 감각계-반응계의 단순한 적응체계를 지닌다. 그러나 진화과정에서 중추신경계가 발달한 고등동물은 감각계를 통해 입수된 환경적 자극을 인식하고 그러한 인식내용에 따라 다양한 방식으로 환경에 반응하는 상호작용 방식을 지닌다. 즉 감각계-중추신경계-반응계라는 좀더 복잡한 적응체계를 지니며, 이러한 중추신경계의 발달에 기인한 주요한 심리적 기능이 의식이다.[35,36]

Damasio[37]에 따르면, 의식은 "대상의 이미지를 생성할 수 있는 능력", 즉 표상능력에서 기원한다. 외부의 대상을 마음속의 심상으로 내면화하는 것은 적응에 도움이 된다. 세상을 마음속에 옮겨와서 다양한 방식으로 시뮬레이션을 해볼 수 있기 때문이다. 만약 그렇지 못하다면, 인간은 매순간 아무런 준비도 없이 즉각적인 상황에 직면해야만 할 것이다. 이러한 경우에 인간은 효과적인 대처를 하지 못하고 생명을 잃거나 피해를 입게 될 것이다. 그러나 표상기능을 통해 가상적인 상황을 예상하고 대비할 수 있다면, 환경에 효과적으로 적응하는 데 많은 도움을 받게 될 것이다. 예를 들어, 만약 맹수가 달려온다면, 싸울 것인가, 숨을 것인가, 아니면 도망을 갈 것인가? 인간은 표상기능을 통해서 이러한 상황을 예상하고 대비할 수 있다.

의식의 주요기능은 환경자극의 인식과 자기행동의 통제이다.[38] 즉 의식을 통해서 환경에 대한 알아차림이 생겨나고, 그러한 알아차림에 근거하여 자신의 행동을 통제하여 환경에 효과적으로 적응할 수 있게 된다. 의식은 그 초점의 명료성에 따라 다양한 수준으로 나눌 수 있다. 매우 명징한 의식상태에서부터 희미하고 졸리는 의식상태, 그리고 외부의 사물을 인식하지 못하는 혼수상태에 이르기까지 다양하다. 의식은 주의를 집중하여 명료한 초점을 유지해야 많은 정보를 정교하게 처리할 수 있다. 이러한 핵심의식(core consciousness)을 갖기 위해서는, 자기라는 인식을 갖는 것이 필요하다.[39] 자기의 인식은 물체 이미지들이 개인과 관련성을 지닌다는 관찰로부터 생겨난다. 마음속에서 외부 대상과의 상호작용을 시뮬레이션하기 위해서는 자신을 대표하는 자기표상이 필요한 것이다. 즉 자기표상과 대상표상을 통해서 환경과 자신의 관련성을 다양하게 고려할 수 있기 때문이다. 이러한 자기의식은 진화론적 관점에서 적응가치가 있는 것이다.

자기의식을 포함한 높은 수준의 의식을 지니기 위해서는 장기기억이 필요하다. 장기기억은 개인의 행동을 안내하기 위해서 과거의 경험과 미래의 예상을 활용할 수 있도록 해준다. 이러한 높은 수준의 의식은 인간의 큰 뇌, 즉 장기기억의 발달에 기인한다. 장기기억은 미래를 예측하는 기반으로서 다양한 가능성을 고려할 수 있는 능력을 제공한다.

(2) 자기관찰

자기관찰은 자신의 심리적 상태를 의식화하는 것이다. 의식되지 않은 것은 자기에 의해 조절될 수 없다. 따라서 자기조절을 위해서는 자기관찰이 필수적이다. 이러한 자기관찰은 매우 큰 정보처리 용량을 필요로 한다.[40] 환경과의 즉각적인 상호작용에 투여하는 처리 용량 이외에도 여분의 처리 용량이 있어야 하기 때문이다. 즉각적인 상황에 대처를 하면서 동시에 자신에 관한 정보를 처리하려면 많은 처리 용량이 필요하다. 그래서 급박한 상황에 처하면 자기관찰이 저하된다. 그 급박한 순간에 대처하기 위해서 많은 처리 용량이 소요되어 자기관찰에 부여할 용량이 부족하기 때문이다. 그래서 마음챙김 명상수련을 시작하는 단계에서는 천천히 걷고 움직이면서 자기관찰을 하게 된다. 신속하게 움직이면 감각기관에 들어오는 정보와 움직임을 하기 위해 많은 처리 용량이 투여되기 때문에 자기관찰에 필요한 처리용량을 동원할 수가 없기 때문이다.

자기관찰 능력을 지닌다고 해서 그러한 능력을 항상 사용할 수 있는 것은 아니다. 그러한 능력을 사용하려면, 그것을 잘 발달시켜야 한다. 의식의 진화를 연구하는 학자들에 따르면, 자기관찰 능력을 발달시키는 것은 적응에 도움이 된다. 자기조절에 도움이 되기 때문이다.

자기관찰 능력을 발달시키기 위해서는 많은 노력이 필요하다. 우선, 자기조절에 많은 심리적 요인들이 관여한다는 점을 잘 인식해야 한다. 예컨대, 음식을 추구하는 에너지 공급 체계, 성행동을 추구하는 생식 체계, 위험에 대응하는 투쟁-도주 체계 등은 각자의 기능을 수행하기 위해 독자적으로 작동한다. 우리의 마음속에서 여러 가지 욕망이 갈등하고 대립하는 이유가 여기에 있다. 둘째, 이러한 체계들의 존재를 인식하고 그러한 체계들이 우리의 행동을 통제하도록 방치하지 않아야 한다. 각 체계와 욕구는 의식의 중심부를 차지하여 행동을 통제하려고 시도한다. 각 체계와 욕구는 우리의 적응을 돕기 위해 독립적으로 진화해왔지만 통합적인 조절이 이루어지지 못하면 오히려 적응을 훼손할 수 있다. 또한 적은 처리 용량만으로도 자기관찰을 할 수 있도록 꾸준한 관찰 노력을 해야 한다. 자기관찰이 반복되어 숙달되면 관찰에 투여되는 처리 용량이 감소하게 된다. 꾸준한 자기관찰의 수행을 하게 되면, 급박한 순간에도 환경에 대한 대응과 동시에 자기관찰을 유지할 수 있는 상태에 이르게 된다.

(3) 자기평가

자기평가는 자기관찰에 의해 인식한 자신의 심리적 상태에 대해서 판단을 하는 것이다. 이러한 판단 과정은 현재의 상태를 어떤 기준에 비추어 평가하는 것이다. 즉 현재의 상태를 판단기준과 비교함으로 그 괴리를 평가하는 것이다.[41] 자기평가에 적용되는 판단기준은 이상적 자기상, 추구하는 목표, 다른 사람들의 기대나 요구, 도덕적 기준 등이 될 수 있지만 사람마다 각기 다르다. 이러한 기준에 비추어 어떤 욕망에 대해 부정적인 평가가 이루어지면, 그 욕망은 억제된다. 그러나 긍정적인 평가가 이루어지면, 그 욕망을 충족시킬 수 있는 구체적인 방법을 탐색하게 된다.

욕망의 조절에 있어서 자기평가 과정은 매우 중요하다. 특히 이 과정에서 적용되는 판단기준이 중요하다. 이러한 기준은 개인의 신념과 가치관을 반영한다. 앞에서 언급한 금욕주의자의 경우에는, 매우 엄격한 도덕적 기준을 적용하게 되므로 욕망에 대해서 부정적인 평가를 하게 되고 그 결과 욕망을 억제하게 되는 것이다. 반면에 쾌락을 추구하는 사람의 경우에는, 매우 느슨한 도덕적 기준을 지니고 있어 자신의 욕망에 대해 긍정적인 평가를 하고 그 충족방법에 많은 관심을 갖게 된다.

자기평가 과정에서 중요한 영향을 미치는 것은 과거의 경험과 미래의 예상이다. 특정한 욕구에 대해서 과거에 긍정적인 경험을 했느냐 아니면 부정적인 경험을 했느냐에 따라 욕구에 대한 평가가 달라진다. 또한 특정한 욕구에 따라 행동을 했을 경우에 예상되는 미래의 결과가 자기평가 과정에서 중요하다. 지혜로운 사람들은 자신의 욕구와 행동이 미래에 초래할 결과를 정확하게 예상하고 그에 대한 평가에 따라 처신하는 자기조절 능력을 지니고 있다.

(4) 자기반응

자기반응은 자기평가의 결과에 따라 자신에 대한 감정을 느끼거나 행동적 반응을 하게 되는 과정을 말한다. 욕망의 경우, 자기평가 결과에 따라 억제되거나 아니면 구체적인 충족방법을 추구하게 된다. 자기조절 과정은 이러한 평가와 일치하는 행동을 실행함으로써 완결된다.

뇌의 발달로 인해 증가된 정보처리 능력은 인간으로 하여금 자신에 대한 관찰과 평가를 할 수 있게 만들었다. 그러나 이러한 인지적 활동만으로 자기조절이 되는 것은 아니다. 자기조절을 위해서는 자기 행동을 통제할 수도 있어야 한다. 진화 심리학자들은 완전한 자기통제는 불가능하다고 여긴다.[42,43] 즉 합리적 이성에 의한 자기조절에는 한계가 있다는 것이다. 우리가 할 수 있는 최선은 우리 행동의 일부를 억제하거나 그 방향을 바꾸거나 재조정하는 것이다.

행동을 통제하는 데에는 매우 많은 심리적 체계들이 관여한다. 【그림4】에 단순한 형태로 제시했듯이, 인간은 독자적인 적응기능을 하는 에너지 공급 체계, 생식 체계, 양육 체계, 안전 체계 등을 갖추고 있다. 이러한 체계들은 각자 고유한 진화 발달과정을 밟아왔기 때문에 서로 원활한 의사소통이 이루어져 협동적으로 잘 기능할 것으로 기대하기 어렵다. 한 체계에서 생성된 욕구가 자기관찰을 통해 의식되고 자기조절 과정을 거친다 하더라도, 다양한 체계들이 관여하여 영향을 미치게 되므로 완전하게 조절된 행동으로 표출되기 어렵다. 정보처리의 용량의 제한으로 인해서 다양한 심리적 체계의 기능 상태를 동시에 관찰하여 통제할 수 없기 때문이다. 욕망에 대한 자기조절이 어려운 이유가 여기에 있다. 자기조절을 위해서는 많은 노력과 훈련이 필요하다.

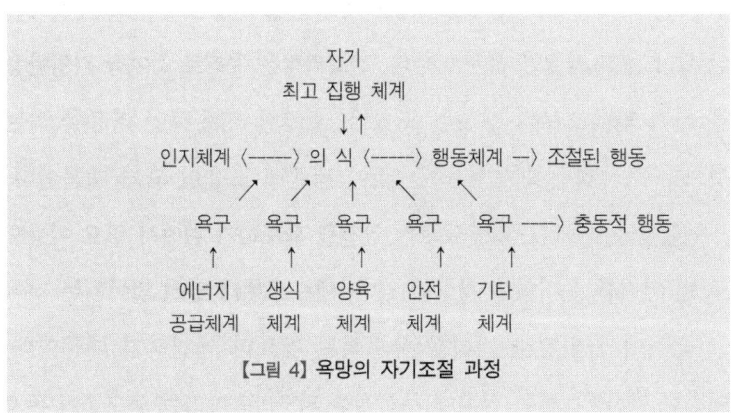

【그림 4】 욕망의 자기조절 과정

우리의 행동은 많은 부분 무의식적인 사고과정에 의해서 생겨난다. 하지만 우리는 주관적으로 그렇게 생각하지 않는다. 자신의 의지에 따라서 행동을 하는 것으로 생각한다. 이러한 생각은 자신의 사고와 행동 간의 인과 관계를 주관적으로 해석한 것일 뿐이다. 물론 이러한 해석이 옳을 수도 있지만 틀릴 수도 있다. 욕망의 조절기능을 하는 이성적인 인지 기능에 의해서 행동이 유발될 수도 있다. 그러나 인지 기능에 의해서 다양한 적응체계를 동시에 통제하기 어렵다. 이러한 적응체계들은 우리에게 의식되지 않은 채 무의식 속에서 작동하고 있다. 때로는 동일한 무의식적 원인에 의해서 어떤 생각과 행동이 함께 유발될 수 있다. 이 경우에, 우리는 생각과 함께 행동을 하기 때문에 생각이 행동을 유발한 것으로 해석할 수 있다. 즉 자신의 의지에 따라 행동을 하게 되었다고 판단하는 것은 착각일 수 있다.

자기조절 과정은 우리의 행동을 좀더 정교하고 세련되게 하기 위한 것이다. 즉 진화과정에서 형성된 적응체계의 불순물을 제거하기 위한 것이다. 우리의 욕망과 행동체계는 적응을 돕기 위해서 진화된 것이지만 항상 옳고 적절한 것은 아니다. 진화과정은 우리로 하여금 과잉반응을 하게 만듦으로써 생존을 도왔다. 환경에 미온적인 대응을 하는 것보다 적극적인 대응을 하는 것이 생존에 도움이 되기 때문이다.

예를 들어, 우리는 맹수로부터 안전을 확보하기 위해서 필요 이상으로 먼 거리를 유지하는 경향이 있다. 맹수로부터 멀리 떨어지는 것이 그 근처에서 일정한 거리를 유지하는 것보다 안전하기 때문이다. 이러한 안전행동에는 상황에 부적절한 과잉반응이라는 불순물이 존재한다. 어쩌면 우리는 자신의 사소한 실수에 대해서 과도한 자괴감과 죄책감을 느끼는 것인지 모른다. 다른 사람으로 인한 사소한 피해에 과도한 분노와 공격성을 드러내는 것인지 모른다. 우리는 생존과 안녕을 위해서 필요 이상으로 많은 재산과 권력을 획득하려고 하는 것인지 모른다.

따라서 우리는 항상 우리 자신에게 "우리의 반응이 과잉반응은 아닌지" 또는 "우리의 욕망이 과도한 것은 아닌지" 물어야 한다. 만약 그렇지 않다면, 어떻게 반응하는 것이 최선인지를 물어야 한다. 우리가 하는 모든 것에는 다양한 대안적 방법들이 존재한다. 자기조절을 위해서 우리는 자신의 욕구와 동기를 충분히 의식하려고 노력할 필요가 있다. 이를 위해서, 우리는 다른 가능한 대안이 무엇인지를 항상 자문해야 한다. 욕망의 조절을 위해서 우리는 충분히 깨어 있어야 한다.

5. 욕망과 대화하기

불교와 심리학은 인간문제에 대한 내향적 접근으로서 모두 인간의 욕망에 대해서 깊은 관심을 지닌다. 지금까지 심리학에서 이루어진 욕망에 관한 연구와 이론들을 살펴보았다. 인간의 행동을 추진하는 욕망은 매우 다양하다. 그 근원적 욕망에 대한 학자들의 주장도 다양하다. "욕망, 삶의 동력인가 괴로움의 뿌리인가?" 욕망은 우리에게 주어진 삶의 조건으로서 그 자체에는 옳고 그름이 없다. 욕망은 잘 조절하여 활용하게 되면 삶의 건강한 동력이 될 수도 있고, 조절되지 못한 상태로 탐닉하게 되면 고통의 뿌리가 될 수도 있다. 만약 고통의 뿌리가 되는 욕망이 있다면, 그것은 조절하기 어렵거나 충족될 수 없는 비현실적인 욕망일 것이다. 인간의 역사가 보여주듯이, 인간의 욕망은 조절되기 어렵다. 욕망은 쉽게 만족되지 않을 뿐만 아니라 지속적으로 끈질기게 요구하는 속성을 지니고 있기 때문이다. 아울러 인간은 욕망의 조절보다 욕망의 충족에 더 많은 관심을 기울이고 있기 때문이기도 하다. 회광반조하여 자신의 욕망을 조절하려 하기보다 욕망을 충족시킬 수 있는 물질과 환경을 추구하며 외향적인 접근을 하고 있기 때문이다. 자기조절 노력이 부족한 상태에서의 과도한 욕망은 고통의 뿌리가 될 가능성이 높다.

보다 더 중요한 것은 어떠한 수단으로도 충족될 수 없는 비현실적인 욕구이다. 필연적으로 좌절과 절망을 경험할 수밖에 없는 욕망들이 있다. 대표적인 예가 생로병사에서 벗어나려는 욕망이다. 누구나 젊은 상태로 건강하게 영원히 살고 싶은 욕망을 지닐 것이다. 특히 죽지 않고 영원히 살고자 하는 욕망은 집요한 것이다. 그러나 이러한 욕망은 결코 해결될 수 없다. 난세를 제패하고 천하를 통일한 진시황제도 충족시키지 못한 욕망이다. 지금까지 이 지구상에 태어난 어느 누구도 해결하지 못한 욕망이다. 즉 생로병사에서 벗어나 영생하려는 욕망은 필연적으로 좌절될 수밖에 없는 비현실적인 욕망이다.

그러나 2,500여 년 전 인도 북부 카필라왕국의 왕자 싯달타(Gautama Siddhārtha)는 드디어 이러한 문제를 해결했다. 그는 오랜 수행 끝에 생로병사의 고통에서 벗어나 부처가 되었다. 그는 생로병사에서 벗어난 것이 아니라 생로병사의 고통에서 벗어난 것이다. 그는 왕자의 신분으로 생리적 욕구가 충족되지 못하는 고통을 겪지는 않았을 것이다. 생로병사라는 인간의 운명을 인식하면서 고통스러워했을 것이다. 인간은 생로병사의 욕망을 추구하는 한 필연적으로 고통으로부터 벗어날 수 없다. 싯달타는 불로초를 찾아 헤매는 외향적인 노력을 기울이기보다 자신의 마음을 관찰하는 내향적 노력을 기울였던 것이다. 즉 고통의 근원인 마음과 욕망의 실상을 철견함으로써 생로병사의 고통에서 벗어난 해탈의 경지를 이룬 것이다.

불교에서는 인간을 고해苦海에 빠지게 하는 세 가지 주요한 원인으로 삼독三毒, 즉 탐貪·진瞋·치癡를 들고 있다. 이러한 삼독은 심리학에서 인간의 불행과 장애를 설명하기 위해 고려하는 세 가지 측면, 즉 동기적·정서적·인지적 측면을 반영하는 것으로 여겨진다. 탐욕貪慾은 인간의 동기적 측면에 대한 것으로서 과도한 욕구와 집착을 의미한다. 진에瞋恚는 인간의 정서적 측면에 대한 것으로서 부적절한 분노와 감정을 뜻한다. 우치愚癡는 인간의 인지적 측면에 대한 것으로서 잘못된 생각과 신념을 말한다. 앞에서 언급한 바 있듯이, 이러한 세 가지 측면은 서로 밀접하게 연결되어 영향을 주고받는다.

삼독을 극복하기 위한 불교 수행의 근본은 계戒·정定·혜慧의 삼학 三學이라고 할 수 있다. 계·정·혜 삼학은 각각 인간의 동기적·정서 적·인지적 측면의 수행을 의미하는 것으로 여겨진다. 계율戒律은 수행자가 지켜야 할 실천규범으로서 청정한 생활을 통해 욕망을 조절 하려는 행동적 수행이라고 할 수 있다. 선정禪定은 한 대상에 의식을 집중하는 명상을 통해서 고요하게 안정된 심리상태를 이룸으로써 불안정한 정서를 조절하려는 수행이라고 볼 수 있다. 지혜智慧는 자기 내면을 철저하게 관찰하는 명상을 통해서 잘못된 망상과 무지를 극복 하고 인간존재의 실상에 대한 인지적 통찰을 추구하는 수행이라고 할 수 있다. 계율, 선정, 지혜는 상호촉진적인 것이지만 불교에서는 지혜를 통한 깨달음을 지향하고 있다.

대다수의 심리학자들은 욕망에 지나치게 휘둘리는 삶뿐만 아니라 욕망을 지나치게 억제하는 삶 역시 정신건강에 바람직하다고 보지 않는다. 따라서 심리치료에서는 욕망의 적절한 조절을 지향한다. 내담자의 문제와 심리적 상태에 따라서 욕망의 발산과 표출을 장려할 수도 있고 절제와 조절을 권장할 수도 있다. 그러나 기본적으로 심리치 료자들은 내담자로 하여금 자신의 욕망을 자각하고 현실적인 상황에 맞추어 효과적으로 조절하도록 돕는다. 자기조절 능력을 향상시키기 위해서 심리치료자들은 내담자의 다양한 측면에 초점을 맞추어 접근 한다. 행동 치료에서는 구체적인 행동의 변화에 초점을 맞추는 반면, 정서 중심 치료에서는 부정적 정서의 표출과 정화에 초점을 맞춘다.

인지 치료에서는 부정적 생각과 역기능적 신념의 변화에 초점을 맞추고, 정신역동적 치료에서는 무의식적 갈등의 자각과 통찰에 초점을 맞춘다. 어떠한 치료적 입장을 취하든 심리치료자들은 욕망의 발산과 억제 사이의 균형적인 조절을 중시하면서 내담자의 자기조절 능력을 함양하고 강화하기 위해 노력한다.

세속적인 기준에서 보면, 불교는 욕망을 억제하는 금욕적인 종교로 여겨진다. 출가수행자의 경우에는 5계五戒, 8재계八齋戒, 10계十戒를 비롯하여 250계를 지켜야 하며 비구니의 경우에는 무려 348계를 준수해야 한다. 이러한 계율의 많은 부분은 욕망을 억제하는 것이다. 그러나 금욕의 기준은 상대적인 것이다. 사실 대부분의 종교들은 인간의 욕망을 억제하는 계율을 제시하고 있다.

불교는 극히 내향적인 반성적 노력을 통해 자기조절을 추구하는 종교라고 생각된다. 불교는 고통의 문제를 해결하기 위해서 인간의 마음 깊은 곳으로 끊임없이 성찰해 들어간다. 욕망과 집착의 궁극적인 심리적 근원까지 파고 들어간다. 세세밀밀한 자기관찰을 통해서 욕망과 집착을 자각하고 그것의 비실체성을 통찰함으로써 그로 인한 고통으로부터 벗어난다. 자기관찰을 통해 마음의 깊은 곳까지 의식의 빛을 쪼임으로써 그림자의 허구성을 깨닫는다. 이런 점에서 불교는 인지적 성찰을 통해서 욕망과 고통을 극복하는 철저한 자기조절을 지향하는 종교라고 할 수 있다. 궁극적으로는 자기조절의 주체인 자기의 비실체성을 통찰함으로써 자기초월의 경지로까지 나아간다.

욕망은 우리에게 주어진 삶의 조건이다. 우리의 삶을 추진하는 원동력이다. 우리는 욕망을 지닌 존재로서 환경과 상호작용하면서 기쁨과 괴로움을 경험하며 살아간다. 삶의 과제는 우리의 욕망과 다른 사람의 욕망 그리고 환경의 조화를 이루며 살아가는 것이다. 인간은 이성을 지닌 존재로서 욕망을 조절할 수 있는 능력을 지니고 있다. 욕망은 야생마와 같아서 고삐를 느슨하게 풀어놓으면 제멋대로 날뛰지만 그렇다고 너무 조이면 저항하거나 힘을 잃는다. 우리는 욕망의 좋은 동반자가 되어야 한다. 마음을 세심하게 바라보며 욕망이라는 야생마와 대화하는 법을 익혀야 한다. 대화를 나누는 과정에서 우리가 함께 가고자 하는 여행의 목표가 나타난다. 사이좋게 여행을 하면서 하나가 된다. 굳이 어디를 향해 가야 할 목표조차 사라진다. 여행의 모든 순간이 목표 아닌 목표가 된다. 야생마와 옥신각신하며 방황하는 여행객들이 다가온다. 소를 타고 씨름하는 여행객도 보인다. 그들과 함께 여행한다. 우리의 인생은 이러한 여행인지 모른다.

{생물학의 욕망 이해}

동물의 욕망, 인간의 욕망

우희종(서울대 수의대)

1. 생명체와 욕망

생명체로서의 동물과 인간은 그것이 어떤 상태이건 간에 욕망을 바탕으로 살아간다. 열역학적으로 존재하기 어려운 생명체가 개체로서 존재할 수 있는 것은 항상성을 유지하기 위해 외부와의 끊임없는 관계 속에서 에너지를 섭취해야 하며, 이를 가능하게 하는 것이 욕망이다. 그런 면에서 인간과 동물은 욕망의 공통 기반 위에 성립하고 있으며, 굳이 인간과 동물과의 차이라고 한다면, 욕망의 문제라기보다는 사람이 지니고 있는 언어나 도구 사용의 생물학적 특성과 더불어 문화와 자유의지 등과 같은 인문학적 특성일 것이다.

동물에 대한 이해가 높아지면서 이러한 인간의 특성이 전적으로 인간 고유의 것인가라는 질문에는 누구도 그렇다고 자신 있게 대답할 수 없다. 사람이 지닌 특성이라는 것도 사람들이 구성하고 있는 집단이나 각 개인의 상태에 따라 발현 정도에서 차이가 있으며, 많은 동물들도 나름대로의 언어와 도구 사용도 하고 있기에, 사람만의 고유한 특성이 무엇인지 구별하기는 결코 쉽지 않기 때문이다. 다시 말하여 동물과 사람간의 차이는 대부분 질적인 차이라기보다는 양적인 차이로 인해 마치 질적 차이가 나타나는 것처럼 보이기 때문에, 종(species)으로서의 사람과 동물의 차이를 떠나 생물학적 바탕 위에서 동물과 사람의 본질적 차이란 무엇인가라고 묻는다면 아무도 그 경계나 차별성을 말하기는 불가능하다는 것이다. 더욱이 동물이라 해도 원충류와 같은 형태로부터 침팬지까지 욕망의 유형이 매우 다양하고 그 범위도 매우 넓다는 점을 고려할 때 이러한 논의는 더욱 복잡해진다.[1] 이러한 점을 고려한다면 동물의 욕망을 사람의 욕망과 분리해서 생각하거나 논의한다는 것은 매우 위험한 인간 위주의 오만한 관점일 수도 있고, 오류를 범할 가능성이 높다는 것 또한 염두에 두어야 한다.

하지만 인문학적 관점에서 볼 때 윤리나 문화와 같이 확연히 눈에 드러나는 특성은 자연에 제한되어 살아가는 동물과 비교할 때 누구에게나 그 차이가 너무나 크게 보인다는 것 역시 사실이다. 따라서 동물의 욕망을 이야기하기 전에 우리는 인간과 동물의 공통 기반은 무엇이며, 또 무엇이 양자를 서로 다르게 만들고 있는 것인지를 검토한 후, 인간과 동물이 지닌 욕망의 차이에 대하여 이야기해야 할 필요가 있다.

그러한 시도를 위해서 생명체로서의 사람과 동물의 일반적인 측면을 검토하고, 동물과 사람의 차이에 대한 생명의 계통발생과 배아발생을 다룬 대표적 현대 생물과학인 이보디보[2]의 관점을 언급한 다음 뇌과학에서의 동물 연구를 근거로 하여 동물의 생물학적 욕망을 고찰하고자 한다. 또한 동물과 구별되는 사람의 인문학적 특성이 유물적 생물학의 관점과 반드시 대립할 필요는 없다는 것과 동시에 근대 생물과학이 지니고 있는 유물적 결정론의 한계를 극복할 수 있는 시각을 제시한 후, 몸에 대한 메를로 퐁티의 견해 및 인간 욕망에 대한 자크 라캉과 질 들뢰즈의 견해를 적용하여 불교적 관점과의 접점을 시도하고자 한다. 논의를 위해서 이 글에서 동물이라 함은 일반적으로 포유동물을 지칭하지만 맥락에 따라서는 전체 동물계를 의미하기도 한다.

2. 이보디보로 본 개체성

1) 욕망의 주체로서 생명체의 개체성

사람과 동물은 생명체이다. 즉, 생명현상을 지닌 물체로서 생명체, 생물 등으로 일컬어진다. 생명체의 특징으로서 가장 대표적인 것은 다양성의 근간이 되는 개체고유성(individuality)이다. 여기서 개체라는 것은 물질에 의거한 자기만의 형태(form)를 지니고 주위와 구별되는 경계를 지니는 것을 의미한다. 이러한 개체가 지니는 고유성을 불교적 용어로 표현한다면 아상我相이 될 것이며, 불교에서는 버리고 극복해야 할 망상으로서 이야기되지만, 분명한 것은 이러한 개체고유성이야말로 각각의 생명체가 지니는 본질적 특성이며 자기(self)라고 불리는 자아정체성의 터전이 된다. 더욱이 독자적인 다양한[3] '개체고유성'이

어우러져 나타날 때 건강한 생태계가 형성되며, 또한 생태계는 특정 종(species)들이 계통발생을 통해 발현하는 '종간고유성'을 바탕으로 구성된다.

생명체의 자아정체성을 이루고 있는 개체고유성의 기원은 욕망이다. 생명체가 스스로를 유지하기 위해 발현하는 자발적 욕망이라고 말할 수도 있고, 베르그송의 표현처럼 '생의 의지'라고도 표현할 수 있지만 모든 생명체의 개체고유성은 결국 그러한 욕망의 집합이며, 이것은 자아를 이루는 터전이 된다. 생명체는 수정된 순간부터 개체발생을 향한 방향성을 지니며, 이것은 마치 갓 태어난 신생아가 의식이 없이도 모유를 향해 움직이는 동작을 보이듯 내적 방향성으로서 넓은 의미로서의 욕망이다. 그렇다면 다양한 생명체가 어우러지고 종(species)의 어우러짐인 생태계의 모습 역시 각 개체적 욕망의 집합으로서 전지구적 차원의 욕망이 발현된 것이라고 볼 수 있다. 결국 각 생명체나 생태계, 이 모두는 욕망 그 자체이다.

한편, 동물이나 사람은 탄생을 통해 비로소 독자적인 개체로서 이 세상에 존재하며,[4] 출생한 시점부터 자신의 힘으로 자신을 외부로부터 보호·유지하기 위해 먹고 마시며 면역 기능을 발달시킨다. 또한 이 순간부터 외부와의 관계를 통해서 학습이라는 형태로 자의식을 형성해 간다. 뇌가 중심이 된 자의식이라는 정신적 자기自己의 물질적 근거가 되는 것은 중추신경계가 담당하지만, 동시에 육체적 자기를 규정하는 기능은 전신에 분포된 면역계가 담당하게 된다.

즉, 생명체의 형태를 만들고 있는 물질 차원에서 보면 생명현상으로서의 개체고유성은 신경계와 면역계에 의해 뒷받침되고 있다. 따라서 일반적으로 정신과 육체로 이루어져 있다고 말해지는 생명체에 있어서의 자기라는 것은 편의상 신경계에 의존해서 나타나는 정신적 자기〔自意識〕와 면역계로 표현되는 신체적 자기로 구성된다고 말할 수 있다.

2) 개체고유성과 생체 기전

자아를 이루는 욕망의 발현 형태인 개체고유성은 물질 수준에서 담당하는 두 축으로서 신경계와 면역계에 의하기 때문에, 욕망은 생체 내의 정교한 이 두 체계에 의존하게 된다. 욕망의 가시적 발현을 신경계가 한다면 욕망을 미시적으로 체화된(micro-embodiment) 형태로 보여주는 것은 면역계이다.

이러한 면에서 신경계와 면역계는 동전의 양면과 같이 자아/자기를 이루고 있음에도 불구하고, 나라고 하는 통합된 개체를 이해하는 데에 있어서 서양 학문에서는 그동안 신경계가 담당해온 정신적 자아에 대해서는 주로 철학이, 신체적 자기에 대해서는 의학의 한 분야인 면역학이 다루어 오면서, 정신과 육체의 철저한 이분법적 해리解離가 이루어져 왔다. 이러한 자기에 대한 근대 서양의 접근은 멀리는 니체가 '권력에의 의지'의 구체적 표현으로서 육체를 언급하고,[5] "나는 존재한다. 고로 사고한다"는 메를로 퐁티Merleau-Ponty의 육체성(corporeality)[6] 강조를 통해 점차 도전을 받게 되었다.

다행히 이성과 육체에 관한 이러한 이분법적 흐름에 대해 자연과학의 반론은 비교적 최근에 들어와 이루어지게 되었다. 신체고유성을 다루는 현대면역학과 자의식의 터전인 뇌를 연구하는 뇌신경과학의 발전은 분자생물학의 도움에 힘입어, 분자 수준에서 이 두 생체 내 체계가 분리되어 별도로 움직이는 것이 아니라 하나의 통합된 체계이며,[7] 서로 상호작용을 하면서 기능 발현함을 보여주었다.(그림 1)

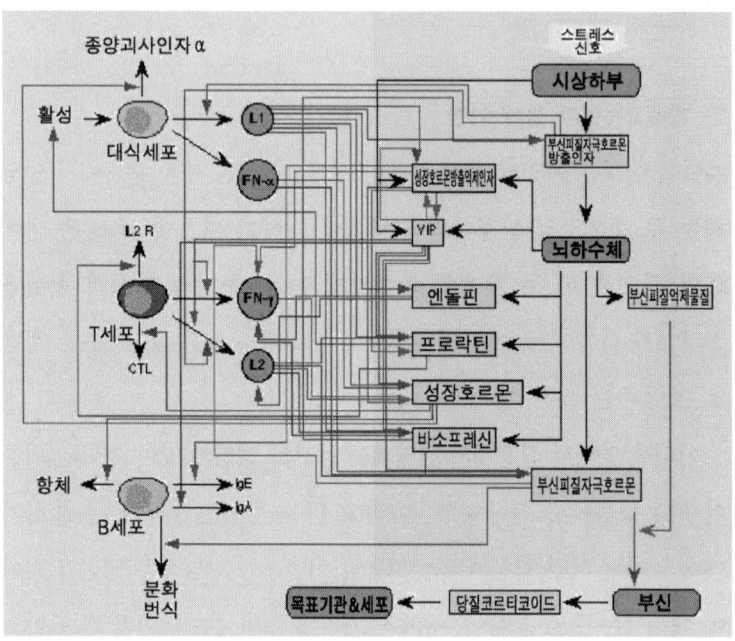

[그림 1] 정신적 자아의 물질적 바탕을 이루는 신경계와 신체적 자기를 결정하는 면역계의 상호 의존성 (http://playingdoctor.org/로부터)

생명체가 존립하기 위해서는 욕망에 의존하며, 그러한 욕망이 구체적으로 발현된 개체고유성을 표현하는 신경과 면역, 두 체계의 특징은 비록 각기 서로 다른 학문의 영역에서 다루어져 왔지만, 해부나 생리와 같은 생체 내 체계와는 달리 특징적인 공통점을 지니고 있다. 즉, 물질 차원에서 개체고유성을 규정하는 신경계와 면역계 양쪽 모두 생물체 내부의 자족적인 발생 체계가 아니라 외부로부터의 자극,

이에 대한 반응, 그리고 기억이라는 외부와의 연기적 관계에 의거해서 각 개체마다 새롭게 만들어지는 창발 체계라는 공통된 특징을 지닌다.[8]

수정란은 필요한 영양분만 있으면 자신의 유전자에 담겨 있는 프로그램에 따라 성숙한 개체의 해부구조나 생리학적 구성을 형성하며, 배아로부터 자체적으로 자신의 형태를 발현하는 자족적인 발생 양식을 보이지만, 유독 생명체의 개체고유성에 기여하는 신경계와 면역계의 형성에 필요한 정보는 배아 자체가 지닌 정보와 영양분만으로는 부족하여, 두 체계의 제대로된 기능과 형태 발현을 위해서는 끊임없는 외부와의 교류가 필요하다. 그것도 단순한 직선적 선형관계가 아닌 복잡계적 네트워크 구조의 비선형적 창발적 과정이다.[9]

다시 말하면, 신경계와 면역계로 나타나는 생명현상의 주요한 특징인 개체고유성은 주위와의 관계 속에서 창발적으로 형성되는 것이지 결코 폐쇄적으로 진행되는 자기 충족적인 개념이 아니며,[10] 이러한 창발현상을 가능하게 하는 생명체의 주위와의 관계성이야말로 주위에 대한 열려 있음, 즉 생명체가 지닌 개방성으로 규정할 수 있다.

신경계와 면역계 양쪽 모두에게 필요한 외부와의 열린 관계인 개방성(openness)은 생명체의 또 다른 특성인 자유로움의 근거가 된다. 주위에 의존하여 변화해 가는 열린 관계로서의 생명체는 관계로부터 빚어지는 수많은 변화 속에서 외부 환경에 대하여 반응·기억하며 그러한 경험의 총체적 누적으로서 존재하며, 따라서 모든 생명체는 초기 조건의 작은 변화에 의해 결과적으로 커다란 차이를 나타내게 된다. 이러한 조기 조건의 민감도는 현대 진화발생학인 evo-devo적인 접근을 통해서도 확인되고 있다.[11]

한편, 이와 같은 개방성은 자유롭지만 스스로 생로병사라는 숙명을 지니고 영생할 수 없는 개체의 운명을 잘 설명해 준다. 생명체가 개체 단독으로 자족적으로 존재할 수 없고 타자와의 열려 있는 관계에 의해서만 존재할 수 있기에, 자유롭지만 동시에 그 자유로움은 관계의 종료에 따른 생명체의 소멸이라는 죽음을 담보하게 된다. 스스로 존재할 수 없는 존재로서 생명체의 탄생과 죽음은 복잡계 과학에서 다루는 전체와 부분 사이에서 벌어지는 창발현상에 의한 상전이(phase transition)로 볼 수 있다.[12]

물론 창발현상 역시 원인과 결과에 의해 나타나는 현상이기에, 생명체에 창발현상에 의한 개체고유성과 자유로움이 나타난다는 것은, 생명현상이 생기론도 아니고 그렇다고 유물적 관점도 아니며 단지 원인과 결과로 빚어지는 현상일 뿐 구체적 실체를 가지지 못한다는 것을 의미한다. 이는 또한 열린 관계의 특징으로서 관계를 통해 관계에 참여한 구성원 모두가 서로 변화해 간다는 점도 시사한다.

이렇게 신경 및 면역 체계는 외부로부터의 자극, 이에 대한 반응, 그리고 기억 기능에 의하여 완성되어지며, 신경계가 과거의 경험을 통해 학습하며 자의식을 만들어가듯이 면역계 역시 과거의 경험을 기억하면서 신체적 자기에 대한 자신만의 특이성을 창발적으로 형성해 간다. 이렇듯 자아의 형성에는 그것이 정신적인 것이건 신체적인 것이건 과거의 각흔이 그대로 남아 있으며, 더 나아가 이들은 단순히 남아 있는 것이 아니라 현재의 모습을 형성하는 데에 능동적으로 기여하고 있다.

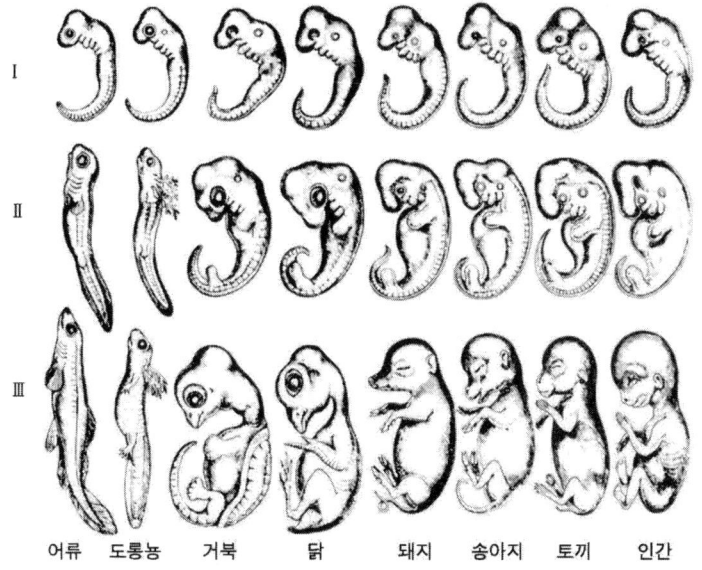

【그림 2】 Ernest Haeckel의 의도적인 그림
Recapitulation theory를 잘 보여주지만 과장되어 있다.

동물이나 인간과 같은 생명체는 외부 환경에 대하여 반응·기억하고 그러한 경험의 총체적 누적으로서 존재하며, 초기 조건에 대한 민감도는 시간의 흐름을 고려할 때 매우 중요한 의미를 지닌다. 복잡계 과학에서 나비효과라고 불리는 이러한 초기 조건의 민감도가[13] 있기 때문에, 개체고유성과 관여된 자극, 반응, 그리고 기억 중에서 특히 시간의 누적과 연관된 기억 작용은 자아를 구성하는 욕망을 이해하는 데에 중요하며, 또한 인간과 동물이 지닌 욕망의 차이를 이해하기 위해서 반드시 검토해야 한다.

3) 신체 속의 누적된 시간

각각의 생명체에 있어서 자아를 결정하는 개체고유성이란 출생 후 겪는 주위 환경과의 관계 속에서 스스로가 자신의 기억으로 담아가면서 동시에 스스로를 변형시키는 되먹임(feedback) 구조를 통해 이루어진다. 이는 기억에 의한 시간의 누적으로서 가능한 것이며, 이와 같이 개체고유성이 시간의 누적으로 이루어지기 때문에 각 개체 내의 시간의 누적은 동일한 종 안에서의 개체 차이(allotype)로 나타나게 된다.

그러나 개체뿐만 아니라 종 간의 차이도 시간의 누적이라는 동일한 패턴에 의해 나타난다는 것은 매우 흥미로운 점이다. 유물론적 환원론에 근거한 사회생물학자들의 입장에서[14] 볼 때 한 개체의 존재는 단순한 유전자의 자기확산 과정에 불과할지 모르나,[15] 이들이 간과하는 것은 각 생명체가 보여주는 삶이라고 불리는 열린 관계성이다. 유전자라는 정보는 복제를 통해 생명체의 자손으로 전달되나, 생명체가 주위 환경과의 관계 속에서 만들어간 고유한 삶은 전달되지 못하며, 새로 태어난 개체는 그의 선조가 삶 속에서 겪은 모든 과정을 다시 반복해야 한다.[16] 유전자의 복제 역시 일종의 반복이며 삶이라는 외부와의 연기적 관계 속에서 영향을 받기 때문에[17] 유전자는 모든 생명 현상의 원인이기도 하지만 동시에 주위 환경에 의한 결과물이기도 하다.[18]

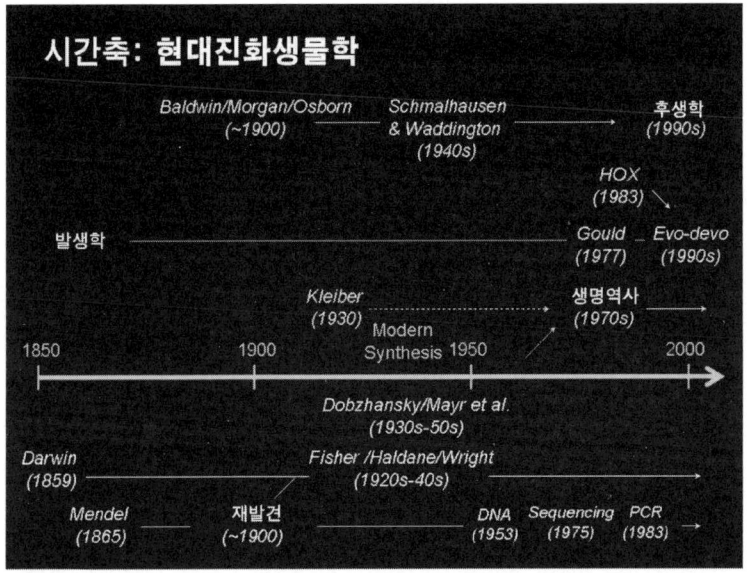

【그림 3】 Evo-devo의 발달 과정(by C. Kuzawa, Northwestern University)

한편, 생물학적 반복(recapitulation)은 창발적 차이를 수반한다.[19] 반복에 의한 차이는 진화의 기원이 되며,[20] 따라서 생명체란 유전자의 영속적 모습의 단면에 불과하다는 사회생물학자 등의 근본 입장에 반하여 반복은 차이를 수반한다는 들뢰즈의 관점처럼, 종으로서의 동질성 속에 종속된 개체적 삶의 차이와[21] 끝없이 되풀이되는 삶의 반복성이라는 시간의 누적 속에 나타나는 계통발생적 다양성이야말로 생명현상의 창발적 측면을 잘 보여주고 있다.

이처럼 특정집단과 각각의 구성원이 보여주는 고유성은 시간을 생각하지 않고는 설명되지 않기 때문에, 우선 개체발생(ontology)과 계통발생(phylogeny)의 통합적 접근이 필요하다. 19세기에 헤켈이 말한 것처럼 개체발생이 계통발생을 되풀이한다는 것은 이제 일반인들에게도 널리 알려진 사실이다. 인간의 수정란에서 시작된 배아의 발생 과정에는 과거 우리 선조가 겪어왔던 시간의 누적이 그대로 나타나게 된다.[22]

과거 19세기의 헤켈이 그러한 시간의 누적을 강조하기 위해 의도적으로 왜곡하여 그린 형태학적 모습이 (그림2) 아니더라도, 최근 발생 연구에 있어서 형태학적 연구에만 머물렀던 발생학, 화석에 의존하던 고고학적 진화론 및 생체물질을 이용한 생체고고학[23] 등에 분자생물학적 접근을 적용한 유전체학(Genomics)을 접목함으로써 통합학문으로서의 가능성을 보여주고 있는 이보디보의 발전은 이러한 시간의 누적에 대하여 많은 통찰을 주고 있다. (그림 3)

이보디보는 진화 과정 중의 각 개체의 발생과 계통발생적 변화와의 관계를 다룬다. 따라서 시간의 누적에 대한 미세 변화가 어떻게 인간과 동물처럼 다양한 형태의 종으로서 나타나는가를 밝히고 있다. (그림 4)[24] 결론적으로 이보디보가 말해주는 동물과 인간은 이성, 언어, 도구 사용 등과 같은 표현형(phenotype)에 있어서 매우 큰 차이를 나타내지만, 그것은 조절 유전자의 다양한 발현과 더불어 모듈 형식의 진화 양식, 그리고 주위 환경에 의한 후생적인(epigenetic) 영향이 반영되어 이루어진 것이라는 점이다.

이러한 계통발생 과정을 지닌 우리 인간은 자아 발달의 근거를 이루는 신경계와 면역계의 발달에 있어서 자연스럽게 이러한 시간의 누적을 담고 있다. 우선 뇌의 구조를 보면, 가장 바깥쪽에 있어서 외피에 해당되는 부위는 사람 특유의 이성적 인지 작용을 담당하고 있고(neomammalian neocortex), 그 안쪽에는 감정을 담당하며 이성과

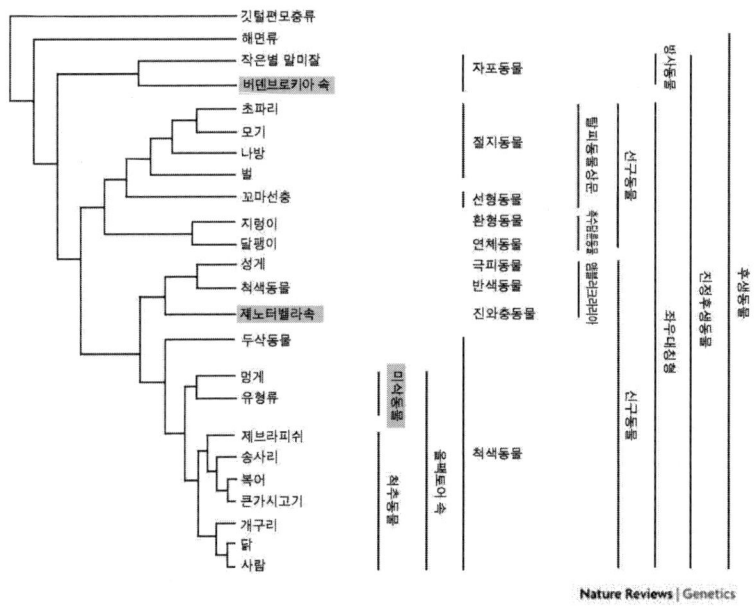

[그림 4] 이보디보로 본 동물의 계통발생도

본능의 조절을 담당하는 부위가 뇌간을 둘러싸고 있으며(paleomammalian limbic system), 가장 깊은 곳에는 계통 발생적으로 가장 오래된 파충류에 해당하는 부위가 자리잡고 있어서 생명체의 개체보존과 종족보존이라는 가장 기본적인 본능을 수행한다고 말해지고 있다.[25] 그러므로 뇌에는 생명체의 전형적인 시간의 누적이 반영되어 있다고 할 수 있다. 이러한 면에서 다양한 감정과 욕망을 표현하는 동물일수록 뇌의 변화는 크기뿐만 아니라 뇌 주름의 증가 등의 공통적인 모습을 바탕으로 다양한 모습을 보여준다. (그림 5)[26]

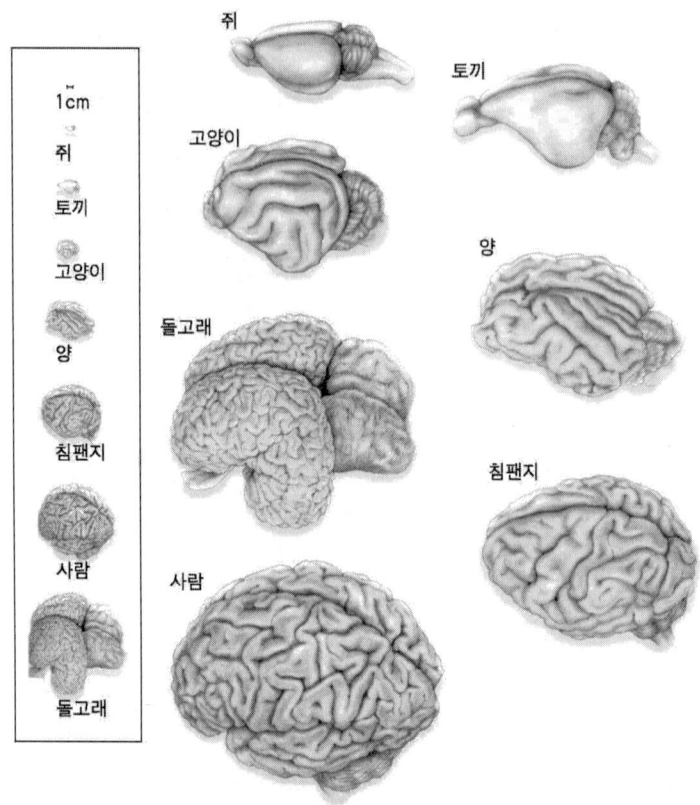

【그림 5】 포유동물의 뇌. 복잡성에 있어서는 차이가 보이나 많은 특징들은 공통된다. 왼쪽 상자는 상대적 크기를 보여준다.

한편, 뇌뿐만 아니라 신체적 자기를 규정하는 면역계 역시 진화 속에서 시간의 누적을 담고 있다.(그림 6)[27] 따라서 자기를 규정하는 물질적 터전인 면역계 역시 신경계와 마찬가지로 역사성을 지닌다는[28] 것은 당연하면서도 많은 것을 시사한다. 사람이건 동물이건 생명체는 결국 시간이 누적된 결과의 산물이다.

동물의 욕망, 인간의 욕망 307

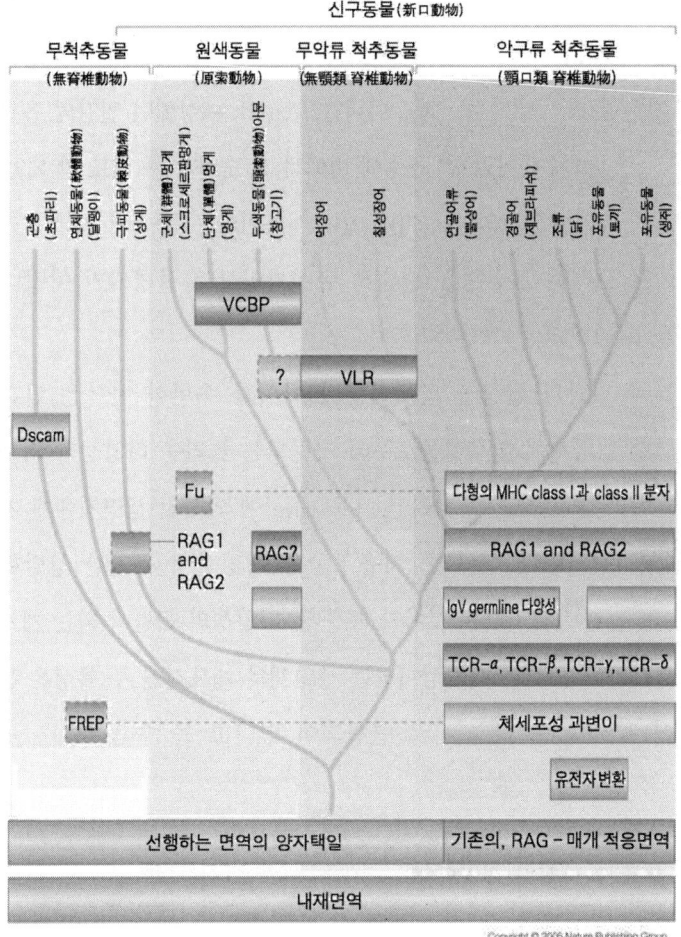

[그림 6] 동물 면역계의 계통발생도. 신체적 자기를 유지하는 면역계는 계통적으로 서로 다른 다양한 전략과 더불어 매우 유사한 상호연관성도 보여주고 있다.

동물의 욕망과 인간의 욕망을 이야기하기 전에 이러한 계통발생적 이해와 더불어 다시 한 번 언급해두어야 할 것이 여러 동물들과 인간 유전자 구성의 유사성이다. Genome project에 의해 밝혀진 사람의 유전자는 침팬지와 1퍼센트 미만의 차이밖에 없었기에 우리가 생각했던 것처럼 그 차이가 큰 것도 아니었으며, 또 예상했던 인간의 유전자 수도 3분의 1 수준이었고[29] 곤충에 비해서 그 숫자가 두 배도 안 되었다. 이러한 사실은 인간의 이성이나 언어 사용이라는, 동물에 비해 놀라운 차이로 보이는 표현형은 단순히 유전자만으로 설명되기 어렵다는 것을 의미한다.[30]

결국 진화와 발생을 반복하면서 차이를 수반한 반복은 인간을 포함한 생명체에게 무생물로부터 구분되는 놀라운 다양성과 더불어 그것이 본능(instinct)에 의하건 욕동(drive)에 의하건 생명체에게 자유로움을 선사했다. 그러한 자유로움은 개방성에 근거한 창발현상(emergence)에 의거하는 것이기 때문에, 다양성의 근간이 되는 개체고유성(individuality)과 개방성이라는 생명체의 대표적인 두 특성은 분리되어 생각될 수 없고 서로 연관되어 있다고 볼 수 있다.

3. 동물과 사람의 창발현상

1) 욕망의 물질적 체현과 현대과학

현대 뇌과학의 발달은 비록 기계론적 관점이기는 하지만 우리에게 인간 및 동물의 욕망에 대하여 많은 이해를 줌으로써 고전적 동물행동학이나 정신분석학의 영향을 상당 부분 희석시키고 있다. 현재 신경정신의학 전공의들이 일반적 정신질환에 대하여 고전적인 상담 치료보다는 약물 투여를 선호하고 있는 현실이 그러한 상황을 잘 말해주고 있다. 따라서 과거에는 정신병을 마음의 병으로 볼 것인지, 아니면 뇌의 병으로 볼 것인지라는 애매하고도 소박한 질문도 대두되었지만, 결국 신경계와 면역계를 하나의 통합된 체계로 봐야 하는 이 시점에 와서는 마음과 육체가 둘이 아닌 것처럼 정신병이 마음의 병이냐, 육체의 병이냐 하는 식의 질문은 이분법적 전제 하에 던져진 매우 낡은 질문에 불과하다고 할 수 있다.

물론 욕망이 신체라는 물질적 토대보다 선행하느냐 아니면 물질적 토대가 자리잡은 후 욕망이 발생하는 것이냐라는 질문은 던질 수 있다. 그러나 이에 대한 답은 욕망에 대한 정의와 욕망의 물질화 과정에서 보이는 동인動因에 대한 정의나 범위에 따라 상대적으로 결정될 수밖에 없는, 범주화에 따라 답변될 수 있는 상대적 질문이다. 단순한 물질의 구성이 개체의 조화된 신체로 발생하는 과정 중의 동인도 욕망으로 말할 수 있으며, 더 나아가 수정을 통해 배아 형성을 일으키게 한 작용 역시 개체의 욕망에 의한다고 볼 때 욕망과 몸은 상의상존한다고 말해야 한다. 뿐만 아니라 욕망은 우리의 몸을 코드화시켜 대상화시키기도 한다.[31]

한편, 현재 두뇌에서 감정과 욕망에 관련된 뇌신경 전달물질 연구가 진전됨에 따라 폭식, 흡연, 음주, 강박관념 등 여러 욕망 발현에 직접적으로 작용하는 물질이 점차 밝혀지고 있다. 대표적인 물질로는 아세틸콜린acetylcholine, 도파민, 에피네프린, 노르에피네프린 등이 속하는 카테콜아민catecholamines, 세로토닌serotonin, GABA 및 글루타메이트glutamate, 글리신glycine 등의 아미노산, 그리고 ATP, NO 및 역방향 신경전달물질로서의 엔도카나비노이드endocannabinoids 등과 같이 매우 작은 분자물질 등이 알려져 있다. 물론 이외에도 호르몬이나 사이토카인과 같은 생체 내의 면역 생리활성물질도 신경세포에 작용하여 뇌기능 발현에 직접적인 영향을 주고 있는 것은 위에서 기술한 바와 같다.

따라서 이러한 물질에 의한 뇌 기능 간섭을 통한 행동 양상의 조절은 이미 많은 연구가 행해졌으며, 그 결과가 정신의학에 접목되어 약물 사용이 우울증이나 정신분열증 등에 효과적 치료법으로 활용되고 있다. 이것은 과학적 지식의 확대로 인하여 지금까지 막연히 심리작용 내지 영적 작용이라고 생각해 온 많은 부분도 유물론적 과학 지식에 의한 접근에 의해 충분히 이해 가능하다는 좋은 사례이다. 유물적 생물학의 접근 방식은 서양 근대 문명에 있어서 생명에 대한 입장과 태도를 정하는 데에 결정적 기여를 하게 되었고, 이러한 관점의 정점에 있는 것이 많은 논란 속에 '이기적 유전자(selfish genes)'라는 개념으로 일반인에게도 널리 알려진 사회생물학적 태도이다.

하지만 지금과 같은 상황이 욕망 그 자체가 생명현상의 하나로서 물질화 한다는 것을 의미하지는 않으며, 현대 과학의 환원론적 접근에 의한 각 부분적 현상에 대한 이해일지언정 생명체의 특징인 통합적인 자아나 개체고유성을 이해하는 것과는 거리가 멀다고 하겠다.

그렇다면 현대과학의 눈부신 발달에도 불구하고 왜 여전히 각 생명체의 개체고유성과 자아에 대한 이해가 어려운 것인가? 이 질문에 대한 시도야말로 사람과 동물의 욕망에 근거한 유사한 점과 서로 다른 점을 명확히 할 수 있는 계기가 될 수 있다. 결론부터 이야기한다면, 서양근대의 유물적 생명과학은 생명체가 지닌 물질적 근거와 밖으로 나타난 표현형을 일대일 대응시키는 단순한 관점에 의거하고 있기 때문이다.

이것은 눈을 제거하면 앞을 못 보기 때문에 보는 작용이 눈 자체에 있다고 생각하는 것과 유사하다. 분명히 눈을 제거하면 보는 기능을 잃어버리기에 눈은 보는 수단이자 보는 기능의 근거이지만, 눈만으로는 보는 기능을 충족시키지 못한다. 그것을 감지하여 종합하는 뇌의 기능이 있어야 한다. 물론 뇌의 기능만이 있어도 눈이 없으면 보지 못하기에 결국 보는 기능은 눈과 뇌가 상호 작용하여 이루어 내는 관계적 작용이라는 점이다. 따라서 뇌의 신경세포나 그 연결망을 파괴할 때에 상실되는 인지와 욕망의 기능을 보고 그것이 곧 뇌 신경세포만의 작용으로 보는 유물론적 생물학의 환원주의에 바탕을 둔 관점은 매우 위험한 범주화의 오류를 내포하고 있으며, 관계성으로 말미암아 발생하는 측면에서의 주의 깊은 검토가 필요하다고 할 수 있다.

한편, 욕망의 신체적 구현으로서의 면역기능이 신체적 자기를 규정하는 것은 당연한 것으로 보인다. 그러나 욕망의 분화는 동시에 다양성을 의미하기에 욕망의 구체적 발현으로서의 개체고유성이 정신과 육체에 근거한다면, 육체를 구성하는 물질은 우리 모두에게 물질적으로 동일하지만, 개체마다는 고유한 성격을 지니는 물질이 되어야 할 것이다. 즉, 생명체와 종으로서 공통성을 지니면서 동시에 개체로서의 자신만의 고유성을 지녀야 한다는 점이다. 동물이나 인간이나 개체의 유지는 먹은 동식물에 의존해 있다는 것은 서로 먹는 쪽이나 먹히는 쪽 모두 서로 공통적인 질료에 의하기 때문에 가능한 것이지만,

섭취한 동식물은 내부에서 변형되어 각 생물체의 개체고유성을 이루게 되기 때문이다.

동물이나 사람에서 개체고유성이라는 기능을 담당하는 물질은 주요조직 적합성항원(MHC; major histocompatibility complex)이라는 세포표면 단백질이며, MHC는 여러 유전자로 구성된 폴리제닉polygenic한 구성을 보이며, 동시에 같은 종 내에서도 매우 다양한 대립형질을 갖기 때문에 다형성(polymorphism)도 지니고 있다.(그림 7)

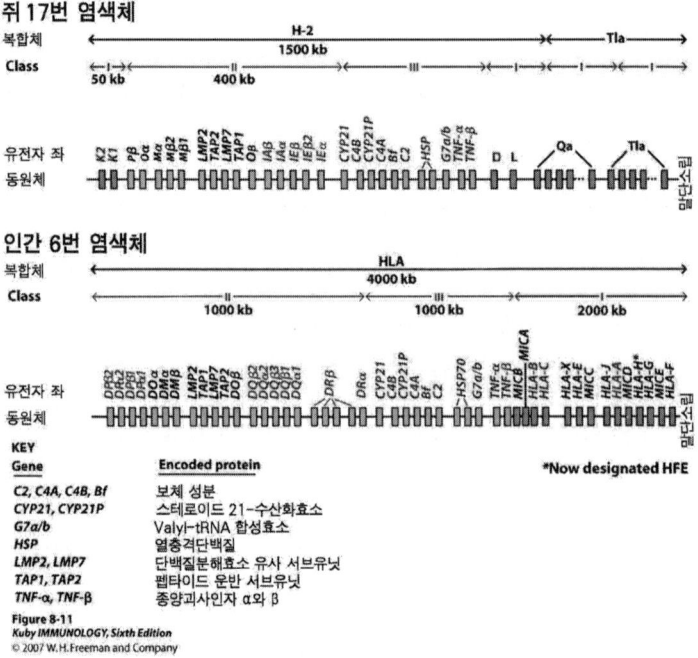

[그림 7] 개체에서의 신체적 자기를 결정하는 주요조직 적합성항원의 구성도. 위는 생쥐, 아래는 사람의 유전자 구성을 보여주고 있으며, 같은 종 내에서의 다양성과 (본문 참조) 더불어 종간의 유사성이 보인다.

이러한 MHC의 특성에 근거하여 발현될 수 있는 다양성을 이론적으로 계산해 보면 사람의 경우 약 $4×10^{19}$ 종류의 놀라운 다양성이 발현될 수 있다.[32] 다시 말하면 현재 우리가 지니고 있는 유전자만으로 위와 같은 다양한 유전자형의 개체(사람)가 존재할 수 있다는 말이며, 이는 수만 년의 시간이 누적되어 나타나는 숫자다. 이렇듯 동물과 사람을 구성하는 물질은 동일해도 서로 다른 종 및 같은 종 내에서의 각기 다른 개체로서 고유성을 지니게 되는 물리적 근거가 MHC이다.

그런데 중요한 것은 이렇게 구성되어 면역학적으로 자기 나름의 신체적 고유성을 지니게 되었어도, 이 고유성은 개체의 탄생과 소멸이라는 삶의 기간 중에서 고정된 것이 아니라 언제나 미시적으로 변화하기 때문에 신체적 자기라는 것은 고정된 실체로서 파악되기 어렵다는 점이다. 예를 들어 주요조직 적합성항원 조사를 통해 자신의 MHC와 맞는 사람의 장기를 이식받아도, 이식받은 사람의 면역 고유성은 시간이 흐름에 따라 미시적 변화의 누적이 생겨 결국은 재이식 등의 상황이 벌어지게 된다.[33] 결국 나라고 하는 개체의 신체적 고유성은 그 실체가 없는 가변적인 것이다.[34] 이러한 점은 사람과 동물의 차이를 생각할 때 시사하는 바가 크다. 결국 공통된 물질적 기반으로부터 몇 억의 종 다양성과 더불어 수십 억이라는 인간 집단 내의 개체고유성이 등장한다는 놀라운 현상이 일어나는 것이다.

2) 유전적 본성과 환경적 양육

동물과 사람의 물질적 발현이 유전자에 근거함은 1950년대 왓슨과 클릭에 의해 유전자의 DNA 이중나선 구조가 밝혀지면서 현대생물학의 터전을 이루었다. 모든 생명 현상에는 유전자가 있다는 관점은 결국 사회생물학의 등장을 가져왔으며, 이러한 관점에서 문화, 종교, 사회 등과 같은 인문학적 현상도 이기적 유전자의 작용에 불과한 것으로 알려지게 되었다.

하지만 이러한 유물적 관점의 한계는 과학계 내에서도 지적이 되고 있으며, 특히 최근의 evo-devo의 발전 그리고 복잡계 과학의 대두에 의하여 또 다른 지평이 열리고 있다. 그것을 요약해서 말한다면, 유전자는 행동의 원인이지만 또한 동시에 행동의 결과이기도 하며, 이러한 과정에서 구성물질만으로 설명할 수 없는 작용과 기능이 나타난다는 것이다. 이러한 현상을 창발현상(emergence, 떠오름 현상)이라고 부르며, 이것은 지금과 같은 서양근대과학이 근거하고 있는 요소환원론적 접근으로는 이해하기가 매우 어렵다.

창발적 관계의 전형적인 사례로서는 육체라는 물질적 근거 위에 나타나게 되는 생명현상이 대표적이며, 또한 통합적 자아를 구성하는 신경계의 시냅스(neural synapse) 형성에 따른 패턴 형성에 의한 자의식의 출현 및 자기(self)와 비자기(non-self)의 관계 속에서 형성되어지는 면역 시냅스(immunological synapse; IS)를[35] 통한 면역현상에 의존되어 나타나는 개체고유성에서 잘 드러난다.

Evo-devo에서 밝힌 바와 같이 배아에서의 개체발생과 진화의 계통발생에서 보이는 놀라운 차이는 동물과 인간의 차이 정도가 아니라 벌레와 인간이 가지고 있는 차이마저도 우리가 생각했던 것처럼 그렇게 많은 유전적 차이에 의한 것이 아니라는 점을 보여준다. 모든 동물을 만드는 유전자들이 동일한 기원을 가지고 있음에도 불구하고 이렇게 다양한 생태계를 구성할 수 있는 것은 유전자 풀pool의 조절을 변화시키는 과정 중에 나타나는 각 구성 유전자의 모듈성 변화와 수 백만 년의 시간의 역사를 지닌 미세 변화의 누적 때문이다.[36]

이것을 비유로 말하자면, 생명체의 유전자는 다양한 악기로 구성되어 있는 관현악단이 지휘자의 어떤 지휘 아래 있느냐와 유사하다. 지휘자가 교향곡을 연주시키거나 유행 가요를 연주시킬 때, 비록 연주하는 집단은 동일하나 연주되는 곡목이나 분위기, 더 나아가 듣는 이의 감흥은 전혀 다르기 때문이다. 더욱이 지휘자가 외부의 반응에 의하여 관현악단의 일부 구성원들을 소수 단위로 교체하고 이러한 것이 시간에 따라 누적될 때 악단의 구성이나 이들이 연주하는 곡의 미묘하고도 다양한 변화는 처음의 모습을 전혀 상상하기 어렵게 만들 것이다. 또 더 나아가서는 원래 출발했던 당시의 모습이 중요한 것이 아니라 이러한 과정 중에 나타나는 다양한 모습과 음악을 즐기면 되는 것이어서, 그 어느 한 상태가 고정되어 존재하거나 중요한 것이 아니라는 점이다. 생명체란 시간의 축을 따라 주위 환경에 적응하며 끊임없이 변화할 뿐이다.

특히 감정이나 이성의 형태로 자의식을 만들어 가는 신경계는 대표적인 가소성(plasticity)를 지닌 생체 조직이다. 기억 저장 과정에 있어서 신경세포가 만들어 내는 가소성은 이미 오래 전부터 관심을 받아 분자 수준에서 연구가 진행되어 왔으나,[37] 그 과정에 대한 전체적이고 구체적인 기전은 요소환원주의적 접근방식에 바탕을 둔 근대과학의 방법론으로 인하여 파악되지 못하고 있었고, 결국 이에 대한 본격적 접근은 신경세포의 상호 연결망에 대한 연구를 통해 얻을 수 있다고 판단되어, 최근에는 신경연결체학(Connectomics)라는 학문 영역이 생겨나기도 하였다.

한편, 신체의 고유성을 결정하여 자기(self)를 이루는 면역 현상 역시 유사한 과정을 거친다. 각 개체의 신체적 고유성은 신체를 구성하고 있는 생리활성 물질이나 세포로 구성된 상태에서 고정되어 결정되는 것이 아니며, 외부와의 상호 작용에 의하여 개체가 지니고 있는 면역체계와 주위 환경은 서로 영향을 주어 기존의 면역체계 자체가 변화하게 된다. 또한 이러한 적응성(adaptability) 속에서 변화하는 면역현상은 시간의 누적 속에서 현재의 모습을 만들어가지만,[38] 이 과정에 대한 전체적인 기전은 근대면역학의 요소환원주의적 접근방식으로 인하여 뇌연구에서와 같이 아직 명확히 파악되지 못하고 있다. 이와 같이 구성 요소만으로 설명되지 않고 이들의 관계 속에서 새로운 의미가 창출되는 창발현상은 다행히 21세기에 들어서 복잡계 과학으로 접근되고 있다. 비록 자아 출현의 물질적 기반은 신경계와 면역계로 이루어지지만, 살아 움직이고 욕망하는 생명현상은 이들의 복잡계적 창발현상으로 말미암아 나타난다고 말할 수 있다.

3) 자아의 출현과 복잡계적 창발현상

복잡계 과학은 많은 요소들의 상호 작용을 연구하며, 이들의 상호 작용에 의한 자기조직화를 통해 창발적 체계를 구성하여 진화하는 구조에 대하여 관심을 갖는다.[39] 통계물리학의 한 분야로서 시작된 이 이론은 이제는 자연과학 분야뿐만 아니라 경제 및 사회학의 다양한 현상을 설명하는 것에도 적용되고 있다. 이 복잡계 과학을 이루는 커다란 이론적 구성은 프랙탈 및 카오스 이론이 있으며, 최근에는 네트워크 이론과의 접목에 의하여 그동안 막연히 생각되던 일상생활 속의 여러 현상들을 설명할 수 있게 되었다.[40]

복잡계 과학은 무질서와 질서 잡힌 두 체계의 극심한 변화의 가장자리를 다루고 있으며,[41] 이러한 복잡계 과학이 다루는 현상의 특징으로서는 생명체의 탄생과정에서 볼 수 있듯이 상전이, 임계상태, 척도 불변, 초기조건의 민감도, 자기 조직화 및 창발현상으로 크게 정리할 수 있다.[42] 복잡계 현상을 수학적 표현을 빌리면 평균값을 지니는 정규분포와는 달리 멱함수(power law)의 구조를 지닌다.[43] 또한 멱함수 구조를 지니고 있는 현상들의 특징은 그 현상의 척도 독립성(scale free)을 갖는다는 점이다. 척도 독립성은 그러한 유형의 현상에 있어서 발생 규모가 작거나 크거나에 상관없이 그 현상의 속성은 동일하다는 것을 말한다.[44]

멱함수로 나타나는 현상에 있어서 그 결과로서 나타나는 규모의 크기는 그 현상의 발생 당시의 조건에 의존한다. 발생이 시작되었을 때의 주위 조건이 임계상태에 달하여 있으면 상전이를 이루게 된다. 임계상태가 되었을 때 상전이는 발생하게 되며, 이러한 상전이를 통해 그전 상태와는 전혀 다른 성질의 상태로 전환되는 상전이현상이 나타나 창발현상이 발생한다. 상전이를 발생시키는 특정 상태에 있어서 임계성은 변화의 가장자리까지 도달하기 위해 축적되고 응집된 내부 변화 요소라고 말할 수 있다.

최근의 복잡계 이론에서 또 하나의 축을 이루고 있는 것으로서 네트워크 이론이 있는데, 이 이론에서는 부의 분포가 일부에게만 집중되는 파레토의 법칙[45]이나, 사회적 연결망의 특성과 더불어 인터넷 상에서 야후나 구글과 같은 초대형 사이트의 등장과 같은 멱함수로 표현되는 현상에 대하여 연구하고 있다. 네트워크 이론에서 주목할 것은 임계상태의 중요성과 더불어 선호적 연결(preferential attachment) 현상이 있다는 점이다.[46] 선호적 연결 현상이란 부익부빈익빈 현상이다. 생태계 연결망에 네트워크 이론을 적용할 때에 중요한 것은 사회적 연결망 연구에서 나타난 것과 같이 생태계에서도 부익부 현상으로 인해 특정 상태의 경계값이 일정치(critical threshold)를 넘을 때 마치 전에는 전혀 없었던 것처럼 보이는 새로운 질서의 창발적 등장으로 연결된다는 점이다.[47]

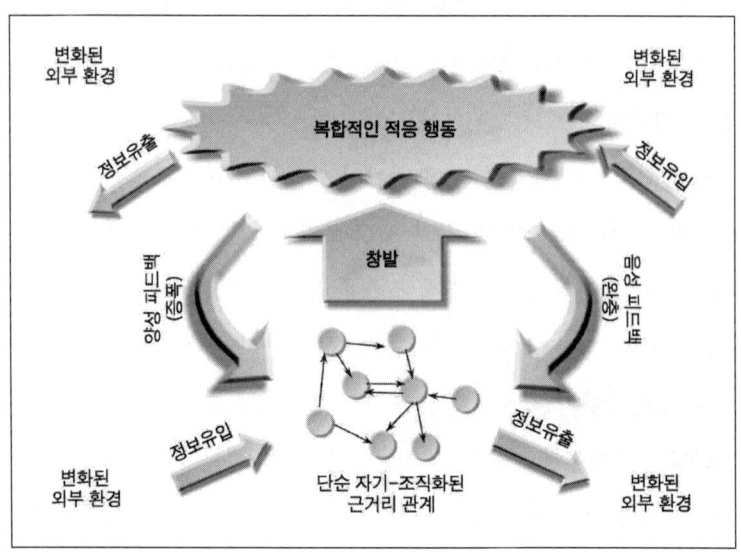

【그림 8】 Complex Adaptive System이란 복잡계 현상 중에서도 주위 환경과의 관계 속에서 경험을 통해 스스로 학습이 가능한 구조를 말한다.

네트워크 이론의 부익부 특성을 생명현상에 적용시켜 본다면, 시간 축에 의한 누적이라고 말할 수 있는 업業의 중요성이다. 진화과정에서 나타나는 계통발생의 역사성은 복잡계 현상에서 강조되는 초기 조건의 민감성과[48] 부익부 현상에 있어서의 진화의 변화가 그렇듯이, 진화학자 굴드가[49] 언급한 것처럼 점증이 아닌 단속적 특징을 지니게 된다. 이러한 특성을 바탕으로 동물과 사람을 가르는 진화에 있어서 복잡계 현상의 특징인 자기조직적 창발현상(self-organized emergence)이 혼돈의 가장자리(the edge of chaos)로부터 나타나, 새로운 다양한 종의 탄생과 더불어 현생 인간의 출현을 가능하게 했던 것이다.[50]

자의식이라는 인지 과정의 출현은 창발현상이며, 결코 물질적 요소로 환원되지 못한다. 그러나 이 말이 인간이 지닌 인식작용과 문화를 만들어 내는 힘이 물질과 동떨어져 있다는 말도 아니다. 창발적으로 나타난 현상은 구성 요소와는 전혀 다른 속성을 가지고 있으나 마치 (그림 8)과[51] 같이 서로 의존하고 영향을 주며, 주위 환경과의 관계 속에서 스스로 학습하며 변화해 가는 구조인 것이다.

4. 욕망으로서의 동물과 인간

1) 분화된 욕망

물질과 관계성에 바탕을 두어 자기 조직적 창발현상을 통해 등장한 것이 생명체이며 또한 이들의 개체고유성이다. 이러한 생명체의 동인動因과 개체고유성의 발현은 이들이 지닌 욕망에 의해 이루어진다. 개체고유성으로서의 욕망은 탄생과 소멸을 향한 방향성을 지니고 있으며, 물리학적으로 말한다면 그것은 방향성을 지니고 있는 힘인 벡터vector로 나타낼 수 있다.[52] 이와는 달리 생명체의 근원으로서의 욕망은 방향성을 지니지 않는 스칼라scalar적인 것이다.[53] 욕망이 방향성을 지녔을 때 이곳과 저곳, 너와 나, 주와 객이 나타나며, 시간은 과거, 현재, 미래로 나타나 선형적인 흐름을 시작한다. 이러한 면에서 욕망을 전제로 할 때, 이미 개체성을 전제로 한 상태에서의 동물과 인간은 유사한 출발점과 방향성을 지닌다.

스칼라적인 욕망을 바탕으로 그러한 욕망이 방향성을 지녀 벡터로 나타날 때 개체고유성이 탄생한다고 말한다면, 개체성이라는 것은 일종의 특정 상태로의 분화과정(differentiation)이라고 말할 수 있다. 분화는 마치 한 배아로부터 다양한 종류의 세포와 조직이 형성되는 과정과 마찬가지로 차이를 기반으로 자기만의 고유한 기능 획득에 바탕을 둔 다양성을 발현하는데, 마치 각기 다른 조직세포는 서로 비슷한 점은 없이 자신만의 고유한 기능을 수행하는 것처럼 보이듯 서로 상호 소통이 어려운 파편화된 분열의 모습도 지니고 있다. 그런 의미에서 동물과 인간은 스칼라의 배아성(germinal) 욕망의 형태로부터 분화된 조직성(tissular) 욕망의 발현으로 전환되면서, 주위와의 관계(connection) 속에서 각자의 욕망을 구체화해 가는 것이라고 말할 수 있다.

특정 세포로 분화된 세포는 그러한 과정을 통하여 자신만의 고유 기능을 수행하지만, 고유 기능을 다 했을 때는 죽음으로써 생체로부터 사라져간다는 점을 생각해보면, 특정 조직으로 분화된 세포의 생명력은 배아보다 훨씬 감소되어 있다고 할 수 있다. 따라서 생물학적 관점에서도 분화가 소멸이나 죽음으로 가는 과정인 것처럼,[54] 벡터로서 분화되어 조직화된 욕망으로서의 개체는 언젠가는 죽어야 함을 전제하게 된다. 죽음이란 개체로서의 방향성 상실을 의미할 뿐, 그 힘은 에너지 불변의 법칙에 따라 스칼라적 형태로 전환될 따름이다.

따라서 종교적으로 말한다면 스칼라적인 욕망의 분화과정에 대한 검토를 통해, 즉 발현된 벡터의 방향성 및 크기를 검토함으로써 욕망이 얼마나 각자 분화되어 개체화된 모습으로 존재하며, 이러한 인식을 바탕으로 역분화逆分化를 함으로써 분열된 개인의 욕망이 근원적인 스칼라적 배아성 욕망과 합일할 수 있느냐가 중요하게 된다. 이것은 분화를 통해 분열되어 온 자신의 욕망을 어떻게 하면 근원적인 욕망으로 재통합시켜 역분화를 할 수 있는지를 검토하는 것이고, 이를 통해 스스로 만들어낸 무명이나 망상을 떠나 진리와 통합할 수 있을 것이다. 그러나 동물은 이러한 면을 지니고 있지 못하기에, 이 점에서 동물과 인간의 욕망은 하나의 차이점을 보인다.

2) 욕망의 차이

동물에게 무명이라는 망상이 있는 것일까? 이 질문은 동물의 욕망에서 바람직한 욕망이 있고 바람직하지 않은 욕망이 있을 것인가라는 질문으로 바꿀 수 있다. 현대생물학에서 시도하는 욕망의 물질적 토대를 떠나 이러한 질문에 대한 대답을 위해서 욕망의 구조를 보도록 하자.

우선 욕망은 무엇을 위해 작동하는가를 살펴보면, 욕망은 쾌락 충족을 표면에 담고 있다. 즉, 욕망이 지니는 벡터로서의 방향성은 쾌락에 의존한다. 쾌락 추구가 생명체로 하여금 행동이나 행위를 유발하게 하는 원동력임은 부정할 수 없다. 욕망은 개체의 항상성, 더 나아가 종의 유지에 기여하기에, 건강한 생태계라는 것은 거꾸로 쾌락 추구를 통해 얻어지는 부산물이라고 말할 수 있다. 건강한 생태계라는 것은 그 안에 무수히 많은 생生과 사死로 이루어진다. 따라서 생태계라는 큰 틀에서 보면 개체의 생과 사는 쾌락이다. 자연계에서 암컷과의 생식 작용이 끝나면 자신의 몸을 암컷에게 먹힘으로써 수정되어 장차 태어날 새로운 개체와 결과적으로 종의 유지에 기여하는 예는 사마귀나 거미에서와 같이 그다지 특별한 예도 아니다. 이것은 마치 우리 몸속에서 수많은 세포들이 노화나 다른 여러 이유로 스스로 자살하여 사라짐으로써 전체적인 건강함이 유지되는 것과 같다.

한편, 욕망은 대상을 전제로 한다. 아니 어쩌면 대상 그 자체보다는 대상과의 관계가 욕망이라고 할 수 있다. 대상을 통해 욕망을 규정하여 불러일으키기도 하기 때문이다. 그 대상은 생물학적인 것이건 추상적인 것이건 어떠한 형태이건 상관없다. 하지만 이렇게 욕망이 관계성으로 나타난다는 것은 욕망은 고통이라는 것도 의미한다. 관계성에 의존해 있다는 것은 인과적 흐름 속에서 자기충족적일 수가 없으며, 너와 내가 항상 변화하는 상황 속에서 자기중심적인 만족을 얻는다는 것은 불가능하기 때문이다.

그렇다면 욕망에 있어서 쾌락과 고통은 동전의 양면처럼 존재하는 것인지 검토할 필요가 있다. 일반적으로 욕망이 쾌락을 추구하면서 동시에 고통을 내재하고 있다는 것 때문에, 고통이 쾌락의 상대적 개념인 것으로 이야기되어 왔다. 이는 동물을 사용한 과학 실험에서 쉽게 관찰되는 결과로서,[55] 신경체제에 있어서 고통과 쾌감은 상반되어 보상작용으로 발현된다. 고통을 가했을 때 신경체계는 이에 상응하는 편안함을 준비해 두며, 마찬가지로 동물에서도 쾌감 자극 후 나타나는 고통스런 보상 상태 등이 그 예이다.

하지만 이러한 관점은 근대과학이 근거하고 있는 지극히 유물적 관점에서의 해석이다. 욕망은 쾌락과 고통의 통합체로서 표현되겠지만, 물질화를 통해 나타난 개체적 욕망은 벡터적인 욕망이기 때문에 대상이 전제되어 있고 동시에 대상과의 관계를 의미한다는 점에서 고통을 내재하고 있는 것이다. 따라서 대상이라는 방향성이 소멸하고 대상과 주체가 합일된 스칼라적 욕망은 자기충족적인 쾌락을 지니지만 고통은 수반하지 않기에, 결코 쾌락과 고통은 동전의 양면과 같아서 기원이 같은 상동相同현상으로 있는 것이 아니라, 욕망의 전혀 다른 속성이 동시적으로 표현되어 유사한 기능이나 모습을 나타내는 상사相似현상이라고 말할 수 있다.[56]

여기서 생각해 보아야 할 점은 동물과 같이 자연 상태에서의 쾌락은 충족을 수반하여 그 욕망의 소멸을 가져오지만, 인간의 쾌락은 충족됨에 따라 소멸되는 것이 아니라 오히려 강화된다는 점이다. 그런 의미에서 인간의 욕망은 동물에 비해서 보다 벡터화되어 분화됨으로써 방향성과 그 크기가 증폭되어, 도달점이 없는 욕망이 되는 것이다. 이로서 생태계에는 만족을 모르는 욕망이 등장하며, 이는 중독증상으로 말해질 수 있다. 인간은 욕망에 중독되어 있다. 중독된 욕망을 생물학적 표현을 사용한다면 종양화(transformation)를 거쳐서 암적 상태가 된 욕망(cancerous desire)이라고 할 수 있다. 또한 과도한 벡터적 욕망은 항상 밖을 향해 갈구하는 결핍의 터전이 된다. 생물의학에서의 암이란 자신의 생명성/개체성이 강조되어 주위와의 관계성이 끊어진 상태이다.

　동물과 같은 자연의 욕망은 환경에 의해 억압되지만, 인간은 환경뿐만 아니라 스스로의 욕망에 억압됨으로써, 자신의 욕망을 만족시켜야 한다는 강박적 욕망에 다시금 억압되는 욕망 재생산의 반복 구조를 지니게 된다. 동물과는 달리 욕망이 욕망을 낳는 강박적인 인간의 중독된 욕망은 반복을 거쳐 스스로를 욕망의 굴레 속에 넣는 것이다. 그러나 암은 결국 자신이 근거한 개체의 죽음을 가져와 스스로도 사멸되듯이, 종양화된 인간의 욕망은 생태계와 더 나아가 인간 스스로를 파괴할 뿐이다. 이것이 동물의 욕망과 또 다른 차이점이기도 하다.

　동물의 욕망은 고통과 쾌락 속에서 환경에 의해 제한되어 있다. 이에 비해 인간은 지극히 복잡계적 욕망의 발현을 보이고 있으며, 분화의 정도와 크기가 창발적 발생을 위한 임계 상태를 넘어섬으로써 스스로를 대상화하여 고찰하는 '생각하는 기계'가 태어났다. 이렇듯 임계상태를 넘어선 인간은 창발현상을 통해 이제 되돌아갈 수 없는 비가역적 방향으로 진행되고 있지만, 이러한 분화 역시 역분화가 불가능한 것은 아니다. 임계상태를 넘어 나타난 비가역적 창발현상마저 극복하여 다시 원래의 자리로, 즉 미분화의 상태를 향해 지금의 모습과 상황을 바꿀 수 있는 의지도 획득되었기 때문이다. 이는 스스로의 존재 원리를 새롭게 만들어 내어 과거와 현재와 미래를 바꿀 수 있는 힘이기도 하기에 이 점이 인간이 동물과 다른 점인 것은 확실하다.

3) 동물의 욕망 - 라캉과 들뢰즈

욕망의 이면에는 두려움이 있다. 벡터적 욕망의 물질화로서의 개체는 개체성을 보존하기 위하여 욕망의 만족이라는 형태로 자신의 항상성을 유지한다. 그러나 주위 환경과의 끊임없는 관계는 반드시 개체적 욕망을 만족시켜주는 것도 아니며, 또한 열역학적인 엔트로피 증가에 역행한 개체 유지는 언제나 노화라는 형태로 죽음이라는 소멸을 향해 진행된다. 이것은 욕망의 물화物化 과정에서 모든 생명체가 개체로 존재하기 위해 치러야 하는 대가이기도 하다. 따라서 모든 생명체는 자신을 유지하기 위한 결핍에 대한 두려움과 더불어 개체의 해체, 소멸에 대한 두려움이 있다.

그런 면에서 조만간 소멸될 개체고유성을 만드는 자의식(self-consciousness)이 자기 방어적인 모습을 지니고, 항상성 유지를 위한 면역기능이 욕망의 구체적 발현으로 이해될 수밖에 없는 이유도 여기에 있으며, 또한 이들이 지니고 있는 자기 방어 기전 역시 단순한 외부 자극에 대한 수동적 반응이라기보다는 개체의 항상성을 유지하려는 적극적 기능이라고 할 수 있다.

욕망이 쾌락을 위해 만족을 추구해 간다는 점에서 욕망은 근원적으로 결핍이라고 바라보는 자크 라캉의 관점은 굳이 무의식이 언어적으로 구조화되어 있는지 여부를 떠난다면, 인간에 국한되지 않고 동물에 대해서도 지지 받을 만하다. 그러나 동물과 인간이 지닌 욕망의 차이를 본질적인 것으로 파악한 라캉과는 달리, 욕망을 니체의 권력에의 의지처럼 일종의 실재를 생산하는 힘과 같이 내재적인 것으로 보며[57] 근대적 주체의 해체를 통해 보다 상황적 관계로 파악하는 들뢰즈의 입장이 최근의 통합 생명과학으로서의 evo-devo적 설명에 더욱 가깝다.

라캉은 기표(signifier)와 기의(signified)가 분리되어 있지 않기에 생물학적 본능(instinct)에 의한 욕구(need)만으로 나타나는 동물의 욕망과는 달리, 인간의 욕망에 있어서의 특징으로서 욕동(drive)을 말한다. 욕동에 의한 욕망은 단순한 욕구와 만족에 있는 기호(sign)라기보다는 상징으로서의 언어로 표현된다. 따라서 그에게 있어서 욕동들이 겨냥하는 부분 대상들은 욕동의 최종 목표가 아니기에 욕망의 환유이다. 욕동 자체는 계속되는 순환을 통해 만족을 누리는데, 그 중심에는 영원히 잃어버린 대상에 대한 욕망, 즉 결핍이 항상 놓여있다. 오직 타자의 욕망을 욕망하며, 욕동이 향하는 것은 상징계를 넘어서는 도달할 수 없는 실재이다.[58]

그러나 이러한 관점은 evo-devo에서 주로 다루게 된 동물의 계통발생이나 배아발생에 있어서의 동인(drving force)과 과연 '본질적인 차이'가 있을 것인가라는 의문이 제기될 수밖에 없다. 개체화를 향한 분화된 상태에서의 벡터화된 욕망은 창발적 발현을 통해 그 모양과 질적인 차이를 나타내기 때문에, 그러한 동물의 분열된 욕망을 언급하는 것으로는 받아들일 수 있다. 그러나 라캉이 설정하고 있는 욕망이 최종적으로 목표로 하는 지점이자 절대로 도달할 수 없는 세계인 실재계(the Real)에 대한 틈새를 인식할 수 있는 여부로 인간만의 욕동을 말한다면 그의 입장처럼 그것이 본질적인 것을 구성한다기보다는 창발적으로 현시된 동인으로서 방향성을 지닌 운동성이자 언어화된 욕망일 수 있기 때문에, 그의 욕망에 대한 접근은 동물의 evo-devo적 이해와는 조금 거리가 있다고 할 수 있다.

또한 인간은 욕동에 의한 욕망과 언어적 요구(demand)를 갖지만 동물은 오직 영양과 배설과 같은 욕구(need)만이 있다는 그의 입장을 보면, 일반적인 평가와는 달리 라캉은 서양 근대 주체철학의 전통 속에 있는 것으로 보인다. 라캉은 개체화된 생명체의 물질적 토대를 이루고 있는 신경계와 면역계는 단순히 영양분만 있으면 형성되는 해부, 생리 구조와는 달리 스스로 대상과의 관계를 통해 요구(demand)하는 체계임을 간과하고 있다. 그런 점에서 라캉은 '내가 존재하지 않는 곳에서 생각하고, 내가 생각하지 않는 곳에서 나는 존재한다'라고 말하여, 데카르트의 근대적 주체철학을 넘어선 것으로 이야기되지만, 여전히 인간주의적 입장을 떠나지 못했다고 볼 수 있으며, 차라리 지각하는 신체를 익명적 주관(자아)이라고 보는 메를로 퐁티가 생명체/동물의 욕망을 더 잘 표현했다고 말할 수 있다.

메를로 퐁티에게서 지각은 능동적 의식작용이 아니라 선인칭적, 선개성적, 익명적 기능이며 습관이 더 많이 관여되는 기능이다. 또한 그에 있어서 주체의 형성은 암시적, 무의식적, 자동적 사유이면서 동시에 미완성의 가정적 종합이며, 무엇보다 '신체에 의한 종합'이기 때문에 해부, 생리 현상과는 달리 동물의 개체성을 이루는 신경계와 면역계적 특징을 포착하고 있다고 보인다.[59]

한편, 생산으로서의 욕망을 말하는 들뢰즈의 입장은 평생 진화의 문제에 천착한 철학자답게 욕망을 내재된 배아적 생명으로서의 힘으로 파악하고 '창조적 진화'를 이야기한다. 초기에 그의 관점은 생물학적 유기체로서의 진화에 중심이 있었다면, '천개의 고원'에서의 리좀은 단순한 물질적 유전자적 진화를 넘어서는 양상을 보였고, 이는 evo-devo와 복잡계 과학에서의 자기조직화를 통한 동물과 다른 인간의 창발적 차이의 개념과 매우 유사해지며,[60] evo-devo와 복잡계 과학에서의 개념에 친숙한 자연 과학자에게 그의 철학은 evo-devo 및 복잡계 과학의 인문학적 해설서와 같은 느낌이 들 정도이다. 그가 제시하는 욕망은 이 글에서의 스칼라적 욕망에 가까운 것으로서 다양한 개체화를 이룰 수 있는 생성의 근원이 되는 욕망이다.

그런데 일반적으로 욕망에 대한 라캉과 들뢰즈의 접근이 매우 상반된 듯이 거론되고 있으며, 위에서 언급한 바와 같이 분명히 서로 다른 시각을 지니고 있지만, 방향성을 지니지 않는 근원으로서의 스칼라적인 욕망과 개별화된 실체로서의 벡터적 욕망이라는 구분이 욕망의 다층적 계보를 설명하기 위한 시도라는 점에서, 생물학에서의 라캉과 들뢰즈의 입장은 타협되어 통합될 수 있다. '기관 없는 신체(corps sans organe)'로서의 스칼라적 욕망은 계통발생과 배아발생 과정으로 반복과 차이를 통해 개체화를 이루게 되며, 스칼라적 욕망이기는 하나 방향성을 지니게 될 때 나타나게 되는 벡터적 욕망은 개체고유성을 유지하고 강화하는 방향으로 진행시키는 힘이 된다. 이렇게 운동성을 내포한 벡터적 욕망은 개체화 과정의 중요한 원동력으로서, 벡터라는 말에 이미 담겨 있듯이 개체의 완성을 향해 나아가는 힘이다. 그런 면에서 생명체의 개방성을 강조하는 들뢰즈와 실재의 틈새를 향한 개체라는 닫힘에서의 욕동을 강조한 라캉이 보여주는 차이는 전자는 철학자로서, 후자는 정신분석가로서 귀결된 당연한 입장 차이일지도 모른다.

한편, 개체를 구성하고 유지하는 데에 필요한 뇌와 면역기능이 이러한 운동성에 관여하고 있는 예로서는 멍게의 사례가 있다. 발생 과정 중에 올챙이와 같은 형태로 떠다니다가 정착하여 더 이상 이동할 필요성이 없어진 멍게는 운동성이 필요할 때 사용한 뇌신경세포를 스스로 먹어 없앤다.[61] 즉, 뇌가 없는 나다. 또 자기를 규정하는 면역기능 역시 개체로서의 항상성을 유지하는 데에 기여하지만, 노화를 통한 개체의 소멸을 앞에 두고는 그 기능이 현저히 떨어지게 된다. 뇌가 없는 내가 있다면 더 나아가 면역 기능이 없는 나는 과연 없을 것인가? 뇌가 없는 나는 멍게의 사례처럼 있을 수 있지만 면역 기능이 없는 내가 있을 수 없다면, 면역 기능이 자의식이라는 신경계보다 선험적인 역할을 하게 될 것이고, 이는 동물에의 감정이입에 의한 메를로 퐁티와는 달리[62] 들뢰즈의 표현처럼 '기관 없는 신체'로서 이미 나라고 하는 개체성은 선험적으로 존재하는 것일 수도 있는 점이다.

그렇다면 생물학적으로 나를 규정하는 뇌나 면역기능은 개체를 표현하고 유지하기 위한 수단에 불과할지도 모른다. 뇌와 면역이 개체화에 있어서 최종 목적지가 아니고 수단에 불과하다면, 이들이 담당하고 유지하는 '개체고유성, 자기, 자아'의 실체는 매우 불분명하게 된다. 유물적 생명과학으로는 나를 규정하는 것은 중추신경계의 작용으로서 나타나는 자의식과 신체적 자기를 규정하는 면역계일 것이기 때문이다. 신경계와 면역계가 나라는 개체를 표현하는 수단에 불과하다면 이들로 이루어진 나의 개체적 주체는 더 이상 이와 같은 물실석 근서만으로는 이해 불가능하다.

5. 생물학적 욕망에 대한 과학과 불교의 입장

1) 근대과학의 생명관과 욕망

서양의 근대성(modernity)은 합리적 이성에 의한 세계관을 통하여 당시 종교라는 중세의 패러다임으로부터 억압받던 인간을 해방시켜준 인간적 가치 기준을 담보하고 있었다. 이러한 인간 중심의 시각은 과도하게 분화된 인간의 중독적 욕망을 충족시키기 위해, 기계론적 관점으로 모든 대상을 정량화하고 수치화함으로써 지식의 형태로서 자본화할 수 있게 하였다. 이제 자본주의 사회 속에서 소유를 통한 욕망의 충족은 가장 추구되어야 할 가치가 되어, 자연과 모든 것은 대상화되고 상품화되었다. 소유에 바탕을 둔 근대 사회는 소유가 지닌 차별과 배제라는 속성 때문에, 자연과 인간 모두가 오직 인간의 욕망 충족을 위해 대상화되고 타자화되어 결국 가진 자와 못 가진 자로 나누어지면서, 소외라는 억압구조가 우리 속에 자리 잡게 된다.[63]

파편화된 벡터적 욕망의 끊임없는 만족으로는 결코 실체 없는 자아의 실현을 이루지 못함에도 불구하고, 욕망의 만족이라는 이데올로기가 또 다시 스스로를 억압하게 되는 욕망의 재생산 구조 속에서 근대과학의 기계론적 세계관은 대표적인 유물론적 사고체계로서 철저하게 자본주의 지배계급의 이론으로 몰락하게 되었다.[64] 산업사회를 이루는 데 가장 크게 기여한 근대 과학 기술의 한계는 쿤(T. Kuhn) 이후 파이어아벤트(P. Feyerabend)와 같은 과학철학자들에 의해 비판되었고,[65] 과학 기술의 지배 계급으로서의 측면과 자연 파괴의 주범으로서의 '자립한 인간'이라는 닫힌 사고체계는 많은 생태주의자들에 의해서 비난받아 왔다. 물론 막연한 생태주의의 환상 역시 또 하나의 인간적 관점의 이데올로기로서 자리 잡을 수 있음을 항상 경계해야 한다.[66]

이러한 서양 과학의 맥락에서 많은 학자들은 '생명이란 무엇인가'라는 질문을 던져왔고, 슈뢰딩거의 통찰로부터[67] 베르그송과 들뢰즈와 같은 철학자에 이르기까지[68] 생명의 특성을 호흡, 배설과 같은 생리학적 측면, 유전자에 의한 정보 전달계나 열역학 측면 등 매우 다양하게 정의해 왔다.[69] 현대 과학에서는 생명체는 물질적 형태를 지니고 있으며 항상성을 유지하기 위한 대사 작용, 자기 복제, 그리고 진화하는 특징을 지니는 것으로 정의함으로써 유물적 관점이 그대로 반영되어 있다. 이렇게 생명체를 유물적 차원에서 바라보는 현대 생명과학은 사람과 동물에 대하여 분석적이고 환원론적인 입장에서[70] 물질적 기계로 대상화하여 접근한다.[71] 하지만 지구상의 수많은 생명체가 보여주고 있는 놀라운 다양성과, 그것이 본능에 의하건 욕동에 의하건 생명체가 지니고 있는 자유로움은 복잡계적 관계 속에서 나타나는 것이며, 관계성에 근거하지 못한 근대과학은 이러한 특성을 설명하기는 어렵다.

이것은 상기한 바와 같이 현대 과학은 생명체를 바라볼 때 생명체를 이루고 있는 각각의 구성물 간의 관계를 끊고 각 부분으로 나누어 세밀하게 바라보는 '위에서 아래로'의 선형적 환원 방식을 취하고 있기 때문에, '아래에서 위로' 올리기는 비선형적 창발현상에 대해서는 전혀 접근할 방법을 지니지 않고 있기 때문이다. 첨단생명과학의 발전에도 불구하고 현대 생명과학에서 가장 밝혀지지 않고 있는 분야가 창발적 관계에 의기하여 생명체의 정신적, 육체적 특성을 직접적으로 담당하는 인지과학을 포함한 뇌신경 분야와 면역분야이다. 그렇기에 지금도 자가면역질환과 같은 면역과 관련된 많은 난치병이 존재하며, 뇌 기능에 대한 것은 세계적인 집중 연구에도 불구하고 여전히 미지의 분야로 남아 있다.

생명체가 보이는 다양성의 근간이 되는 개체고유성과 개방성에 대한 이해는 앞으로 evo-devo와 같은 학제 간 융합학문과 복잡계 과학과 같이 구성 요소가 아닌 관계 지향적인 학문에 의해서 전개될 것으로 생각하지만, 무엇보다 중요한 것은 생명체가 지닌 주체로서의 자아인식이며, 이는 욕망에 대한 바른 인식에 근거한다는 점이다.

2) 생물학적 욕망과 자아

생물로서의 인간과 동물은 스칼라적 욕망의 발현이라는 점에서 많은 점을 공유한다. 그러나 7-6만 년 전의 많은 인간족들부터 현생인류만이 살아남은 역사 속에서 사람은 철저하게 동물과는 별도의 존재로서 인식되어 왔다. 그것은 어쩌면 들뢰즈가 지적했듯이 다양한 차이를 포함하며 자유로움의 기원이 되는 분열된 특성을 지닌 벡터적 욕망의 반복으로 인한 당연한 결과인지도 모른다.[72]

그런데 인간이 지닌 언어와 이성, 그리고 타자에 대한 인식은 동물과 차별이 되는 인간만의 표현형(phenotype)으로 인정되었고, 특히 정신적 우월성이 강조되면서 서양문화권에서는 이를 신성神性으로까지 해석하게 되는 결과를 가져왔다. 19세기에 다윈의 『종의 기원』이 출간된 이후[73] 동물과 인간의 차이 및 유사성에 대한 논란은 서양 사회의 그러한 고정관념을 흔들게 되었고, 정신적인 속성만이 아니라 생명체가 지닌 물질적 속성에 대한 논의를 진행해야 했으나, 자연과학에 대한 지식의 한계로 그러한 논의는 주로 인문학적 범위 내에서 진행되는 한계를 지녀왔다.

하지만 이러한 상황은 1950년대 유전자를 구성하는 DNA의 이중나선 구조가 밝혀지고, 그 후 분자생물학의 급격한 발전으로 인하여 생명현상의 비밀은 유물적 생물학의 관점의 승리로 끝나는 듯이 보였다. 이러한 와중에 모든 인간의 문명과 문화는 이기적 유전자의 표현형에 불과하다는 관점의 사회생물학이 대중의 지지를 얻게 되었고, 이러한 흐름은 1991년 논란 속에 출범된 Human Genome Project가 2003년 초에 완성되면서 최대에 달했다.

그러나 이렇게 밝혀진 인간 유전자의 구성이 예상치의 30퍼센트 정도 밖에 안 되는 숫자이고, 더욱이 유인원과의 차이가 1퍼센트에 불과하다는 점, 또 벌레가 지닌 유전자의 두 배에도 못 미친다는 점은 동물에는 없는 인간의 놀라운(?) 능력에 대한 인식을 다시 한 번 새롭게 해야 함을 시사하고 있다. 다행히 유물적 생물학의 흐름 속에서 요소환원론적인 접근으로는 설명이 되지 못하던 현상에 대한 접근을 시도하여 관계지향적 창발현상을 다루는 복잡계 과학이 태동되었고, 또한 생명체의 진화와 배아발생에 있어서 형태적 고고학과 발생학이 분자생물학과의 결합을 이루어냄으로서 evo-devo라는 새로운 학문이 등장하였다.

이러한 학문들이 보여주는 것은 그동안 논의되어 왔던 인간과 동물의 유사성과 차이에 대한 분자 수준에서의 이해이며, 특히 유전자는 수체이면서도 환경에 의해 영향을 받는다는 점이다. 이는 유전자는 생명현상의 원인지만 동시에 결과이기도 하다는 것으로서 생명현상에 있어서 유전자에 의한 생물학적 결정론은 부정되고, 동물이나 사람에게 있어서 자아는 선형적 인과 관계로는 설명할 수 없다는 사실이 명확해진 것이다. 결국 유전자에 의한 본성(nature)과 생후 양육(nurture)에 의한 영향 모두가 한 개체의 자아를 형성하는 데 기여한다는 결론에 달하게 된다.

제인 구달 등과 같은 생태학자들과 동물행동학자들의 장기간에 걸친 연구 결과도 놀랍도록 인간과 동물이 가깝다는 점이며,[74] 그동안 우리가 생각해 왔던 언어사용이 동물에게 있다는 것은 물론이고, 특히 사람이 지닌 고등정신 작용으로 여겨지던 타자에 대한 인식 능력 역시 동물에서의 가능 여부로 동물행동학자 사이에서 논란이 되고 있다.[75]

동물의 욕망과 인간의 욕망의 차이는 무엇으로 말할 수 있을 것인지 생각해 본다면, 그것은 욕망의 분화도(degree of differentiation)일 것이다. 여기서의 분화도는 개체화 과정 중에 나타나는 스칼라적 욕망으로부터의 거리를 말한다. 생명체는 개체화된 존재이다. Evo-devo와 복잡계 과학에서 보여주는 것은 작은 차이가 최종적으로 전혀 예측하기 어려운 결과로서 등장한다는 점이며, 우리는 긴 시간의 누적 속에서 등장한 결과물을 접하면서 종종 그 결과물에 내재되어 있는 수백만 년이라는 시간의 무게를 잊고서 성급히 결론을 내리려 한다는 점이다. 긴 시간의 축을 생각해 볼 때 오히려 유인원과 인간 사이에서 그 차이가 너무도 없음이 놀라울지도 모른다.

생체에서의 분화현상에서 세포나 조직이 분화되면 될수록 나름대로의 고유 기능을 발휘하게 된다. 그러나 한편으로는 그만큼 분화

과정을 거쳐서 출발점으로부터 멀어져 갔기에 다시 역분화(counter-differentiation)되어 되돌아가는 것은 어렵다. 동물의 욕망은 이성으로 뒤덮인 인간의 욕망과는 전혀 다른 형태로 발현될 것이고, 욕망 그 자체를 이야기한다 해도 보다 분화되어 파편화된 모습의 자유로운 인간 욕망은 동물보다 더욱 복잡한 양상을 지닐 것이다. 분명한 점은 이러한 차이를 근거로 하여 인간과 동물은 각기 자기(self)라는 개체성을 가지게 되며 이를 바탕으로 자아(ego)를 형성한다는 것이다.

그런데 위에서 언급한 바와 같이 자연과학적인 측면에서 보아도 나를 이루는 물질적 기반은 그것이 신경계이건 면역계이건 고정된 실체로서 존재하지 않는다. 신경계와 면역계는 통합된 하나의 체계이며 동시에 모두 끊임없이 변화하는 관계로서 이루어질 뿐이다. 이것은 개체로서 실체화된 욕망이 조건에 의해 만들어진 나라고 하는 관념과 그것의 주체적 동력動力으로 작용하는 자아를 만들어 표상表象으로 떠돎을 의미한다. 그러나 이런 주체적 자아는 라캉이 지적하듯이 언어로 대변되는 타자로부터 주어지는 나에 가까울 것이다.

이러한 과정 중에서 더 분화된 인간의 욕망은 동물보다 보다 자유롭고 다양한 형태를 지니게 되었지만 그에 대한 대가를 치루게 되었다. 그것은 자유를 담보로 한 죽음이다. 하지만 그 자체 역시 전혀 문제되지 않는다. 벼도는 표상을 죽이는 방법은 없기 때문이다. 그러나 사람보다 미분화된 동물의 욕망은 스칼라적 욕망의 비선형적 모습을 유지하고 있기 때문에, 현장성에 바탕을 두어 지금 이 자리에서 펼쳐지는 것임에 반하여, 분열에 가깝도록 분화된 인간의 욕망은 선형적 변형을 거치게 됨으로써 과거, 현재, 미래라는 시간의 탄생을 통해 소멸과 죽음에 대한 두려움을 항시 지니고 살게 되었다. 그러나 이러한 차이점 외에는 인간과 유사한 욕망을 유인원과 같은 동물들도 경험한다. 욕망의 구조에서 동물과 인간 간의 질적인 차이는 없다. 때로 양적 차이는 질적 차이를 능가하기도 하지만, 인간과 동물 사이에서는 오직 양적인 차이만이 존재할 뿐이다.

3) 해체된 자아와 불교

욕망은 개체화를 거쳐 나를 구성한다. 나를 있게 하는 근원적 욕망은 동시에 너를 있게 하는 욕망이자 인간을 있게 하며 동물을 있게 하여 모든 육화된 생명체의 존재의 기원이기도 하다. 존재의 근원으로서의 욕망은 방향성을 지니지 않아 스칼라적이며 두루 퍼져 있고(diffused)이며, 따라서 여기에는 너와 나의 방향성은 존재하지 않고, 분리나 분열에 의한 소외는 없으며 그 자체로 쾌락이다〔常樂我淨〕. 생성의 근원이기에 소멸의 기원이기도 하며 생성과 소멸이 둘이 아닌 욕망이다. 이곳은 비선형적 흐름이기에 시간은 무시무종이요, 있지 아니하며, 모든 것은 열려 있다.

한편, 개체화된 나의 욕망 역시 또 다시 나를 구성한다. 벡터로서 분화된 욕망은 여러 다양한 모습으로 전개되면서 각자만의 모습을 지니고 나름대로의 고유 기능으로 발휘하지만, 각각의 분화된 개체는 또 다른 다양한 모습으로 변할 수 없다. 이미 방향성을 지니고 분화하여 개체화된 욕망이기에 내가 있고 네가 있으며, 이것이 있기에 저것이 있다. 그래서 항상 개체성에 닫혀 있으면서 타자를 향한 기대가 있으며 이에 수반되는 결핍이 있다. 이곳에서 탄생한 시간은 방향성을 지니고 과거, 현재, 미래의 선형적인 인과를 따르기에 시간의 무게를 지닌다.

개체화된 분화의 과정에서 나타나는 반복과 차이는 시간의 무게라는 업業의 흐름 안에서 더욱 저마다의 다양한 모습으로 창발 과정을 거치며, 달마의 「관심론」에 있듯이 비록 업業으로서 그 모습을 드러내는 한마음(心者萬法之根本也 一切諸法唯心所生)은 실체가 없지만, 그러한 업의 현시적 모습으로서의 몸은 evo-devo의 시간의 누적을 지닌다는 점이다. 이러한 시간의 무게는 생명체가 지니는 개체고유성[我相]에 관계로 인한 삶의 반복과 각 개인 역사의 중층 구조로 함입된다. 또한 이러한 개체의 통시적 측면은 문화 속의 혈통과 가문이라는 형태로 역사성을 지닌다. 그러나 각 개인의 분화된 인식작용은 각 개체가 태어나서 겪는 경험을 통해 자의식이라는 형태로 개인의 역사를 이루며 자기 자신을 만들어 간다. 그래서 개인의 역사는 연기적 관계의 흐름 속에서 자신을 또 다시 재구성하여 가는 복합적 관계의 덩어리이다.

이렇게 각 개체의 소멸과 탄생을 통해 나타나는 삶의 반복성을 통해 창발적 차이가 발생하고 이를 통해 생겨난 개체고유성은 동물과 인간을 떠나 이 세상 그 누구와도 구분되는 자신만의 경험으로 누적된다. 따라서 일상 속에서 나타나는 반복과 이를 통한 차이 속에서 창발적인 개체석 삶은, 개체의 고유성과 더불어 그 누구도 대신할 수 없고 자신만이 체험해 가는 소중함, 온전함, 그리고 자신만이 자신의 삶에 책임질 수 있는 삶의 엄숙함도 동시에 내포하게 된다.

이렇게 동물이나 사람이나 동일한 신성에 서 있지만 인간의 욕망은 훨씬 분화되어 동물에 비하여 자유로움과 다양함, 그리고 동시에 선형적 두려움을 지니게 되었다. 그런 의미에서 분화된 욕망이 재생산 해내는 개체성의 연기적 관계성을 깨닫는다면 오히려 동물보다 진정한 삶의 주체성을 회복하게 되는 기회가 될 것이지만, 흘러가는 대로 욕망의 방향성과 결핍에 머무르게 된다면 동물도 지니지 않는 허망한 두려움을 갖고 살아가는 모습이 된다.

그러나 비록 스칼라적인 욕망으로부터 멀리 분화되면서 두려움을 얻었지만 또한 자유로움을 얻었기 때문에, 스스로 돌이켜 자신의 모습을 살펴볼 수 있는 주체성을 가질 수 있다는 점에서, 무엇을 두려워하며 어디서 두려움이 왔는지 살필 수 있다. 그럴 때 벡터적 욕망으로서의 자아는 스스로가 방향성 없이 무소부재한 스칼라적 욕망의 범위를 떠난 적이 없음을 알게 됨으로써 분화되어 분열된 자아를 해체하고 이제는 오히려 스칼라와 벡터라는 두 욕망 경계를 유목민으로서 넘나들 수 있다. 이렇게 되었을 때 그의 책 『차이와 반복』에서 들뢰즈가 말하는 개체화―"개체성은 자아의 특성이 아니다. 그것은 반대로 와해된 자아의 체계를 형성하고 유지한다"―는 불교적 개체성과 접점이 생기며, "반복이 결코 같은 것의 반복이 아니라 언제나 다른 것 자체의 반복이며, 차이의 대상은 그 자체 반복인 것과 같다"라는 그의 언급은 복잡계의 창발적 프랙탈 구조를 지니게 된다.

이렇듯 떠났지만 떠나지 않은 깨어 있음의 세계에 있어서는 모든 존재가 각자만의 고유성을 지니고 차이가 있으나 결코 차별로 이어지지 않는 상태이며, 지금 이 자리에서 반복되는 심심한 일상의 삶이 곧 자신만이 경험하며 창발적으로 되어지는 항상 새롭고 경이로운 삶의 현장이 된다. 이러한 매 순간의 창발적 경이로움은 개체성을 있게 한 연기적인 복잡계적 관계성에 대한 철저한 인식 전환으로 우리 눈앞에 드러나게 된다.

한편, 분열된 자아의 해체를 통한 깨어 있는 삶은 복잡계 이론에서 보여준 것처럼 극심한 변화의 가장자리에서의 삶이다. 경계의 가장자리에서 양변을 아우르는 경계인으로서의 삶이란 기존의 안정된 주류의 기득권으로부터 얻게 되는 안정성보다는 변화 속의 창발적 사유를 바탕으로 자신을 억압하던 한 쪽만의 틀을 버리고, 지금 이 자리에서의 다양성을 바탕으로 이루어지는 자유로운 해방을 맛본다는 것이며, 이러한 자유로움 속에서 창조적 가능성이 열리게 된다. 그래서 변화의 가장자리에서 양쪽의 경계를 넘나드는 경계인(cross-borderer)이라는 것은 그 어느 한쪽의 가치에 집착하거나 머무르는 것이 아니라 환원과학과 통합과학, 과학과 종교, 종교와 타종교, 성聖과 속俗, 남성과 여성, 더 나아가 생生과 사死라는 양변에 대하여 자유로운 사유와 삶이 가능하다. 원래 그러한 범주화된 가치는 상황에 의해서 만들어지며 실체가 없는 것이기 때문이다.

6. 자기중심적 욕망에서 자기중앙적 욕망으로

자연과학은 동물과 인간을 구분하지 않는다. 동물의 욕망을 특별한 것으로 구분하는 것은 철학이나 인문학적 관점을 지니고 접근하기 때문이다. 또 자연과학은 기본적으로 개체의 형성을 다룰지언정 주체의 형성 과정을 다루지는 않는다(정신의학은 자연과학인가라는 논의는 여전히 유효하다). 지금까지 살펴본 것처럼 욕망이란 점에서는 생물학적 관점에서 동물과 인간은 다르지 않다. 두뇌 용적이나 뇌의 주름 차이로 이야기한다 해도 식상한 이야기가 될 뿐이다.

이 글에서 동물의 욕망을 논하기 위해 내재적인 생성의 미분화적 배아성(undifferentiated germinal) 욕망으로서 스칼라적 욕망을 언급하였고, 개체화로의 방향성을 지닌 분화 조직성(differentiated tissular) 욕망인 벡터적 욕망을 언급하였다. 굳이 저자가 스칼라와 벡터라는 물리학적 용어와 분화와 미분화라는 생물학적 용어를 욕망에 접목시킨 것은 근원과 개체, 반복과 차이, 그리고 계통발생과 배아발생의 근저에 깔린 방향성 내지 지향성을 명확히 하고 싶었기 때문이며, 이러한 지향성으로 인해 생물계의 다양한 개체의 등장과 더불어 자아라는 주체성이 모습을 드러내게 될 것이기 때문이다.

물론 여기서 논의를 위하여 욕망을 스칼라적 것과 벡터적인 것으로 나누어 이야기는 하지만, 양자는 마치 바다와 그 위에 일어나는 파도와 같이 둘이 아니다. 그렇다면 개체적 욕망을 결핍으로 바라보는 라캉과 생성하는 내재적 힘으로 파악하는 들뢰즈의 입장이라는 것은 개체고유성을 지닌 생명체의 욕망을 어느 방향에서 이해하고자 하는가의 차이에 불과할 것이다.[76]

어쨌든 동물의 욕망에 비하여 인간의 욕망은 고통의 근원이 되었다고 봄이 옳을 것인가? 혹은 사랑과 증오를 경험하는 인간의 욕망에 비해 사랑이나 증오를 모르는 동물은 행복한 것일까?[77] 기실 그것은 아무도 말할 수 없을 것이다. 또 동물의 범위는 참으로 넓어서 유인원은 강도와 깊이의 차이는 있을지언정 인간과 같은 사랑과 증오를 경험한다. 그렇기 때문에 동물과 인간을 구분하여 욕망을 생각한다는 것처럼 어리석은 일도 없다.

중요한 것은 개체화된 자아로서의 욕망이 자신의 삶 속에서 어떤 모습으로 있느냐에 따라 욕망이 삶의 동력이 되기도 하고, 아니면 동물의 욕망보다 못한 고통의 뿌리가 될 것이다. 이것을 결정하는 것은 개체화된 욕망이 자기중앙中央적인지 아니면 자기중심中心적인 가에[78] 의한다. 이는 주위와의 관계에 얼마나 열려 있느냐로 결정되는 것으로서, 자신의 삶이 자신의 내부를 향하면서 관계에 열려 있어 주위 모든 타자를 각자 하나의 중심으로 인정한다면, 그는 관계 속에 있되 언제나 풍요로운 자기중앙적 인간이다. 자기가 있되 그 스스로는 관계 속에 존재한다.

반면에 주위와 단절된 경우가 자기중심적 인간이다. 이를 좀더 나누어 생각해 본다면, 분열된 자아를 자신이라 생각해서 더 이상의 자신을 향한 성찰은 하지 않으면서 항상 관심은 밖을 향하고 있는 관계 의존依存적 인간으로, 라캉식의 표현을 빌리자면 타자의 욕망을 자신의 욕망으로 하여 항상 결핍을 느끼는 유형이다. 그 다음은 기본적으로 자신에게 관심은 향하고 있되, 주위나 밖의 여러 상황을 우선적으로 고려하는 관계 의식意識적 인간이다. 두 유형 모두 기본적으로 망상 속의 자신에 머물러 있기 때문에 관계에 닫혀 있다. 자기중앙적으로 홀로 서지 못한 사람들이다. 이들은 관계 속에서 어느덧 자신을 잃어버리는 정치적 인간이 되거나, 아니면 생산성과 효율로 무장한 근대적인 경쟁적 삶에 노예적 인간으로서 허덕이며 살아가게 된다.

이런 의미에서 동물들의 욕망은 어느 쪽이냐 하면 오히려 자기중앙적이라고 볼 수 있다. 이들은 주위에 열려 있다, 닫혀 있다라는 논의는 무의미하다. 이들의 존재 자체가 이미 열려 있고 이들이 욕망은 삶의 동력이기 때문이다. 그런 면에서 열려 있지 못한 인간의 욕망은 분명 고통의 원인이다. 그러나 그러한 욕망의 실체를 파악하고 진정한 자유로움이 무엇인지 깊이 통찰하여 스스로 변할 때, 고통의 원인이었던 인간의 욕망은 풍요로움의 터전이 되고 기쁨의 근원이 되어 진정한 삶의 동력이 될 것이다.

 끝으로 사람 몸을 받기 어렵다는 불교적 표현을 보면, 불교에서는 동물의 삶 자체를 고통 속의 삶으로 파악한 듯하며, 이는 라캉식의 관점과 유사하다. 그래서 일반적으로 욕망은 무명이며, 무명은 곧 무지無知이니 욕망은 보리심菩提心의 반대가 된다. 욕망은 집착을 낳고 고苦를 낳기 때문이다. 그러나 무풍기랑無風起浪이라는 입장에서 동물의 욕망, 더 나아가 인간의 욕망은 본디 자기중앙적이라는 것이며, 이는 삼독심三毒心이라는 욕망 그대로가 보리심이라는 선가禪家의 관점이 보다 현대 진화생물학적 관점에 가까운 것으로 보인다.

참고문헌

초기불교의 욕망 이해 | 욕망의 다양한 의미

경전류

Aṅguttaranikāya, 5 vols. ed. R. Morris and E. Hardy. London : Pali Text Society (PTS), 1985-1990.

Abhidhammattha-saṅgaha, ed. Hammalawa Saddhātissa Oxford. PTS, 1989.

Dīghanikāya, 3 vols. T.W. Rhys Davids and J.E. Carpenter. London : PTS, 1890-1911.

Dhammapada, ed. S. Sumangala Thera. London : PTS, 1914.

Itivuttaka, ed. Ernst. Windisch, London : PTS., 1889/1975.

Majjhimanikāya, 3 vols. ed. V. Trenkner and R. Chalmers. London : PTS. 1948-1951.

Manorathapūraṇī, 5. vols. ed. Max Walleser and Hermann Kopp. London : PTS. 1967.

Mahāniddesa, ed. L.DE LA Vallee Poussin & E.J Thomas. London : PTS. 1978.

Papañcasūdanī, 5 vols. ed. J. H. Woods and D. Kosambi. London : PTS. 1977.

Saṃyuttanikāya. 6 vols. ed. M. Leon Feer. London : PTS. 1884-1904.

Sumaṅgalavilāsinī, 3. vols. ed. T.W. Rhys Davids and J. Estlin Carpenter. London : PTS. 1968.

Sutta Nipāta, ed. D. Anderson and H. Smith. London : PTS., 1948/1965.

Therī-gāthā, ed. Hermann Oldenberg. London : PTS. 1990.

Vinaya Piṭaka, 5. vols. ed. Hermann Oldenberg. London : PTS. 1969.

Visuddhimagga, ed. C.A.F. Rhys Davids and D. Litt. London : PTS. 1975.

Bhikkhu Bodh, A Comprehensive Manual of Abhidhamma, BPS 1993

Bhikkhu Bodh, The Connected Discourses of the Buddha. A New Translation of

the Saṃyutta Nikāya. 2 vols. Boston : Wisdom Publications, 2000.
Bodhi, Bhikkhu. and Ñāṇamoli, Bhikkhu. trans. *The Middle Length Discourses of the Buddha. A New Translation of the Majjhima Nikāya*. Kandy : Buddhist Publication Society. 1995.
Ñāṇamoli, Bhikkhu. trans. *The Path of Purification. (Visuddhimagga)*. London : Shambhala Publications, 1976.
N.A. Jayawickrama. *Suttanipāta Text and Translation*. PGIPBS 2001.
Walshe, Maurice. trans. *The Long Discourse of the Buddha. A Translation of the Dīgha Nikāya*. Kandy : Buddhist Publication Society. 1996.

대림, 『청정도론』, 서울, 초기불전연구원, 2004.
대림·각묵, 『아비담마 길라잡이』, 초기불전연구원, 2004.
대림·각묵, 『앙굿따라니까야』, 서울, 초기불전연구원, 2007.
전재성, 『맛지마니까야』, 한국빠알리성전협회, 2002.
전재성, 『숫타니파타』, 한국빠알리성전협회, 2004.
전재성, 『쌍윳따니까야』(개정판), 한국빠알리성전협회, 2006.
전재성, 『앙굿따라니까야』, 한국빠알리성전협회, 2007.
중앙승가대학교 역경학과, 『초기불전』 제2호, 중앙승가대학교 역경학과 출판, 2006.

저술류

Gunaratana Henepola. *The Path of Serenity and Insight*. Motilal Banarsidass pub. 2002
J.K.P. Ariyaratne. 'Buddhism - Science Interface : A Brief Consideration of Taṇhā as a Generally Operative Principle in Nature', *Sri Lanka Journal of Buddhist Studies*, vol. IV 37-48. 1994.
Nyanaponika Thera. *The Heart of Buddhist Meditation*. Kandy. Sri Lanka : BPS. Reprinted 1996. 송위지 옮김, 『불교 선수행의 핵심』, 시공사, 1999.
Piyadassi Thera. *The Buddha's Ancient Path*. Taiwan : The Corporate Body of the Buddha Educational Foundation. 3rd impression. 1987.
R.M.L. Gethin, *The Buddhist Path to Awakening*. Oxford : One world Publications. 2001.

Walpola Rahula. *What the Buddha Taught.* Buddhist Cultural Centre. Dehiwala 1996.

정준영, 『대념처경에서 보이는 수념처受念處의 실천과 이해』, 불교학연구 제7호, 2003.
정준영, 『상수멸정의 성취에 관한 일고찰』, 불교학연구 제9호, 2004.
정준영, 『사마타(止)와 위빠사나(觀)의 의미와 쓰임에 대한 일고찰』, 불교학연구 제12호, 2005.
정준영, 『두 가지 해탈解脫의 의미에 대한 고찰』, 불교학연구 제14호, 2006.
홍사성 옮김, 『근본불교 이해』, 불교시대사(增谷文雄, 『根本佛敎』), 1992.
雲井昭善, 『原始仏敎に現れた愛の觀念』, 『佛敎思想』, 平樂寺書店 1, 1975, pp.35-94.
村上 眞完, 『渴愛の滅と無所有 Mokṣadharmaparvanと原始佛敎聖典と併行列』, 『宗敎硏究』230(50-3) 第三十五回學術大會紀要特集, 1976.

사전류

Andersen, Dines and Helmer, Smith. ed. *A Critical Pali Dictionary.* Copenhagen : The Royal Danish Academy Pub. 1924-1948.

Buddhadatta. A. P. Mahathera. *Concise Pali-English Dictionary.* Delhi, Motilal Banarsidass Pub. 1989.

Caesar Chilbers, Robert. *A Dictionary of the Pali Language.* Kyoto Rinsen Book Company 1987.

Cone, Margaret. *A Dictionary of Pāli.* Oxford : PTS. 2001.

Hare. E. M. Pali Tipiṭakaṃ Concordance. London : PTS. 1953.

Malalasekera. G. P. ed. *Encyclopedia of Buddhism.* Vols. Colombo, Government of Sri Lanka.

Ñāṇamoli, Bhikkhu. *A Pali-English Glossary of Buddhist Technical Terms.* Kandy. BPS. 1994.

Nyanatiloka Thera. *Buddhist Dictionary.* The Corporate Body of the Buddha Educational Foundation. 1987

Rhys Davids, T. W. and Stede, William. *Pali-English Dictionary.* Delhi : Motilal Banarsidass Pub, 1993.

Vaman Shivaram Apte. *The Practical Sankrit-English Dictionary*. Kyoto Rinsen Book Company 1986.

Williams Monier. *Sanskrit-English Dictionary*, Oxford : 1899. Reprint 1951.

이기문 감수, 『동아 새국어사전』, 두산동아, 2004.

전재성, 『빠알리 한글사전』, 서울, 한국빠알리성전협회, 2005.

유식불교의 욕망 이해 | 욕망 세계의 실상과 그 너머로의 해탈

『잡아함경』(『대정신수대장경』 권2)
『아비달마구사론』(『대정신수대장경』 권29)
『해심밀경』(『대정신수대장경』 권16)
『유식삼십송』(『대정신수대장경』 권31)
『성유식론』(『대정신수대장경』 권31)
『성유식론술기』(『대정신수대장경』 권43)
『수심결』(『한국불교전서』 권4)

선불교의 욕망 이해 | 욕망의 바다에서 유영하기

『雜阿含經』1(『大正藏』2卷, 東京: 大正一切經刊行會, 1924~1934년)
『雜阿含經』10(『大正藏』2卷)
『雜阿含經』39(『大正藏』2卷)
『金色王經』(『大正藏』3卷)
『臨濟錄』(『大正藏』47卷)
『大慧普覺禪師語錄』8(『大正藏』47卷)
『大慧普覺禪師語錄』25(『大正藏』47卷)
『大慧普覺禪師語錄』26(『大正藏』47卷)
『大慧普覺禪師語錄』27(『大正藏』47卷)
敦煌本, 『南宗頓教最上大乘摩訶般若波羅蜜經六祖惠能大師於韶州大梵寺施法壇經』(『大正藏』48卷)

宗寶本,『六祖大師法寶壇經』(『大正藏』48卷)

『景德傳燈錄』6(『大正藏』51卷)

『景德傳燈錄』20(『大正藏』51卷)

『景德傳燈錄』28(『大正藏』51卷)

『趙州語錄』,『古尊宿語錄』13(『卍續藏』118卷)

日本興聖寺藏宋本『壇經』,『中國佛教叢書』禪宗編 第一冊

『懶翁和尙語錄』,『韓國佛敎全書』六冊(서울: 東國大學校 韓國佛敎全書編纂委員會, 1994년)

『慧勤懶翁和尙歌頌』,『韓國佛敎全書』六冊

『慧諶 曹溪眞覺國師語錄』,『韓國佛敎全書』六冊

鏡虛惺牛禪師法語集刊行會,『鏡虛法語』(서울: 人物研究所, 1981년)

東山文集編纂委員會 編,『東山大宗師 文集』(서울: 불광출판부, 1998년)

滿空門待會編,『滿空法語: 보려고 하는 자가 누구냐』(서울: 妙光, 1983년)

龍城震鐘,「建白書1」,『龍城大宗師全集』제1집, 影印本(서울: 대각사, 1991년)

龍城震鐘,「建白書2」,『龍城大宗師全集』제1집

龍城震鐘,「落笑謾話」,『龍城大宗師全集』제1집

龍城震鐘,「晴空圓日」,『龍城大宗師全集』제8집

김성철,「선禪의 깨달음, 그 정체와 문제점」,『불교평론』제18호, 2004년 봄.

金榮郁,『『壇經』禪思想의 硏究』(高麗大 博士論文, 1993)

金榮郁,「祖師禪의 언어형식」,『伽山學報』7號(서울: 가산불교문화연구원, 1999년)

金一權,「禪修證論의 종교학적 이해와 體用論 연구」,『白蓮佛敎論集』8輯(서울: 백련불교문화재단, 1998년)

김준호,「초기불교의 욕망론과 선」,『동서철학연구』제36호, 2005년.

김준호,「초기불전에 나타난 붓다의 욕망관」,『禪과 文化』제3호, 2006년.

김판동,「생태와 욕망, 그리고 불교적 상상력」,『불교평론』제6호, 2001년 봄.

박경준,「자본주의와 빈곤, 그리고 무소유」,『불교평론』제19호, 2004년 여름.

박범석,「교육, 욕망의 재생산에서 연기적 자각으로」,『불교평론』제19호, 2004년 여름.

박이문,「뉴 밀레니엄의 문명 패러다임과 禪」,『덕숭선학』2집, 2000년.

심재룡,「한국선, 무엇이 문제인가」,『불교평론』제2호, 2000년 봄.

안성두,「수행도의 다양성과 깨달음의 일미」,『불교평론』제18호, 2004년 봄.

안옥선, 「부처님의 근본 가르침: 욕망의 지멸, 자유, 자비」, 『불교평론』제14호, 2003년 봄.
이덕진, 「看話禪의 '狗子無佛性'에 대한 一考察」, 『한국선학』1호, 2000년.
이덕진, 「돈점논쟁이 남긴 숙제」, 『보조사상』20집, 2003년.
이덕진, 「만공의 선법과 현대 한국 간화선」, 『선과 문화』2호, 2005년.
이덕진, 「대혜의 『서장』에 인용된 대승경전에 관한 고찰」, 『한국불교학』46집, 2006년.
이중표, 「불교적 입장에서 본 생명공학의 윤리문제」, 『불교평론』제4호, 2000년 가을.
정기문, 「불교의 욕망관과 경제문제의 인식」, 『불교평론』제9호, 2001년 겨울.
鄭駿基, 「看話禪의 始覺門적 수행구조에 대한 소고」, 『伽山學報』7號, 1999년.
조성택, 「다시 챙겨야 할 '욕망'이라는 화두」, 『불교평론』제24호, 2005년 가을.
조성택, 「깨달음의 불교에서 행복의 불교로」, 『불교평론』제18호, 2004년 봄.
宗浩, 「간화선 형성의 사회적 배경」, 『보조사상』13집, 2000년.
지운, 「'覺者'의 淫行에 대한 小考」, 『僧伽』12호(중앙승가대학, 불기 2539년)
김지견 역, 鈴木大拙 지음, 『禪, 그 世界』(서울: 동화출판사, 1980년)
심재룡, 『동양의 지혜와 선』(서울: 세계사, 1990년)
윤원철 옮김, 박성배 지음, 『깨침과 깨달음』(서울: 예문서원, 2002년)
李能化, 『朝鮮佛敎通史』下編(서울: 寶蓮閣影印本, 1972년)
印權煥, 『高麗時代 佛敎詩의 硏究』(서울: 高麗大出版部, 1989년)
일지, 『삼수갑산으로 떠난 부처』(서울: 민족사, 2001년)
조계종 교육원 불학연구소 · 전국선원 수좌회 편찬위원회 편저, 『간화선』(서울: 조계종출판사, 2006년)
宗浩, 『臨濟禪 硏究』(서울: 경서원, 1996년)
해주, 『화엄의 세계』(서울: 민족사, 1998년)
휴암, 『장군죽비』하(서울: 명상, 1994년)
柳田聖山, 『語錄の歷史』(京都: 『東方學報』제57冊 拔刷, 1985년)
賴永海, 『佛學与儒學』(浙江城: 浙江人民出版社, 1992년)
勞思光, 『中國哲學史』Ⅱ(台北: 三民書局, 中華民國71년)
古田紹欽 · 田中良昭 共著, 『慧能』(東京: 東京大藏出版株式會社, 1982년)
Lewis R. Lancaster, "bodhisattva and Celibacy" *Celibacy and Enlightenment/Salvation*. korea University(2007)

Robert E. Buswell, "Is Celibacy Anachronistic?" *Celibacy and Enlightenment/Salvation*. korea University(2007)

Yao-ming Tsai, "Ethical Considerrations regarding Sensual Desires on the Path to Enlightenment" *Celibacy and Enlightenment/Salvation*. Korea University(2007)

D. T. Suzuki, *Introduction to Zen Buddhism*(London, RIDER, 1949)

Francis H. Cook, *Hua-yen Buddhism*, The Pennsylvania State University Press Park and London, 1977

서양철학의 욕망 이해 | 금욕주의와 쾌락주의를 넘어서

니체, 박찬국 옮김, 『아침놀』, 책세상, 2004.
니체, 김태현 옮김, 『도덕의 계보학』, 청하, 1982,
니체, 송무 옮김, 『우상의 황혼』, 청하, 1986.
니체, 김미기 옮김, 『인간적인, 너무나 인간적인 I』, 책세상, 2001.
질 들뢰즈, 박찬국 옮김, 『들뢰즈의 니체』, 철학과 현실사, 2007.
필립 반 덴 보슈, 김동윤 옮김, 『행복에 관한 철학적 성찰』, 자작나무, 1999.
J. G. 메르키오르, 이종인 옮김, 『푸코』, 시공사, 2003.
서동욱, 『들뢰즈의 철학』, 민음사, 2003.
쇼펜하우어, 원창엽 편역, 『인생론』, 영홍문화사, 1973.
로버트 L. 에링턴 지음, 김성호 옮김, 『서양윤리학사』, 서광사, 2005.
미셸 푸코, 이규현 옮김, 『광기의 역사』, 나남출판, 2003.
라이너 풍크 외, 박규호 옮김, 『에리히 프롬과 현대성』, 영림카디널, 2003.
에리히 프롬, 호연심리센터 옮김, 『정신분석과 듣기예술』, 범우사, 2007.
에리히 프롬, 황문수 역, 『사랑의 기술(*The Art of Loving*)』, 문예출판사, 1979.
에리히 프롬, 김병익 역, 『건전한 사회(*The sane Society*)』, 범우사, 1975.
에리히 프롬, 편집부 옮김, 『희망이냐 절망이냐(*The Anatomy of Human Destructiveness*)』, 종로서적, 1983.
에리히 프롬, 최혁순 역, 『소유냐 존재냐(*To Have or to Be*)』, 범우사, 1978.
에리히 쓰롬, 최승자 역, 『존재의 기술』, 까치, 1994.
윤수종 편역, 『가타리가 실천하는 욕망과 혁명』, 문화과학사, 2004.

Michel Foucault, *The History of Sexuality, vol 1: An Introduction*. New York, tr. by Robert Hurley, 1978.

Herbert Marcuse, *Psychoanalyse und Politik*, Frankfurt/M, 1968.

Herbert Marcuse, *Der eindimensionale Mensch*, Neuwied/Berlin, 1964.

Rheinhart Maurer, *Revolution und 〉Kehre〈*, Frankfurt/M, 1975.

Jan Rehmann, *Postmoderner Links-Nietzscheanismus-Deleuze & Foucault-Eine Dekonstruktion*, Argument Verlag, 2004.

심리학의 욕망 이해 | 욕망의 자각과 조절

권석만, 「認知治療의 觀点에서 본 佛敎」, 『심리학의 연구문제』(서울대학교 심리학과), 4(1), 1997, pp.279-321.

권석만, 「佛敎修行法에 대한 心理學的 考察: 三學을 중심으로」, 『심리학의 연구문제』(서울대학교 심리학과), 5(1), 1998, pp.99-142.

권석만, 「심리학에서 보는 '나'」, 불교상담개발원 제2회 여름 워크샵 자료집, 『산사에서 만나는 불교와 상담-버려야 할 나, 채워야 할 나』, 2001년 8월 10일, 직지사.

권석만, 「위빠사나 명상의 심리치유적 기능」, 『불교와 심리』 1, 2006, pp.9-49.

민중서림 편집국, 『국어사전』(제5판), 서울: 민중서림, 2005.

이무석, 『정신분석에로의 초대』, 서울: 이유, 2003.

이부영, 『분석심리학』, 서울: 일조각, 1984.

이강수·허우성·남기영 외, 『욕망론: 철학과 종교적 해석』, 서울: 경서원, 1995.

Adler, A. (1963). *The practice and theory of individual psychology*. Paterson, NJ: Littlefield, Adams.

Alderfer,C.P. (1969). An empirical test of a new theory of human needs. *Organizational Behavior and Human Performance*, 4, pp.142-175.

Alderfer,C.P. (1972). *Existence, relatedness, and growth: Human needs in organizational settings*. New York: The Free Press.

Bandura, A. (1991). Social cognitive theory of self-regulation. *Organizational Behavior and Human Decision Processes*, 50, pp.248-287.

Brenner, C. (1955). *An elementary textbook of psychoanalysis*. New York:

International Universites Press.

Buss, D. (2004). *Evolutionary psychology: The new science of the mind(2nd ed.)*. New York: Pearson Education.(김교헌・권선중・이홍표 공역, 『마음의 기원: 진화심리학』, 서울: 나노미디어)

Carver, C. S., & Scheier, M. F. (2004). *Perspectives of personality(5th ed.)*. New York: Pearson Education. (김교헌・심미영・원두리 공역, 『성격심리학: 성격에 대한 관점들』, 서울: 학지사)

Cashdan, S. (1988). *Object relations theory*. New York: Norton & Company.

Damasio, A. (1999). *The feeling of what happens: Body and emotion in the making of consciousness*. New York: Harcourt Brace.

Diener, E. (1984). Subjective well-being. *Psychological Bulletin*, 193(3), pp.542-575.

Diener, E., Horwitz, J., & Emmons, R. A. (1985). Happiness of the very wealthy. *Social Indicators Research*, 16, pp.263-274.

Franken, R. E. (2002). *Human motivation(5th ed.)*. Belmont, CA: Wadsorth.

Goldstein, K. (1934). *The Organism: A Holistic Approach to Biology Derived from Pathological Data in Man*. New York: Zone Books.

Higgins, E. T. (1987). Self-discrepancy: A theory relating self and affect. *Psychological Review*, 94, pp.319-340.

Jung, C. G. (1953). Two essays on analytical psychology. In *the collected works of C. G. Jung*(vol. 7). Princeton, NJ: Princeton University Press.

Kasser, T., & Ryan, R. M. (1993). A dark side of the American dream: Correlates of financial success as a life aspiration. *Journal of Personality and Social Psychology*, 65, pp.410-422.

Kihlstrom, J. F. (1987). The cognitive unconscious. *Science*, 237, pp.1445-1452.

Maslow, A. (1954). *Motivation and Personality*. New York: Harper and Row.

Maslow, A. (1970). *Religion, values and peak experiences*. New York: Viking.

McClelland, D. C. (1984). *Human motivation*. Glenview, IL: Scott, Foresman.

Murry, H. A. (1938). *Explorations in personality*. New York: Oxford University Press.

Myers, D. G. (2000). The funds, friends, and faith of happy people. *American Psychologist*, 55(1), pp.56-67.

Nicholson, N. (1997). Evolutionary psychology: Towards a new view of human nature and organizational society. *Human Relations*, 50, pp.1053-1079.

Ornstein, R. (1991). *The evolution of consciousness: Origins of the way we think*. New York: Simon & Schuster.

Pinker, S. (1997). *How the mind works*. New York: Norton.

Rogers, C. R. (1957). The necessary and sufficient conditions of therapeutic personality change. *Journal of Consulting Psychology*, 21, pp.95-103.

Rogers, C. R. (1961). *On becoming a person*. Boston: Houghton Mifflin.

Ryan, R. M., & Deci, E. L. (2000). Self-determination theory and the facilitation of intrinsic motivation, social development and well-being. *American Psychologist*, 55(1), pp.68-78.

Seligman, M. E. P. (2002). *Authentic happiness*. New York: Free Press. (김인자 역, 『긍정 심리학』, 서울: 도서출판 물푸레)

Sirgy, M. J. (1998). Materialism and quality of life. *Social Indicators Research*, 43, pp.227-260.

Veenhoven, R. (2003). Hedonism and happiness. *Journal of Happiness Studies*, 4, 437-457.

생물학의 욕망 이해 | 동물의 욕망, 인간의 욕망

『천개의 고원』, 질 들뢰즈, 펠릭스 가타리, 새물결, 2001.
『차이와 반복』, 질 들뢰즈, 민음사, 2004.
『싹트는 생명; 들뢰즈의 차이와 반복』, 키스 피어슨, 산해, 2005.
『에크리-라캉으로 이끄는 마법의 문자들』, 김석, 살림, 2007.
『지각의 현상학』, 메를로 퐁티, 문학과 지성사, 2002.
『링크』, 바라바시, 동아시아, 2002.
『넥서스』, 마크 뷰캐넌, 세종연구원, 2003.
『세상은 생각보다 단순하다』, 마크 뷰캐넌, 지호, 2004.
『딥심플리시티』, 존 그리빈, 한승, 2004.
『이보디보; 생명의 블랙박스를 열다』, 션 캐롤, 지호, 2007.

『DNA 독트린』, 리처드 르원틴, 궁리, 2001.
『통섭』, 윌슨, 사이언스북스, 2005.
『생명이란 무엇인가?』, 에르빈 슈뢰딩거, 궁리, 2007.
『생명이란 무엇인가? 그후 50년』, 마이클 머피, 루크 오닐 편, 지호, 2003.
『복제인간, 망상기계들의 유토피아』, 키슬러, 뿌리와이파리, 2007.
『인간을 인간이게 하는 원칙』, 요아힘 바우어, 에코리브르, 2007.
『본성과 양육』, 매트 리들리, 김영사, 2004.
『생물학적 인간, 철학적 인간』, 장 디디에 뱅상, 뤼크 페리, 푸른숲, 2000.
『과학의 최전선에서 인문학을 만나다』, 존 브룩만 편, 동녘사이언스, 2003.
『생명과학과 선』, 우희종, 미토스, 2006.
『페미니스트 신학』, 강남순, 한국신학연구소, 2002.
『오래된 미래』, 헬레나 노르베리, 녹색평론사, 2001.
『동물과의 대화』, 템플 그랜딘, 캐서린 존슨, 샘터, 2006.
『동물에게 귀 기울이기-동물의 놀람과 감정 그리고 마음에 대하여』, 마크 베코프, 아이필드, 2004.

주

초기불교의 욕망 이해 | 욕망의 다양한 의미

1 이기문 감수. 『동아 새국어사전』, 두산동아, 2004. 욕망(欲望·慾望): [명사] 무엇을 하거나 가지고 싶어 간절히 바라고 원함, 또는 그 마음.(p.1752) 욕구(欲求·慾求): [명사] 무엇을 얻거나 무슨 일을 하고자 바라고 원함.(p.1752) 따라서 본고에서 욕망과 욕구는 같은 의미로 사용한다.

2 雲井昭善, 『原始仏教に現れた愛の觀念』, 『佛敎思想』1, 平樂寺書店, 1975, pp.35-94

3 T. W. Rhys Davids and William, Stede. *Pali-English Dictionary*[PED]. Delhi : Motilal Banarsidass Pub, 1986. p203 : [Vedic kāma, kam] 1. pleasantness, pleasure-giving, an object of sensual enjoyment 2. 1) enjoyment, 2) sense desire. PED는 kāma에 대해 4페이지 이상의 분량으로 사용용례를 밝히고 있다. Margaret. Cone, 2001. *A Dictionary of Pāli* Oxford : PTS. p.665 : 1. i) wish, desire, love, longing, ii) desire personified, 2. pleasure of the sense, sensual enjoyment, Monier Williams. 1899. Reprint 1988 'Sanskrit-English Dictionary' Oxford Clarendon Press p.252 : kam—to wish, to desire, long for, to love, have sexual intercourse with, p.271 : kāma—wish, desire, longing, pleasure, enjoyment, love, especially sexual love, Nyanatiloka Thera. 1987 *Buddhist Dictionary*. The Corporate Body of the Buddha Educational Foundation. p.73.

4 중도(Majjhima paṭpadā)는 감각의 쾌락으로써 행복을 추구하는 흐름과 여러 형태의 고행을 통해 행복을 추구하는 흐름을 부정하는 새로운 길이다. 이때 감각의 쾌락으로써 행복을 추구하는 흐름을 Kāma-sukhallikānu yoga(감각적 욕망과 즐거움을 좇는 요가: 쾌락주의)라고 부른다. 참고) Walpola Rahula. *What the Buddha Taught*,

Buddhist Cultural Centre. Dehiwala, 1996. p.45.

5 참고) G.P. Malalasekera, *Encyclopaedia of Buddhism*, 1996, vol. 6, p.102ff.

6 *Sutta nipāta*. 768-769 : *Yo Kāme parivajjeti sappass' eva padā siro, so imaṃ visattikaṃ loke sato samativattati. Khettaṃ vatthuṃ hiraññaṃ vā gavāssaṃ dāsaporisaṃ thiyo bandhū puthū kāme yo naro anugijjhati*, 비고) N.A. Jayawickrama. Suttanipāta Text and Translation, PGIPBS, 2001, p.302, 전재성, 『숫타니파타』, 한국빠알리성전협회, 2004, p.392. 참고) 4세기 경 인도의 Vātsyāyana에 의해 산스크리트어로 작성된 '까마수트라(Kāma sutra, 욕망경)'와는 다른 불교경전이다.

7 S. I. 22 : *Na te Kāmā yāni citrāni loke saṅkapparāgo purisassa kāmo tiṭṭhanti citrāni tath-eva loke ath-ettha dhīrā vinayanti chandam* 비고) 전재성 역주, 『쌍윳따니까야』(개정판), 한국빠알리성전협회, 2006, 1권 p.155.

8 '다섯 가지(五慾, 肉慾)에 집착이 있는 느낌'(pañcime kāmaguṇā)은 '육욕(肉慾)에 집착이 있는 느낌'(pañcime kāmaguṇā), 즉 '육체적인 느낌'으로 해석할 수 있다. 경전은 첫 번째로 '육체적인'(*sāmisa*) 희열, 즐거움, 평정함에 대해서 이들 모두를 오근五根과 관련된 다섯 가닥의 감각적 욕망(*pañcime kāmaguṇā*)과 관련짓고, 이들을 '육욕(肉慾)에 집착이 있는 느낌(육체적인 느낌)'으로 마음에 들고, 매력있고, 욕망과 탐욕을 일으키는 것들로 설명한다.

9 주석서(AA. III. 407)의 설명에 따르면 '공덕을 만든다'는 의미는 선행을 통해 천상계에 몸을 얻는 것을 말하고(puññabhāgiyaṃ), '악덕을 만들어낸다'는 의미는 악행을 통해 악취에 태어난다는 것을 의미한다.

10 A. III. 411, S. IV. 196. 비고) 전재성 역주, 『앙굿따라니까야』, 한국빠알리성전협회, 2007, p.251.

11 kāma-bhava, kāma-dhātu, kāma-loka, kāmāvacara (M. II. 75, M. I. 505, S. V. 409)

12 ① 살생하지 말라(不殺生). ② 도둑질하지 말라(不偸盜). ③ 음행하지 말라(不邪淫). ④ 거짓말하지 말라(不妄語). ⑤ 술 마시지 말라(不飮酒). 참고) A. V. 264, Sn 1,041.

13 *Kāmesu micchācārā veramaṇī sikkhā-padaṃ samādiyāmi* : 'Kāma' 욕구, 욕망, 갈망의 loc, 'micchā'. adv. 잘못된, 나쁘게, 그릇되게, 'cāra' 행하는, 행위 'carati' [car] 가다, 걷다, 행하다.

14 M. I. 491, A. IV. 281, Vin. I. 203 : upāsakā gihī odātavasanā kāmabhogino & upāsakāmama sāvakā gihī odātavasanā brahmācārino

15 M. I. 130, MA. II. 103. 참고) antarāyikā dhammā

16 M. I. 114f : Tassa mayhaṃ bhikkhave evaṃ appamattassa ātāpino pahitattassa viharato uppajjati kamavitakko, so evaṃ pajānāmi : Uppanno kho me ayaṃ kāmavitakko, so ca kho attabyābādhāya pi saṃvattati, parabyābādhāya pi saṃvattati, ubhayabyābādhāya pi saṃvattati, paññānirodhiko vighātapakkhiko anibbānasaṃvattaniko. 비고) 전재성, 2002, 『맛지마니까야』 제1권, 한국빠알리성전협회, p.403.

17 Sutta nipāta. 772-773 : Satto guhāyaṃ bahunābhicchanno tiṭṭhaṃ naro mohanasmiṃ pagāḷho, ārē vivekā hi tathāvidho so, kāmā hi loke na hi suppahāyā. Icchānisanā bhavasātabaddhā te duppamuñcā na hi aññamokkhā, paccā pure vā pi apekhamānā ime va kāme purime va jappaṃ 참고) 전재성, 2004, p.394 : 동굴에 집착하고, 온갖 것에 덮여 있고, 유혹 속에 빠져 있는 자, 이러한 사람은 멀리 떠남과는 거리가 멀다. 참으로 세상에서 감각적 쾌락의 욕망을 버리기 어렵다. 욕망을 조건으로 존재의 환희에 묶인 자들, 그들은 미래와 또는 과거를 생각하면서, 이러한 현재나 과거의 감각적 쾌락에 탐착하기 때문에, 스스로 해탈하기 어렵고 남에 의해 해탈되기도 어렵다.

18 이 경전에서 '잘 배운 고귀한 제자(sutavā ariyasāvaka)'라는 용어는 사쌍팔배四雙八輩의 성인(聖人, 고귀한 제자)들을 의미한다. 즉, 아라한뿐만 아니라 이전의 다른 성인들을 포함하는 것이다. 하지만 아라한을 제외한 성인들은 아직 속박(samyojana) 내에서 번뇌와 욕망을 가지고 있다. 그러므로 번뇌와 욕망을 가진 상태에서 정신적인 느낌을 느끼지 않는다는 것은 조금 이해하기 어렵다. 그렇다면 이 경전은 모순되는 설명을 하고 있는 것인가? 여기에서 또 한 가지 중요한 점은 우리가 경전을 접할 때 인용된 단어의 의미에 의존하기보다 내용상의 의미를 더욱 고려해야 한다는 것이다. 이 경은 비록 사쌍팔배의 성인을 포함할 수 있는 성인(ariyasāvaka)이란 용어를 사용하였지만 문맥상은 아라한을 의미한다고 봐야 할 것이다. 왜냐하면 언급된 '잘 배운 고귀한 제자(sutavā ariyasāvaka)'에게 괴로운 느낌에 대한 분노의 잠재성향(paṭighanusayo)이 자리 잡지 않고 있으며, 즐거운 느낌에 대한 탐심의 잠재성향(rāgānusayo)이 자리잡지 않고 있으며, 괴롭지도

즐겁지도 않은 느낌에 대한 무지의 잠재성향(avijjānusayo)이 자리잡지 않고 있다고 설명하고 있기 때문이다. 정준영, 『대념처경(Mahāsatipaṭṭhāna sutta)에서 보이는 수념처受念處의 실천과 이해』, 불교학연구 제7호, 2003, p.204(재인용).

19 S. IV. 209 : Evam eva kho bhikkhave sutavā ariyasāvako dukkhāya vedanāya phuṭṭho samāno na socati na kilamati na paridevati na urattāḷīkandati na sammoham āpajjati so ekaṃ vedanaṃ vediyati kāyikaṃ na cetasikaṃ – 이는 (괴로움의) 정신적인 느낌이 없다는 설명이다. 비교) M. I. 140 : '오 비구들이여, 거기서(사성제를 설명할 때) 만약 다른 이들이(진리를 모르는 자들) 여래를 비방하고 비난하고 괴롭힌다면, 비구들이여 거기서 여래에게는 성냄이 없고, 화가 나서 토라지지 않으며, 마음의 불쾌함이 없다. 비구들이여, 거기서 다른 이들이 여래를 존경하고, 공경하고, 예의를 표하며, 떠받친다면, 비구들이여, 거기서 여래에게는 마음의 기쁨이나 정신적인 즐거움이나 우쭐함이 없다.

20 사띠(sati)란 산스끄리뜨어의 동사 원형 '√smṛ(기억하다)'와 같은 어원을 지닌 말이며, 'smṛti'와 동의어이다. 'sati(마음챙김, 기억)'는 크게 두 가지 의미가 있는데, 하나는 '기억'의 의미이고(S. V. 197) 다른 하나는 [대상에 대한] '마음챙김(주시)'이라는 의미이다. [parimukhaṃ satiṃ upaṭṭhapetvā] 사띠가 '기억'이라는 의미를 나타낼 때는 'sati' 자체뿐만 아니라 접두어 'anu(~를 따라서)'를 붙여서 'anussati', 'anu-sarana' 그리고 'anusarati' 등의 동사형태로 나타나는 경우가 많다. 그리고 '마음챙김(주시)'의 의미로 사용되는 경우는 'sati' 자체로 나타나는 경우가 많다. 초기 경전은 이 두 가지 의미를 모두 사용하고 있다. 첫 번째 부류의 '기억'이라는 말은 이미 경험하여 개념적으로 고정된 사실에 대한 마음의 작용을 의미하고, 두 번째 부류의 '마음챙김(주시)'은 현재의 대상에 대한 마음의 작용을 나타낸다. 사띠는 염念・억념憶念・의지意止・지념持念・수의守意 등으로 한역되었고, 마음챙김・주시・마음집중・마음지킴・알아차림・수동적 주의집중 등으로 풀이되었다.

경전을 통하여 사띠와 함께 쌍을 이루는 '삼빠잔냐(Sampajañña, 분명한 앎, 알아차림, 正知)'는 'sam'과 'pajāna'가 합성된 명사로 '알아차림', '분명한 앎(正知)', '주의' 등으로 번역되고, 'awareness', 'clear comprehension', 'consideration', 'attention' 등으로 영역된다. 팔리어 'sam'은 ① 바르게, 정확히, 분명히, ② 전체로써(정신과 물질), 혹은 ③ 평등하게, 고르게[五力의 균형, 정진과 마음집중의 균형]의 의미를 지니고 있으며, 'pajāna'는 'pajānāti'를 기본형으로 '분명히 알다', '알다', '이해하다'의 의미를 지닌다. 또한 'pajānāti'는 그냥 아는 것이 아니라 ① 강조와 ② 지혜(paññā)의 의미를 지는 'pa'와 함께 'jānāti'와 합성되어, 보다 분명한 알아차림을 나타낸다. 따라서 '삼빠잔냐'는 '바르게 분명히 아는 것'을 나타낸다. 이러한 이유로 '삼빠잔냐'는 우리말 번역에 있어 '분명한 앎' 혹은 '알아차림'으로 번역되는 경우가 많다.

하지만 여기서 '알아차림'이라는 번역어는 '사띠(sati)'의 우리말 번역[알아차림, 마음챙김, 주시]과도 혼용되는데, '사띠(sati)'라는 말에는 어원적으로 '안다(jānāti(jñā)'는 의미가 들어 있지 않다. 하지만 '삼빠잔냐'에는 '안다(to know)'는 의미가 포함된다. 따라서 '앎'의 의미를 지닌 '알아차림(awareness)'은 '사띠(sati)'보다 '삼빠잔냐(sampajañña)'에 가까운 우리말 번역이라고 볼 수 있다. 따라서 사띠와 삼빠잔냐의 역할은 서로 다르다. 하지만 사띠와 삼빠잔냐는 서로 매우 밀접한 관계를 가지고 있다. 이들은 함께 쌍을 이루어 현상을 있는 그대로 관찰하는데 있어 서로 분리될 수 없는 수레의 두 바퀴 역할을 한다.

21 S. I. 31 : Pāpaṃ na kayirā vacasā manasā kāyena vā kiñcana sabbaloke kāme pahāya satimā sapajāno dukkhaṃ na sevatha asatthasaṃhitan ti. : 모든 세상에서 말·마음·몸으로부터 악행을 하지 않고, 욕망을 제거하고 마음챙김과 올바른 앎으로 무익한 괴로움을 좇지 않는다.

22 불교수행은 서로 밀접한 관계를 이루고 있는 '사마타(止)'와 '위빠사나(觀)'라는 두 가지 방법으로 구성되어 있다. 이들 중에 '사마타 수행(Samatha-bhāvanā, 止)'은 평온이나 고요함을 목적으로 집중을 계발하기에 '사마디 수행(Samādhi-bhāvanā, 定)'이라고 부르며, 위빠사나 수행(Vipassanā-bhāvanā, 內觀)은 내적 통찰과 지혜를 계발하기에 '반야수행(Paññā-bhāvanā, 慧)'이라고 부른다. 정준영, 『사마타(止)와 위빠사나(觀)의 의미와 쓰임에 대한 일고찰』, 불교학연구 제12호, 2005, p.521(재인용).

23 M. III. 33

24 S. V. 63, 140

25 S. V. 121ff, A. III. 230, 오장애는 선정을 얻는 데 방해될 뿐만 아니라 칠각지를 얻는 데도 방해된다. '혼침과 졸음(thīna-middha)' ↔ '정진(viriya-sambojjhaṅga)', '들뜸(홍분)과 회한(uddhacca-kukkucca)' ↔ '평안(passaddhi-sambojjhaṅga)', '회의적

의심(vicikiccha)' ↔ '법의 고찰(dhamma-vicaya-sambojjhaṅga)' 참고) S. V. 126S. V. 104.

26 kāma + chanda는 '감각적 즐거움을 위한 욕망'이란 의미를 지니고 있지만 '욕망의 욕구'라고 직역했다. 이 용어는 kāma와 chanda의 합성어이지만 chanda의 의미보다는 kāma의 의미가 확대된 상태라고 보는 것이 적절하다. 일반적으로 번역서에서는 감각적 욕망을 얻기 위한 욕구라는 의미로 '감각적 욕망' 혹은 '탐욕'이라고 의역하고 있다. 또한 첫 번째 장애인 kāma의 chanda와 rāga는 경전 여러 곳에서 동의어처럼 사용한다.

27 Vism. 141 : samādhi kāmacchandassa paṭipakkho, pīti vyāpādassa, vitakko thīnamiddhassa, sukhaṃ uddhacca-kukkuccassa, vicāro vicikicchāyā. 1) 욕망의 욕구(kāmacchanda) ↔ 5) 집중(ekaggata), 2) 악의, 성냄(byāpāda) ↔ 3) 희열(pīti), 3) 혼침과 졸음(thīna-middha) ↔ 1) 일으킨 생각(vitakka), 4) 들뜸과 회한 (uddhacca-kukkucca) ↔ 4) 즐거움(sukha), 5) 회의적 의심(vicikicchā) ↔ 2) 머무는 생각(vicāra)

28 S. II. 211, M. I. 347, D. I. 71, M. III. 94

29 S. V. 84ff, 참고) S. V. 64, S. IV. 188, M. I. 432.

30 D. II. 300f : *Idha bhikkhave bhikkhu santaṃ vā ajjhattaṃ kāmacchandaṃ 'Atthi me ajjhattaṃ kāmacchando ti' pajānāti, asantaṃ vā ajjhattaṃ kāmacchandaṃ 'N'atthi me ajjhattaṃ kāmacchando ti' pajānāti. Yathā ca anuppannassa kāmacchandassa uppādo hoti tañ ca pajānāti, yathā ca uppannassa kāmacchandassa pahānaṃ hoti tañ ca pajānāti, yathā ca pahīnassa kāmacchandassa āyatiṃ anuppādo hoti tañ ca pajānāti.*

31 참고) 정준영, 불교학연구, 제12호, 2005.

32 Bhikkhu Bodhi. 2000. p.1,912f. 'The Connected Discourses of the Buddha'. Wisdom Pub. 비교) Gunaratana Henepola. p.46. 'The Path of Serenity and Insight'. Colombia. South Asia Books. 1985.

33 D. I. 156. 비교) D. II. 252, A. I. 232, D. III. 234. 참고) *Buddhist Dictionary*. p.161. 대림·각묵, 『아비담마 길라잡이』(상), 초기불전연구원, 2002, p.173f.

34 참고) M. I. 300

35 sīla-bbata : 도덕적, 계, bata = vata : 종교적 의무, 계, 규율, 의식, parāmāsa

: 접촉, 취착取着, 매달리다 = upādāna 참고) 청정도론에 따르면 4가지 취착(upādāna)이 있다. 감각적 욕망에 대한 취착(kāmūpādāna), 사견에 대한 취착(diṭṭhūpādna), 계율과 의식에 대한 취착(sīlabbatūpādāna), 자아의 교리에 대한 취착(attavādūpādāna). 참고) Vism. 569f, Ñāṇamoli trans, *The Path of Purification*. (Visuddhimagga). London : Shambhala Publications, 1976, p.657ff, 대림, 『청정도론』 3권, 초기불전연구원, 2004, p.137ff.

36 본고를 통하여 감각적 욕망이라는 의미를 지닌 'kāma'와 같은 욕망이란 의미를 지녔지만 다르게 활용될 수 있는 'chanda(욕구)'와 'rāga(탐욕)'는 구분하여 사용한다.

37 S. V. 327

38 D. III. 133

39 비교) D. III. 206-271 : 40. 세 가지 [감각적] 욕망에 의한 태어남; 벗이여, 감각적 욕망이 생긴(paccupaṭṭhitakāmā) 중생들이 있다. 그들은 생겨난 감각적 욕망에 대하여 마음껏 [향유하며] 산다. 예컨대 사람과 일부의 천신과 일부의 나쁜 상태에 떨어진 존재들이다. 이것이 첫 번째 감각적 욕망[의 세계]에 태어남이다. 벗이여, [자신이] 만들어낸 감각적 욕망이 있는(nimmitakāmā) 중생들이 있다. 그들은 거듭 만들어낸 감각적 욕망에 대하여 마음껏 [향유하며] 산다. 예컨대, 즐거움을 만들어 내는 천신(devā nimmānaratī, 化樂天)이다. 이것이 두 번째 감각적 욕망[의 세계]에 태어남이다. 벗이여, 다른 이가 만들어낸 감각적 욕망이 있는(paranimmitakāmā) 중생들이 있다. 그들은 다른 중생이 만들어낸 감각적 욕망에 대하여 마음껏 [향유하며] 산다. 예컨대, 다른 이가 만든 즐거움을 향유하는 천신(devā paranimmitavasavattī, 他化自在天)이다. 이것이 세 번째 감각적 욕망[의 세계]에 태어남이다. *santāvuso sattā paccupaṭṭhitakāmā te paccupaṭṭhitesu kāmesu vasaṃ vattenti seyyathā pi manussā ekacce ca devā ekacce ca vinipatikā ayaṃ pathamā kāmupapatti. santāvuso sattā nimmitakāmā te nimmetvā nimmetvā kāmesu vasaṃ vattenti seyyathā pi devā nimmānaratī ayaṃ dutiyā kāmupapatti. santāvuso sattā paranimmitakāmā te paranimmitesu kāmesu vasaṃ vattenti seyyathā pi devā paranimmitavasavattī ayaṃ tatiyā kāmupapatti.* 참고) tisso kaamupapattiyo. (= It 94-95) upapatti는 새로운 존재의 상태로 태어남, 윤회하여 다시 태어남을 의미한다. '모든 면에서 중생들의 죽음과 태어남을 아는 지' *cutiṃ yo vedi sattaanaṃ upapattiñ ca sabbaso*(Dhp 419 = Sn 643 = Thī 452) CPD II

466. 범천의 세계에 태어남(brahma-lokupapatti, Sn 139) 등으로 사용된다. 주석서에 의하면 천신과 일부의 나쁜 상태는 악도(惡道)에 떨어진 존재 가운데 지옥 중생은 제외된다.(DA 1,000)

40 참고) M. I. 505, S. V. 409.

41 T. W. Rhys Davids and William, Stede. 1986. p274 : [Vedic Sk. chanda] 1. impulse, excitement, intention, resolution, will, desire for, wishing for, delight in. 2. consent, declaration of consent. Monier Williams. 1988. p.404 : chanda - pleasing, alluring, inviting, liking, desire, will, chandas - desire, longing for, will, Nyanatiloka Thera. 1987. p.40 : Intention, desire, will. ①의도라는 의미로 윤리적으로 중성적인 심리용어, ②욕망이나 탐욕이라는 의미로 불선한 용어, ③노력과 비교되는 바른 의지처럼 긍정적인 용어. 참고) G.P. Malalasekera 1996. vol. IV. p.113ff.

42 대림, 『청정도론』 2권, 2004. p.471, Vism. 466.

43 Therī-gāthā. v.14

44 S. V. 181

45 S. IV. 195

46 Sn. v. 835, Mahāniddesa 181 : *Disvāna Taṇhaṃ Aratiñ ca rāgaṃ nāhosi chando api methunasmiṃ* 딴하, 아라띠와 라가를 보고 성교에 대한 찬다(욕구)가 결코 일어나지 않았다.

47 오취온五取蘊을 갖게 되면 자아(atta 我)가 영원하다는 잘못된 취착의 견해를 가지게 된다. 그리고 이러한 견해는 고통의 원인이 된다. 자신의 존재(sakkāya)와 그 발생, 소멸, 소멸에 이르는 길에 대해서는 중부의 44경, 『Cūḷavedalla sutta』에서 자세하게 설명되고 있다.(M. I 299f). 자신의 존재(sakkāya)는 오취온에 의해 발생되며, 자신의 존재의 발생(원인)은 세 가지 갈망[三愛]에 의해, 그리고 소멸(열반)에 이르는 길은 팔정도에 의하여 이루어진다.

48 D. II. 305, S. III. 7, S. III. 31. 참고) 오온에 대한 완전한 이해 없이, 오온으로부터의 이탈을 계발하지 않고서 고통(dukkha, 불만족)으로부터 벗어나는 것은 불가능하다. 반면에 오온을 이해하고, 오온으로부터 벗어나, 오온의 진정한 실체를 꿰뚫어 보아 이해하면, 완전한 깨달음을 성취가 가능하게 된다. 『마하뿐나마경(M. III. 20)』은 부처님께서 오온에 대하여 상세하게 설명하시고 이를 이해한 60명의

비구들이 완전한 깨달음을 얻은 내용을 설명하고 있다. 그리고 『초전법륜경(S. V. 421, S. III. 68)』은 부처님의 첫 번째 제자인 5명의 비구들이 '무아'에 대한 설법과, '오온'에 대한 설법을 듣고 아라한과를 증득하는 내용을 묘사하고 있다. 그렇다면 오온을 어떻게 관찰할 수 있는가? 수행자는 오온, 각각의 모음이 발생하고 소멸하는 것을 관찰해야 한다. 예를 들면, '호흡의 일어남과 사라짐(순환)', '혈액의 순환', '즐거운 느낌에서 괴로운 느낌으로의 변화', '인식의 다양함', '마음 안에서 의도적인 반응의 발생', '의식의 변화', '감각의 문을 통한 의식의 발생' 등이다. 이와 같은 알아차림은 수행자가 오온의 발생과 소멸을 관찰하는 힘을 키워준다. 이렇게 오온의 구성이 포함하고 있는 성질을 파악하면, 어떠한 경험을 통해서든지 무상함을 파악할 수 있게 된다. 무상함의 파악과 더불어 '나라고 할 만한 것이 없다는 사실'을 알게 된다. 이것이 무아에 대한 통찰수행이다.

49 A. IV. 339 : *chandamūlakā sabbe dhammā*, S. III. 100 : *chandamūlakā khandhā*

50 S. IV. 328 : *chando hi mūlaṃ dukkhassa*, 욕구야말로 괴로움의 뿌리이기 때문입니다.

51 S. I. 16 : *ettha chandaṃ virājetivā evaṃ dukkhā pamuccati*, 이들에 대한 욕구를 떠나면 실로 모든 괴로움에서 벗어나리. 비고) S. V. 27

52 M. II. 11 : *anuppannānaṃ kusalānaṃ dhammānāṃ uppādāya chandaṃ janeti vāyamati viriyaṃ ārabhati cittaṃ paggaṇhāti padahati*, 아직 생겨나지 않은 착하고 건전한 상태는 생겨나도록 의욕(chanda)을 일으켜 정진하고 정근하고 마음을 책려하여 노력합니다. 참고) 전재성, 2003, 『맛지마니까야』 제3권, 한국빠알리성전협회, p.302.

53 M. II. 174

54 D. III. 77, M. II. 11 참고) 사여의족(四如意足, 四神足, cattāro iddhi-pādā)이란 네 가지 힘[신통력]의 기반을 말한다. ① chanda samādhi(欲神足, 欲如意足): 의욕에 의해 생겨난 집중으로, 선정(禪定)과 노력의 힘을 갖춘 신통의 기반을 말한다. ② viriya samādhi(精進神足): 노력에 의해 생겨난 집중으로, 선정과 노력의 힘을 갖춘 신통의 기반을 말한다. ③ citta samādhi(心神足): 마음에 의해 생겨난 집중으로 선정과 노력의 힘을 갖춘 신통의 기반을 말한다. ④ vīmaṃsa samādhi(思惟神足): 사유[관찰]에 의해 생겨난 집중으로 선정과 노력의 힘을 갖춘 신통의 기반을 말한다.

55 D. III. 106 : 세존이시여, 나아가서 세존께서 해주신 유익한 법들에 대한 법문도

위없는 것입니다. 여기서 유익한 법들이란 사념처(四念處, satipaṭṭhāna), 사정근(四正勤, padhāna), 사여의족(四如意足, iddhi-pāda), 오근(五根, indriya), 오력(五力, bala), 칠각지(七覺支, bojjhanga), 그리고 팔정도(八正道, magga)입니다. 세존이시여, 여기 비구는 모든 번뇌가 다하여 아무 번뇌가 없는 심해탈과 혜해탈을 바로 지금 여기에서 스스로 최상의 지혜로 실현하고 성취하여 머무릅니다. 세존이시여, 유익한 법들에 대한 이것은 위없는 가르침인 것입니다. 참고) Vism. 385, R.M.L. Gethin 'The Buddhist Path to Awakening' E. J. Brill p.90ff.

56 A. IV. 339 ; '*chandamūlakā āvuso sabbe dhammā, manasikārasambhavā sabbe dhammā, phassasamudayā sabbe dhammā, vedanāsamosaraṇā sabbe dhammā, samādhipamukhā sabbe dhammā, satādhipateyyā sabbe dhammā, paññuttarā sabbe dhammā, vimuttisārā sabbe dhammā' ti*'. - 여기서 'chandamūlakā'는 '욕망의 근본'이라는 나쁜 의미로 사용된 것이 아니라 좋은 의미로써 'kusaladhamma'를 나타낸다. 뿐만 아니라, 이 경은 집중(samādhi)이 사띠(sati) 이전에 언급되었다는 점에서 특별하다. 또한 사띠(sati)를 주인으로 지혜와 해탈로 이끈다는 설명을 통해 사띠에 커다란 중요성을 부가하고 있다. 참고) 정준영, 불교학연구, 2003, 제7호.

57 '*manasi*' = in the mind, '*kara*' = making

58 S. V. 84ff, 참고) S. V. 64, S. IV. 188, M. I. 432. 참고) ayoniso manasikāra는 moha(痴)의 한 형태이기도 하다.

59 Vism. 320, Bhikkhu Ñāṇamoli. 1976. p.346, 대림, 2004, 2권, p.181.

60 Sn. v. 865 : 세상에 좋아하는 것들은 욕구(의욕, chanda)를 인연으로 하고, 세상에 탐욕도 욕구를 인연으로 한다. M. I. 203 : 그는 지혜와 지견(知見, ñāṇadassana)보다도 더 높고 뛰어난 법을 깨닫기 위해 의욕(chanda)을 일으키고 노력을 기울이고 거기에 탐닉하지 않고 태만하지 않습니다.

61 T. W. Rhys Davids and William, Stede. *Pali-English Dictionary*, 1986. p.567: [Sk. rāga; 채색하다. 빛나다, 희게 하다, 빛깔. *raj*] 1. colour, hue, 2. excitement, passion, lust…, p.588: [Vedic Sk. lobha; 기쁨 동경, 갈망 *lubh*] covetousness, greed, Monier Williams. 1988. p.905: Lobha- perplexity, confusion, impatience, eager desire for or longing after. Nyanatiloka Thera. 1987. p.148: lust, greed, p.90: greed

62 rāga와 lobha는 동의어이다. 하지만 rāga가 lobha보다 넓은 의미를 함축하고 있다. 참고) G.P. Malalasekera, 1996, vol. VI, p.316.

63 G.P. Malalasekera, 1996, vol. VI, p.106, Vism. 569

64 S. V. 92, 127, SA. III. 263

65 참고) *Abhidhammattha-saṅgaha*, p.6f, Bhikkhu Bodhi , *A Comprehensive Manual of Abhidhamma*, 1993, BPS. p.83, 대림·각묵, 2004, 『아비담마 길라잡이』(상), 초기불전연구원, p.215. 아비담맛타상가하의 설명에 따르면 이들은 52가지 마음부수(Cetasikasangahavibhāga)들 중, 해로운(akusala) 마음부수들(unwholesome factors)의 14, 18, 21번째에 해당한다. 비고) 성냄(dosa)은 불선한 마음이다. 성냄에는 두 가지가 있는데 하나는 능동적인 것이고 다른 하나는 수동적인 것이다. 능동적인 것으로는 성냄, 미움, 싫어함 등이 포함되고, 수동적인 것으로는 두려움이 포함된다. 성냄은 마치 뱀을 건드렸을 때 뱀이 즉시 뻣뻣이 목을 세워 머리를 들듯이 언제나 바로 공격하려고 하는 마음이다. 어리석음(moha, delusion, 痴)은 '무지(진리를 모름, avijjā)'와 동의어이다. 이는 모든 불선함의 근원이 될 수 있으며 아라한과를 얻어야만 제거되는 것으로 10가지 삼요자나들 중에 마지막 요소이다. 모른다는 것은 크게 두 가지로 나누어지는데, 하나는 아무것도 모르는 것을 말한다. 그리고 다른 하나는 알되 바르게 알지 못하는 것을 말한다. 그러므로 팔정도의 정견(正見)을 알지 못하는 것도 moha에 속한다.

66 Itivuttaka. 85

67 S. IV. 251 : *Yo kho āvuso rāgakkhayo dosakkhayo mohakkhayo idaṃ vuccati nibbānanti*

68 S. I. 16, Sn v.706, A. V. 261.

69 대림, 2004, 2권, p.476, Vism. 468.

70 A. I. 64, S. V. 87

71 D. II. 79 : [퇴보하지 않는 수행의 요소] "비구들이여, 또 다른 일곱 가지 퇴보하지 않는 법들을 설하리라. 그것을 마음에 잘 새겨라." "그러하겠습니다. 세존이시여" 라고 비구들은 세존께 대답했다. "비구들이여, 비구들이 마음챙김의 깨달음의 구성요소를 닦는 한…, 법에 대한 고찰의…, 정진의…, 기쁨의…, 평안의…, 집중의…, 평온의 깨달음의 구성요소를 닦는 한, 비구들은 퇴보하는 일은 없고 오직 향상만 있을 것이다." S. V. 79 : [질병을 치유하는 요소] 마하깟싸빠 존자는

뻴발라 굴에서 중병이 들었다. 이때 세존께서 마하 깟싸빠 존자가 있는 곳을 찾아갔다. … "깟싸빠여, 그대는 참아내고 견디어 낼 만한가? 그대의 고통은 증가하고 줄어들지 않는가? 줄어들어 증가하지 않는 것을 알지 못하는가?" "세존이시여, 참을 수 없고, 견딜 수 없습니다." … "깟싸빠여, 내가 바르게 설한 일곱 가지 깨달음의 요소를 닦고, 잘 알고, 익히면 바로 깨닫고, 열반을 성취하는 데 도움이 된다." … 마하 깟싸빠 존자는 만족하여 세존께서 말씀하신 것을 기쁘게 받아들였다. 그래서 마하 깟싸빠 존자는 질병에서 일어났다.

72 T. W. Rhys Davids and William, Stede. 1986. p294 : [Sk. tṛṣnā] drought, thirst, craving, hunger for, excitement, Monier Williams. 1988. p.454 : tṛisha - thirst, Nyanatiloka Thera. 1987. p.177 : craving.

73 12연기 연기설緣起說을 12의 지분支分으로 정리한 것으로 미혹한 세계의 인과관계를 설명한 것이다. 무명無明-행行-식識-명색名色-육처六處-촉觸-수受-애愛-취取-유有-생生-노사老死 참고) Nyanatiloka Thera. 1987. p.128ff, 村上眞完.『渴愛の滅と無所有 Mokṣadharmaparvanと原始佛教聖典と併行列』,『宗教研究』, 1976, p.230(50-3) 第三十五回學術大會紀要特集.

74 D. II. 58. S. II. 53. 비교) Piyadassi Thera. *The Buddha's Ancient Path*. 1987. p.76, A. IV. 414, S. II. 53

75 D. II. 58. D. II. 61 ; *Vedanā-paccayā taṇha ti iti kho pan' etaṃ vuttaṃ, tad Ānanda iminā p' etaṃ pariyāyena veditabbaṃ yathā vedanā-paccayā taṇha. Vedanā va hi Ānanda nābhavissa sabbena sabbaṃ sabbatthā sabbaṃ kassaci kimhici, seyyathidaṃ cakkhu-samphassajā vedanā, sota-samphassajā vedanā ghāna-samphassajā vedanā jivhā-samphassajā vedanā kāya-samphassajā vedanā mano-samphassajā vedanā, sabbaso vedanāya asati vedanā-nirodhā api nu kho taṇha paññāyethāti? No h' etaṃ bhante. Tasmāt ih Ānanda es' eva hetu etaṃ nidānaṃ esa samudayo esa paccayo taṇhāya, yadidaṃ vedanā.*

76 냐냐포니카 지음, 송위지 옮김,『불교 선수행의 핵심』, 시공사, 1999, p.79. Nanaponika Thera. *The Heart of Buddhist Meditation*. 1996. p.68f. 비교) D. I. 70. Sāmaññaphala sutta.

77 정준영, 2003, p.192f(재인용).

78 중앙승가대학교 역경학과, 2006,『초기불전』제2호, 중앙승가대학교 역경학과

출판, p.72ff.(일부수정) 참고) D. II. 308. 비고) D. II. 61, III. 216, 275, M. I. 49, 62, 299, III. 251, S. III. 26, 32, 158, IV. 257, V. 58, 421, 425, A. III. 445, It. 50, Vin. I. 10

79 비고) 갈애의 과학적 접근은 아래의 논문을 통해 살펴볼 수 있다. J.K.P. Ariyaratne. 1994. 'Buddhism-Science Interface : A Brief Consideration of Taṇhā as a Generally Operative Principle in Nature', *Sri Lanka Journal of Buddhist Studies*, vol. IV, pp.37-48.

80 M. I. 112 : *So vat' āvuso cakkhusmiṁ sati rūpe sati cakkhuviññāṇe sati phassapaññattiṁ paññāpessatiti ṭhānam etaṁ vijjati, phassapaññattiyā sati vedanāpaññattiṁ paññāpessatīti ṭhānam etaṁ vijjati, vedanāpaññattiyā sati saññāpaññattiṁ paññāpessatīti ṭhānam etaṁ vijjati, saññāpaññattiyā sati vitakkapaññattiṁ paññāpessatiti ṭhānam etaṁ vijjati, vitakkapaññattiyā sati papañcasaññāsaṅkhā samudācaraṇapaññattiṁ paññāpessatiti ṭhānam etaṁ vijjati.*

81 S. IV. 215 : 비구들이여, 이들 세 가지 느낌들은 촉에 의해 발생하고, 촉을 근본으로 하고, 촉을 원인으로 하고, 촉을 조건으로 한다. 무엇이 세 가지인가? 즐거운 느낌, 괴로운 느낌, 괴롭지도 즐겁지도 않은 느낌이다.

82 정준영, 2003, p.190f(재인용).

83 Dhp. v. 354 : *taṇhakkhayo sabbadukkhaṃ jināti.* 참고) S. IV. 233 ; 느낌을 통해서 일어나는 어떤 즐거움과 기쁨은 느낌이 주는 만족이다. 느낌이 무상하고 고통이고 항상 변화한다는 법칙은 느낌이 주는 불리함이다. 느낌에 대한 갈망과 욕망의 제어와 버림은 느낌을 통한 수행의 완성이다. 비고) M. III. 287-293.

84 참고) 갈애는 느낌(vedana), 느낌은 접촉(phassa), 접촉은 여섯 감관(saḷāyatana), 여섯 감관은 정신현상과 물질현상(nāma-rūpa), 정신현상과 물질현상은 의식 (viññāṇa), 의식은 형성작용(saṅkhāra), 형성작용은 어리석음(avijjā)을 원인으로 하여 발생한다는 조건에 의한 발생[緣起]을 보여주고 있다.(S. II. p.11f) 그리고 다시 어리석음에서 시작해서 늙음과 죽음의 괴로움으로 이어지는 12연기 계열이 순관順觀과 역관逆觀으로 설명되어 있다.(M. I. p.261ff) 또한 양분(āhāra)의 원인 (nidāna), 발생(samudaya), 기원(jatika), 생성(pabhava)으로 갈애(taṇhā)를 제시하고 있다.(M. I. 26, S. II. 11)

85 M. I. 270. 참고) 정준영, 2006,『두 가지 해탈解脫의 의미에 대한 고찰』, 불교학연구 제14호, p.71, 78.

86 A. II. 146 : *so aparena samayena taṇhaṃ nissāya taṇhaṃ pajahati, Taṇhasambhūto ayaṃ bhagini kāyo taṇhaṃ nissāya taṇhā pahātabbā ti.* 비고) 대림,『앙굿따라니까야』2권, 초기불전연구원, 2006, p.344. 전재성,『앙굿따라니까야』4권, 한국빠알리성전협회, 2007, p.325.

87 참고) 增谷文雄, 홍사성 옮김,『근본불교 이해』(『根本佛教』), 불교시대사, 1992. p.174f : 부처님의 설법이 모두 욕망을 일방적으로 부정하는 것이라고 생각한다면, 그것은 부처님의 가르침을 정당하게 이해하고 받아들였다고 보기 어렵다. 그 반증은 다음 세 가지를 통해 확인할 수 있다. ①부처님은 언제나 이욕離欲이 아니라 이탐離貪을 설명하고 있다. 욕망을 다 없애라는 것이 아니라 갈애를 다 없애라고 가르치고 있는 것이다. ②고행이란 인간의 욕망을 금압하는 행위를 말한다. 그런데 그와 같은 고행, 즉 금욕주의는 아무런 쓸모가 없다는 것이다. ③부처님의 설법이 자주 소욕少欲을 칭찬하고 지족知足을 강조하고 있다.

88 AA. III. 136.

89 T. W. Rhys Davids and William, Stede. 1986. p.115 : expectation, hope, wish, longing, desire

90 ibid. p.461 : envy, desire

91 ibid. p.118 : wish, longing, desire

92 ibid. p.55 : attention, regard ; desire, longing for

93 ibid. p.162 : desire, longing, wish

94 ibid. p.69 : desire, wish, longing

95 ibid. p.93 : longing, wish

96 ibid. p.351 : desire, craving, longing for, wish

97 ibid. p.115 : desire, wish, craving

98 ibid. p.710 : 3. affection, desire, love, lust

99 ibid. p.459 : 3. desire, craving, longing

100 ibid. p.253 : greed, its connection with craving…, 이외에도 욕망과 관련된 많은 빠알리 용어들이 있다. nandī(p.346) : enjoyment, pleasure, delight in,

'anukampā'(p.34) 'ajjhosāna'(p.12), 'mucchā'(p.535) 'pariḷāha'(p.435)

101 본고는 'kāma(욕망)', 'chanda(의욕)', 'rāga(탐욕, lobha)', 'taṇhā(갈애)'의 네 가지 의미에 집중하였기에 나머지 다양한 욕망의 의미에 대해서는 생략한다.

102 D. III. 180f

103 Sn. v. 152, Dhp. v.359. 불교는 욕망에 대해 재가(gehasita)와 출가(nekkhammasitā)를 구분하고 있다. 출가를 한다는 것은 재가의 삶을 멀리한다는 의미뿐만 아니라, 재가의 삶에서 가졌던 생각, 바람, 열망, 욕망까지도 모두 떠나는 것을 의미한다. 따라서 출가의 입장에서 바라보는 욕망의 의미는 재가에서 바라보는 욕망과 다르다. 이처럼 욕망에는 다양한 수준이 있다. 재가와 출가는 단순히 재가자와 출가자의 삶을 의미하는 것이 아니다. 따라서 세속의 삶과 연관된(gehasitāni) 욕망은 감각적 즐거움에 직접적으로 연관되어 있으며 세속의 삶에서 벗어난 (nekkhammasitāni) 욕망은 감각적 욕망에서 좀더 벗어난 욕망을 말한다.

유식불교의 욕망 이해 | 욕망 세계의 실상과 그 너머로의 해탈

---

1 라캉은 욕망(désir)과 욕구(besoin)와 요구(demande)를 구분한다. 무엇인가 필요한 것을 요구하여 주어지면 욕구가 충족되지만, 그럼에도 불구하고 충족되지 않고 남겨지는 것이 욕망이다.

2 '부정적 허무주의'와 '긍정적 허무주의'의 개념은 니체에서 가져왔다. 니체에 따르면 서양에서 절대적 가치의 근거였던 신神이 근대철학에 이르러 그 권위를 잃게 되자, 철학은 점점 허무주의의 늪으로 빠져들었다. 그 허무주의의 절정은 인생을 고통으로 보는 염세주의 철학자 쇼펜하우어라고 할 수 있다. 쇼펜하우어가 고통의 삶으로부터 벗어나는 길로 제시한 것은 예술이 아니면 자살밖에 없다. 그러나 니체가 보기에 절대적 가치의 부재를 부정적으로 받아들이는 것은 아직 절대 가치를 객관적인 것으로 전제하고 있기 때문이다. "신은 죽었다. 이제 초인이 살아야 할 때이다"를 외치는 니체에 따르면 절대 가치의 부재는 오히려 스스로 가치를 창조해낼 기회를 의미한다. 그러므로 허무주의는 긍정적 의미를 부여받게 된다. 이것이 긍정적, 적극적 허무주의이다.

3 『잡아함경』 권3, 제68 「육입처경」(『대정신수대장경』 권2, p.18상), "緣眼及色 眼識生

三事化合生觸."

4 애증의 업과 직접 연결되는 느낌은 락수와 고수이다. 그런데 애증의 업을 일으키는 탐심과 진심의 욕망은 치심의 무명에 기반한 것이다. 불고불락의 사수는 애증의 업과 직접 연관되지는 않지만, 치심의 무명에 근거한 느낌으로서 쉽게 고수나 락수로 바뀔 수 있는 것이다. 애증의 업과 직접 연관되는 느낌은 락수와 고수이므로, 여기에서 욕망이나 업과 연관하여 느낌을 논할 때는 주로 락수와 고수만을 다룰 것이며, 뒤에 욕망의 근거로서 무명을 논할 때에 사수를 함께 논할 것이다.

5 『잡아함경』 권2, 제58 「음근경」(『대정신수대장경』 권2, p.14하), "觸因觸緣生受想行."

6 탐진의 욕망에 이끌려 범부가 짓는 능동적 행위가 업이다. 입으로 짓는 구업이나 몸으로 짓는 신업의 바탕에는 의意가 작동하는 의업이 놓여 있는데, 락수를 좋아하고 고수를 싫어하는 애증의 분별이 곧 의업이다. 애와 증을 총칭하여 불교는 애愛라고 부른다. 그리고 애와 증의 분별에 근거하여 다시 좋아하는 것을 취하고 싫어하는 것을 피하려는 취사의 선택을 하게 되는데, 취와 사를 총칭하여 취取라고 부른다.

7 12지 연기에서 각 지가 모두 다 이전 지의 단순한 결과일 뿐이라면, 일단 유전문을 따라 윤회할 중생은 다시는 '차생고피생, 차유고피유'의 순환을 벗어나지 못하고 영원히 윤회하게 될 것이다. 그 순환을 벗어나 '차멸고피멸, 차무고피무'의 환멸문으로 들어설 수 있기 위해서는 어딘가에서 그 연결고리를 끊고 새롭게 시작할 수 있는 여지가 있어야 한다. 그곳이 바로 새로운 조업이 일어나는 곳, 즉 애가 시작되는 자리이다. 그러므로 불교에서 수행은 바로 이 자리에서 수에서 애로의 자동이행을 끊고자 느낌을 관찰하고 욕망을 절제하는 것으로 시작된다. 불교에서 수행은 보를 피하는 것이 아니라, 보에 이끌려 새로운 업을 짓지 않는 것이다. 즉 느낌으로부터 탐진치에 휘둘려 새로운 업을 짓지 않는 것이다. 바로 이것이 범부와 성자의 차이이다. "어리석고 무지한 범부는 고락사의 느낌을 낸다. 지혜로운 거룩한 제자도 고락사의 느낌을 낸다. 그럼 어떤 차별이 있는가? … 어리석고 무지한 범부는 촉으로 인해 느낌이 생기고 고통이 더해 목숨을 빼앗기게까지 되면, 근심하고 원망하며 울고 부르짖으며 마음에 미친증이 생긴다. 그는 두 가지 느낌을 더하고 자라게 하니, 몸의 느낌과 마음의 느낌이 그것이다. 비유하면 두개의 독화살에 맞은 것과 같다. … 밝게 알지 못하기에 락수의 촉으로 인해 락수를 받으면, 탐욕의 사재탐의 부림을 받고, 고수의 촉으로 인해 고수를 받으면

성냄의 사[재]진]의 부림을 받고, 사수가 생기면 어리석음의 사[재]치]의 부림을 받는 것이다. 탐진치에 매어 생로병사와 근심, 슬픔, 번민, 괴로움에 매이게 된다. 반면 지혜로운 거룩한 제자는 촉으로 인해 고수가 생기고 큰 고통이 닥쳐 목숨을 빼앗기게 까지 되어도 근심, 슬픔, 원망, 울음, 부르짖음, 마음의 어지러움 등 미친증을 일으키지 않는다. 몸의 느낌인 한 가지 느낌만 생기고 마음의 느낌은 생기지 않는 것이다. 비유하면 하나의 독화살을 맞아도 두 번째의 독화살은 맞지 않는 것과 같다. 락수가 있어도 탐욕에 물들지 않고, 고수에 대해서도 성내지 않고, 사수에 대해서도 어리석음의 사자에 부림을 당하지 않는다."(『잡아함경』, 470, 「전경」)

8 『성유식론』 권2(『대정신수대장경』 권31, 7하), "初阿賴耶識 … 一切種." 아뢰야식은 제7말나식보다 더 심층의 식이며 7식 다음의 식이라는 의미에서 제8식이라고 한다. 지난 업들이 남긴 세력인 업력을 간직한 종자들의 흐름이다. 이 제8 아뢰야식이 잠재적인 종자의 흐름으로 남아 있는 부분을 '잠재 아뢰야식'이라고 하고, 잠재적 종자가 구체화되고 현실화된 부분을 '현행 아뢰야식'이라고 한다. 지난 업력의 종자로 남는 부분이 잠재 아뢰야식이고, 그 종자가 현행화되면 그것이 현행 아뢰야식인 것이다.

9 『해심밀경』 권1, 「심의식상품」(『대정신수대장경』 권16, p.692하), "阿陀那識, 甚深細."

10 현대과학에 따르면 태내에서 형성되는 개체는 정자와 난자가 결합된 수정란 자체의 자기전개이다. 그러나 불교는 이 수정란에 중음신 내지 아뢰야식이 들어가서 개체가 된다고 본다. 이로써 윤회가 성립하는 것이다. 다만 아뢰야식이 지난 업이 남긴 업력의 종자들일 뿐, 개별 실체가 아니기에 무아가 성립한다. 불교가 생멸의 아뢰야식 너머 그 생멸심의 공성을 자각하는 불생불멸의 진여심 내지 일심을 논하여도 그것이 무아론일 수 있는 것은 진여심이나 일심은 자·타의 경계를 넘어선 무경계의 전체이기 때문이다.

11 『구사론』 권11, 「분별세품」(『대정신수대장경』 권29, p.57상중)

12 우주의 기원에 관해 서구에서는 오랫동안 창조설을 주장하다가 현대과학에 와서 빅뱅설을 주장한다. 신이 무로부터 천지를 만들고 지구 안에 각각의 종의 생명체를 만들었다는 것이 창조설이라면, 빅뱅설은 좀더 복잡하다. 허공 중 한 점 농축된 에너지의 대폭발 이후 점차적으로 원소들이 생겨나고 그들의 화합을 통해 별들이 생기고, 그 중 하나인 지구 위에 무기물로부터 유기물질이 생기고, 다시 생명체 박테리아가 생기고, 그들의 유전인자가 자기복제하는

과정에서 종의 진화가 일어났다는 것이다. 창조설에서는 무로부터 만물을 만들어 내는 신의 존재가 전제되어 있다면, 빅뱅설에서는 만물로 전개될 최초의 에너지가 전제되어 있다. 이를 불교식으로 해석하자면, 기독교 창조설에서의 신은 자아와 세계를 형성하는 유정의 아뢰야식에 해당하고, 빅뱅의 에너지는 유정의 업력에 해당된다. 이와 같은 불교적 통찰의 핵심은 자아와 세계가 유정의 식을 떠난 객관 존재가 아니라는 점이다. 이것이 바로 유식의 '유식무경唯識無境'이 의미하는 바이다. 이처럼 자아와 세계가 식을 떠난 별개의 실체가 아니라는 주장을 우리는 관념론 내지 유심론으로 이해할 수 있다.

13 『성유식론』 권2(『대정신수대장경』 권31, p.11상). "有根身者, 謂異熟識, 不共相種, 成熟力故, 變似色根, 及根依處." 여기서 색근은 색온에 속하는 안이비설신 오근을 뜻하고, 근의지처는 오근 내지 오식이 의지하는 의식의 의근을 뜻한다고 볼 수 있다. 아니면 색근은 감각 내지 사유능력으로서의 근인 승의근을 의미하고, 근의지처는 승의근이 자리한 부진근으로서의 신체 또는 근을 갖는 유근신을 의미하는 것으로 해석할 수도 있을 것이다.

14 『성유식론』 권2(『대정신수대장경』 권31, p.10하). "所言處者, 謂異熟識, 由共相種, 成熟力故, 變似色等 器世間相." 불교에서는 세간을 크게 셋으로 나눠 '삼종세간'을 말하는데, 유정의 삶의 세계인 '중생세간', 유정들이 의거해서 사는 기세간인 '국토세간', 그리고 색수상행식 오온의 '오음세간'이 그것이다.

15 『성유식론』 권1(『대정신수대장경』 권31, p.1상). "變謂識體, 轉似二分."

16 『성유식론술기』 권1(『대정신수대장경』 권43, p.241상). "識體 … 轉似相見二分而生."

17 여기서 아뢰야식의 상분으로서의 종자가 무엇을 의미하는지는 더 논해 보아야 할 것이다. 종자가 집수로 칭해지는 것을 보면, 아뢰야식 안에 함장되어 있는 잠재적 세력으로서의 모든 유루종자를 뜻한다고 볼 수 있겠지만, 그럴 경우에는 상분으로서 칭해진 세 가지가 서로 차원이 다른 것이 되어버리는 문제가 있다. 잠재세력으로서의 종자와 그런 종자가 발현한 유근신이나 기세간을 함께 상분으로 분류하는 것은 적절치 않기 때문이다. 따라서 여기서는 집수로서의 종자를 유근신이나 기세간과 마찬가지로 잠재세력으로서의 종자가 현행화한 결과로 해석한다. 그러자면 종자는 근에 상응하는 경이 될 수밖에 없기에, 경을 기세간과 종자로 양분하여, 기세간은 전5식 대상의 5경, 즉 물리적 색에 속하는 물리세계로, 종자는 제6의식의 대상인 법경, 즉 관념적 명에 속하는 관념세계로 해석한다.

이렇게 보면 기세간은 감각이나 지각대상인 자상自相의 세계를 뜻하고, 종자는 사유대상인 공상共相의 세계를 뜻하게 된다. 제8아뢰야식 내 공종자가 전변한 세계는 누구에게나 공통적인 자상의 기세간인데 반해, 공상의 관념세계는 각자가 자신의 주관적 개념틀에 따라 제6의식으로 분별해낸 각자의 사유세계가 된다. 개념적 사유분별이 아뢰야식 내 종자(개념)에 따라 이루어지므로, 상분의 종자를 잠재적 종자의 현행화라고 할 수 있는 것이다. 그리고 공상은 자상의 관념적 해석일 뿐이기에, 아뢰야식의 전변결과로서의 세간을 논할 때는 주로 전오식의 대상이 되는 기세간을 논하게 된다. 이상을 정리하여 말하자면, 아뢰야식에 근거한 7전식은 모두 제8아뢰야식의 식소변을 자신의 대상으로 삼는다고 볼 수 있다.

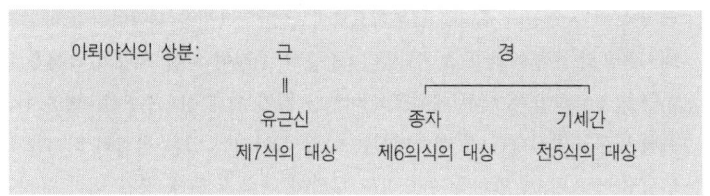

18 『성유식론』권2(『대정신수대장경』권31, p.10상). "此識行相所緣云何. 謂不可知執受處了. 了謂分別, 卽是行相. 識以了別, 爲行相故. 處謂處所, 卽器世間. 是諸有情, 所依處故. 執受有二, 謂諸種子, 及有根身."

19 식의 전변에 있어 분별변과 인연변의 구분에 대해서는 『성유식론』권2(『대정신수대장경』권31, p.11상) 참조.

20 불교에서 욕계는 유정이 업에 따라 윤회하는 여섯 가지 세계를 총칭하는 것이다. 즉 육도윤회의 천계, 인간계, 축생계, 수라계, 아귀계, 지옥계가 그것이다. 나아가 불교는 우리가 태어날 수 있는 세계로서 욕계 이외에 색계와 무색계를 논한다. 욕계는 욕망, 그 중에서도 특히 성적 욕망을 따라 태어나는 곳이므로 욕계의 존재는 남녀로 구분되는 성을 가진다. 욕계의 유정 중에서 오직 인간만이 해탈을 위한 수행을 할 수 있으며, 4선禪의 수행을 하다가 죽으면 색계에 태어나고, 4무색정無色定의 수행을 하다 죽으면 무색계에 태어난다고 한다.

21 이와 같이 식전변활동과 그 활동 결과물을 구분하는 것은 스피노자에서 '능산적 자연'과 '소산적 자연'의 구분과 비교해볼 수 있다. 이러한 구분에 근거해서 스피노자는 우리가 소산적 자연을 가능하게 하는 능산적 활동성은 알지 못한 채 자연을

단지 소산적 자연으로만 받아들인다고 비판하였다.
22 우리가 일상적으로 자아라고 부르는 것은 아뢰야식의 견분인 요와 아뢰야식의 상분인 유근신을 통합한 것, 소위 마음과 몸을 통합한 것이다. 그런데 유근신의 의意의 자기식인 말나식에 근거해서 우리는 일상적으로 유근신[身]을 자아로 여기면서 요[心]를 그 유근신의 작용으로 간주한다. 그렇게 해서 아뢰야식의 작용(아뢰야식의 견분)을 바로 그런 것으로서 제대로 알지 못하고, 그것을 말나식인 의意 내지 유근신의 작용인 것으로 잘못 해석하는 것이다. 이로써 의타기를 의타기로 알지 못하고 변계소집하는 오류를 범하게 되는 것이다.
23 업을 짓지 않음으로써 육도윤회를 벗어나고자 하는 불교의 수행 중 직접적으로 탐심과 진심의 극복에 주력하는 것이 소승불교의 수행이라면, 탐심과 진심의 근저에 있는 치심인 무명을 극복함으로써 탐진의 욕망을 제어하려고 하는 것은 대승불교의 수행이라고 볼 수 있다. 소승의 수행이 탐진 욕망의 극복을 위해 아공을 강조하고, 수에서 애에로의 이행을 끊기 위해 신·수·심·법을 관하는 사념처관을 중시한다면, 대승에서는 아집의 기저에 있는 법집의 타파를 위해 법공을 강조하고, 탐진을 일으키는 무명의 극복을 위해 공관 내지 유식관을 중시한다고 볼 수 있다. 한 마디로 소승이 번뇌장의 극복에 주력한다면, 대승은 소지장의 극복에 주력한다고 할 수 있겠다.
24 『유식삼십송』, 제1게송(『대정신수대장경』 권31, p.60상). "由假說我法."
25 『성유식론』 권2(『대정신수대장경』 권31, p.10하). "如是處處, 說唯一心."
26 『성유식론』 권2(『대정신수대장경』 권31, p.6하). "實無外境, 唯有內識."
27 『수심결』(『한국불교전서』 권4, p.710하). "然諸法皆空之處, 靈知不昧. 不同無情, 性自神解. 此是汝空寂靈知, 淸淨心體."

선불교의 욕망 이해 | 욕망의 바다에서 유영하기

1 또한 실용의 시대이기도 하다. 선불교와 실용이 가지는 여러 가지의 함수관계는 여기에서 우리가 다루는 주제가 아니다. 다른 기회를 빌려야 할 것이다.
2 깨침과 깨달음이 다르다는 주장이 있다. 박성배는 깨달음은 退轉의 언어인 반면, 깨침은 不退轉의 언어라고 한다. 다시 말해서 깨달음은 解悟의 의미로 지적 세계에

서 몰랐던 것을 이제는 좀 알았다는 정도의 말인데 비해, 깨침은 지적 세계 자체가 난파하는 것을 말한다고 한다. 이 주장은 선에서 사용하는 깨달음이라는 용어가 잘못된 것이라는 의미와 같다. 그러나 필자는 깨달음을 깨침과 같다고 본다. 그렇기 때문에 깨달음이라는 말과 깨침이라는 말을 구별하지 않고 사용할 것이다. 깨침과 깨달음에 관한 자세한 논구는 다음을 참고. 윤원철 옮김, 박성배 지음, 『깨침과 깨달음』(서울: 예문서원, 2002년)

3 사전적 의미로는 욕망은 '항상 부족을 느껴 채우려 하는 본성'이고, 욕구는 '바라서 구하는 바'이다. 즉 욕망은 부정적으로 정의되고 욕구는 어느 정도는 긍정적으로 설명된다. 그러나 이 책의 대주제는 '욕망, 삶의 동력인가 괴로움의 뿌리인가'이다. 기획의 의도를 정확하게는 파악할 수는 없었지만, 필자는 기획자가 욕망을 욕구의 의미를 포함해서 이해한다고 간주하였다. 즉 욕망은 부정적이기도 긍정적이기도 한 것이다. 이후의 논의는 필자의 이러한 해석을 바탕에 깔고 있다.

4 초기불전에서의 욕망 개념은 다음의 몇 가지로 이해된다. 첫째, '감각의 대상에서 얻어지는 즐거움[kāma]'이다. 즐겁고 유쾌한 느낌을 주는 대상을 좋아하고 즐기는 것은 누구나 인정할 수 있는 기본적인 인간의 욕구일 것이다. 둘째, '물듦, 染着, 貪着[rāga]'이다. 'rāga'는 욕망 개념의 일반적인 용어로 보아도 좋을 것이다. 'kāma' 가 감각적인 욕망이란 뜻의 일차적이고 직접적인 것이라면, 'rāga'는 'kāma'에 의해 중독된 마음상태라는 2차적이고 다소 추상적인 의미로 사용되고 있다고 볼 수 있다. 셋째, '채워지지 않는 욕망에 대한 근원적 갈망[taṇhā, 渴愛]'이다. taṇhā는 채워지지 않는 욕망의 속성을 지칭하는 말로, 채워지지 않기 때문에 끊임없이 목말라 하고 갈망하는 욕망의 보다 근원적인 성격을 드러내고 있다. 다시 말해서 'kāma'가 감각대상에 의해 생겨나는 직접적인 쾌락의 성격을 지니는 반면, 'rāga'는 그것을 즐기는 과정에서 생겨난 물든 마음상태와 집착 그리고 'taṇhā'는 이들 욕망의 밑바닥에 잠재하면서 욕망의 욕망으로서 기능하며, 존재자를 존재하게 만드는 본능적인 욕망이다. 이 문제에 관한 자세한 것은 다음의 논문들을 참고하면 좋을 것이다. 〈김준호, 「초기불전에 나타난 붓다의 욕망관」, 『禪과 文化』 제3호, 2006년.〉, 〈김준호, 「초기불교의 욕망론과 선」, 『동서철학연구』 제36호, 동서철학연구회, 2005년〉

5 안옥선, 「부처님의 근본 가르침 : 욕망의 지멸, 자유, 자비」, 『불교평론』 제14호, 2003년 봄, pp.41~63

6 안성두,「수행도의 다양성과 깨달음의 일미」,『불교평론』제18호, 2004년 봄, pp.74~76

7 Yao-ming Tsai, "Ethical Considerrations regarding Sensual Desires on the Path to Enlightenment" *Celibacy and Enlightenment/Salvation*. Korea University(2007), pp.70~71

8 Lewis R. Lancaster, "bodhisattva and Celibacy" *Celibacy and Enlightenment/Salvation*. Korea University(2007), pp.12~13

9 Yao-ming Tsai, "Ethical Considerrations regarding Sensual Desires on the Path to Enlightenment" *Celibacy and Enlightenment/Salvation*. Korea University(2007), pp.80~81

10 지의에 의하면 현재 우리가 살고 있는 순간 순간의 一念 가운데 三千세계가 있고, 따라서 우리는 무한한 가능성을 가지고 있으며 자유의지를 가진 존재이다. 우리는 이처럼 무한한 자유를 가지고 있는데, 그것은 이같이 불계에도 지옥세계에도 갈 수 있는 가능성이기도 하다. 여기에서 부처의 방향으로 발돋움하는 것으로부터 천태의 체계적인 실천세계인 止觀사상이 나오는 것이다.

11 천태종은 이론과 실천(敎와 觀)을 더불어서 중요시하고 있다. 이는 다른 불교 교학종파와는 상이한 천태종만의 특색이라 하겠다. 천태대사 초기에는 실천방법이 禪(dhyāna)이라고 표현되었으나 후기에는 止觀이라고 말하고 있다. 止觀이란 觀心하는 것이다. 止觀의 止(samatha)는 모든 心想을 정지하고 無念에 머무르는 것을 말하고, 觀(vipasyanā)은 妄想의 산란한 마음을 멈추고 참지혜가 나타나서 모든 존재의 참모습을 관찰하는 것이다. 번역하면 止는 定이고 觀은 慧라고 한다. 또는 寂과 照라고도 해석한다. 止와 觀은 둘로 나누지만 필경에는 하나이어야 한다는 것이다. 이 止와 觀에 의하여 모든 존재가 三諦圓融하게 되는 진리로 나타나며, 또 一念三千이라는 진리를 깨달을 수 있는 것이다.

12 일승교는 소승과 대승을 포괄하는 가르침이다. 화엄의 본래적 일승교는 천태의 매개적 일승교와 구분된다. 다시 말해서 천태의 그것은 사람이 매개되어 있는 반면, 화엄은 사람과 관계없이 본래의 세계 그 자체를 묘사하고 있는 궁극적 가르침이다. 즉 사람이 개입되지 않고 사물이나 사건이 다른 사물이나 사건과 직접 원만하게 상호 작용하는 '事事無碍'의 세계이다.

13 전반적으로 볼 때, 화엄종이 본래적 완전성에 초점을 두고 전체를 통해 개체를

완성시키려 했다면, 천태종은 상호 의존적인 선악 대립의 동질성에 초점을 두고 국소적 국면을 돌파하여 완전성에 이르고자 했다고 할 수 있다. 화엄종의 입장에서 보면 천태종이 악의 현실성을 끌어들여 개체의 완전 자족성을 실현하려는 것이 자칫 방종과 독선으로 흐를 위험성이 있다고 보고, 애써 인간 마음의 순수성을 강조하여 그 위험을 피하고자 하였다. 화엄종이 천태종보다 더 널리 퍼졌던 것은 유학적 성선설의 경향에 더 근접하기 때문이다.

14 아미타불의 구제력을 받아들이는 데에는 신앙이 중요하다. 여기서 우리는 정토종이, 기왕의 信行을 중심으로 하는 자력불교를 信仰을 주로 하는 타력불교로 변화시키고 있음을 볼 수 있다. 정토교는 '범부의 신앙'이 참된 구제의 길이라고 주장하면서, 대중적 실천론을 제시하고, 그 결과 인도불교가 마침내 중국인의 현실적 삶에 굳건히 자리 잡게 되는 것이다. 그러나 불교의 궁극적인 목적은 해탈에 있기 때문에 타력과 자력의 구분은 적합하지 않다는 견해가 있다. 오히려 타력보다는 이행易行의 길, 자력보다는 난행難行의 길로 설명함이 더 적절하다는 것이다.

15 선이 사자라면 화엄, 정토 등의 교학은 얼룩말이다. 다시 말해서 선과 교학이 섭합되었다 해도 주인공은 선이다. 그것은 사자가 얼룩말을 먹었다 하더라도, 얼룩말이 사자의 자양분이 되지, 사자와 얼룩말을 변증법적으로 종합한 제3의 새로운 생명체가 만들어지지 않는 것과 같다.

16 日本興聖寺藏宋本『壇經』,『中國佛敎叢書』禪宗編 第一冊, pp.105-106. "何名淸淨法身. 世人性本淸淨, 萬法從自性生. 思量一切惡事, 卽生惡行, 思量一切善事, 卽生善行. 如是諸法, 在自性中. …… 智慧常明, 於外着境, 被妄念浮雲蓋覆, 自性不得明朗. 若遇善知識, 聞眞正法, 自除迷妄, 內外明徹, 於自性中, 萬法皆現. 見性之人, 亦復如是. 此名淸淨法身佛. 善知識, 自心歸依自性, 是歸依眞佛."

17 賴永海,『佛學与儒學』(浙江城: 浙江人民出版社, 1992년), pp.56-63

18 敦煌本『壇經』,『大正藏』48卷, p.340下. "故知 一切萬法盡在自身心中. 何不從於自心頓現眞如本姓. 菩薩戒經云. 我本願自姓淸淨. 識心見性. 自成佛道. 卽時豁然. 還得本心."

19 『景德傳燈錄』6,『大正藏』51卷, p.246上. "僧問. 和尙爲什麼說卽心卽佛. 師云. 爲止小兒啼. 僧云. 啼止時如何. 師云. 非心非佛. 僧云. 除此二種人來如何指示. 師云. 向伊道不是物. 僧云. 忽遇其中人來時如何. 師云. 且敎伊體會大道"

20 『景德傳燈錄』28, 『大正藏』51卷, p.440上. "江西大寂道一禪師示衆云. 道不用修 但莫汚染. 何爲汚染. 但有生死心造作趣向皆是汚染. 若欲直會其道平常心是 道. 謂平常心 無造作無是非無取捨無斷常無凡無聖. 經云. 非凡夫行非賢聖行 是菩薩行. 只如今行 住坐臥應機接物盡是道. 道卽是法界. 乃至 河沙妙用不出 法界. 若不然者云何言心地 法門. 云何言無盡燈. 一切法皆是心法. 一切名皆 是心名. 萬法皆從心生. 心爲萬法"

21 중국의 사유체계 아래에서 心은 性과 情으로 되어 있다. 그리고 성은 純善인 반면 정은 善惡이 혼재되어 있다고 생각한다는 것을 상기하기 바란다.

22 『臨濟錄』, 『大正藏』47卷, p.497中. "爾欲得識祖佛麽. 秖爾面前聽法底. 是學人 信不及. 便向外馳求. 設求得者皆是文字勝相. 終不得他活祖意"

23 『臨濟錄』, 『大正藏』47卷, p.498中~下. "問如何是眞正見解. 師云. 爾但一切入凡 入聖. 入染入淨. 入諸佛國土. 入彌勒樓閣. 入毘盧遮那法界. 處處皆現國土 成住壞空. 佛出于世. 轉大法輪. 卻入涅槃. 不見有去來相貌. 求其生死了不 可得. 便入無生法界. 處處游履國土. 入華藏世界. 盡見諸法空相. 皆無實 法. 唯有聽法無依道人. 是諸佛之母. 所以佛從無依生. 若悟無依. 佛亦無 得. 若如是見得者. 是眞正見解"

24 『臨濟錄』, 『大正藏』47卷, p.499上. "爾一念心生三界. 隨緣被境分爲六塵. 儞如 今應用處. 欠少什麽"

25 鄭駿基, 「看話禪의 始覺門적 수행구조에 대한 소고」, 『伽山學報』7號, 1999년, pp.219~223

26 『大慧普覺禪師語錄』26, 『大正藏』47卷, p.923中. "黃面老子曰, 無有定法名阿耨多羅 三藐三菩提, 亦無有定法如來可說. 若確定本體, 實有恁麼事, 又却不是也. 事不獲已, 因迷悟取捨故, 說道理有若干. 爲未至於妙者, 方便語耳. 其實本體亦無若干."

27 이는 禪家의 다른 祖師들과는 다른 독특한 모습이라고 할 수 있다. 大慧는 붓다를 만나면 붓다를 죽이고 祖師를 만나면 祖師를 죽여라는 식의 언구를 거의 사용하지 않는다. 그는 붓다에 대해서 대단한 敬畏의 마음을 보인다. 『書狀』 전체에서 약 二十回 정도 釋迦世尊을 언급한다. 이것은 그가 『書狀』에서 僧侶 二名을 포함한 총 四十一名의 在家 修行者들과 書信往來를 한 것을 감안하면 대단히 많은 빈도수라고 할 수 있다.

28 『大慧普覺禪師語錄』28, 『大正藏』47卷, p.931中. "佛愍此故, 乃示涅槃眞樂, 刹那 無有生相, 刹那無有滅相, 更無生滅可滅, 是則寂滅現前. ……一切迷人認五蘊和 合爲自體相, 分別一切法爲外塵相, 好生惡死念念遷流, 不知夢幻虛假, 枉受輪廻, 以常樂涅槃, 翻爲苦相, 終日馳求."

29 박범석, 「교육, 욕망의 재생산에서 연기적 자각으로」, 『불교평론』 제19호, 2004년 여름, pp.109~110

30 『景德傳燈錄』28, 『大正藏』51卷, p.440上. "江西大寂道一禪師示衆云. 道不用修 但莫汚染. 何爲汚染. 但有生死心造作趣向皆是汚染. 若欲直會其道平常心是 道. 謂平常心 無造作無是非無取捨無斷常無凡無聖. 經云. 非凡夫行非賢聖行 是菩薩行. 只如今行 住坐臥應機接物盡是道. 道卽是法界. 乃至 河沙妙用不出 法界. 若不然者云何言心地 法門. 云何言無盡燈. 一切法皆是心法. 一切名皆 是心名. 萬法皆從心生. 心爲萬法"

31 박범석, 「교육, 욕망의 재생산에서 연기적 자각으로」, 『불교평론』 제19호, 2004년 여름, PP.110~111

32 만공뿐 아니라 많은 선사들이 일원론적 유기체사상을 표방한다. 여기서는 만공을 하나의 대표로 하여 선의 유기체주의에 대한 입장을 파악하려는 것이다.

33 滿空門待會編, 『滿空法語: 보려고 하는 자가 누구냐』(서울: 妙光, 1983년), p.257

34 같은 책, p.41

35 같은 책, p.56

36 같은 책, pp.47~48

37 같은 책, p.42

38 같은 책, p.262

39 같은 책, p.268

40 같은 책, p.29

41 박이문, 「뉴 밀레니엄의 문명 패러다임과 禪」, 『덕숭선학』 2집, 한국불교선학연구원 무불선원, 2000년, pp.22~28

42 이중표, 「불교적 입장에서 본 생명공학의 윤리문제」, 『불교평론』 제4호(불교시대사, 2000년 가을), pp.44~45

43 박이문, 「뉴 밀레니엄의 문명 패러다임과 禪」, pp.29~39

44 박범석, 「교육, 욕망의 재생산에서 연기적 자각으로」, 『불교평론』제19호, 2004년 여름, PP.111~114

45 이 문제에 관한 자세한 논구는 다음을 참고. 〈해주, 『화엄의 세계』(서울: 민족사, 1998년). pp.17~21〉, 〈Francis H. Cook, Hua-yen Buddhism, The Pennsylvania State University Press Park and London, 1977, pp.20~33〉

46 金榮郁, 『『壇經』禪思想의 硏究』(高麗大 博士論文, 1993년), p.54

47 柳田聖山, 『語錄の 歷史』(京都: 『東方學報』제57冊 拔刷, 1985년), p.200

48 宗寶本『六祖大師法寶壇經』, 『大正藏』48卷, pp.340中~340下. "故知不悟卽是佛是 衆生, 一念若悟卽衆生是佛, …… 識心見性 自成佛道."

49 勞思光, 『中國哲學史』Ⅱ(台北: 三民書局, 中華民國71년), pp.328-332

50 『景德傳燈錄』28, 『大正藏』51卷, p.440上. "江西大寂道一禪師, 示衆云, 道不用修, 但莫汚染, 何爲汚染, 但有生死心, 造作趣向, 皆是汚染. 若欲直會其道, 平常心是 道, 謂平常心, 無造作, 無是非, 無取捨, 無斷常, 無凡無聖. …… 只如今, 行住坐臥, 應接事物, 盡是道"

51 마조가 有爲造作의 수행을 부정하여 道不用修를 주장하는 것에 대하여서는 오해의 가능성이 있다. 그것은 마조의 주장이 도를 닦는 사람들이 발심하고 노력하는 것을 부정하는 것이 아니냐는 것이다. 이러한 오해는 실제로 선의 역사에서 종종 있었다. 그러나 마조의 道不用修가 가지고 있는 의미는, 도란 본래 완전히 갖추어져 있어서 아무 문제가 없는 것이므로, 有爲造作을 통하여 점차적으로 만들어 가는 것이 아니라는 뜻이지, 學人들의 발심노력을 부정하는 말은 아니다.

52 우리가 보통 『書狀』이라 부르는 『大慧普覺禪師語錄』에서 대혜는 42名에게 보내는 62통의 편지글에서 '구자무불성'에 관한 언급을 34회 정도 한다. 이것은 그가 거의 매번의 서한에서 구자무불성을 언급하고 있다는 것을 알 수 있다. 물론 대혜는 구자무불성 이외에도 祖師가 西쪽에서 온 까닭[祖師西來意], 놓아버려라[放下着], 須彌山, 마른 똥막대기[乾屎橛], 한입으로 西江의 물을 다 마셔버린다[一口吸盡西江水], 뜰앞의 측백나무[庭前栢樹子], 一着子 등을 언급한다. 하지만 구자무불성을 언급하는 경우는 대개가 화두로써 언급을 하고, 나머지의 경우는 직접 화두로써가 아니라 화두를 참구하는 일례로써 언급하는 경우가 많다. 따라서 구자무불성을 언급하는 경우와 나머지의 공안을 언급하는 경우는 그 중요성에 있어서 차이가

크다.

53 『趙州語錄』,『古尊宿語錄』13,『卍續藏』118卷. p.314上. "門, 狗子還有佛性也無. 師云, 無. 學人云, 上至諸佛, 下至螘子. 皆有佛性, 狗子爲什麼無. 師云, 爲伊有業識性在."
54 같은 책, p.324上. "門, 狗子還有佛性也無. 師云, 家家門前通長安."
55 金榮郁,「祖師禪의 언어형식」,『伽山學報』7號, 1999년. pp.159~170
56 이덕진,「看話禪의 '狗子無佛性'에 대한 一考察」,『한국선학』1호, 2000년. pp.190~193
57 『景德傳燈錄』20, 廣利容章,『大正藏』51卷, p.364c. "問, 千途路絶, 語思不通時, 如何. 師曰, 猶是階下漢."
58 金榮郁,「祖師禪의 언어형식」,『伽山學報』7호, 1999년. p.165
59 이덕진,「看話禪의 '狗子無佛性'에 대한 一考察」,『한국선학』1호, 2000년. pp.215~218
60 김성철,「선禪의 깨달음, 그 정체와 문제점」,『불교평론』제18호, 2004년 봄, pp.39~43
61 이 문제에 관한 자세한 논의는 다음 책을 참고하면 좋을 것이다. 〈조계종 교육원 불학연구소·전국선원 수좌회 편찬위원회 편저,『간화선』(서울: 조계종출판사, 2006년)〉
62 심재룡,『동양의 지혜와 선』(서울: 세계사, 1990년), pp.54~55
63 김용정 역, 에리히 프롬 저,『선과 정신분석』(서울: 정음사, 1977년), PP.282~289
64 金一權,「禪修證論의 종교학적 이해와 體用論 연구」,『白蓮佛敎論集』8輯(서울: 백련불교문화재단, 1998년), pp.278~279
65 조계종 교육원 불학연구소·전국선원 수좌회 편찬위원회 편저,『간화선』(서울: 조계종출판사, 2006년), pp.407~408
66 진흙을 안고 물에 합한다는 말은 중생을 위하는 자비심에서 자기 자신을 아래에 처하게 하여 중생을 교화한다는 의미이다.
67 「答劉寶學」,『書狀』27卷,『大正新修大藏經』47卷, p.925下. "若已到恁麼田地, 當以此法門興起人悲心, 於逆順境中和泥合水, 不惜身命不怕口業, 拯拔一切以報佛恩, 方是大丈夫所爲. 若不如是, 無有是處."

68 「答張丞相」, 『書狀』 27卷, 『大正新修大藏經』47卷, p.927上. "所以於念念中, 入一切法滅盡三昧, 不退菩薩道, 不捨菩薩事, 不捨大慈悲心, 修習波羅蜜, 未嘗休息, 觀察一切佛國土, 無有厭倦, 不捨度衆生願, 不斷轉法輪事, 不廢敎化衆生業, 乃至所有勝願, 皆得圓滿, 了知一切國土差別, 入佛種性到於彼岸."

69 이덕진, 「대혜의 『서장』에 인용된 대승경전에 관한 고찰」, 『한국불교학』 46집, 2006년. pp.283~286

70 윤원철 옮김, 박성배 지음, 『깨침과 깨달음』(서울: 예문서원, 2002년), p.9

71 사실 우리나라 선의 전통은 실로 대단한 것이다. 현재 세계에서 거의 유일하게 남아 있다는 평가를 받고 있는 우리나라의 (간화)선은 조선왕조 5백년간의 그 박해를 견디어냈을 뿐 아니라, 동아시아에서 경쟁관계에 있던 다른 정신들이 모두 쓰려져버린 지금에도 그 빛을 발하고 있으며, 21세기의 대안은 불교라는 과찬을 들을 정도로 성행 중에 있다. 바로 그 끈질긴 생명력은 선에 대한 바른 이해와 순수하고도 혹독한 구도행이 있기 때문에 가능했을 것이다. 혜능의 중국선이 이미 형해화된 불교에 대한 반발로 본래의 불교로 돌아가고자 한 순수한 종교적 열정의 발로였다면, 한국선은 그 열정이 아직도 불타고 있는 지구상 유일한 살아있는 불교이다. 현재 전 세계적으로 눈 푸른 납자들이 하안거·동안거를 거치는 등 혹독한 수행을 하며 그 계율의 엄격성으로 본래 불교의 진면목을 보전하고 있는 불교는 우리나라의 불교밖에 없다. 구도정신에 빛났던 조사들의 맥락을 우리들만이 잇고 있는 것이다. 그러나 다르게 볼 수도 있다. 불교는 개인의 완성뿐만 아니라 불국토의 건설을 주요한 목적으로 여기고 있다. 개인의 완성이 깨달음에 이르는 것이라면, 불국토의 건설이란 사람이 사람 대접 받고 소외됨이 없는, 깨달음이 전체를 아우르는, 그러한 사회를 말하는 것일 것이다. 따라서 개인적 깨달음이 전제되지 않은 채 사회의 구원을 말한다면 그 구원은 비어 있을 가능성이 많다. 그러나 다른 한편 개인적 깨달음이 사회의 구원 자체라고 보는 것은 자기기만, 자기만족에 불과하다는 견해가 표명될 수도 있다. 즉 깨달음이 사회적 구원이 없는 공허한 깨달음이라는 비판에 직면할 수가 있는 것이다. 그렇기 때문에 선이 지나치게 외골수의 형태를 유지하는 것이 꼭 옳은 것인지에 대해서는 논란의 여지가 많다. 자세한 것은 다음 논문을 참고. 〈심재룡, 「한국선, 무엇이 문제인가」, 『불교평론』 제2호, 2000년 봄. pp.15~23〉 그러나 다르게 생각해보자. 선사들의 경우 '개인적 깨달음'이 '사회의 구원' 자체가 되는

삶을 영위할 수는 없을까? 필자는 경허와 성철이 그 좋은 예가 된다고 본다. 그들은 산위에서 내려오는 것을 거절하고 '산중의 중'을 자처하며 '깨달음의 당체'에 천착했다. 그러나 그러한 깨달은 자로서의 삶은, 대단히 모순되게도, 저자거리의 사람들에게 긍정적인 면에서 엄청난 영향을 미쳤다. 이 점은 깨달음이 꼭 '사회적 운동'을 통하여 '사회적 실현', 즉 보살행을 담보하는 것은 아니라는 암시를 준다. 즉 문제가 되는 것은 신화화神話化되고, 화석화化石化된 모습들이다.

72 우희종, 「복잡계 이론으로 본 생명과 깨달음의 구조」, 『불교학연구』 18호, 2007년. pp.84~91

73 龍城震鐘, 「晴空圓日」, 『龍城大宗師全集』제8집, 影印本(서울: 대각사, 1991년). pp.670~671

74 龍城震鐘, 「落笑謾話」, 『龍城大宗師全集』제1집, p. 409

75 조계종 교육원 불학연구소·전국선원 수좌회 편찬위원회 편저, 『간화선』(서울: 조계종출판사, 2006년), p.375

76 敦煌本『壇經』(『大正藏』48卷, p.343上) "萬法盡通, 萬行具備, 一切無離, 但離法相, 作無所得, 是最上乘禪."

77 宗寶本『壇經』(『大正藏』48卷, p.351下) "佛法在世間, 不離世間覺, 離世覓菩提, 恰如求兎覺."

78 D. T. Suzuki, *Introduction to Zen Buddhism*(London, RIDER, 1949년), PP.97~98

79 김용정 역, 에리히 프롬 저, 『선과 정신분석』(서울: 정음사, 1977년), PP.37~38

80 相轉移란 헛된 고통의 원인이 되는 무명 상태로부터 기나긴 수행 끝에 체험하게 되는 대자유를 깨달은 상태로서, 기존과는 전혀 다른 속성을 지닌 상태로 전환됨을 통해서, 삶의 질적 변화를 가져오는 것이다. 자세한 것은 다음 논문을 참고. 〈우희종, 「복잡계 이론으로 본 생명과 깨달음의 구조」, 『불교학연구』 18호, 2007년. pp.73~79〉

81 『懶翁和尚語錄』, 『韓國佛教全書』 六冊(서울: 東國大學校 韓國佛教全書編纂委員會, 1994년), p.720中. "山河及大地, 草木叢林,盡作獅子吼. …… 有情無情, 來者去者, 存者亡者, 悉皆成佛."

82 같은 책, p.713上. "莫是毛端藏刹海 芥子納須彌麼."

83 『慧勤懶翁和尚歌頌』(『韓國佛教全書』 六冊, p.733下) "塵塵不是他家物, 法界容小屋頭"

84 같은 책, p.732中. "農夫戴笠忙忙手 …… 頭頭物物盡爲眞"
85 『懶翁和尙語錄』(『韓國佛敎全書』六冊, p.721中) "空手把鋤頭 步行騎水牛 人從橋上過 橋流水不流."
86 같은 책, p.727上. "須彌芥納容易 芥納須彌有甚難."
87 선과 화엄의 관계는 우리의 생각 이상으로 밀접하다. 하지만 앞에서도 말했듯이 선에게 화엄은 하나의 素材이다.
88 김지견 역, 鈴木大拙 지음, 『禪, 그 世界』(서울: 동화출판사, 1980년), p.133.
89 印權煥, 『高麗時代 佛敎詩의 硏究』(서울: 高麗大出版部, 1989년), p.107.
90 사실 거의 모든 선사가 혜근이나 혜심과 같은 의미의 말을 하고 있다. 지면의 제약이 있어 소개하지 못할 뿐이다.
91 『慧諶 曹溪眞覺國師語錄』, 『韓國佛敎全書』六冊(서울: 東國大學校 韓國佛敎全書編纂委員會, 1994년), pp.6~29.
92 『雜阿含經』39(『大正藏』2卷, p.289中) "凡生諸苦惱, 皆由於愛欲."
93 『雜阿含經』1(『大正藏』2卷, p.1上) "色無常如實知. … 於色正思惟, 觀色無常如實知者, 於色欲貪斷, 欲貪斷者, 說心解脫. 如是 受・想・行・識, 當正思惟, 觀識無常如實知. 所以者何, 於識正思惟, 觀識無常者, 則於識欲貪斷, 欲貪斷者, 說心解脫."
94 『金色王經』(『大正藏』3卷, p.389下) "向金色王而說偈言, 何法名爲苦, 所謂貧窮是. 何苦最爲重, 所謂貧窮苦. 死苦與貧苦, 二苦等無異. 寧當受死苦. 不用貧窮生."
95 『雜阿含經』(『大正藏』2卷, p.70中) "如是色・受・想・行・識, 非汝所應, 當盡捨離. … 譬如祇桓林中樹木, 有人斫伐枝條, 擔持而去, 汝等亦不憂慼. 所以者何. 以彼樹木非我・非我所."
96 박경준, 「자본주의와 빈곤, 그리고 무소유」, 『불교평론』제19호, 2004년 여름, pp.43~45
97 宗寶本『壇經』(『大正藏』48卷, pp.358上~358中) "有僧擧臥輪禪師偈曰, 「臥輪有伎倆, 能斷百思想, 對境心不起, 菩提日日長.」 師聞之曰, 此偈未明心地. 若依而行之, 是加繫縛, 因示一偈曰, 「惠能沒伎倆, 不斷百思想, 對境心數起, 菩提作麽長.」"
98 宗寶本『壇經』(『大正藏』48卷, pp.358上~358中) "有僧擧臥輪禪師偈曰, 「臥輪有伎倆, 能斷百思想, 對境心不起, 菩提日日長.」 師聞之曰, 此偈未明心地. 若依而行之, 是加繫縛, 因示一偈曰, 「惠能沒伎倆, 不斷百思想, 對境心數起, 菩提作麽長.」"

99 金榮郁, 『『壇經』禪思想의 硏究』(高麗大 博士論文, 1993년), pp.66~67
100 敦煌本『壇經』(『大正藏』48卷, p.338中) "善知識, 道須通流, 何以却滯. 心不住法, 道卽通流. 心若住法, 名爲自薄."
101 金榮郁, 『『壇經』禪思想의 硏究』, pp.2~18.
102 같은 책, pp.67~80
103 『臨濟錄』(『大正藏』47卷, p.498上) "爾且隨處作主, 立處皆眞."
104 같은 책, p.498下. "唯有聽法, 無依道人, 是諸佛之母."
105 宗浩, 『臨濟禪 硏究』(서울: 경서원, 1996년), pp.285-365
106 조계종 교육원 불학연구소・전국선원 수좌회 편찬위원회 편저, 『간화선』(서울: 조계종출판사, 2006년) p.375
107 조성택, 「깨달음의 불교에서 행복의 불교로」, 『불교평론』 제18호, 2004년 봄. pp.67~68
108 조성택, 「다시 챙겨야 할 '욕망'이라는 화두」, 『불교평론』 제24호, 2005년 가을, P.7

서양철학의 욕망 이해 | 금욕주의와 쾌락주의를 넘어서

1 쇼펜하우어, 원창엽 편역, 『인생론』, 영홍문화사, 1973년, 19쪽.
2 같은 쪽.
3 필립 반 덴 보슈 지음, 김동윤 옮김, 『행복에 관한 철학적 성찰』, 자작나무, 1999, 147쪽.
4 위의 책, 169쪽.
5 위의 책, 190쪽에서 재인용.
6 위의 책, 171쪽.
7 위의 책, 40쪽.
8 Herbert Marcuse, *Psychoanalyse und Politik*, Frankfurt/M, 1968, 17쪽 이하.
9 위의 책, 48쪽 이하,
10 Herbert Marcuse, *Der eindimensionale Mensch*, Neuwied/Berlin. 1964, 19쪽.
11 위의 책, 92쪽 이하.

12 필립 반 덴 보슈, 위의 책, 42쪽.
13 Rheinhart Maurer, *Revolution und 〉Kehre〈*, Frankfurt/M, 1975, 60쪽.
14 마르쿠제와 아도르노를 비롯하여 프랑크푸르트학파 대부분의 사람들이 프로이트가 말하는 본능적인 욕망의 해방을 내세우는 반면에, 프롬은 욕망에 휘둘리지 않을 수 있는 이성적인 자아의 강화를 내세웠다. 이 점에서 프랑크푸르트학파 대부분의 사람들은 프롬이 이성주의의 전통을 다시 끌어들이면서 프로이트 사상이 가지고 있는 혁명적인 의의를 부정하고 있다고 보았다. 라이너 풍크 외, 박규호 옮김, 『에리히 프롬과 현대성』, 영림카디널, 2003, 20쪽.
15 아리스토텔레스가 인생의 궁극 목적이라고 보는 eudaimonia가 과연 행복을 의미하는지에 대해서는 논란이 있다. 어떤 학자들은 eudaimonia를 '제대로 성공적인 삶을 사는 것'이라고 본다. 로버트 L. 에링턴 지음, 『서양윤리학사』, 117쪽
16 니체, 박찬국 옮김, 『아침놀』, 30번, 책세상, 2004.
17 니체, 김태현 옮김, 『도덕의 계보학』, 청하, 1982, 47쪽.
18 니체, 박찬국 옮김, 『아침놀』, 515번, 책세상, 2004.
19 니체, 『도덕의 계보학』, 143쪽.
20 위의 책, 144쪽.
21 위의 책, 144쪽 이하.
22 니체, 김미기 옮김, 『인간적인, 너무나 인간적인 I』, 1번, 책세상, 2001.
23 니체, 송무 옮김, 『우상의 황혼』, 9장 49절, 청하, 106쪽 이하 참고.
24 니체, 박찬국 옮김. 『아침놀』, 103번, 책세상, 2004.
25 로버트 L. 에링턴 지음, 김성호 옮김, 『서양윤리학사』, 서광사, 2005, 137쪽.
26 위의 책, 124쪽.
27 위의 책, 131쪽.
28 위의 책, 130쪽.
29 에리히 프롬, 호연심리센터 옮김, 『정신분석과 듣기예술』, 범우사, 2007, 23쪽.
30 에리히 프롬, 김병익 옮김, 『건전한 사회』, 범우사, 1975, 31쪽 이하.
31 위의 책, 41-42쪽.
32 에리히 프롬, 최 혁순 옮김, 『소유냐 존재냐』, 범우사, 1978, 164쪽.
33 에리히 프롬, 편집부 옮김, 『희망이냐 절망이냐』, 종로서적, 1983, 21쪽.

34 에리히 프롬, 『건전한 사회』, 359쪽.
35 미셸 푸코, 이규현 옮김, 『광기의 역사』, 나남출판, 2003년, 598쪽 이하.
36 위의 책, 711쪽 이하.
37 위의 책, 762쪽 이하.
38 Michel Foucault, *The History of Sexuality*, vol 1: *An Introduction*. New York, tr. by Robert Hurley, 1978, 59쪽
39 J. G. 메르키오르, 이종인 옮김, 『푸코』, 시공사, 2003, 211쪽 참조.
40 니체, 김태현 옮김, 『도덕의 계보학』, 청하, 1982, 67쪽 이하.
41 서동욱, 『들뢰즈의 철학』, 민음사, 2003, 107쪽.
42 질 들뢰즈, 박찬국 옮김, 『들뢰즈의 니체』, 철학과 현실사, 2007, 44쪽.
43 위의 책, 38쪽.
44 들뢰즈와 함께 여러 저술을 했던 가타리는 이렇게 말하고 있다. "어떻게 분자적인 투쟁이 200명 매춘부들이 교회에서 행동하는 것을 확대하게 하고 동성애자들이 메이데이 시위에 자신들의 깃발을 들고 참여하도록 할 수 있을까." 윤수종 편역, 『가타리가 실천하는 욕망과 혁명』, 문화과학사, 2004, 27쪽. 이와 관련하여 들뢰즈와 푸코에게는 빌헬름 라이히와 마르쿠제와 마찬가지로 욕망 자체를 긍정적으로 보면서 욕망의 해방을 주창하는 성격도 상당히 강하게 존재한다고 할 수 있다.

심리학의 욕망 이해 | 욕망의 자각과 조절

1 권석만, 認知治療의 觀点에서 본 佛敎, 『심리학의 연구문제』(서울대학교 심리학과), Vol. 4, pp.279-321, 1997.
2 D.G. Myers, "The funds, friends, and faith of happy people", *American Psychologist*, Vol. 55, pp.56-67, 2000.
3 E. Diener, J. Horwitz, & R. A. Emmons, "Happiness of the very wealthy", *Social Indicators Research*, Vol. 16, pp.263-274, 1985.
4 T. Kasser, & R. M. Ryan. "A dark side of the American dream: Correlates of financial success as a life aspiration," *Journal of Personality and Social Psychology*, Vol. 65, pp.410-422, 1993.

5 M. J. Sirgy, "Materialism and quality of life", *Social Indicators Research*, Vol. 43, pp.227-260, 1998.

6 이강수·허우성·남기영 외 공저, 『욕망론: 철학과 종교적 해석』(경서원, 1995)

7 민중서림 편집국, 『국어사전』(제5판)(민중서림, 2005)

8 H. A. Murry, *Explorations in personality*(New York: Oxford University Press, 1938)

9 C. S. Carver, & M. F. Scheier, *Perspectives of personality(5th ed.).*(New York: Pearson Education, 2004)(김교헌·심미영·원두리 공역, 『성격 심리학: 성격에 대한 관점들』, 학지사)

10 D. C. McClelland, *Human motivation.*(Glenview, IL: Scott, Foresman, 1984)

11 C. S. Carver, C. S, & M. F. Scheier, *Perspectives of personality(5th ed.).*(New York: Pearson Education, 2004)(김교헌·심미영·원두리 공역, 『성격심리학: 성격에 대한 관점들』, 학지사)

12 H. A. Murray, *Explorations in personality.*(New York: Oxford University Press, 1938)

13 H. A. Murray, *Explorations in personality.*(New York: Oxford University Press, 1938)

14 A. Maslow, *Motivation and Personality.*(New York: Harper and Row, 1954)

15 A. Maslow, *Religion, values and peak experiences.*(New York: Viking, 1970)

16 C. P. Alderfer, "An empirical test of a new theory of human needs", *Organizational Behavior and Human Performance*, Vol 4, pp.142-175, 1969.

17 C. P. Alderfer, *Existence, relatedness, and growth: Human needs in organizational settings.*(New York: The Free Press, 1972)

18 R. E. Franken, *Human motivation(5th ed.).*(Belmont, CA: Wadsorth, 2002)

19 D. Buss, D. *Evolutionary psychology: The new science of the mind(2nd ed.).*(New York: Pearson Education, 2004) (김교헌·권선중·이홍표 공역, 『마음의 기원: 진화심리학』, 나노미디어)

20 C. Brenner, *An elementary textbook of psychoanalysis.*(New York: International Universites Press, 1955)

21 이무석, 『정신분석에로의 초대』(이유, 2003)

22 이부영, 『분석심리학』(일조각, 1984)

23 C. G. Jung, "Two essays on analytical psychology", In *the collected works of*

C. G. Jung(vol. 7).(Princeton, NJ: Princeton University Press, 1953)

24 A. Adler, *The practice and theory of individual psychology.*(Paterson, NJ: Littlefield, Adams, 1963)

25 S. Cashdan, *Object relations theory.*(New York: Norton & Company, 1988)

26 K. Goldstein, *The Organism: A Holistic Approach to Biology Derived from Pathological Data in Man.*(New York: Zone Books, 1934)

27 C. R. Rogers, *On becoming a person.*(Boston: Houghton Mifflin, 1961)

28 M. E. P. Seligman, *Authentic happiness.*(New York: Free Press, 2002)(김인자 역, 『긍정 심리학』, 도서출판 물푸레)

29 R. M. Ryan, & E. L. Deci, "Self-determination theory and the facilitation of intrinsic motivation, social development and well-being", *American Psychologist*, Vol. 55, pp.68-78, 2000.

30 E. Diener, "Subjective well-being", *Psychological Bulletin*, Vol. 193, pp.542-575, 1984.

31 R. Veenhoven, "Hedonism and happiness", *Journal of Happiness Studies*, Vol. 4, pp.437-457, 2003.

32 R. Veenhoven, "Hedonism and happiness", *Journal of Happiness Studies*, Vol. 4, pp.437-457, 2003.

33 R. E. Franken, *Human motivation(5th ed.).*(Belmont, CA: Wadsorth, 2002)

34 A. Bandura, "Social cognitive theory of self-regulation", *Organizational Behavior and Human Decision Processes*, Vol. 50, pp.248-287, 1991.

35 권석만, 「심리학에서 보는 '나'」, 불교상담개발원 제2회 여름 워크샵 자료집. 산사에서 만나는 불교와 상담-버려야 할 나, 채워야 할 나. 2001년 8월 10일. 직지사.

36 권석만, "위빠사나 명상의 심리치유적 기능", 불교와 심리, Vol. 1, pp.9-49, 2006.

37 A. Damasio, *The feeling of what happens: Body and emotion in the making of consciousness.*(New York: Harcourt Brace, 1999)

38 J. F. Kihlstrom, "The cognitive unconscious", *Science*, Vol. 237, pp.1445-1452, 1987.

39 A. Damasio, *The feeling of what happens: Body and emotion in the making of consciousness*.(New York: Harcourt Brace, 1999)

40 R. Ornstein, *The evolution of consciousness: Origins of the way we think*.(New York: Simon & Schuster, 1991)

41 E. T. Higgins, "Self-discrepancy: A theory relating self and affect", *Psychological Review*, Vol. 94, pp.319-340, 1987.

42 N. Nicholson, "Evolutionary psychology: Towards a new view of human nature and organizational society", *Human Relations*, Vol. 50, pp.1053-1079, 1997.

43 S. Pinker, *How the mind works*.(New York: Norton, 1997)

생물학의 욕망 이해 | 동물의 욕망, 인간의 욕망

1 『과학의 최전선에서 인문학을 만나다』, 존 브록만 편, pp.95-117, 동녘 사이언스, 2003.

2 evo-devo; evolution of development; evolutionary developmental biology(진화발생생물학)를 줄여 일반적으로 널리 사용되고 있는 표현이다.

3 『들뢰즈 커넥션』, 존 라이크만, pp.102-106, 현실문화연구, 2005.

4 최근 생명공학의 발달로 배아조작이 가능해짐에 따라 생명윤리와 관련되어 생명체의 시작에 대한 논의가 있지만, 본고의 주제와는 다르기에 여기서는 일반적 수준에서 이야기를 전개하기로 한다. 또한 자기自己와 자아自我라는 용어도 엄격한 구분보다는 맥락에 따라 혼용하기로 한다.

5 *The Immune Self; Theory or metaphor?*(Cambridge Studies in Philosophy and Biology) A. Tauber, pp.275-278, Cambridge University, 1994.

6 『지각의 현상학』, 메를로 퐁티, pp.235-243 및 pp.570-573, 문학과 지성사, 2002.

7 신경계와 면역계의 통합된 학문분야는 psychoneuroimmunology라고 불린다.

8 *Evolutionary Epistemiology, Rationality, and the Sociology of Knowledge* (Ed. G. Radnitzky & W. Bartley, III) pp.157-161, Open Court 1987, *Immune crossover III* E. Rewald pp.13-29, Authors 2007. 단순한 부분의 합이 아닌 창발현상(emergence, 떠오름 현상)은 새로운 차원에의 도약으로서 생명현상을 잘 표현해준다.

9 『링크』, 바라바시, pp.297-322, 동아시아, 2002.
10 『천개의 고원』, 질 들뢰즈, 펠릭스 가타리, p.482, 새물결, 2001.
11 『이보디보; 생명의 블랙박스를 열다』, 션 캐롤, pp.317-354, 지호, 2007.
12 *Self-Organization in Biological Systems*, S. Camazine, J.-L. Deneubourg, N. R. Franks, J. Sneyd. G. Theraula, E. Bonabeau, pp.29-45, Princeton University Press 2003.
13 *A New Kind of Science*, S. Wolfram p.971 Wolfram Media 2002.
14 *Sociobiology* (Abridged ed.) E. Wilson, Belknap Press 1980 및 『통섭』, 윌슨 pp.14-17, 사이언스북스, 2005.
15 유전자로 인간의 사회, 문화적 행위를 설명하고자 한 Edward Wilson이나 『이기적 유전자』의 저자로 잘 알려진 Richard Dawkins의 결정론적 유물론에 대한 반대 입장은 Stephen Jay Gould, *Evolution: The Pleasures of Pluralism*, New York Review of Books, pp.47-52. 1997, Richard Levins and Richard Lewontin, *The Dialectical Biologist*, pp.123-127, Harvard Univ. Press 1985 및 『DNA 독트린』, 리처드 르원틴, pp.155-186, 궁리, 2001.
16 사회생물학자들의 말처럼 유전자에 모든 것이 담겨져 있어 대대손손 진화하면서 누적되어 나타나는 것이 우리의 육체일지는 몰라도 우리 각자의 삶은 결코 단순한 누적이 아니다. 그것은 환경으로부터의 입력이 각인되기 때문이며, 이것을 후성인자(epigenetic factor)라고 부른다.
17 『인간을 인간이게 하는 원칙』, 요아힘 바우어, 에코리브르, 2007.
18 『본성과 양육』, 매트 리들리, pp.323-346, 김영사, 2004.
19 *Robustness and Evolvability in Living Systems*, A. Wagner, pp.175-191, Princeton University Press, 2005.
20 『링크』, 바라바시 p311-313 동아시아 2002
21 『차이와 반복』, 질 들뢰즈, pp.220-282 및 pp.614-633, 민음사, 2004.
22 Recapitulation theory. *Left brain, Right brain; Perspectives from Cognirive Neuroscience* (5th ed.) SP Springer, G Deutsch, pp.259-261, Freeman, 1998.
23 *The Molecule hunt; Archaeology and the search for acient DNA*, M Jones, pp.131-164, Arcade Publishing, 2001.

24 *Evolutionary developmental biology and genomics*, C. Canestro, H Yokoi, JH Postlethwait., Nat Rev Genet. 8:932-942, 2007 및 *Evo-devo: extending the evolutionary synthesis*, GB Muller, Nat Rev Genet. 8:943-949, 2007.

25 *Bioethics; A textbook of issues*, GH Kieffer, pp.18-21, Addison-Wesley 1979 및 *Neuroscience* (3rd ed.), MF Bear, BW Connors, MA Paradiso, pp.168-170, Lippincott, 2007.

26 *Neuroscience* (3rd ed.), MF Bear, BW Connors, MA Paradiso, pp.168-169, Lippincott, 2007.

27 *Reconstructing immune phylogeny: new perspectives*, GW Litman, JP Cannon, LJ Dishaw, Nat Rev Immunol. 5:866-879, 2005.

28 *Immunology; A comparative approach*, RJ Turner, pp.173-213, Wiley, 1994.

29 유전자 지도가 밝혀지기 전에는 사람에 있어서 10여만 개의 유전자를 기대했으나, 2000년대 초 인간의 완성된 유전자 지도를 보면 약 3만여 개에 불과하다.

30 『DNA 독트린』, 리처드 르원틴, pp.109-152, 궁리, 2001.

31 『낯선 육체』, 알폰소 링기스, pp.111-148, 새움, 2006.

32 *Immunolody* (6th ed.) TJ Kindt, RA Goldsby, BA Osborne, pp.199-203, Freeman, 2007.

33 이러한 미시적 변화에는 MHC 중의 nonclassical MHC 및 minor histocompatibility genes의 발현에 의한다. 아직 이러한 유전자의 발현 양상에 대해서는 구체적으로 밝혀지지 않고 있다.

34 *The Immune Self; Theory or metaphor?*(Cambridge Studies in Philosophy and Biology) A. Tauber, pp.269-296, Cambridge University, 1994.

35 면역 반응 중에 항원제시 세포와 T 임프구 사이에서의 신호 전달 과정 중에 형성되는, 신경세포의 시냅스와 같이 역동적이고 고도로 조직화된 구조를 말한다. 'Immunology' (6th ed.) Kindt, Goldsby, Osborne, pp.256-267, Freeman, 2007.

36 *Jacob's Ladder; The History of the Human Genome*, H Gee, pp.173-226, Norton, 2004.

37 *Principle of Neural Science* (3rd ed.) ER Kandel, JH Schwartz, TM Jessell, pp.1005-1006 및 pp.1026-1027, Elsevier, 1991 및 *Neuroscience* (3rd ed.), MF

Bear, BW Connors, MA Paradiso, pp.772-791, Lippincott, 2007.

38 *Tending Adam's Garden; Evolving the Cognitive Immune Self*, Irun Cohen, pp.27-39 Academic Press, 2000.

39 *Critical Phenomena in Natural Sciences: Chaos, Fractals, Selforganization and Disorder: Concepts and Tools*, D. Sornette, Springe,r 2003 및 *Self-Organization in Complex Ecosystems*, RV Sole and J Bascompte, Princeton Univ Press, 2006.

40 *The Structure and Dynamics of Networks*, (Princeton Studies in Complexity), M. Newman, A.-L. Barabasi, D. J. Watts, pp.1-19, Princeton Univ Press, 2006 및 *An Introduction to Systems Biology: Design Principles of Biological Circuits*, U Alon, Chapman & Hall/CRC, 2007.

41 *Revisiting the Edge of Chaos: Evolving Cellular Automata to Perform Computations*, M. Mitchell, P. Hraber and J. Crutchfield, *Complex Systems* 7: pp.89-130, 1993.

42 *Biological Complexity and Integrative Pluralism*, SD Mitchell pp.167-178, Cambridge University Press 2003.

43 멱함수 법칙을 따르는 분포는 평균적 노드와 분포의 정점으로 구체화되는 고유한 척도(scale)를 갖지 않는다. 그리하여 멱함수 법칙을 따르는 네트워크를 척도 없는(scale-free) 네트워크라고 부른다. $y=cx^{-a}$관계를 갖는 시스템이며, 여기서 a와 c는 상수이고 log-log plot을 하면 a를 기울기로 갖는 직선을 얻는다. 시스템의 역동적 성질이 power law분포를 가질 때 가장 효율적으로 최대의 정보를 전송할 수 있다. 소수의 큰 사건이 대부분의 큰일을 한다는 것이 그래프로 표현된 것이기도 하다

44 *The Structure and Dynamics of Networks* (Princeton Studies in Complexity) M. Newman, A.-L. Barabasi, D. J. Watts, Princeton Univ Press 2006, *Small Worlds: The Dynamics of Networks between Order and Randomness* (Princeton Studies in Complexity) D. J. Watts, Princeton Univ Press 1999 및 『링크』, 바라바시, pp.167-182, 동아시아, 2002.

45 *Power laws, Pareto distributions and Zipf's law*, M. Newman, Contemporary Physics 46, pp.323-351, 2005.

46 *Emergence of scaling in random networks*, A-L. Barabasi, R. Albert, Science 286; pp.509-512, 1999.

47 *Small Worlds: The Dynamics of Networks between Order and Randomness*, D. J. Watts, p229-239 Princeton Univ Press, 1999, 'The Structure and Dynamics of Networks' M. Newman, A.-L. Barabasi, D. J. Watts, Princeton Univ Press 2006 및 『넥서스』, 마크 뷰캐넌, pp.179-188, 세종연구원, 2003.

48 이러한 복잡계 이론에서 강조되는 초기조건의 민감성을 선가의 언어로 바꾼다면 『신심명信心銘』의 호리유차毫釐有差 천지현격天地懸隔이나, 법성게의 초발심시변정각初發心時便正覺이라는 표현이 해당된다.

49 Stephen Jay Gould(1941~2002); 미국의 고생물학 및 진화생물학자. 사회생물학에 대한 반대 입장으로 유명하며, 진화에 있어서는 단속평형이론(Punctuated equilibrium)을 주장함-긴 기간의 진화적 안정상태가 유지되다가 비교적 짧은 기간의 환경 압력에 의해 진화적 변화가 급격하게 일어난다는 이론.

50 *Human Evolutionary Genetics*, MA Jobling, ME Hurles, CT Smith, pp.235-267, Garland Science, 2004.

51 *The Wiki and the Blog: Toward a Complex Adaptive Intelligence Community*, DC Andrus, Stud. Intelligence, 49(3); p.9, 2005.

52 방향과 크기를 사용하여 나타낼 수 있는 양. 일상적으로 사용하는 벡터는 방향이 있는 선분, 즉 화살표를 써서 표현한다.

53 크기와 방향을 가지는 벡터에 대비하는 개념으로서 크기만 있고 방향을 가지지 않는 양이다. 좌표계가 변함에 따라 벡터의 각 성분은 바뀌지만 벡터의 크기는 스칼라이고 좌표계가 변해도 그 값은 불변이다. 따라서 스칼라는 좌표계가 변환되어도 그에 따라 변화하지 않는다.

54 *When cells die* (Ed. Lockshin RA, Zakeri Z, & Tilly JL) JC Ameisen, pp.3-56, Wiley-Liss, 1998.

55 *A test of the opponent-process theory of motivation using lesions that selectively block morphine reward*, H Vargas-Perez, RA Ting-A-Kee, A Heinmiller, JE Sturgess, D van der Kooy, Eur. J. Neurosci. 25(12):3713-3718, 2007.

56 욕망은 육체화되어 나타난다는 점에서 생물학적 용어를 사용하여 욕망에서의 쾌락과 고통은 상동기관이 아니라 상사기관이라고 표현해도 무방하다.

57 *Postmodern Theory: Critical Interrogations*, S Best, D Kellner, pp.86-97, Guilford, 1991.

58 『에크리-라캉으로 이끄는 마법의 문자들』, 김석, pp.54-56, 살림, 2007.
59 『지각의 현상학』, 메를로 퐁티, pp.240-243, 문학과 지성사, 2002.
60 『천개의 고원』, 질 들뢰즈, 펠릭스 가타리, pp.11-55, 새물결, 2001.
61 『동물과의 대화』, 템플 그랜딘, 캐서린 존슨, p.191, 샘터, 2006.
62 『싹트는 생명; 들뢰즈의 차이와 반복』, 키스 피어슨 pp.407-414, 산해, 2005.
63 『생명과학과 선』, 우희종, pp.242-250, 미토스, 2006. 자본주의에서의 닫힌 욕망에 대한 정당화는 강자에 의한 소유와 이를 통한 지배의 재생산을 인정하며, 결국 가지지 못한 자에 대한 억압과 차별 구조를 지니게 된다.
64 많은 연구비가 소요되는 근대의 과학기술은 자본으로부터 자유로울 수 없기에 인간의 욕망을 만족시키는 도구적 편리함을 지닌 과학은 자본주의의 수단으로부터 자유로울 수 없다.
65 'Against Method' (Rev. ed.) P Feyerabend, Verso 1988. 과학은 과학자 간의 기본적인 약속(가설)에 바탕을 두고 있는 하나의 지식체계이며 세상을 바라보는 하나의 문화(文化)다.
66 『DNA 독트린』, 리처드 르원틴, pp.189-217, 궁리, 2001.
67 『생명이란 무엇인가?』, 에르빈 슈뢰딩거 pp.115-149, 궁리, 2007 및 『생명이란 무엇인가? 그후 50년』, 마이클 머피, 루크 오닐 편, pp.21-25, 지호, 2003.
68 『싹트는 생명; 들뢰즈의 차이와 반복』, 키스 피어슨 pp.407-414. 산해, 2005.
69 Consciousness, Informaton, and meaning; The origin of the Mind, S. Goldberg pp.69-71, MedMaster 1998. 및 How the mind works, S. Pinker, Norton 1997.
70 Promises and Limits of Reductionism in the Biological Sciences, Van Regenmortel, and D. Hull (ed.) pp.35-46, John Wiley & Sons. 2002와 Critical Political Ecology, T. Forsyth pp.168-201, Routledge 2003.
71 『생명조작에 대한 연기적 관점』, 우희종, 불교학연구 15호, pp.55-93, 2006.
72 『싹트는 생명; 들뢰즈의 차이와 반복』, 키스 피어슨 pp.176-186, 산해, 2005.
73 The Origin of Species (1859) C Darwin, Gramercy, 1979.
74 『동물과의 대화』, 템플 그랜딘, 캐서린 존슨, 샘터, 2006.
75 『동물에게 귀 기울이기-동물의 놀람과 감정 그리고 마음에 대하여』, 마크 베코프, 아이필드, 2004.

76 개인적으로는 생성하는 내재된 힘으로서의 인간의 욕망이 (부모미생전 본래면목) 태어나면서부터 사회와 접하고 점차 억압되어 간다고 보는 들뢰즈의 입장에 동의한다.

77 『생물학적 인간, 철학적 인간』, 장 디디에 뱅상, 뤼크 페리, pp.109-112, 푸른숲, 2000.

78 자기중심적을 ego-centric으로, 자기중앙적을 network-centric으로 옮겨본다면 어떨까. 이는 의존적 존재, 독립적 존재, 그리고 상호관계적 존재라는 형태로 언급될 수도 있다.(『페미니스트 신학』, 강남순, pp.105-131, 한국신학연구소, 2002)

책을 만든 사람들

박찬욱 (밝은사람들연구소장)
김종욱 (동국대 불교학과)
정준영 (서울불교대학원대학교 불교학과)
한자경 (이화여대 철학과)
이덕진 (창원전문대 장례복지과)
박찬국 (서울대 철학과)
권석만 (서울대 심리학과)
우희종 (서울대 수의학과)

'밝은사람들 연구소'에서 진행하는 학술연찬회에 관심이 있으신 분은 전화(02-720-3629)나 메일(happybosal@paran.com)로 연락하시면 관련 소식을 받아보실 수 있습니다.

욕망 삶의 동력인가 괴로움의 뿌리인가

초판 1쇄 발행 2008년 6월 3일 | 초판 4쇄 발행 2021년 12월 21일
집필 정준영 외 | 펴낸이 김시열
펴낸곳 도서출판 운주사
　　　(02832) 서울시 성북구 동소문로 67-1 성심빌딩 3층
　　　전화 (02) 926-8361 | 팩스 0505-115-8361
ISBN 978-89-5746 210-2 94100　값 20,000원
http://cafe.daum.net/unjubooks 〈다음카페: 도서출판 운주사〉